*Gabi Reinmann*

# Blended Learning in der Lehrerbildung

## Grundlagen für die Konzeption innovativer Lernumgebungen

PABST SCIENCE PUBLISHERS
Lengerich, Berlin, Bremen, Miami,
Riga, Viernheim, Wien, Zagreb

Bibliografische Information Der Deutschen Bibliothek
Die Deutsche Bibliothek verzeichnet diese Publikation in der Deutschen Nationalbibliografie; detaillierte bibliografische Daten sind im Internet über <http://dnb.ddb.de> abrufbar.



*Prof. Dr. Gabi Reinmann*
*Medienpädagogik, Philosophisch-Sozialwissenschaftliche Fakultät, Universität Augsburg, Universitätsstr. 10, 86135 Augsburg, Tel. ++ 49 (0) 821-5985576*
*E-mail: gabi.reinmann@phil.uni-augsburg.de*



Konvertierung: Claudia Döring
Druck: KM Druck, D-64823 Groß Umstadt

ISBN 3-89967-261-5

# Inhaltsverzeichnis

# Vorwort

Den Hintergrund dieses Buches bilden verschiedene Lehrveranstaltungen, Workshops und Fortbildungsangebote vor allem für Lehrende, in denen ich verschiedene Formen und Möglichkeiten des Blended Learning in der Lehrerbildung präsentiert habe. Dabei habe ich stets versucht, den Bedürfnissen der Lehrenden in der Praxis nahe zu kommen – und genau diese Erfahrung ist ein Hauptmotiv des Buches. Von daher danke ich allen Veranstaltungs-, Workshop- und Fortbildungsteilnehmern aus den letzten Jahren für die aktive Mitarbeit und für konstruktive Rückmeldungen. Ich hoffe, dass dieses Buch allen eine Hilfe ist, die die digitalen Medien in der Aus- oder Fortbildung von Lehrenden einsetzen oder für sich selbst nutzen wollen.

Mein Dank gilt Prof. Dr. Kurt Reusser (Universität Zürich), Prof. Dr. Dr. Werner Wiater (Universität Augsburg), Prof. Dr. Detlef Sembill (Universität Bamberg) sowie Vertretern der Firma Intel und Herrn Johannes Böttcher (Akademie für Lehrerfortbildung und Personalführung in Dillingen) dafür, dass ich im Rahmen dieses Buches ihre Beispiele verwenden durfte. Für hilfreiche Recherchearbeiten zur Lehrerbildung sowie zum Einsatz digitaler Medien in der Lehrerbildung danke ich Alexander Ganz und Katja Höllriegel, für Recherchen zum Thema Tele-Tutoring Rüdiger Keller. Eine große Hilfe waren zudem Daphne Gross und Susannah Brown bei der mühsamen Aufgabe des Korrekturlesens. Für die vielen kritischen Rückmeldungen inhaltlicher Art danke ich in besonderem Maße Dr. Frank Vohle und – für den Bereich Lehrerbildung – Herrn Böttcher.

Letztendlich aber erscheint diese Publikation nur deshalb, weil Pabst Science Publishers sich dazu bereit erklärt hat, und zwar ohne finanzielle Auflagen oder besondere Forderungen. Das ist angesichts der wohl eher kleinen Zielgruppe des Buches keine Selbstverständlichkeit, weshalb mein besonderer Dank an dieser Stelle an Herrn Wolfgang Pabst geht.

*Gabi Reinmann, Juli 2005*

# Kapitel 0: Einführung

## 0.1 Die Motivation zu diesem Buch

***Das vielfältige Literaturangebot zum E-Learning***. Seit dem E-Boom der 1990er Jahre überschwemmen Publikationen zum E-Learning und zunehmend auch zum Blended Learning (welches das Lernen mit digitalen Medien wieder mit dem Präsenzlernen „mischt") den Büchermarkt. Das Literaturangebot weist nicht nur unterschiedliche Qualität auf, sondern bietet auch inhaltlich eine große Bandbreite: Massenhaft Ratgeberliteratur gibt es für *Unternehmen* (z.B. Back, Bendel & Stoller-Schai, 2001; Hohenstein & Wilbers, 2001[1]), deren großes Interesse an einer flächendeckenden Virtualisierung der Aus-, Fort- und Weiterbildung nach ersten ernüchternden Erfahrungen schon seit einigen Jahren wieder abgenommen hat. Zahlreich sind inzwischen auch die Bücher zum Thema „Neue (digitale) Medien in der *Hochschule*" (z.B. Kerres & Voß, 2003; Carstensen & Barrios, 2004; Euler & Seufert, 2005; Arnold, Kilian, Thillosen & Zimmer, 2004), und selbst *Schulen* wurden als Kontext für digitale Medien längst entdeckt und werden mit entsprechenden Vorschlägen in Artikeln und Büchern übersät (z.B. Tulodziecki & Herzig, 2002; Knauder, 2002). Daneben lassen sich die Printangebote danach sortieren, um welche *Aspekte* des Lernens mit digitalen Medien sie sich kümmern: Es gibt Beschreibungen und Bewertungen von Learning Management-Systemen (z.B. Schulmeister, 2003), Content Management-Systemen (z.B. Baumgartner, Häfele & Maier-Häfele, 2004) und einzelnen technischen Tools (z.B. Albrecht & Wagner, 2001); es gibt „Best Practice"-Berichte, die Projekte und deren Erfolge schildern (z.B. Lang & Pätzold, 2002) und inzwischen auch erste Kompendien und Lehrbücher zur didaktischen Entwicklung und medientechnischen Umsetzung von Computer oder Web-Based Trainings (CBTs, WBTs), zu Tele-Teaching-Veranstaltungen oder virtuellen Seminaren (z.B. Horton, 2000; Kerres, 2001; Handke, 2003, Niegemann, Hessel, Hochscheid-Mauel, Aslanski, Deimann & Kreuzberger, 2004). Auch Detailfragen etwa zum Online-Coaching oder Tele-Tutoring (z.B. Rautenstrauch, 2001), zum so genannten Computer Supported

[1] Alle nachfolgenden Literaturangaben in diesem Abschnitt sind lediglich Beispiele und beinhalten keinerlei Bewertung.

Cooperative Learning (CSCL; z.B. Hesse & Friedrich, 2001; Paechter, 2003a), zum Multimedia-Design (z.B. Thissen, 2003) oder zu strategischen Fragen der Implementation von E-Learning und Blended Learning (z.B. Wilbers, 2005) werden behandelt. Die Disziplinen, die sich hier engagieren, sind ebenso vielfältig wie die Themen, die bearbeitet werden: Keineswegs sind die Autoren nur Pädagogen, Fachdidaktiker, Erziehungswissenschaftler und Lernpsychologen - also die Experten für Lernen und Lehren. Beim Thema E-Learning und Blended Learning gehören auch Vertreter der Betriebswirtschaftslehre und der (Medien-)Informatik sowie Medienwissenschaftler, Kommunikationswissenschaftler, Designer etc. zur Autorenschaft.

***Der Begriff des Blended Learning und seine Verbreitung***. Ohne Zweifel kann man „Blended Learning" (ähnlich wie e-Learning, e-business und e-commerce) zu den neuen Wortkreationen - man kann auch sagen: zu den „buzz words" - der „e-Branche" zählen, die erst Unverständnis hervorrufen, dann aber rasch in den Wortschatz von Multiplikatoren eingehen und durch wiederholten Gebrauch zu Modewörtern werden (Baumgartner, Häfele & Häfele, 2002). Vor allem die ersten enttäuschten Erwartungen beim „reinen" E-Learning haben zunächst in der *Wirtschaft* dazu geführt, zurückzurudern und es mit „Blended Learning" zu versuchen (Reppert, 2002) - einer Mischung aus klassischen und neuen Organisationsformen, Methoden und Medien: Face-to-Face-Arrangements (wie Seminare und Konferenzen) werden mit asynchronen und synchronen Medienarrangements verknüpft; Intra-, Internet, CBT und WBT, Audio und Video, Handouts und Bücher haben ihren gleichberechtigten Platz; Selbstlernphasen wechseln mit Situationen, in denen der Lehrende den Ton angibt, und daneben gibt es Trainer-Lerner-, Lerner-Mentor-, Peer-to-Peer oder Team-Lernsituationen; kurz: Alles ist möglich. In klassischen *Bildungsinstitutionen* wie Schule, Hochschule und Erwachsenenbildung war die Vorstellung vom ausschließlichen Lernen mit digitalen Medien ohne den direkten menschlichen Kontakt ohnehin von Anfang an suspekt: Dass man Medien und Methoden, bezogen auf Ziele und Inhalte des Lernens miteinander kombiniert, ist aus pädagogischer Sicht ebenfalls - man kann es nicht anders sagen - ein alter Hut; die jetzige Forderung nach „Blended Learning" mutet von daher wenig innovativ an. Und dennoch: Mit dem Begriff des Blended Learning ist zumindest ein *konsensfähiges Etikett* für Lehr-Lernkonzepte gefunden, die die digitalen Medien als selbstverständlichen Bestandteil in Lernumgebungen einbinden und gezielt nach deren Mehrwert suchen, um diesen mit den Vorteilen des Präsenzlernens sinnvoll zu verknüpfen, *und* auf diesem Wege - neben Medien - auch verschiedene Methoden und Organisationsformen des Lernens zu kombinieren.

***Blended Learning in der Lehrerbildung***. Nun ist es nur legitim, sich gleich zu Beginn die Frage zu stellen, warum man ein weiteres Buch zum Blended Learning kaufen und lesen sollte, wenn Blended Learning „nur" – wie eben gezeigt wurde – E-Learning mit Präsenzlernen verknüpft und ein derart großes Aufgebot an E-Learning-Literatur vorhanden ist. Warum also noch ein Buch über Blended Learning, wenn doch – wie es scheint – schon alles gesagt ist? Warum ein Buch speziell für die Lehrerbildung – verstanden als Oberbegriff für sowohl die Ausbildung als auch die Fortbildung (und Weiterbildung) von Lehrenden –, die sich doch die notwendigen Grundlagen auch aus anderen einschlägigen Werken (wie oben aufgeführt) holen könnte? An der Stelle möchte ich *zwei Beobachtungen* anführen, die mir Grund genug erscheinen, ein Buch zum Blended Learning in der Lehrerbildung aus einer pädagogisch-psychologischen Perspektive zu schreiben:

- *Beobachtung 1*: Trotz gegenteiliger Behauptungen ist die *Praxis* des E-Learning und Blended Learning in der Regel dergestalt, dass pädagogisch-psychologische und didaktische Aufgaben immer noch nachrangigen Charakter haben: Technische Entscheidungen stehen oft im Vordergrund, wenn es darum geht, digitale Medien in Lernumgebungen einzubinden. Fragen nach Learning und Content Management Systemen und anderen Software-Tools gelten offenbar als schwerwiegender und komplexer als pädagogische und didaktische Tätigkeiten. Über die Technik hinaus geht zwar die aktuell viel diskutierte Frage der „Content-Entwicklung", die sich aber vor allem der Wiederverwendbarkeit einzelner Lernobjekte widmet (z.B. Baumgartner, 2004). Mit pädagogisch-didaktischen oder gar bildungsbezogenen Zielen hat auch das eher wenig zu tun. Nicht selten sind Menschen mit der Einführung digitaler Medien betraut, die sich um das Lernen an sich noch keine großen Gedanken gemacht haben, die keine oder wenig Lehrerfahrung haben und die weder Information noch Unterstützung zum Kern ihrer neuen Aufgabe – nämlich zur Förderung des Lernens – erhalten. Als würden die digitalen Medien die grundlegenden Probleme und Herausforderungen des Lernens und Lehrens wesentlich verändern oder gar „wegzaubern", vertraut man – sobald es um Lernen mit digitalen Medien geht – nur allzu oft auf letztlich fachfremde Empfehlungen und Produkte aus der Branche der Ingenieure. Diese Beobachtung ist generell und bezieht sich auf E-Learning und Blended Learning in vielen Organisationen und Bildungsinstitutionen – aber auch für die Lehrerbildung dürfte sie zutreffen.

- *Beobachtung 2*: Speziell in die Aus- und Fortbildung von Lehrenden[2] halten die digitalen Medien nur zögerlich Einzug: Zwar ist in den vergangenen Jahren eine deutliche Zunahme an E-Learning- und Blended Learning-Angeboten für angehende und praktizierende Lehrerinnen und Lehrer zu verzeichnen; von einer flächendeckenden Bedarfsdeckung und einer hohen Akzeptanz der digitalen Medien als selbstverständliches Hilfsmittel für die eigene Aus- und Fortbildung aber kann keine Rede sein (z.B. Petko, Haab & Reusser, 2003). Angesichts der Tatsache, dass Lehrende an unseren Schulen *die* Grundlagen für das Lernen von Kindern und Jugendlichen (auch für deren eigene Nutzung digitaler Medien beim Lernen) legen und von daher die Kompetenzen der Lehrenden von zentraler Bedeutung für die Bildung ganzer Generationen sind, ist es nur folgerichtig, alle Potentiale der digitalen Medien für eine optimale Aus- und Fortbildung zu nutzen (vgl. auch Reusser & Messner, 2002). Blended Learning-Konzepte bieten neue und gute Möglichkeiten, die Lehrerbildung bedarfsorientiert zu gestalten und die Medienkompetenz der Lehrenden zu stärken. Dass ein Teil der Lehrenden für ihre eigene Aus- und Fortbildung E-Learning und Blended Learning nach wie vor reserviert gegenübersteht, den digitalen Medien Gleichgültigkeit entgegenbringt oder diese bisweilen strikt ablehnt, hat seine Ursachen nicht nur in persönlichen Einstellungen und Gewohnheiten. Auch lang tradierte Strukturen im Lehramtsstudium, in Lehrerbildungsstätten und in den Schulen selbst machen eine rasche und gezielte Verbreitung der digitalen Medien zur (berufsbegleitenden) Kompetenzbildung der Lehrerschaft schwierig.

***Notwendigkeit lebenslangen Lernens***. Die neusten PISA-Ergebnisse (Deutsches PISA-Konsortium, 2004) wie auch andere Studien, die auf die derzeit so beliebten Schulleistungsvergleiche abzielen (z.B. Bos, Lankes, Prenzel, Schwippert, Valtin & Walther, 2004; Ramseier, Keller & Moser, 1999) weisen *auch* auf einen dringenden Lernbedarf der Lehrenden an unseren Schulen hin: Denn die angesichts schlechter bis mittelmäßiger Schülerleistungen immer wieder angemahnte Schul- und Unterrichtsentwicklung ist nur *mit* kompetenten Lehrenden machbar[3]. Kompetenzaufbau – nicht nur bezogen auf fachwissenschaftliche, sondern auch oder gerade auf pädagogische und didaktische

---

[2] Ich habe im Folgenden zwar vorrangig angehende und praktizierende Lehrerinnen und Lehrer an Schulen im Blick. Die Inhalte des Buches sind aber ohne weiteres auch auf die Aus- und Weiterbildung anderer Personen mit Lehraufgaben in Industrie, Hochschule und Non-Profit-Organisationen geeignet (siehe auch Kap. 0.2).

[3] So betont z.B. das Bayerische Staatsministerium für Unterricht und Kultur (2002) explizit, dass Lehrerfortbildung als „Instrument der Unterrichtsentwicklung" zu verstehen ist.

Inhalte – erfordert lebenslanges Lernen, das in der Lehrerbildung zwar seit jeher gefordert wird, in der Praxis aber immer wieder auf Hemmnisse (Zeitmangel, Personalmangel, wachsende Anforderungen im Bildungsalltag etc.) stößt (siehe Kap. 1.1). Bereits in der universitären Lehrerausbildung sind Mängel vor allem in der effektiven Förderung pädagogisch-didaktischer Kompetenzen ein offenes Geheimnis. Letzt endlich muss die Notwendigkeit des *eigenen Lernens* unter Lehrenden stärker erkannt und vor allem professioneller praktiziert werden (Messner & Reusser, 2000). Blended Learning-Angebote sind *kein* Zaubermittel für die Lösung dieser Probleme; doch sie bieten zahlreiche Potentiale, wie sie im Verlauf des Buches deutlich werden sollen (siehe vor allem Kap. 1 und Kap. 7).

***Bedarf an Wissensteilung und Kooperation.*** Blended Learning-Konzepte verkennen *nicht*, wie wichtig und notwendig der direkte Kontakt mit Experten und anderen Lernenden sowie die reale Erfahrung mit konkreten Situationen sind. Vielmehr ergeben sich durch die Integration digitaler Medien in Lernumgebungen erweiterte Möglichkeiten dafür, Kontakte aufrechtzuerhalten, Kooperationen zu intensivieren und zu etablieren sowie das Selbstlernen mit Teamlernen effektiv zu verbinden. Und damit sind wir an einem Punkt, der für die Lehrerbildung dringlicher denn je erscheint: Die bereits genannten PISA-Studien (Bos et al., 2004; s.o.) verweisen unter anderem auf erhebliche nationale, regionale wie auch schulbezogene Unterschiede in den Leistungen von Schülerinnen und Schülern und damit auch in der Art, wie Schule und Unterricht entwickelt werden. Ein „Lernen voneinander", Wissensteilung und Erfahrungsaustausch seitens der Lehrenden (mitunter auch als Wissensmanagement an Schulen bezeichnet und gefordert) sind vor diesem Hintergrund des Leistungsgefälles nahe liegend (siehe Kap. 1.1). Blended Learning *kann* zu mehr Austausch in der Schule, zu mehr Überregionalität und Internationalität in der Lehrerbildung beitragen; in jedem Fall schafft diese neue Form des Lernens günstige Voraussetzungen dafür, über den Tellerrand der eigenen Schule, des eigenen Bundeslandes und der eigenen Nation zu blicken.

## 0.2 Ziele und Zielgruppe des Buches

***Ziel 1: Orientierungswissen zum Lernen und Lehren vermitteln.*** Seriöse Forschung auf dem Gebiet des E-Learning und Blended Learning gibt es genug; doch aus der Sicht vieler in der Praxis tätiger Menschen, die z.B. das Lernen von Lehrenden fördern und unterstützen wollen, werden diese Erkenntnisse weder besonders anwendungsfreundlich zugänglich gemacht, noch gibt es für sie ausreichend Hilfestellung dafür, die vielen wissenschaftlichen Modelle, Theorien und empirischen Befunde bezogen auf praktische Fragen auch zusammenzubringen. Ich bin überzeugt davon, dass ein Grundverständnis von Lernen und Lehren *eine* zentrale Voraussetzung dafür ist, als Anbieter, Gestalter oder Ausführender von Blended Learning-Angeboten eigenständig Antworten auf wiederkehrende und neue Fragen und Herausforderungen beim Lernen und Lehren mit digitalen Medien zu finden[4]. Ohne Kenntnisse über verschiedene Facetten des Phänomens Lernen und über Lerntheorien, ohne Überblick über die Besonderheiten des Lernens mit (digitalen) Medien und die wichtigsten Lehr-Lernmodelle fehlt die notwendige Orientierung im Dschungel der technischen Angebote und der ständig neuen Anforderungen an die Bildungspraxis. Ein solches Orientierungswissen will dieses Buch liefern – ohne den Anspruch zu erheben, *alle* relevanten Erkenntnisse aus Lernpsychologie, Pädagogischer Psychologie und Didaktik (der digitalen Medien) zusammenzutragen. Orientierungswissen meint an dieser Stelle eine Art Werkzeug, das einem dabei hilft, Ordnung in viele lernpsychologische und didaktische Informationen zu bringen, die viele Leser dieses Buche sicher „schon mal gehört haben", aber mehr oder weniger Fragmente geblieben sind. Unter Verzicht auf Details und auf die Darstellung forschungsmethodischer Hintergründe sollen diejenigen Inhalte zum Thema Lernen und Lehren (mit digitalen Medien) in verständlicher Sprache zusammengefasst werden, die einen fähig machen für die Entwicklung von Blended Learning-Konzepten – in der Lehrerbildung und anderen Kontexten des Lehrens und Lernens. Ein Orientierungswissen dieser Art ist also für *alle* relevant, die in irgendeiner Weise Lehraufgaben übernehmen.

***Ziel 2: Den Aufbau konzeptioneller Kompetenz unterstützen.*** Ein solches Orientierungswissen sollte einen darin unterstützen, Blended Learning-Projekte von genuin *pädagogischen* Fragen ausgehend zu planen, auf der Basis lernpsychologischer und didaktischer Erkenntnisse zu konzipieren und damit auf ein nachhaltiges Fundament zu stellen, das nicht gleich bei den ersten technischen Pannen, inhaltlichen Veränderungen oder Problemen der Lernenden in der virtuellen Lernumgebung in sich zusammenstürzt. Das notwendige Orientierungswissen soll so präsentiert werden, dass es im Rahmen von Blended Learning-Projekten direkt oder indirekt handlungsleitend sein und das eigene

---

[4] Die Erkenntnis, dass die Psychologie des Lernens eine wichtige Grundlage für didaktische Entscheidungen bildet, ist nicht neu; bereits Aebli (z.B. Aebli, 1983) hat seit den 1960er Jahren überzeugend diese Position vertreten. Sein Einfluss auf die Lehrerbildung im Allgemeinen aber blieb gering (Reusser & Messner, 2002); von einer Übertragung der Erkenntnis auf E-Learning und Blended Learning im Besonderen kann keine Rede sein.

Tun verbessern kann. Vor dem Hintergrund dieser Zielsetzung bietet das Buch bewusst *keine* Darstellung technischer Möglichkeiten beim Einsatz von E-Learning-Elementen und Anleitungen für die medientechnische Umsetzung didaktischer Ideen, wofür es zahlreiche Hilfen (z.B. Schulmeister, 2003; Handke, 2003; Baumgartner et al., 2004) und vor allem Experten gibt, an die die technische Umsetzung zumindest in den informationstechnisch anspruchsvollen Teilen delegiert werden dann. Vielmehr geht es in diesem Buch um die Phase *vor* technischen Entscheidungen und Umsetzungen, und damit um das notwendige „Rüstzeug" für die Entwicklung eines tragfähigen Blended Learning-Konzepts. Man kann dieses Rüstzeug auch als *konzeptionelle Kompetenz* bezeichnen, die nach wie vor einen Mangel in vielen Kontexten des E-Learning und Blended Learning darstellt.

***Ziel 3: Impulse zum Blended Learning in der Lehrerbildung geben***. Auch wenn die Lehrerbildung in der E-Learning- und Blended Learning-Literatur sicher nicht überrepräsentiert ist: Fallbeispiele zum Einsatz digitaler Medien in der Lehreraus- und -fortbildung gibt es durchaus (vgl. z.B. Höllriegel, 2005). So genannte „Best Practices", die manchmal Bestand haben, oft genug aber nach dem Ende von Fördergeldern ein trauriges Dasein fristen oder eingestampft werden, sowie Erfahrungsberichte über die Erfolge (selten auch über die Misserfolge) einzelner Projekte sind wichtig, haben aber *allein* kaum das Potential, Praktiker zur Entwicklung eigener Blended Learning-Angebote zu befähigen. Dazu kommt, dass aus meiner Sicht vor allem die *Passung* eines Blended Learning-Angebots erstens zu spezifischen Bedürfnissen und Voraussetzungen der Zielgruppe und zweitens zu den Merkmalen des Kontextes, in dem man sich befindet, den Erfolg ausmacht; und eine solche Passung erreicht man *nicht* mit Kopien von Best Practice-Projekten. Wohl aber können Beispiele – das oben besprochene Orientierungswissen vorausgesetzt – zum einen die Bandbreite pädagogisch-didaktischer Möglichkeiten des Blended Learning in der Lehrerbildung aufzeigen und zum anderen Impulse für eigene Ideen geben. Auf diesem Wege möchte dieses Buch dazu anregen, über die Zukunft der Lehrerbildung und darüber hinaus nachzudenken – im Hinblick sowohl auf die Organisation des Lernens als auch auf die Kultur des Lernens von Lehrenden. „Darüber hinaus" meint, dass auch die Wirtschaft von einem Blick auf Lehrerbildung und Schule als *die* Wissensorganisationen schlechthin profitieren und sich von neuen Ideen des Lernens und Lehrens für eigene Bildungsherausforderungen (in Unternehmen) anregen lassen kann.

***Zielgruppe***. Zielgruppe des Buches sind primär Entscheider, Gestalter und Dozenten in der Lehreraus- und -fortbildung, die die Potentiale der digitalen

Medien nutzen und Blended Learning-Angebote entwickeln und anbieten möchten. Das Buch wendet sich darüber hinaus auch an Lehramtsstudierende sowie an Lehrende in der Praxis, die ihr Wissen um den Nutzen der digitalen Medien für ihr eigenes Lernen erweitern und vertiefen wollen. Auch über die Lehrerbildung hinaus kann das Buch als Grundlage für all diejenigen dienen, die Blended Learning auf einer pädagogisch-psychologischen Basis konzipieren, durchführen und etablieren möchten. Dazu gehören z.B. Dozenten an der Hochschule, Trainer und Referenten in der Weiterbildung und Erwachsenenbildung sowie Personalentwickler und Verantwortliche für Lernstrategien in Unternehmen und Corporate Universities[5]. Die letztgenannten Gruppen werden sich auf den ersten Blick nicht im Begriff der „Lehrerbildung" wiederfinden (wollen). Und doch sind auch sie letztlich „Lehrer" im weitesten Sinne, deren eigenes Lernen angesichts ihrer verantwortungsvollen Aufgabe von besonderer Bedeutung ist.

## 0.3 Überblick über den Aufbau des Buches

Das Buch enthält - neben der Einführung - insgesamt sieben Kapitel: Zwei dieser Kapitel (das erste und das letzte) beziehen sich speziell auf die Lehrerbildung und die Frage nach den Möglichkeiten des Blended Learning in der Aus- und Fortbildung von Lehrenden. Die übrigen fünf Kapitel stellen zwar immer wieder Bezüge zu Besonderheiten der Lehrerbildung her, bieten aber primär Grundlagenwissen zu Lernen, Lerntheorien und didaktischen Modellen, die für die Entwicklung eines Blended Learning-Konzepts hilfreich sind. Dieser Part geht denn auch explizit über die Zielgruppe aus dem Bereich der „klassischen" Lehrerbildung hinaus und ist für alle interessierten Leserinnen und Leser geeignet, die Lehraufgaben übernehmen.

***Kapitel 1 – Lernen mit digitalen Medien in der Lehrerbildung***. Das erste Kapitel bietet eine kurze Standortbestimmung zur Aus- und Fortbildung von Lehrenden sowie zur Nutzung digitaler Medien in diesem Bereich und möchte dabei vor allem den Rahmen abstecken, in dem Blended Learning die Organisation und Kultur des Lernens in der Lehrerbildung verändern *könnte*.

***Kapitel 2 – Das Phänomen Lernen***. Das Phänomen Lernen an sich steht im Mittelpunkt des zweiten Kapitels. Besprochen werden die Vielfalt des Lernens

[5] Corporate Universities sind unternehmenseigene Aus- und Weiterbildungseinrichtungen, die strategische Aufgaben mit Bildungsaufgaben verbinden.

sowie seine kognitive, motivationale, emotionale und soziale Dimension. Für jede dieser Dimensionen werden exemplarisch einige lernpsychologisch relevante Konzepte beschrieben, die zum Verstehen des Phänomens Lernen beitragen können.

***Kapitel 3 – Lernen mit digitalen Medien***. Während das zweite Kapitel das Phänomen Lernen noch ohne Medienbezug betrachtet, widmet sich das dritte Kapitel einigen zentralen Erkenntnissen zum Lernen mit digitalen Medien. Dabei werden die Lernpotentiale sowohl der neuen Informations- als auch der neuen Kommunikationstechnologien genauer unter die Lupe genommen. Zudem werden Orientierungsmodelle zum Blended Learning vorgeschlagen.

***Kapitel 4 – Vom Lernen zum Lehren***. Wie man nun vom Lernen zum Lehren und damit auch zur Gestaltung von Lernumgebungen im Allgemeinen und zur Gestaltung medialer Lernumgebungen im Besonderen kommt, schildert das vierte Kapitel. Dabei spielt der Wissensbegriff eine tragende Rolle. Eine weitere praktisch relevante Orientierung wird über die Unterscheidung verschiedener Gestaltungsebenen beim Blended Learning eingeführt.

***Kapitel 5 – Lernparadigmen und ihre Folgen***. Das fünfte Kapitel gibt einen Überblick über die drei wichtigsten Lernparadigmen – den Behaviorismus, den Kognitivismus und den Konstruktivismus. Alle drei Paradigmen werden zusammenfassend dargestellt und auf ihre Bedeutung für Blended Learning hin untersucht. Zudem werden Gemeinsamkeiten und Unterschiede geschildert und damit die Grundlage für zwei grundsätzliche Positionen zur Gestaltung von Blended Learning-Umgebungen geschaffen.

***Kapitel 6 – Instruktionsdesign – Kontextdesign – Aufgabendesign***. Während das fünfte Kapitel noch auf einem relativ hohen Abstraktionsniveau verbleibt, bietet das sechste Kapitel Einblick in die Vielfalt didaktischer Modelle, die sich soweit konkretisieren lassen, dass sie unmittelbare Handlungsimpulse für die Gestaltung von Blended Learning-Umgebungen geben. Diese Modelle werden in zwei Gruppen unterteilt: in die Gruppe des Instruktionsdesigns und in die Gruppe des Kontextdesigns. Besondere Aufmerksamkeit wird der Gestaltung von Aufgaben zuteil, die man als „Herz“ einer jeden Lernumgebung bezeichnen kann.

***Kapitel 7 – Beispiele für Blended Learning in der Lehrerbildung***. Das siebte und letzte Kapitel schließt den Kreis zum ersten Kapitel und beschreibt exemplarisch je zwei Blended Learning-Angebote für die Aus- und Fortbildung von

Lehrenden. Das Buch endet mit einigen Überlegungen zur Zukunft der Lehrerbildung mit digitalen Medien.

Alle Kapitel wurden so verfasst, dass größere Vorkenntnisse in der Lernpsychologie, der Pädagogischen Psychologie und der Didaktik *nicht* erforderlich sind. Umgekehrt macht dieses Buch die Lektüre einschlägiger Einführungen in die genannten Disziplinen keineswegs überflüssig. Jedes Kapitel enthält einen kurzen Überblick zu Beginn und eine Zusammenfassung am Ende; logische Grafiken sollen das Verständnis ebenfalls erhöhen. Eine Übersicht über die Kapitel dieses Buches findet sich in der nachfolgenden Abbildung.

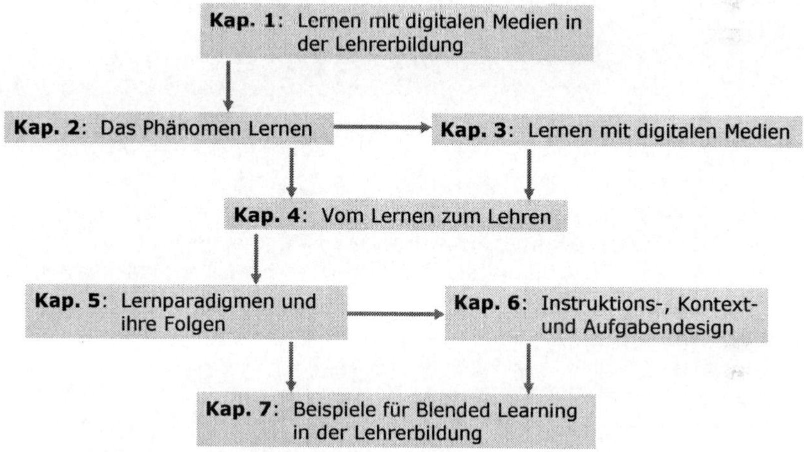


*Abb. 0.1: Überblick über die Kapitel des Buches*

# Kapitel 1: Lernen mit digitalen Medien in der Lehrerbildung

## Überblick

Die Aus- und Fortbildung von Lehrenden (also von Lehrerinnen und Lehrern an unseren Schulen, aber auch von Dozenten, Referenten und Trainern an Hochschulen, in Betrieben und in anderen Kontexten) steht vor besonderen Herausforderungen, denn: Sie sollen als „Experten für das Lernen" tätig werden, was wiederum mit hohen Ansprüchen an das eigene Lernen verbunden ist. Auch wenn es nicht Ziel dieses Buches ist, die Aus- und Fortbildungssituation von Lehrenden zu vertiefen, sind doch einige grundlegende Eckdaten zu besprechen, die beim Thema Blended Learning in der Lehrerbildung zu berücksichtigen sind.

1. **Lehreraus- und -fortbildung** ist im deutschsprachigen Bereich keineswegs einheitlich geregelt. Einheitlich sind allenfalls eine ganze Reihe an Kritikpunkten in Bezug auf Curriculum, Didaktik, Transparenz, Praxisbezug und Kontinuität verschiedener Bildungsphasen sowie die Hoffnung, über den Bologna-Prozess notwendige Reformen verwirklichen zu können. Davon ist auch die Fortbildung nicht auszunehmen.
2. Der **Einsatz digitaler Medien in der Lehrerbildung** wird bereits seit langem diskutiert, in zahlreichen Projekten bereits umgesetzt, ohne dass man jedoch von einer Etablierung derselben sowie von einer selbstverständlichen Akzeptanz und Nutzung entsprechender Konzepte zur Aus- und Fortbildung sprechen kann. Ein kurzer Überblick über eine Reihe etablierter Angebote von Blended Learning in der Lehrerbildung soll einen ersten Eindruck von den neuen Möglichkeiten vermitteln.

## 1.1 Lehreraus- und -fortbildung

Die Aus- und Fortbildung von Lehrerinnen und Lehrern ist in allen europäischen Ländern ein viel diskutiertes Thema. Auch im deutschsprachigen Raum herrscht kein Mangel an Ideen, Kritikpunkten, Reformen und darauf aufbauenden neuen Klagen zur Lehrerbildung. Dazu kommen aktuelle Bestrebungen der Europäisierung des Hochschulraumes, von denen auch die Lehrerbildung nicht ausgenommen ist. Es kann – grundsätzlich und angesichts der dynamischen Situation der Lehrerbildung zum jetzigen Zeitpunkt – im Folgenden nicht das Ziel sein, ein umfassendes Bild von der Aus- und Fortbildungssituation der Lehrenden zu zeichnen. Umgekehrt kann ein Buch zum Blended Learning in der Lehrerbildung nicht an der Aus- und Fortbildung von Lehrenden vorbeigehen. Die folgenden (wenigen) Seiten sind ein Kompromiss und dienen dazu, einen – wenn auch knappen und akzentuierenden – Rahmen für Fragen des Lernens und Lehrens mit digitalen Medien in der Lehrerbildung aufzuspannen.

### *1.1.1 Die Aus- und Fortbildungssituation in der Lehrerbildung*

***Die Organisation der Lehrerbildung in Deutschland***. Den Begriff „Lehrerbildung" nutze ich in diesem Buch vorrangig als Oberbegriff für die (universitäre) Ausbildung von Lehramtsstudierenden und für die Fort- und Weiterbildung von Lehrenden im Beruf. Im weiteren Sinne könnte man mit „Lehrerbildung" auch alle Aus-, Fort- und Weiterbildungsmaßnahmen von Personen fassen, die Lehraufgaben in verschiedenen Bildungskontexten übernehmen[1]. In Deutschland ist die Lehrerbildung dreiphasig, was innerhalb Europas einmalig und als sehr differenziertes System anerkannt ist (Sandfuchs, 2004). Die Lehrerausbildung (auch: Lehramtsausbildung) umfasst die ersten zwei Phasen: Phase 1 besteht aus einem Universitätsstudium oder einem Studium an einer Pädagogischen Hochschule (mindestens zwei Fächer und Erziehungswissenschaft) und dauert drei bis vier Jahre; diese Ausbildungsphase unterliegt der Autonomie der Universitäten. Phase 2 wird als Vorbereitungsdienst bezeichnet, dauert eineinhalb bis zwei Jahre, erfolgt teils in Form einer schulpraktischen Ausbildung, teils in Form von Seminaren (in außeruniversitären Einrichtungen) und obliegt der Verantwortung der Schulen und der beteiligten Institutionen. Die Lehrerfort- und -weiterbildung kann als dritte Phase der Lehrerbildung be-

---

[1] Ein solches Verständnis legen auch die neuen Bachelor-Strukturen in der Lehrerbildung nahe (s.u.).

zeichnet werden: Sie kann schulintern oder außerhalb der Schule erfolgen; zu unterscheiden sind zudem informelle Fortbildungsmaßnahmen von der Teilnahme an offiziellen Fortbildungsangeboten (s.u.). In allen Bundesländern Deutschlands gibt es eine Fortbildungspflicht, die jedoch im Detail unterschiedlich (auch uneinheitlich) geregelt und gesetzlich verankert ist.

***Die Organisation der Lehrerbildung in Österreich und in der Schweiz*.** In Österreich wird das Schul- und Lehrerbildungssystem zentral über bundeseinheitliche Gesetze gesteuert, kann aber dennoch als zersplittert und fragmentiert bezeichnet werden (Buchberger, Buchberger & Wyss, 2004). Die Ausbildungssituation in Österreich ist insgesamt betrachtet heterogen (je nach Schultyp); eine Art zweiphasiges Modell (wie in Deutschland) gibt es nur für höhere Schulen mit einem einjährigen Unterrichtspraktikum als Abschluss; ansonsten dominiert ein sechssemestriges Diplomstudium. In der Schweiz ist das Bildungssystem föderalistisch geordnet; die Kantone unterscheiden sich in der Organisation ihrer Schul- und Lehrerbildungssysteme; dies führt zu einer bunten Vielfalt an Angeboten und Regelungen (Buchberger et al., 2004). Alle Lehrerinnen und Lehrer werden in der Schweiz seit Mitte der 1990er Jahre an Hochschulen ausgebildet; nach Abschluss des Studiums findet eine Berufseinführung statt. Seit einigen Jahren wird in der Schweiz (aber auch in Österreich) die Einrichtung Pädagogischer Hochschulen stark vorangetrieben.

***Ziele der Lehrerbildung*.** Ziel der (universitären) Lehrerausbildung in der ersten Phase ist es, „angehende Lehrerinnen und Lehrer mit den notwendigen Wissens- und Reflexionsvoraussetzungen für die spätere Berufstätigkeit auszustatten" (Terhart, 2004, S. 44); die Lehrerbildung in dieser Phase ist wissenschaftsorientiert. Ziel des Vorbereitungsdienstes ist es, berufliche Handlungskompetenz zu vermitteln und den wissenschaftsorientierten Wissenserwerb durch praktische Berufsvorbereitung zu ergänzen: In dieser zweiten Phase der Lehrerausbildung geht es darum, Unterricht zu beobachten und zu analysieren, eigenen Unterricht vorzubereiten und durchzuführen, Aufgaben innerhalb der Schule zu übernehmen etc. Angebote zur Lehrerfort- und -weiterbildung in der dritten Phase schließlich dienen dazu, die Qualifikation der Lehrenden zu erhalten und zu erweitern. An der Stelle ist anzumerken, dass Lehrerfortbildung Bildung in einem ausgeübten Beruf ist, während Lehrerweiterbildung das Berufsspektrum erweitert. Diese Unterscheidung ist für die Zwecke dieses Buches allerdings nicht relevant und wird daher nicht weiter verfolgt; im Folgenden wird vorrangig die Lehrerfortbildung fokussiert.

***Lehrerbildung im Kreuzfeuer der Kritik***[2]. Lehrerbildung ist - neben der Schule - seit jeher ein Gegenstand vehementer Kritik. Geht man einmal von der großen Verantwortung von Lehrenden an den Schulen aus (vgl. Schnebel, 2004), ist die Intensität der kritischen Auseinandersetzung mit (erreichten und unerreichten) Zielen, (notwendigen oder kontraproduktiven) Prinzipien und (erfolgten oder verpassten) Veränderungen zumindest nachvollziehbar - handelt es sich doch um einen gesellschaftlichen Bereich, der wie kein anderer für die Zukunft der Mitglieder von Gesellschaften wichtige Weichen stellt. Oelkers (2001) spricht wenig schmeichelnd von der „Ruine Lehrerbildung" und führt hierfür drei grundlegende Schwachpunkte (in Deutschland) an: a) Lehrerbildung war noch nie und ist auch derzeit kein zentrales Anliegen an den Universitäten, sondern eher eine ungeliebte Randerscheinung. b) Die Organisationsform der Lehrerbildung ist zu komplex, zu widersprüchlich und selbstbezüglich und geht am Berufsfeld in vieler Hinsicht vorbei. c) Die Lehrerbildung ist teuer und ineffizient; bisherige Reformbemühungen haben gezeigt, dass das System in hohem Maße schwerfällig ist. Zu diesen drei Kernursachen für die Baufälligkeit der Lehrerbildung kommen zu lange Studienzeiten (im internationalen Vergleich), eine Fragmentierung der im Studium behandelten Sachgebiete und die Trennung zwischen wissenschaftlichen und berufspraktischen Zielen. In den meisten Punkten stimmen hier auch der Wissenschaftsrat (2001) und der neue OECD-Bericht zur Lehrerbildung in Deutschland (Halász, Santiago, Ekholm, Matthews & McKenzie, 2004) überein: Beklagt werden von beiden Seiten a) die zu geringe Berufstauglichkeit der Ausbildung (die sich unter anderem in erheblichen Defiziten in der pädagogischen und didaktischen Ausbildung von angehenden Lehrenden zeigt), b) die Inkonsistenz einzelner Phasen und Teile der Ausbildung sowie die mangelnde Verknüpfung der drei Phasen der Lehrerbildung und c) die schulart- und fachbezogene Zersplitterung, die zu Inkohärenzen im Wissen von Studierenden und angehenden Lehrkräften führt. Speziell an der Fortbildung kritisiert der OECD-Bericht 2004, dass diese zu wenig Bezug zu spezifischen strategischen Bedürfnissen der einzelnen Schule hat und insgesamt zu wenig nachfrageorientiert geplant und organisiert wird. Dazu kommt, dass die Lehrerfortbildung nach wie vor zu wenig Ressourcen erhält (s.u.).

---

[2] Die folgenden Ausführungen sind vorrangig der Literatur zu kritischen Einschätzungen der Lehrerbildung in Deutschland entnommen. Die meisten Punkte finden sich allerdings - in unterschiedlicher Ausprägung und Gewichtung - auch in Aussagen wieder, die sich auf die Lehrerbildung in Österreich und in der Schweiz beziehen. Allerdings fällt die Kritik in Deutschland besonders harsch aus.

***Schwächen in der Lehrerausbildung.*** Die Erwartungen an die Lehrerausbildung sind hoch: Studierende sollen sich – sehr allgemein gesprochen – in mindestens zwei Fächern einen fachwissenschaftlichen Grundstock erarbeiten, dabei (fachbezogen) wissenschaftliches Denken und Handeln erlernen *und* pädagogisch-psychologisches, allgemein didaktisches und fachdidaktisches Wissen und Können erwerben. Einen in Deutschland (oder auch in Österreich oder in der Schweiz) festgelegten verbindlichen Kanon an Inhalten des Studiums, die dazu geeignet sind, diese allgemeinen Wissens- und Fähigkeitsziele zu erreichen, gibt es allerdings nicht. Studierende nehmen die Inhalte der Lehrerausbildung konsequenterweise auch als etwas wahr, was eher beliebigen Charakter hat (Oelkers & Oser, 2000)[3] – eine Einschätzung, die mit Aussagen von Experten durchaus übereinstimmt. Neben dieser inhaltlichen Beliebigkeit ist die Praxistauglichkeit des Studiums eine kontinuierlich diskutierte Thematik: Allerorten wird kritisiert, dass die universitäre Ausbildung in Bezug auf die spätere Praxis wenig wirksam ist, was nicht nur an Fehlern in der inhaltlichen Ausrichtung, sondern auch an der Hochschuldidaktik (also z.B. an unangemessenen Lehr-Lernmethoden, zu geringem Anwendungsbezug und Vernachlässigung fachübergreifender Kompetenzen) festgemacht wird. Studien zeigen (vgl. Oser & Oelkers, 2001), dass die Zufriedenheit der Studierenden mit der Lehrerausbildung nicht nur vom Curriculum abhängt, sondern auch von der Transparenz und Zuverlässigkeit des Ausbildungssystems, denn: Studierende sind zufriedener, a) wenn die Ziele klar formuliert und Leistungsstandards deutlich vorgegeben sind, sodass der persönliche Aufwand gut eingeschätzt werden kann, und b) wenn die Betreuung gut ist und im Verlauf der Ausbildung die persönlichen Fortschritte im Können rückgemeldet werden, sodass die Studierenden Fortschritte auch selbst wahrnehmen können.

***Reform der Ausbildung durch den Bologna-Prozess.*** Viel Hoffnung setzt man derzeit in den Bologna-Prozess, der – mit Zweistufigkeit, Modularisierung und Punktesystem – auch die Lehrerausbildung reformieren und typische Probleme, wie sie oben nur kurz angerissen wurden, reduzieren soll: Die Einführung eines gestuften Studiensystems mit einem drei- bis vierjährigen Erststudium und einem ein- bis zweijährigen Zweitstudium soll Regelmodell in Europa werden, um die Transparenz von Studiengängen zu erhöhen, diese anschlussfähiger zu machen, flexiblere Lehr-Lernstrukturen im Kontext lebenslangen Lernens zu schaffen, die Internationalität zu erhöhen und Studiengänge besser an das Beschäftigungssystem anzubinden. – Ziele, die man allesamt auch für die Lehrerausbildung gerne erreichen würde. Die Reaktionen im deutschspra-

[3] Diese Aussagen beziehen sich auf die Schweiz, passen aber zu Beobachtungen auch in Deutschland und in Österreich.

chigen Raum auf diese neue Herausforderung der Europäisierung der Hochschulen im Bereich der Lehrerausbildung sind nicht einheitlich (Reiber, 2004). Die Deutsche Gesellschaft für Erziehungswissenschaft (2004) plädiert für ein Bachelor-Master-System in der Lehrerausbildung mit einem dreijährigen Bachelor-Studiengang, der den Studierenden auch Zugänge zu nicht-schulischen Berufsfeldern (z.B. Erwachsenenbildung, Verbände, Unternehmen, Corporate Universities) eröffnen soll, und einem zweijährigen Master-Studiengang, der die Inhalte des Bachelor-Studiums erweitert und vertieft sowie einen berufsbezogenen Kompetenzerwerb fördert. Fragen der Reihenfolge und Kombination von fachwissenschaftlichen und pädagogisch-didaktischen Inhalten im Rahmen dieser Zweistufigkeit sind allerdings noch nicht zur Gänze geklärt und werden zum Teil (vor allem von Vertretern verschiedener Verbände) durchaus strittig behandelt. Fakt ist, dass es im Zuge des Bologna-Prozesses zahlreiche (unterschiedliche) Reforminitiativen in den einzelnen Bundesländern (Deutschlands) gibt, die sich vor allem auf die erste Phase der Lehrerausbildung, kaum auf die zweite Ausbildungsphase und so gut wie gar nicht auf die Lehrerfortbildung beziehen (Terhart, 2004, S. 52f.).

***Informelle und institutionalisierte Lehrerfortbildung.*** Wenn es um die dritte Phase der Lehrerbildung, also um die Lehrerfortbildung geht, muss man zunächst einmal informelle Fortbildungsmaßnahmen von Fortbildungen in einem institutionellen Rahmen unterscheiden (Landert, 1999): Individuelle Fortbildung hat den Vorteil, dass sie flexibel geplant, gestaltet und umgesetzt werden sowie kurzfristige und punktuelle Bedürfnisse gezielt befriedigen kann. Allerdings ist diese Form der Fortbildung wenig transparent und eher isoliert, verzichtet also weitgehend auf den Dialog mit anderen Lernenden. Institutionalisiertes Lernen in der Fortbildung (schulintern oder extern) befriedigt eher mittelfristig wirksame Bedürfnisse; die inhaltliche und methodische Bandbreite ist jedoch größer als bei der informellen Weiterbildung. Ein Nachteil ist, dass spezifische individuelle Bedürfnisse bei der institutionalisierten Fortbildung oft unbeachtet bleiben. In allen Bundesländern Deutschlands sowie in Österreich und in der Schweiz gibt es eine Fortbildungspflicht, deren Details jedoch unterschiedlich (auch innerhalb Deutschlands) geregelt sind. Die Bedeutung der Fortbildung wird von Lehrenden insgesamt als hoch eingeschätzt; individuelle, informelle Fortbildung allerdings wird tendenziell als wichtiger bewertet (Haenisch, 1992; Landert, 1999). Stärkstes Motiv für Fortbildung ist der Wunsch, sich mit anderen Fachleuten zu treffen; weitere Motive sind die Persönlichkeitsbildung, die Erwartung, die eigene Fachkompetenz zu verbessern und/oder zu erhalten und Neuerungen im Unterricht einzuführen (Landert, 1999). Familiäre und berufliche Be- und Überlastung werden immer wieder als die wichtigsten Hindernisse für den Besuch von (formellen) Fortbildungsveranstaltungen bei Lehrkräften genannt; hier erklärt sich auch die hohe Bedeutung informeller Fortbildungsmaßnahmen. Deutlich ist der Trend hin zur schulinternen Fortbildung und zur Fortbildung von Multiplikatoren, was aber schon seit Mitte der 1990er Jahre gefordert wird (Häring, 1996).

***Schwächen in der Lehrerfortbildung***. Die gegenwärtige Lehrerfortbildung wird in der Literatur relativ übereinstimmend als ein Unterfangen charakterisiert, das unterdimensioniert, wenig zielgerichtet und nicht auf Wirkung und Nachhaltigkeit überprüft ist (Terhart, 2005, S. 51). „Unterdimensioniert" meint, dass die Ausgaben für Lehrerfortbildung (europaweit) auf einem relativ niedrigen Niveau liegen, nämlich bei unter 0,5 Prozent der jeweiligen Bildungsausgaben (Daschner, 2004). „Wenig zielgerichtet" verweist auf inhaltliche Mängel und das leidige Problem des defizitären Praxisbezugs; letzteres zeigt sich z.B. in dem immer wieder beklagten Phänomen, dass neu erworbene Inhalte im Schulalltag nicht angewendet werden (Transferproblem). „Nicht überprüft" schließlich bringt knapp auf den Punkt, dass empirisch gesicherte Erkenntnisse zur Wirksamkeit der Lehrerfortbildung (s.u.) unzureichend sind. Die schwache Empirie macht es schwierig, erkannte Probleme zu beheben, weil die Ursachen für Misserfolge ebenso wie Erfolgsfaktoren weitgehend im Dunklen bleiben. Als weitere Schwächen der Lehrerfortbildung werden z.B. genannt: die nach wie vor mangelnde Verbindlichkeit von Fortbildungsangeboten, die fehlende Koppelung an den beruflichen Aufstieg und die relativ schwache Beteiligungsquote (Daschner, 2004). Was die Beteiligung an Fortbildungsmaßnahmen angeht, zeigt sich, dass Nutzungsverhalten, Vorlieben und damit verbunden die Ergebnisse schulartspezifisch, zum Teil auch geschlechtsspezifisch sind (z.B. Haenisch, 1992; Reckmann, 1992).

***Erkenntnisse zur Wirksamkeit von Lehrerbildung.*** Dass man sich mit empirischen Mitteln der Lehrerbildung widmet, ist ein eher junges Phänomen. Erst seit den 1980er Jahren lassen sich vielfältige empirische Studien verzeichnen, die im weitesten Sinne Bezug zur Lehrerbildung haben, nämlich Studien zur professionellen Biografie von Lehrpersonen, zu handlungsleitenden Kognitionen von Lehrenden oder zu Wissen und Expertise im Lehrberuf (vgl. Oser, 2004). Fragen zur Wirksamkeit von Aus- und Fortbildungsmaßnahmen werden seitdem in Evaluationsstudien überprüft, die jedoch eher thematisch oder regional begrenzte Einzeluntersuchungen und weniger systematische Erhebungen größeren Umfangs sind. Die Folge ist, dass man über die Wirksamkeit von Lehrerbildung faktisch wenig weiß. Dass eine qualitativ hochwertige Lehrerbildung Voraussetzung für Qualität in Schule und Unterricht ist, klingt plausibel, ist aber empirisch keineswegs eindeutig belegt (Blömeke, 2004): Auf der Grundlage bisheriger Befunde bleibt die Frage offen, ob und wie wirksam Lehrerbildung ist bzw. inwiefern eine hohe Qualität von Lehrerhandeln (als Ziel aller Bemühungen) wirklich das Ergebnis von Lehrerbildung oder nicht doch von Persönlichkeitseigenschaften oder von langjähriger Berufspraxis ist. Einigkeit herrscht in der Literatur nur dahingehend, dass mehr empirische Studien notwendig sind, die systematisch nach den Effekten von Lehrerbildung suchen, hierzu ein sinnvolles methodisches Instrumentarium entwickeln und vor allem auch ein einheitliches bzw. vergleichbares Verständnis von Wirksamkeit zugrunde legen (Oser, 2004).

### *1.1.2 Die Lernkultur in der Lehrerbildung*

***Lehrerbildung als Prozess lebensbegleitenden Lernens.*** „Lehrende sind ... lebenslang Lernende" (Messner & Reusser, 2000, S. 277) - ein solcher Satz klingt einfach, hat aber erhebliche Konsequenzen für die Lehrerbildung, die dem Faktum, dass Lehrende immer auch Lernende sind, bislang nur wenig nachkommt. Dass die derzeitige Situation der Lehrerbildung dem Verständnis von „Lehrerbildung als Prozess lebensbegleitenden Lernens" noch nicht gerecht wird, zeigt sich am deutlichsten in der oben dargestellten mangelhaften Verknüpfung und Kohärenzbildung verschiedener Phasen der Lehrerbildung[4]. Es zeigt sich aber auch in der quasi nicht stattfindenden Integration von informeller und institutionalisierter Fortbildung und - so meine Ansicht - in der vorherrschenden Fantasielosigkeit pädagogisch-didaktischer Gestaltung von Angeboten zur Lehrerbildung. Eine weitere Ursache für die Vernachlässigung der Lernförderung und -orientierung in Lehrberufen dürfte darin liegen, dass man sich für die Entwicklung und Lernbiografie von Lehrenden (die neben kognitiven auch motivationale, emotionale und soziale Facetten umfasst; vgl. hierzu ausführlich Kap. 2) nicht sonderlich zu interessieren scheint. Lehrer zu werden, kann aber nicht allein als eine Frage der richtigen Ausbildung oder der Anpassung an bestehende Verhältnisse gesehen werden - so Terhart (2001) -, sondern als ein lebenslanger Entwicklungsprozess, der schließlich zu einer beruflichen Identität führt. Ob und wie ein solcher lebenslanger Entwicklungsprozess stattfindet, dürfte in hohem Maße von der *Lernkultur* beeinflusst sein, die Lehrende (in der Ausbildung, in der Fortbildung und in ihrem beruflichen Kontext Schule) vorfinden, erleben und selbst (mit-)konstruieren.

---

[4] Was allerdings ein typisch deutsches Problem ist (Hericks, 2004).

***Der Begriff der Lernkultur und seine Bedeutung in der Lehrerbildung.*** Kultur – als Gegensatz zur Natur – meint gemeinhin „alle nach einem kollektiven Sinnzusammenhang gestalteten Produkte, Produktionsformen, Lebensstile, Verhaltensweisen und Leitvorstellungen einer Gesellschaft" (Arnold & Schüßler, 1998, S. 43), die sich als Werte und Überzeugungen niederschlagen und tradiert werden. Die Komponenten dieses Kulturbegriffs lassen sich auch auf die Lernkultur übertragen: Lernkultur meint dann *Produkte* wie Lernmaterialien und Medien, *Produktionsformen* wie die Entwicklung von Inhalten und Methoden, Lern- und Lehr*stile* und damit verbundene Gewohnheiten, das *Verhalten* in pädagogischen Situationen sowie Ziele und Vorstellungen davon, wie „richtiges" Lernen auszusehen hat. Welche Lernkultur speziell an unseren Schulen herrscht (wie auch in Hochschulen, in der Weiterbildung und in der Erwachsenenbildung), darüber ist bereits viel geforscht und geschrieben worden. Gedanken und Vorschläge zur Kultur des Lernens angehender und praktizierender Lehrkräfte halten sich demgegenüber eher in Grenzen: Gesicherte wissenschaftliche Erkenntnisse zu Lernstilen, Lerngewohnheiten und Visionen von idealen Lehr-Lernprozessen in der Aus- und Fortbildung von Lehrenden sind jedenfalls kaum zu finden; in der Forschung dominieren Studien zur Lehrerpersönlichkeit, zur Expertise von Lehrkräften sowie zu Motiven, Wert- und Zielvorstellungen (vgl. z.B. Rheinberg, Bromme, Minsel, Winteler & Weidenmann, 2001). Die oben skizzierten Kritikpunkte an der Lehrerbildung (vgl. Kap. 1.1.1) aber weisen deutlich darauf hin, dass man mit den ablaufenden Lernprozessen von angehenden und praktizierenden Lehrenden offenbar nicht zufrieden ist und ein Wandel in der Kultur des Lernens bei Lehrenden entsprechend angestrebt werden sollte.

***Lernkulturwandel – auch in der Lehrerbildung?*** Mit kulturellem Wandel verbindet man die Idee, die Lebensverhältnisse zu vervollkommnen und zu veredeln, dabei Humanität, Freiheit und Selbstgestaltung zu fördern, gleichzeitig aber auch kulturelle Werte zu bewahren (Weinert, 1997, S.11). Der Motor eines Kulturwandels kann vieles sein: Unbehagen an der Tradition, neue gesellschaftliche Bedingungen oder radikale Veränderungen technischer, ökonomischer oder sozialer Art kommen gleichermaßen in Frage. Überträgt man wiederum diese Vorstellung von kulturellem Wandel auf das Lernen, so impliziert ein Wandel der Lernkultur eine „Veredelung" der *Lern*verhältnisse. *Was* eine solche Veredelung im Einzelnen bedeutet, zeigt ein Blick in die pädagogisch-psychologische Literatur seit den 1990er Jahren. Dort haben sich einige Konstanten durchgesetzt, die heute als Kernelemente einer „neuen Lernkultur" gelten: Lernen wird als ein Prozess betrachtet, der aktiv-konstruktiv, selbstorganisiert, sozial und situiert erfolgt (siehe Kap. 2). Vorstellungen dieser Art zeigen sich vor allem in konstruktivistisch geprägten Lehr-Lernmodellen, die, zeitlich nach dem Kognitivismus, ein neues Paradigma mit eigenem Menschen- und Weltbild eingeleitet haben (siehe hierzu ausführlich Kap. 5). Inzwischen gibt es unzählige (gute) Publikationen dazu, wie man eine solche neue Lernkultur und das damit verbundene Verständnis von Lernen in der Schule etablieren kann und welchen Beitrag hierzu allem voran die Lehrkräfte leisten sollen. Um die dazu erforderlichen Lernprozesse der Lehrenden dagegen macht man sich erstaunlich wenig Gedanken (Schnebel, 2004)[5]. Erstaunlich ist das deshalb, weil es auf der Hand liegt, dass die selbst erlebte und gelebte Lernkultur letztlich entscheidend dafür ist, welche Form von Lernen man auf welche Weise bei anderen (nämlich bei den der eigenen Person anvertrauten Lernenden) fördert. Den oben erörterten Lernkulturwandel brauchen wir also auch - da dürfte es wohl kaum Zweifel geben - in der Aus- und Fortbildung von Lehrenden.

***Wissensmanagement als Ansatz eines Lernkulturwandels***. Seit Ende der 1990er Jahre wird diskutiert, wie die Organisation Schule nicht nur im Unterricht, sondern auch in Bezug auf die Eltern, regionale Wirtschaft und Öffentlichkeit mit Information und Wissen umgeht, wie transparent Information und Wissen gehandhabt werden und in welcher Weise z.B. im Lehrerkollegium Wissen aufgebaut, kommuniziert und (untereinander) zur Anwendung gebracht wird (z.B. Chott, 1999; Mandl, Hense & Kruppa, 2003; Kremer, 2003). Insbesondere Letzteres - also die Generierung, der Austausch und die Nutzung von Wissen seitens der Lehrkräfte - ist eine Zielrichtung des Wissensmanagements, die unter anderem kulturelle Fragen zu Wissen und Lernen von Lehrenden zumindest bewusst gemacht und stellenweise auch neue Projekte auf den Weg gebracht hat (vgl. Mandl et al., 2003). Mit Ideen zum Wissensmanagement an Schulen ist auch der Einsatz digitaler Medien nicht nur im Unterricht, sondern auch in anderen Bereichen der Schule (Verwaltung und eben auch Fortbildung) zum Thema geworden, auch wenn man sicher nicht von einer flächendeckenden Bewegung sprechen kann (Reinmann-Rothmeier, 2003a). Immerhin aber hat die Perspektive „Wissensmanagement" (in Verbindung mit Ansätzen zur lernenden Organisation) den Blick auf Wissens- und Lernprozesse von *allen* beteiligten Akteuren in der Organisation Schule und auf notwendige Veränderung von Strukturen gerichtet und bringt auf diesem Wege zumindest neue Chancen für einen Lernkulturwandel auch bei den Lehrenden mit sich (vgl. Maisch, in Druck).

[5] Im Sachwörterverzeichnis des Handbuchs Lehrerbildung (Blömeke, Reinhold, Tulodziecki & Wildt, 2004) taucht der Begriff Lernkultur z.B. gar nicht auf.

## 1.2 Einsatz digitaler Medien in der Lehrerbildung

Die Nutzung neuer Medien im Schulunterricht ist – das machen Erfahrungen seit vielen Jahren deutlich – keine direkte Funktion der technischen Ausstattung: Trotz verbesserter (wenn auch keineswegs optimaler) Versorgung der Schulen mit Computer und Internet werden diese von den Lehrenden in den Unterricht eher zögerlich einbezogen[6]. Die wichtigsten Gründe werden – neben mangelnder Initiative und Unterstützung seitens der Schulleitung – in nach wie vor ablehnenden Einstellungen und mangelnden Kenntnissen seitens der Lehrenden gesehen; der daraus abzuleitende Weiterbildungsbedarf wird von Lehrenden selbst explizit hervorgehoben (z.B. Scholl & Prasse, 2001; Prasse & Scholl, 2001). Gerade dieser immer wieder hervorgehobene Mangel in der Nutzung der Lernpotentiale digitaler Medien macht Aus- und Weiterbildungskonzepte erforderlich, die nicht nur über neue Möglichkeiten von E-Learning und Blended Learning referieren, sondern die neuen Möglichkeiten der Nutzung digitaler Medien auch erlebbar machen. In den letzten Jahren wurden zahlreiche Projekte sowohl in der Aus- als auch in der Fortbildung von Lehrenden initiiert und durchgeführt, die die digitalen Medien einsetzen, dies aber unter ganz unterschiedlichen Bezeichnungen wie E-Learning, Blended Learning, Online-Lernen, Fernlernen, IT-Angebote, internetbasiertes Lernen etc. tun. Dass sich selbst bei gleichen Bezeichnungen die Projekte nicht unbedingt ähneln oder dass umgekehrt unter verschiedenen Titeln Ähnliches angeboten wird, liegt in der Natur des „Buzz Word"-Problems rund um das Lernen mit digitalen Medien, auf das im dritten Kapitel noch genauer eingegangen wird (siehe Kap. 3.4.1). Im Folgenden geht es weder um eine umfassende Darstellung aktueller Projekte zum Einsatz digitaler Medien in der Lehrerbildung noch um eine Systematisierung derselben. Vielmehr soll exemplarisch und in aller Kürze gezeigt werden, welche Aktivitäten sich derzeit beobachten lassen, um einen Eindruck darüber zu verschaffen, wie es um den Status quo bzw. um die Ausgangsbedingungen für Blended Learning in der Lehrerbildung beschaffen ist. Dabei beschränke ich mich in diesem Kapitel auf Beispiele aus Deutschland. Eine ausführliche Darstellung von insgesamt vier ausgewählten Blended Learning-Angeboten in der Lehrerbildung erfolgt im letzten Kapitel dieses Buches (siehe Kap. 7.1).

---

[6] Bei der Nutzung von Computer und Internet im Schulunterricht liegt Deutschland auf dem letzten Platz aller Industrienationen (Deutsches PISA-Konsortium, 2004).

## *1.2.1 Digitale Medien in der Lehrerausbildung*

***Lehrerausbildung und virtuelle Hochschulen***. In der Lehrerausbildung sind Blended Learning-Angebote trotz einer wachsenden Anzahl von Projekten, die den Einsatz digitaler Medien fördern, kein weit verbreitetes Phänomen. Obschon sich in zahlreichen Bundesländern (Deutschlands) so genannte virtuelle Hochschulen finden, widmen sich von diesen nur wenige explizit auch der Lehrerbildung. Beispiele für virtuelle Angebote zur Lehrerausbildung sind der Virtuelle Campus Rheinland-Pfalz (www.vcrp.ed) und die virtuelle Hochschule Bayern (www.vhb.org), worauf weiter unten noch eingegangen wird. Es gibt in Deutschland keine virtuelle Institution, die alle Angebote der einzelnen Hochschulen (deutschlandweit) gebündelt zur Verfügung stellt (wie dies z.B. in Schweden der Fall ist), was eine Übersicht über gegebene Angebote erheblich erschwert. Der Begriff „virtuelle Hochschule" ist ferner nicht geschützt (vgl. Schulmeister, 2001). So findet er auch Verwendung an Hochschulen, die primär Präsenzlehre anbieten und zusätzlich einen Teil des Angebots (z.B. virtuelle Vorlesungen über „Real-Player") sowie Skripte und Informationen zum Download im Internet zur Verfügung stellen. Diese Angebotsform besitzt eindeutig distributiven Charakter (siehe Kap. 3.1.2) und gehört gewissermaßen zum Service einer modernen Universität. Ganze Studien- oder Aufbaustudiengänge als Online-Studium werden (neben der FernUniversität Hagen) nur an einigen virtuellen Fachhochschulen angeboten, wobei vor allem private Fernhochschulen die Möglichkeit virtueller Angebotsformen nutzen. Meist handelt es sich dabei um Studien-Angebote aus der Betriebswirtschaftslehre oder dem Wirtschaftsingenieurwesen sowie um Fortbildungsangebote im Fremdsprachenbereich; im Bereich der Lehrerausbildung gibt es keine vergleichbaren Angebote.

***Lehrerausbildung an der Virtuellen Hochschule Bayern (VHB)***. Die VHB ist keine eigene Hochschule, sondern eine Verbundeinrichtung der bayerischen Hochschulen. Sie bietet Studierenden (in Bayern) bedarfsorientiert virtuelle Lehr- und Lernangebote (also einzelne Veranstaltungen, keine kompletten Studiengänge) zum Erwerb von Zusatzqualifikationen gebührenfrei an. Das Kursprogramm der VHB ist fächerübergreifend; das Angebot wird von den Trägerhochschulen (staatlichen Universitäten, Fachhochschulen und nichtstaatlichen Hochschulen Bayerns) bereitgestellt. Die VHB fördert im Gegenzug die Entwicklung virtueller Lehrangebote an ihren Trägerhochschulen und stellt für die Lehrveranstaltungen eine gemeinsame Verwaltungsplattform zur Verfügung. Die VHB bietet derzeit Kurse zu insgesamt acht Fächergruppen an; eine der Fächergruppen ist das „Lehramt", wendet sich also explizit an Lehramtsstudierende[7]. Das aktuelle Angebot im Bereich Lehramt umfasst 15 Kurse mit fachdidaktischen, allgemein-didaktischen und verschiedenen pädagogischen Themen, die im Umfang zwischen einer und vier Semesterwochenstunden schwanken.

***Erweiterungs- und Aufbaustudiengänge***. In den letzten Jahren wurden eine Reihe von Erweiterungs- und Aufbaustudiengängen entwickelt, die in unterschiedlicher Ausprägung digitale Medien integrieren. An den Universitäten Erlangen-Nürnberg und Regensburg wurde zum Wintersemester 2003/2004 beispielsweise ein Erweiterungsstudiengang Medienpädagogik eingerichtet; weitere Universitäten (z.B. die Ludwig-Maximilians-Universität München) ziehen nach. Einige Lehrveranstaltungen innerhalb dieses Erweiterungsstudiengangs können über die VHB (s.o.) absolviert werden. Neben diesem Angebot in Bayern finden sich inzwischen in verschiedenen Bundesländern Möglichkeiten einer Zusatzqualifikation im Rahmen der Lehrerausbildung, wobei aber der Rückgriff auf traditionelle Präsenzlehre überwiegt. An der Pädagogischen Hochschule Schwäbisch Gmünd wird – um ein weiteres Beispiel zu nennen – für Haupt- und Realschullehrerstudiengänge das Erweiterungsstudium Datenverarbeitung/Informatik angeboten; hier werden die digitalen Medien integriert, indem ein Content-Management-System (mit Lernportal, Kommunikationsplattform und Community) die Basis bildet (http://informatik.ph-gmuend.de/). Darüber hinaus bieten einige Universitäten Aufbaustudiengänge für Lehrkräfte an: So kann etwa an der Universität Duisburg-Essen ein kostenpflichtiges Online-Studium aufgenommen und mit dem „Master of Arts in Educational Media" abgeschlossen werden.

***Heterogene Qualität beim Einsatz digitaler Medien.*** Durchdachte Blended Learning-Angebote im Regelbetrieb der Lehrerausbildung, die über eine bloße Anreicherung von Präsenzlehre mit einzelnen digitalisierten Angeboten hinausgehen, sind eher selten (aber durchaus vorhanden; siehe Kap. 7.1). Tendenziell kann festgestellt werden, dass vor allem im Rahmen befristeter Projekte die jeweils zugrunde liegenden didaktischen Konzepte ausführlich beschrieben sind. Ansonsten halten sich die Informationen zu Gründen, Prinzipien und Zielen des pädagogisch-didaktischen Gesamtkonzepts von entsprechenden Veranstaltungen in Grenzen; bisweilen findet man nur einige Schlagworte, bei denen man nicht weiß, was genau dahintersteckt. Andere Projekte wiederum sind nicht allgemein zugänglich und können von daher von außen schwer bewertet werden. Ein positives Beispiel ist in diesem Zu-

[7] Gegen Gebühren ist seit kurzem auch die Nutzung der Angebote in der Lehrerfortbildung möglich. Hierzu liegen allerdings noch keine Erfahrungen vor.

sammenhang das Projekt „eL3 – eLernen und eLehren in der integrierten Lehrer-Aus- und -Weiterbildung". Dieses Blended Learning-Angebot (entwickelt an den Universitäten Oldenburg und Erlangen-Nürnberg) weist ein solides Konzept auf, bietet Kurse zu vielen verschiedenen Inhalten an und wendet sich sowohl an Lehramtsstudierende als auch an praktizierende Lehrer. Die Kurse sind allerdings kostenpflichtig (ca. 55 Euro pro Kurs; http://curie.informatik.uni-oldenburg.de/~el3/index.html#anmeldung).

## 1.2.2 Digitale Medien in der Lehrerfortbildung

***Fortbildungsangebote im Internet.*** Was man ohne Zögern bereits nach kurzen Recherchen sagen kann: Es finden sich im Internet zahlreiche Online-Angebote für praktizierende Lehrkräfte. Meist handelt es sich um Web-Seiten bzw. Portale mit Informationen und Foren zu aktuellen Themen aus der Schul- und Unterrichtspraxis; bisweilen findet man dort auch Materialien zur Vertiefung einzelner Themen (z.B. wissenschaftliche oder praktisch ausgerichtete Texte) sowie Links zu Fortbildungsmöglichkeiten. Derartige Informationsangebote eignen sich zur informellen und selbstgesteuerten Fortbildung. Viele Hinweise finden sich zu medientechnischen oder medienpädagogischen Fortbildungen. Allerdings lohnt ein genauer Blick auf die Art des Angebots, denn oft genug wird via Internet ein Fortbildungsangebot nur medienvermittelt vorgestellt, dann aber in einer Präsenzschulung durchgeführt. Auch Angebote zum klassischen Fernlernen, bei dem Studienmaterialien an Lernende verschickt werden, trifft man an. Viele Fortbildungsangebote, bei denen die digitalen Medien zum Einsatz kommen, beinhalten technikspezifische Schulungen (z.B. Anwenderschulungen für Windows Office-Programme); vereinzelt finden sich auch Angebote, die sich der medienpädagogischen Kompetenz der Lehrenden widmen (vgl. auch Herzig, 2004). Das Problem ist, dass vor allem regionale oder schulspezifische Angebote nicht gebündelt abgerufen werden können. Auch auf dem deutschen Bildungsserver findet sich lediglich eine grobe Aufstellung über länderspezifische, bundesweite oder internationale Angebote. Ferner ist die (positiv zu wertende) Tendenz auszumachen, dass Fortbildungsanbieter mit anderen Anbietern kooperieren und Verbünde aufbauen; dies hat unter anderem den Vorteil, dass dann meist auf bereits etablierte Plattformen und/oder bewährte Konzepte zurückgegriffen wird.

***Das Problem von Aktualität und Nachhaltigkeit.*** In allen Bundesländern (Deutschlands), aber auch in Österreich und in der Schweiz wird im Rahmen von Fortbildungsangeboten die Integration der digitalen Medien in Unterricht und/oder Fortbildung thematisiert. Während die einen noch bevorzugt Schulungen *über* die digitalen Medien anbieten, versuchen andere, diese in ihre Angebote einzubinden. Die Zahl dieser Versuche steigt in jedem Fall. Evaluationen zu E-Learning- und Blended Learning-Kursen oder Kurseinheiten bzw. zu Projekten (die sehr vielfältig und schwer zu vergleichen sind) stehen der Internet-Öffentlichkeit meist in Form einer Darstellung quantitativ erhobener Daten (mittels Online-Fragebögen) zur Verfügung. Eine Interpretation bzw. Diskussion der Ergebnisse wird selten veröffentlicht. Oft können sich Projekte zum Einsatz digitaler Medien in der Fortbildung (wie auch in der Ausbildung) nicht über die Pilotphase hinaus halten. Dieses Problem wird seit längerem unter dem Schlagwort der mangelnden Nachhaltigkeit diskutiert (Seufert & Damian, 2003). Zahlreiche ältere Fortbildungsangebote können im Internet noch abgerufen werden, wobei die verlinkten Seiten aber nicht mehr zur Verfügung stehen. Darüber hinaus befinden sich viele weitere Maßnahmen in der Erprobungsphase, sodass noch keine Evaluationsergebnisse zur Verfügung stehen. Eine differenzierte und letztlich vergleichende Analyse aller Projekte und Angebote ist damit nicht möglich.

***Länderspezifische Angebote***. Da die Fortbildung von Lehrkräften (in Deutschland) zum größten Teil länderspezifisch geregelt ist, gibt es auch eine große Anzahl länderspezifischer Maßnahmen, die digitale Medien integrieren: Das Angebot reicht von Selbstlernmaterialien (Selbstlerntexte) für Standardanwendungen (z.B. Umgang mit bestimmten Programmen) zum selbständigen Arbeiten bis zu komplexen internetgestützten Lernumgebungen, die mit Lernplattformen arbeiten und neben dem individuellen Lernen auch Kommunikation und Kooperation fördern (z.B. „nline“, http://nline.nibis.de, Niedersächsischer Bildungsserver). Daneben gibt es unter den länderspezifischen Angeboten Kurse, die sich an einen festen bzw. geschlossenen Nutzerkreis richten (z.B. die MIB[8]-Ausbildung an der ALP in Dillingen) (http://alp.dillingen.de). Vor allem Einrichtungen, die im Bereich des Fernstudiums tätig sind, versuchen, internet-basierte Kurse in ihr Angebot zu integrieren, so z.B. die Lehrerfort- und Lehrerweiterbildung in Baden-Württemberg am Fernstudienzentrum der Universität Karlsruhe (TH) (http://www.fsz.uni-karlsruhe.de). Die Seite www.lehrerfortbildung-bw.de ist die Internet-Plattform der Lehrerfortbildung in Baden-Württemberg; sie informiert über das aktuelle Fortbildungsangebot des

[8] MIB steht für „Medienpädagogischer-Informationstechnischer Berater“; in dieser Funktion (Multiplikatoren) werden Lehrer in den Bereichen Mediendidaktik und Medienerziehung sowie Informationstechnologie unterstützen; das umfasst sowohl die Betreuung aller Lehrkräfte in Medienfragen sowie in Belangen des neuen Faches Informatik, als auch speziell die Unterstützung der Systembetreuer an Schulen.

Bundeslandes. E-Learning-Kurse gibt es auch für Lehrkräfte aus Hessen: Angeboten werden unter anderem Kurse für Ethik-Lehrer, aber auch technische Fortbildungen (http://lbo.bildung.hessen.de/). Trotz vieler Alleingänge finden sich auch auf Länderebene Kooperationsprojekte: z.B. die Online-Akademie für Lehrerinnen und Lehrer der IHK Stuttgart oder die Staatliche Akademie für Lehrerfortbildung (Wirtschaft und Technik) in Esslingen (http://www.alf.es.bw.schule.de/online-aka/modul_uebersicht.htm). Einige Anbieter machen den Versuch, durch ein umfangreiches Angebot an Modulen bzw. Materialien einen gewissen Bereich an Fortbildungsbedarf abzudecken – beispielsweise in Bezug auf Medienkompetenz (z.B. das Angebot auf dem Bildungsserver des Landesinstituts für Schule Nordrhein-Westfalen: learn:line NRW: http://learnline.de).

***Überregionale Angebote***. Trotz der föderalen Struktur Deutschlands lassen sich einige überregionale Angebote zur Lehrerfortbildung ausmachen, die in Richtung Blended Learning gehen: Eines dieser Beispiele ist der BLK-Verbund-Modellversuch Rheinland-Pfalz und Thüringen: „nebal" (netzbasierte Lehrerfortbildung); hier sollen sich Lehrer virtuell vor allem im Bereich von Softwareprodukten fortbilden können (http://nebal.bildung-rp.de/modellversuch/abschluss/).
Fortbildung online (Internetkolleg) (http://www.lernnetz-sh.de) bietet Lehrern deutschlandweit kostenlose Fortbildungsveranstaltungen über das Internet an und stellt die Plattform interessierten Bildungseinrichtungen für eigene Fortbildungsveranstaltungen zur Verfügung; auch europaweite Fortbildungskurse für Lehrer sind im Programm. Das Hessische Landesinstitut für Pädagogik (HeLP) verweist neben eigenen Online-Angeboten zum Selbstlernen sowie zum betreuten Online-Lernen (z.B. Ethik online) für Lehrkräfte in Hessen auch auf Angebote anderer Bundesländer sowie Österreich und der Schweiz (http://help.bildung.hessen.de/programme); hieraus sind zumindest Ansätze für überregionale Vernetzungsversuche sichtbar. Schließlich kann an der Stelle auch noch einmal auf das schon genannte Projekt „eL3 – eLernen und eLehren in der integrierten Lehrer-Aus- und -Weiterbildung" verwiesen werden (vgl. Kap. 1.2.1): Es wendet sich sowohl an Lehrer als auch Lehramtsstudierende und wird bundesweit angeboten.

***Ausbildung von Tele-Tutoren***. Eine interessante Tendenz der letzten Jahre besteht darin, im Rahmen von mediengestützten Fortbildungsangeboten Tele-Tutoren auszubilden, die sich dann – quasi als Gegenleistung – bereit erklären, selbst (kostenlos) Fortbildungen anzubieten: Eine solche Ausbildung ist z.B. über das Institut für Qualitätsentwicklung in Schleswig Holstein für Lehrer im gesamten deutschsprachigen Raum möglich (http://www.lernnetz-sh.de/l3n/hilfen/eteaching.htm). Die Themen, die auf diese Weise synchron gelehrt werden, sind unterschiedlich (http://www.lernnetz-sh.de/l3n/bildung1.html). Auch in Nordrhein-Westfalen gibt es Projekte, die sich mit der synchronen Lehrerfortbildung beschäftigen: Aktuelle Projekte finden sich beispielsweise im Fachbereich Förderdiagnostik (http://www.learn-line.nrw.de/angebote/foerder diagnostikonline/01_elearninlfb.html). Ebenfalls in der synchronen Lehrerfortbildung angesiedelt ist das Niedersächsische Fernlern-Forum (NiFF) (http://nline.nibis.de/niff/menue/nibis.phtml?menid=44). Die Bedeutung von Tele-Tutoren, E-Moderatoren oder Online-Tutoren und deren Aufgaben (siehe hierzu Kap. 4.3.3) wird erst in jüngerer Zeit als hoch eingeschätzt. Gesicherte Erkenntnisse zu Nutzen und Grenzen des Tele-Tutorings in der hier beschriebenen praktizierten Art innerhalb der Lehrerfortbildung liegen von daher noch nicht vor.

***Angebote aus dem Bereich der Wirtschaft***. Auch kommerzielle Anbieter gibt es im Rahmen von E-Learning- und Blended Learning-Kursen für die Lehrerfortbildung. Der Cornelsen Verlag etwa bietet auf der Plattform seiner „Cornelsen-Akademie" speziell Kurse für ausgebildete Lehrkräfte an. Das Seminarangebot ist dabei nicht nur fachbezogen, sondern spezialisiert sich auch auf Softskills (http://www.cornelsen-akademie.de/seminare/schulinterne_lehrerfort bildung/index.html). Im Rahmen einer übergeordneten Lehrerfortbildung bietet die „Ökonomische Bildung online" (ÖBÖ) einen internetgestützten und modularisierten Kurs an, der sich an Lehrkräfte aus ganz Deutschland wendet. Ziel des Kurses ist es, die ökonomische Bildung im Allgemeinen für Lehrkräfte in der ökonomischen Bildung zu fördern. Teilnehmende Bundesländer sind Brandenburg, Baden-Württemberg, Mecklenburg-Vorpommern, Nordrhein-Westfalen, Thüringen, Bremen, Hessen, Niedersachsen sowie Rheinland-Pfalz. Geleitet wird dieser Kurs von der Universität Oldenburg im Rahmen des Bachelor- und Masterstudienganges „Ökonomische Bildung". Realisiert wird das Projekt von verschiedenen Stiftungen, Institutionen und Ministerien, unter anderem der Bertelsmann Stiftung (http://www.oekonomische-bildung-online.de/index.html). Auch das in Kapitel 7 beschriebene Fortbildungsangebot von Intel (siehe Kap. 7.2.1) gehört in die Gruppe der seitens der Wirtschaft angebotenen Blended-Learning-Maßnahmen, die nicht nur deutschlandweit, sondern international verbreitet werden.

## 1.3 Zusammenfassung

- Die Organisation der Lehrerbildung in Deutschland, Österreich und der Schweiz ist nicht in allen Punkten vergleichbar; eine Dreiphasigkeit der Lehrerbildung ist konsistent nur in Deutschland vorhanden - mit entsprechenden Chancen und typischen Schwierigkeiten; Letztere beziehen sich vor allem auf die zu geringe Verzahnung der drei Phasen. Relativ konsensfähig sind dagegen Kritikpunkte sowohl an der Aus- als auch an der Fortbildung von Lehrenden: Kritisiert werden zu wenig abgestimmte und verbindliche Curricula in der Ausbildungsphase mit dem Ergebnis fragmentierter Wissensbestände seitens der Absolventen. Des Weiteren wird die didaktische Gestaltung von Aus- und Fortbildungsmaßnahmen mit der schwerwiegenden Folge von Transferproblemen und defizitärer Praxistauglichkeit des Gelernten bemängelt. Allerorten beklagt wird darüber hinaus, dass Lehrende zu geringe pädagogisch-didaktische Kompetenzen haben, die in der Lehrerbildung offenbar zu wenig gefördert werden. Nach wie vor ist es kaum gelungen, informelles Lernen sinnvoll mit institutionalisiertem Lernen in der Lehrerbildung zu verbinden; genau das aber wäre für die Entwicklung einer neuen Lernkultur in der Lehrerbildung - neben anderen Punkten wie mehr Kommunikation und Kooperation - von zentraler Bedeutung.
- Digitale Medien in der Aus- und Fortbildung von Lehrenden sind seit einigen Jahren kein Fremdwort mehr: Insbesondere in der Lehrerfortbildung gibt es inzwischen zahlreiche Angebote. Problematisch ist allerdings die mangelnde Transparenz einzelner Kurse, Programme und Projekte sowie die Tatsache, dass interessierten Lehrkräften keine zentrale Übersicht verschiedener (oft länderspezifisch organisierter) E-Learning- oder Blended Learning-Angebote zur Verfügung steht. Die Qualität von medienbasierten Fortbildungsmaßnahmen ist heterogen; in vielen Fällen kann jedoch eine Qualitätsbeurteilung von außen mangels entsprechender Informationen gar nicht sinnvoll vorgenommen werden. Feststellbar ist auch, dass nicht für alle Themen, sondern nur für bestimmte Inhalte mediengestützte Formen der Fortbildung vermehrt vorhanden sind. Weniger üppig ist das mediengestützte Angebot in der Ausbildung von Lehramtsstudierenden: Eher wenige virtuelle Hochschulen in Deutschland bieten E-Learning- oder Blended Learning-Veranstaltungen an, die nahtlos in die Lehrerausbildung integriert werden können. Ähnlich ist das Bild bei Erweiterungs- und Aufbaustudiengängen: Auch hier wird bisher nur vereinzelt mit E-Learning- und Blended Learning-Kursen gearbeitet.

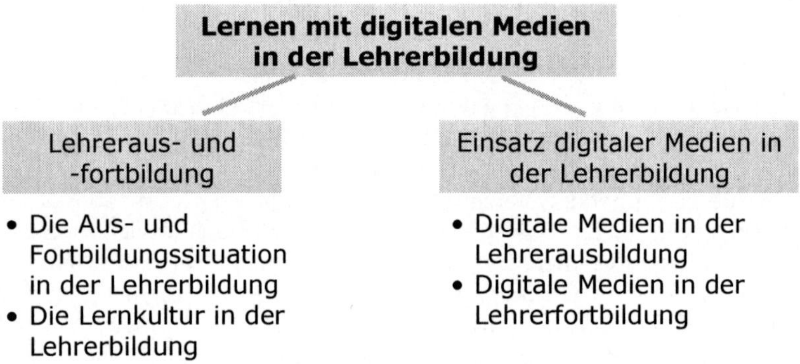


*Abb. 1.1: Zusammenfassende Übersicht zu Kap. 1*

# Kapitel 2: Das Phänomen Lernen

## Überblick

Lernen ist ein Phänomen, das jedem Menschen vertraut ist: Jeder lernt intentional oder beiläufig in verschiedenen Bereichen des Lebens, und jedem ist unmittelbar einsichtig, dass dies etwas mit Veränderung zu tun hat. Die Erfahrungen, die der Einzelne mit Lernen macht, sind subjektiv und damit interindividuell verschieden, und häufig ist es so, dass wissenschaftliche Theorien zum Lernen auf den ersten Blick wenig gemein haben mit den eigenen Lernerlebnissen. Von daher setzt dieses Buch das *Phänomen Lernen* und die Frage, wie man Ordnung in die Vielfalt des Lernens bringen kann, an eine frühe Stelle – noch bevor es um die Aus- und Weiterbildung mit digitalen Medien geht. Das Orientierungsraster bilden die klassischen psychologischen Dimensionen der Kognition, Motivation, Emotion und sozialen Interaktion.

1. **Die Vielfalt des Lernens** zeigt sich zum einen in verschiedenen Qualitätsstufen des Lernens, die es notwendig machen, verschiedene Lerntheorien und Lehr-Lernmodelle zuzulassen. Zum anderen zeigt sich die Vielfalt des Lernens als Phänomen des realen Lebens in einem Facettenreichtum von Aspekten und Prozessen, die eine Einengung auf eine oder wenige Dimensionen verbietet.
2. **Die kognitive Dimension des Lernens** ist bei Laien und Experten gleichermaßen der am häufigsten diskutierte Lernbereich: Behalten und Erinnern, Problemlösen und Lerntransfer sowie Metakognition und Selbststeuerung sind typische Beispiele für kognitive Aspekte des Lernens, die einen breiten Raum in der Lernpsychologie einnehmen.
3. **Die motivationale Dimension des Lernens** beschäftigt sich mit dem „Motor" aller Aktivitäten seitens des Lernenden und kennzeichnet die Bereitschaft und den Willen zum Lernen. Neben klassischen inhalts- und prozessorientierten Motivationsmodellen sind Selbstbestimmung, Neugier und Interesse zentrale Konzepte im Umkreis der (Lern-)Motivation.
4. **Die emotionale Dimension des Lernens** ist nach wie vor ein theoretisch und praktisch vernachlässigtes Feld. Und doch sind Gefühle verschiedenster Art gewissermaßen Weggefährten des Lernens und stehen in enger Verbindung mit dem motivationalen Geschehen. Von Bedeutung sind ne-

ben verschiedenen Auffassungen von Emotion Konzepte wie das Flow-Erleben und emotionale Intelligenz sowie der Bezug zur (Lern-)Motivation.
5. **Die soziale Dimension des Lernens** hat mehrere Facetten, die sich in verschiedenen Rollen der sozialen Interaktion beim Lernen zeigen. So gibt es neben dem kooperativen Lernen auch die „Kollaboration" im Sinne einer sozialen Wissenskonstruktion. Zudem haben der Kontext des Lernens und die damit verbundene Situiertheit großen Einfluss auf das Lernen.

## 2.1 Die Vielfalt des Lernens

Es gibt große Theoriesysteme, unter denen Lernen (und Lehren) aus verschiedenen Blickwinkeln theoretisch und empirisch beleuchtet wurde und wird (siehe Kap. 5); es gibt zahlreiche Lehr-Lernmodelle, von denen Praktiker Leitlinien für das tägliche Tun erwarten (siehe Kap. 6) – auf all dies wird in den folgenden Kapiteln noch eingegangen. Pädagogisch-psychologische Theorien und Modelle schärfen den Blick für einzelne Aspekte und für Besonderheiten des Lernens; leider aber können sie den Blick für das Lernen als einem vielschichtigen Phänomen auch verstellen oder trüben. Das Verständnis von Lernen als Phänomen jedoch ist zentral, um wissenschaftliche Erkenntnisse in der Lehr-Lernpraxis (und damit auch in der Praxis des Blended Learning) zielführend und verantwortungsvoll einsetzen zu können. Denn eines muss einem klar sein: Theorien, Modelle und empirische Befunde bilden *keine* realen Phänomene ab, sondern repräsentieren (notwendigerweise) eine fachliche Perspektive. Sie sind in der Praxis des Lernens im Allgemeinen wie auch des Blended Learning im Besonderen nur dann eine Hilfe, wenn man das komplexe *Phänomen Lernen* eben nicht aus dem Blick verliert. Welchen praktischen Nutzen und Stellenwert wissenschaftliche Theorien und Modelle haben, erkennt man erst, wenn man sie auf konkrete Probleme und Herausforderungen des Lernens und Lehrens anwendet. Geht es also nicht um reines Erkenntnisinteresse der Wissenschaft, sondern um die Frage der Anwendung wissenschaftlicher Erkenntnisse in der Praxis des Lernens (mit oder ohne digitale Medien), kommt man nicht umhin, sich dem Phänomen Lernen in seiner Vielfalt und seinem Facettenreichtum zu nähern – erst einmal möglichst ohne lenkende Orientierung durch *ein* Theoriesystem.

### 2.1.1 Verschiedene Qualitätsstufen des Lernens

***Lernen ist nicht gleich Lernen***. Jeder weiß aus eigener Erfahrung: Lernen ist nicht gleich Lernen. Die Art des Lernens und die dabei erlebte Qualität ist abhängig davon, *wo* man lernt (in der Schule, im Beruf, in der Freizeit etc.), *mit wem* man lernt (allein, mit anderen, durch einen Lehrenden etc.), *welche Gefühle* mit dem Lernen verbunden sind (Lust, Unlust, Ärger, Neugier etc.), *wie frei* man das Lernen gestalten kann (angeleitet, selbstbestimmt etc.) und vieles mehr. Darüber hinaus ist es von entscheidender Bedeutung, *was* gelernt werden soll, wobei mit „Was" nicht Lern- und Wissensinhalte wie Englisch, Deutsch, Mathematik etc. gemeint sind, sondern die Qualität des angestrebten Wissens als Ergebnis des Lernens (Baumgartner & Payr, 1999).

***Kenntniserwerb, Verstehen, Aneignung***. Die Frage nach dem „Was" hat immer auch mit dem „Wozu" bzw. mit den selbst- oder fremdbestimmten *Lernzielen* zu tun. In diesem Sinne kann Lernen z.B. bedeuten, dass der Lernende a) (einfache) Kenntnisse oder Fertigkeiten erwirbt, dass er b) neue Informationen in vorhandenes Wissen einbaut und seinen Verstehenshorizont erweitert oder dass er c) selbst Wissen erzeugt, Erfahrungen macht, am Handeln einer Gemeinschaft teilhat und sich dabei aktiv etwas „aneignet". Es handelt sich also um unterschiedliche Qualitäts- oder Intensitätsstufen des Lernens (Siebert, 2001), nämlich um *Kenntniserwerb*[1], *Verstehen* und *Aneignung*, ohne dass die eine Stufe grundsätzlich hochwertiger ist als die andere. Die genannten drei Stufen des Lernens sind schlichtweg verschieden, in verschiedenen Situationen unterschiedlich funktional, und sie werden von verschiedenen lehr-lerntheoretischen Ansätzen und Modellen unterschiedlich gut beschrieben, erklärt und unterstützt. In einigen Modellen zum Instruktionsdesign (siehe Kap. 6.1) tauchen Überlegungen zu verschiedenen Qualitätsstufen des Lernens – wenn auch unter teils anderen Bezeichnungen – in so genannten Lehrzielkategorien in ähnlicher Form auf.

***Verschiedene Erlebensqualitäten***. Wie wichtig eine Unterscheidung verschiedener Qualitätsstufen des Lernens ist, zeigt einem wiederum die eigene Erfahrung: Die Art des Lernens, der dabei erforderliche kognitive Aufwand, die emotional-motivationale Befindlichkeit und die Bedeutung sozialer Aspekte unterscheiden sich enorm je nachdem, ob man das Schuhebinden lernt oder sich Vokabeln einprägt (Beispiele für Kenntniserwerb), begriffliche Konzepte in

---

[1] Beim Begriff des Kenntniserwerbs ist in diesem Zusammenhang der Fertigkeitserwerb mit eingeschlossen.

Studium oder Weiterbildung aufbaut (Beispiele für Verstehen) oder Handlungskompetenz im Beruf erwirbt (Beispiel für Aneignung). Alle dabei ablaufenden Lernprozesse mit *einer* Theorie beschreiben und erklären und die dazu notwendigen Unterstützungsprozesse in einem *einzigen* Lehr-Lernmodell abbilden zu wollen, ist ein unsinniges Unterfangen. Lernen ist nicht gleich Lernen - und das gilt auch für das Lernen mit digitalen Medien.

### *2.1.2 Verschiedene Facetten des Lernens*

***Gemeinsamkeiten in der Vielfalt des Lernens.*** Verschiedene Qualitätsstufen des Lernens erfordern - wie wir gesehen haben - verschiedene Beschreibungen und (wie später deutlich werden wird) unterschiedliche Methoden, wenn es darum geht, die dabei ablaufenden Lernprozesse zu unterstützen. Trotzdem aber gibt es auch Gemeinsamkeiten, und diese haben mit einigen grundlegenden psychischen Dimensionen zu tun: Gemeinsam ist den vielfältigen Formen von Lernen, dass sie erstens nur unter *aktiver* (mentaler und/oder körperlicher) Beteiligung des Lernenden vonstatten gehen. Dies ist eine Prämisse, die so grundsätzlich ist und die in jeder anderen psychischen Dimension menschlichen Handelns auftaucht, dass sie im Folgenden nicht gesondert besprochen, sondern in den behandelten Dimensionen jeweils integriert wird. Lernen ist zweitens immer auch ein Prozess der Wahrnehmung, Verarbeitung, Speicherung und Bewertung von Information und damit ein *kognitiver* Vorgang. Drittens setzt Lernen Antrieb und Bereitschaft zum Lernen als *Motivation* voraus und ist dabei von *Gefühlen* begleitet; Lernen erfordert stets - wenn auch in unterschiedlicher Ausprägung - in diesem Sinne besonderes emotional-motivationales Engagement. Viertens ist Lernen in vielfältiger Weise mit *sozialen* (und soziokulturellen) Aspekten verknüpft - auch dann, wenn Lernen nicht in Gruppen, sondern allein erfolgt.

***Problem der Reduktion von Lernen auf eine oder wenige Dimensionen.*** Kognition, Motivation, Emotion und soziale Interaktion sind die wichtigsten Aspekte oder Dimensionen des Lernens, die in je eigener Weise für Prozesse des Kenntniserwerbs, des Verstehens und der Aneignung gleichermaßen zum Tragen kommen und in den folgenden Abschnitten näher erläutert werden. Jeder Lernprozess ist von daher stets in seinem mehr oder weniger großen Facettenreichtum zu sehen: Einseitige Reduktionen etwa auf kognitive Vorgänge, auf motivationale Fragen etc. sind für die Praxis des Lernens und Lehrens unzulässig und werden der Komplexität des Geschehens nicht gerecht. Viele Enttäuschungen beim Versuch, theoretische Modelle der Lehr-Lernforschung in der Praxis einzusetzen, dürften auf damit verbundene Reduktionen zurückzuführen sein. Kognition, Motivation, Emotion und soziale Interaktion sind diejenigen Aspekte, die eine lernende Person *erlebt*; eine Fixierung auf Prozesse des Lernens ohne Berücksichtigung der jeweils lernenden *Person* ist eine weitere Schwierigkeit vor allem der empirisch ausgerichteten Lehr-Lernforschung[2].

***Lernen und Entwicklung***. Lernen ist - das sei an dieser Stelle noch angefügt - eng mit der individuellen Entwicklung im Allgemeinen und mit der Entwicklung von Erkenntnistätigkeit im Besonderen verknüpft. Lernen und Entwicklung sind zwei verschiedene Konzepte; beide aber beruhen auf *Veränderung* und beide haben *Wissen* im Sinne von Erkenntnisstrukturen zur Folge, worauf in Kapitel 4 näher eingegangen werden wird. Aus entwicklungspsychologischer Perspektive (Seiler, 2003) ist Wissen das Resultat menschlichen Erkennens und beruht auf Erkenntnisstrukturen von Individuen. Diese Strukturen wiederum sind das Ergebnis einer konstruktiven und adaptiven Auseinandersetzung von Individuen mit der sie umgebenden sozialen und gegenständlichen Wirklichkeit. Lernen meint demnach eine Veränderung von Erkenntnisstrukturen (mit kognitiven, motivationalen und emotionalen Eigenschaften), was sich in verändertem Verhalten, Denken, Problemlösen, Wahrnehmen und Fühlen äußern kann. Auch die Berücksichtigung dieses Entwicklungsaspekts „schützt" davor, in der Rolle des Lehrenden bzw. des Gestalters von Lernumgebungen die subjektive Seite des Lernens nicht aus dem Auge zu verlieren.

***Ziel der folgenden Abschnitte***. Nun muss man kein ausgewiesener Experte für Kognition, Motivation, Emotion und soziale Interaktion sein, um ein erfolgreiches Blended Learning-Angebot zu gestalten. Man kann es sich aber auch nicht leisten, die skizzierten Facetten des Lernens zu ignorieren oder allenfalls einige Schlagworte zu kennen, ohne diese im eigenen Handeln zu berücksichtigen. Die folgenden Abschnitte wollen hier Abhilfe schaffen: Sie geben einen knappen Überblick über die wichtigsten psychischen Dimensionen des Lernens und ausgewählte wissenschaftliche Konzepte entlang dieser Dimensionen, die das Verständnis des Phänomens Lernen erhöhen können. Diese zusammenfassende Darstellung ersetzt keine Lehrbücher zur Lernpsychologie (z.B. Edelmann, 2000; Lukesch, 2001; Mietzel, 2001; Seel, 2000), kann aber den Zugang zu solchen erleichtern und eine erste Informationsbasis schaffen. Mit den folgenden Ausführungen wird zwar wieder ein „zergliedernder" Weg eingeschlagen, weil Lernen in verschiedene Aspekte analytisch zerlegt wird. Im Laufe der weiteren Kapitel aber wird deutlich werden, wie diese Dimensio-

[2] Hier versuchen vor allem subjektorientierte Theorien (z.B. Zimmer, 2004) entsprechend gegenzusteuern.

nen zusammenhängen und welche praktischen Implikationen sich daraus für die Gestaltung von Blended Learning-Umgebungen ergeben.

## 2.2 Die kognitive Dimension des Lernens

Wenn wir von Lernen etwa im Rahmen von Schule oder Hochschule sprechen, meinen wir damit oft das Behalten und Erinnern von Information. Wenn von Weiterbildung die Rede ist, kommen einem vor allem das Problemlösen und die Hoffnung in den Sinn, dass das Gelernte im Arbeitsalltag auch zur Anwendung kommt. Der Begriff des lebenslangen Lernens wiederum sagt uns, das wir lernen müssen zu lernen, entsprechendes Wissen dazu brauchen und dann vor allem in Eigenregie tätig werden müssen. All diese (typischen) Assoziationen verweisen auf einige grundlegende kognitive Konzepte, die für das Phänomen Lernen relevant sind, nämlich: Gedächtnis, Problemlösen, Lerntransfer, Metakognition und Selbststeuerung. Während beim Thema Gedächtnis wissenschaftliche Ansätze und Modelle vor allem dem kognitivistischen Paradigma zu verdanken sind (siehe Kap. 5.1.3) und deren Entstehung im Rahmen der kognitiven Wende innerhalb der (Pädagogischen) Psychologie liegt, werden andere kognitive Fragen, wie die nach der Art des menschlichen Problemlösens und danach, wie Wissen zu Handeln wird, von verschiedenen (nicht ausschließlich kognitivistischen) Richtungen beleuchtet. Von besonderer Bedeutung für die individuelle Lernfähigkeit sind die Metakognition sowie das selbstgesteuerte Lernen.

### *2.2.1 Lernen und Gedächtnis*

***Bedeutung von Erinnern.*** Wer denkt beim Wort Lernen nicht (auch) an das Lernen in der Schule und an die damit verbundene Erwartung, Inhalte im Gedächtnis zu behalten und zu passender Gelegenheit (etwa in Prüfungssituationen) zu erinnern: Speichern und Abrufen sind (nicht nur in der Schule) typische Gedächtnisleistungen, die mit dem Lernen eng verbunden sind. Dabei kann man unter *Erinnern* verschiedene Formen unterscheiden: a) freies Erinnern (alles aufzählen, was man weiß), b) Erinnern mit Hinweisreizen (anhand von Hilfsmitteln – z.B. kurzen Notizen – sagen, was man weiß) und c) Wiedererkennen (vorgegebene Inhalte bestätigen oder ablehnen).

***Mehrspeichermodelle des Gedächtnisses.*** In den meisten (kognitionspsychologischen) Lehrbüchern wird das Gedächtnis des Menschen als ein dreigliedriges Speichersystem mit verschiedenen Gedächtnisarten dargestellt (siehe Abb. 2.1): a) dem *Ultrakurzzeitgedächtnis* (auch sensorisches Register genannt), das sehr kurz auch große Mengen an Sinnesdaten bis zu zwei Sekunden speichert, b) dem *Kurzzeitgedächtnis* (auch Arbeitsspeicher genannt), das durch Wiederholung mehrere Sekunden lang ca. sieben (plus/minus zwei) Objekte speichern kann, und c) dem *Langzeitgedächtnis*, in das Inhalte übergehen, die nicht nur oft genug wiederholt, sondern auch elaboriert, also umstrukturiert, neu geordnet und/oder mit anderen Gedächtnisinhalten verknüpft werden. Das Langzeitgedächtnis verfügt über eine praktisch unbegrenzte Kapazität und Speicherdauer und beinhaltet das gesamte Wissen einer Person. Man nennt solche und ähnliche Vorstellungen vom Gedächtnis „Mehrspeichermodelle" (z.B. Atkinson & Shiffrin, 1968), aus denen sich eine Reihe praktischer Implikationen ableiten lassen. So wird z.B. empfohlen, einzelne Informationen zu größeren Einheiten höherer Ordnung zusammenzufassen (das so genannte Chunking), um das Arbeitsgedächtnis zu entlasten bzw. um es besser zu nutzen. Andere Behaltensstrategien sind das Elaborieren von Informationen oder – als umgekehrtes Vorgehen – die Reduktion derselben, indem man die wichtigsten Informationen auswählt und andere weglässt, Relevantes aussortiert oder im Sinne des Chunking größere Einheiten bildet.

***Andere Gedächtnismodelle***. Neuere Forschungsergebnisse aus der Neuropsychologie legen nahe, dass eine inhaltsspezifische Auffassung vom Gedächtnis die Vorgänge im Gehirn besser erfassen kann als die klassischen Mehrspeichermodelle (vgl. Stangl, 2004). Nach dieser inhaltsspezifischen Auffassung gibt es unterschiedliche Typen von Gedächtnis, die qualitativ unterschiedliche Arten von Inhalten abspeichern. Ältere Theorien, wie die von der dualen Codierung (Paivio, 1971), bei dem verbale und visuelle Informationen jeweils anders codiert und gespeichert werden, gehen in eine ähnliche Richtung. Eine weitere Kategorie von Gedächtnismodellen geht davon aus, dass die Art und Tiefe der Verarbeitung von Information entscheidend für Behalten und Erinnern sind (Craik & Lockhart, 1972). Beide hier genannten Auffassungen vom Gedächtnis sind unter anderem beim Lernen mit multimedialen Informationen von großer Bedeutung, weshalb sie in einem späteren Kapitel (siehe Kap. 3.2.2) näher beschrieben werden.

***Emotion und Gedächtnis***. Während man lange Zeit vor allem den kognitiven Verarbeitungsprozessen nachgegangen ist, wenn es um Lernen und Gedächtnis geht, stehen heute auch die emotionale Bedeutung von Informationen und die Rolle der Gefühle bei Gedächtnisprozessen im Zentrum des Interesses (Spitzer, 2001). Konkrete hirnphysiologische Erkenntnisse sind zwar für die

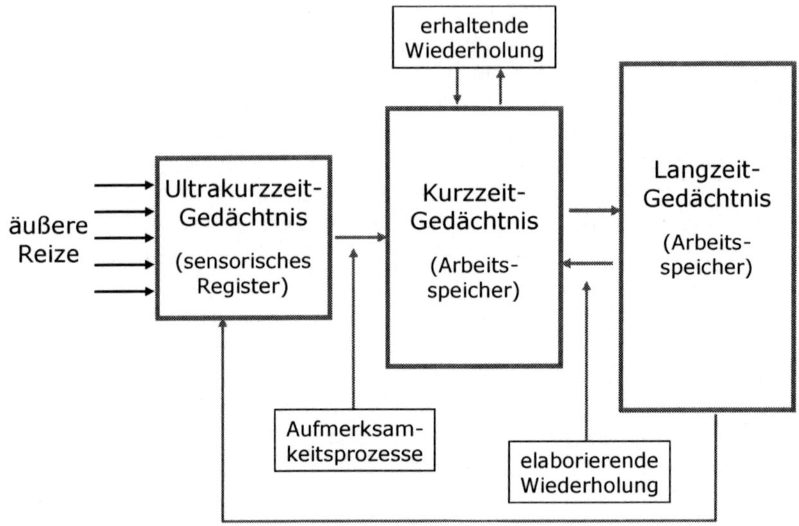


*Abb. 2.1: Beispiel für ein Mehrspeichermodell zum Gedächtnis*

Praxis des Lernens (und Lehrens) weniger von unmittelbarer Bedeutung. Wichtig aber sind Einsichten in die Zusammenhänge zwischen Kognition und Emotion, worauf später (siehe Kap. 2.4) noch genauer eingegangen wird: So werden z.B. emotional erregende Erlebnisse und Inhalte vom Gedächtnis anders behandelt, nämlich tiefer gespeichert und auf anderen Wegen erinnert als solche, die keine persönliche Relevanz haben. Es ist leicht vorstellbar, dass auch diese emotionale Seite des Behaltens und Erinnerns bei Fragen des Lehrens eine wichtige, oft aber vernachlässigte Rolle spielt.

## 2.2.2 Problemlösen und Lerntransfer

***Der Begriff des Problems.*** Allein auf das Gedächtnis mag man sich selbst in traditionellen Bildungsinstitutionen wie Schule und Hochschule nicht verlassen. Überfachliche Fähigkeiten wie Lern- und Problemlösekompetenz werden mit dem Lernen ebenso verbunden wie die Erwartung, dass einmal Gelerntes möglichst flexibel auf andere Situationen angewendet wird. Problemlösen und Lerntransfer sind von daher zwei weitere Konzepte, die vorrangig (wenn auch nicht ausschließlich) die kognitive Dimension des Lernens betreffen. Doch wann spricht man überhaupt von einem *Problem*? Ein Problem besteht dann, wenn man ausgehend von einem gegebenen Zustand (dem Ausgangszustand) einen gewünschten Zustand (den Zielzustand) nicht ohne Weiteres erreichen kann, wenn also zwischen Ausgangs- und Zielzustand eine Barriere liegt, die überwunden werden muss (siehe auch Kap. 6.3.3). Die Problemlösepsychologie versucht nun herauszufinden, mit welchen (erfolgreichen) Strategien und Hilfsmitteln Menschen solche Barrieren überwinden und welche typischen Fehler und Schwierigkeiten beim Problemlösen auftreten. Beim Lernen als Problemlösen geht es im Wesentlichen darum, den systematischen Gebrauch von (Vor-)Wissen in neuen Situationen zu lernen, also mit bestehendem Wissen neue Herausforderungen zu bestehen (vgl. Steiner, 2001). Hier zeigt sich die enge Verbindung zu Fragen des Lerntransfers bzw. des Transfers neu erworbenen Wissens in andere Situationen als die Lernsituation.

***Verschiedene Auffassungen von Problemlösen***. Bereits in den 1930er und 1940er Jahren haben die *Gestaltpsychologen* (z.B. Köhler, 1929) das Problemlöselernen untersucht und dabei vor allem die Frage fokussiert, wie man Problemsituationen als solche überhaupt erkennen kann. Aus gestaltpsychologischer Sicht ist ein Problem so etwas wie eine „defekte Gestalt", die beim Betrachter (bzw. beim Lernenden) eine Spannung und damit die Tendenz auslöst, daraus eine „gute Gestalt" zu machen. Studien haben gezeigt, dass es eine wichtige Voraussetzung zum Problemlösen in diesem Sinne ist, die gegebene Situation umzustrukturieren oder neu zu organisieren; nur so ist es oftmals möglich, das Problem und dessen Lösungsmöglichkeit zu erkennen und das berühmte „Aha-Erlebnis" zu erzielen (vgl. Seel, 2000). Man spricht in diesem Zusammenhang vom *produktiven Denken* und meint damit, dass vorhandenes Wissen und vorhandene Erfahrungen in einer neuen Art und Weise (also nicht einfach reproduktiv) zusammengefügt werden. Eine andere Terminologie für Prozesse des Problemlösens wählten später die Vertreter von Modellen zur *Informationsverarbeitung* (z.B. Hussy, 1983): Ein Problem liegt nach diesem Ansatz dann vor, wenn ein Ist-Zustand nicht in den gewünschten Soll-Zustand transformiert werden kann, ohne dass „Operatoren" (also bestimmte Maßnahmen) eingesetzt werden. Kybernetische Modelle[3] spielen bei dieser Auffassung von Problemlösen eine ebenso zentrale Rolle, wie die oben skizzierten Mehrebenenmodelle zum Gedächtnis.

***Praktische Folgerungen aus der Problemlöseforschung***. Trotz verschiedener Denk- und Sprachwelten sind die Folgerungen für die Praxis aus frühen und

[3] Unter Kybernetik versteht man die Wissenschaft von der Steuerung und Regelung komplexer Systeme.

späteren Problemlöseansätzen ähnlich. Empfehlungen aus verschiedenen Richtungen der Problemlösepsychologie sind z.B. die *Situations-*, die *Ziel-* und die *Mittelanalyse*, denn alle drei Komponenten (die Ausgangssituation, der Zielszustand und der Weg vom ersten zum zweiten) konstituieren die Art der Lösung: Ich muss wissen (und entsprechend in Erfahrung bringen), a) welche aktuellen Gegebenheiten vorhanden sind, b) wie mein Ziel im Einzelnen aussieht und c) welche Mittel mir zur Überwindung von Barrieren auf dem Weg zum Ziel zur Verfügung stehen. Eine weitere Empfehlung besteht darin, die bereits erwähnte *Umstrukturierung* vorzunehmen, also bestimmte gegebene Sachverhalte losgelöst von ihrer funktionalen Gebundenheit zu sehen. In Alltagssituationen (in denen informell gelernt wird; siehe hierzu Kap. 4.2.1) kommt es z.B. darauf an, Gegenstände von ihrer üblichen Funktion zu „befreien" und als Werkzeug zur Problemlösung in einem anderen Bereich zu nutzen. Wenn es um Problemlösen im Rahmen von Lernprozessen in Bildungsinstitutionen geht, besteht eine typische Transformation von Strukturen etwa darin, verbal dargestellte Informationen (Texte) bildhaft zu repräsentieren, um auf diese Weise z.B. Abläufe oder Zusammenhänge besser zu erkennen (siehe Kap. 3.2).

***Der Begriff des Transfers***. Da beim Problemlösen vorhandenes Wissen zum Erreichen neuer Ziele genutzt wird, hat dieser Vorgang von vornherein eine enge Verbindung zum *Lerntransfer*. Transfer bedeutet zunächst einmal „Übertragung"; im Zusammenhang mit Lernen ist damit die Übertragung erlernter Kenntnisse, Einsichten und Handlungskompetenzen auf analoge Gegebenheiten und Probleme gemeint. Im Allgemeinen hat man beim Lernen vor allem einen *positiven* Transfer im Sinn (ich nutze erworbenes Wissen für die Lösung neuer Probleme); theoretisch aber kann ein Transfer auch *negativ* sein, nämlich dann, wenn sich vorhandenes Wissen hinderlich bei einer Problemlösung auswirkt. Zu den häufigsten Klagen im Bildungsalltag gehört die Feststellung, dass erworbenes Wissen *nicht* in neuen Situationen angewendet und *nicht* zur Lösung von Problemen genutzt wird, dass folglich *kein* Transfer stattfindet. Kein Wunder also, dass man beim Thema Lernen mit gebannten Augen auf die Transferforschung blickt.

***Erkenntnisse und Grenzen der Transferforschung***. In der klassischen Transferforschung geht man davon aus, dass man mehrere Stufen durchlaufen muss, um Wissen aus einem Basisbereich (dem Bereich, in dem Wissen erworben wurde) in einen Zielbereich (also in eine neue Situation) zu übertragen (Holyoak, 1985): a) Erst müssen die Aufgabenmerkmale erkannt und bereits vorhandenes Wissen aus einem Basisbereich abgerufen werden. b) Daraus muss potentiell nutzbares Wissen ausgewählt und auf die Merkmale der neuen Situation bzw. der anstehenden Aufgabe abgebildet werden. c) In einem letzten Schritt müssen diejenigen Strukturen abstrahiert werden, die dem Basis- und dem Zielbereich gemeinsam sind. Die klassische Transferforschung ist in den letzten Jahren viel kritisiert worden. Kernpunkte der Kritik sind die mangelnde Berücksichtigung der emotionalen Komponente beim Lernen (siehe Kap. 2.3) und des Kontextes von Lernen und Anwendung (siehe Kap. 2.5). Auch erscheint es fraglich, ob der Transferbegriff an sich geeignet ist, das Phänomen der Nutzung von Wissen in immer wieder neuen Situationen angemessen zu beschreiben: Bei genaueren Analysen zeigt sich nämlich, dass bei der Wissensnutzung Inhalte nicht einfach übertragen, sondern konstruiert und rekonstruiert werden, wie dies im Übrigen bereits die Gestaltpsychologen vermutet haben.

***Praktische Folgerungen aus der Transferforschung***. Wichtige praktisch nutzbare Erkenntnisse aus der Untersuchung des Lerntransfers lassen sich in zwei wesentlichen Punkten zusammenfassen (vgl. Steiner, 2001): Zum einen können Flexibilisierung beim Lernen (z.B. durch vielfältige Aufgaben) und verschiedene Arten der Repräsentation von Wissen (z.B. verbal, bildhaft, szenisch) dazu beitragen, dass dieses leichter und rascher auf neue Situationen angewandt wird. Dies ist deswegen der Fall, weil Lernende auf flexibilisiertes und multipel repräsentiertes Wissen (im Gedächtnis) besser zurückgreifen können. Zum anderen sind Darstellungen von Wissen aus verschiedenen Perspektiven sowie eine bewusste Dekontextualisierung (also ein Herauslösen aus einem einzigen Kontext; siehe Kap. 2.5.3) geeignete Strategien, um „träges Wissen" zu vermeiden. Wichtig für Transferleistungen ist des Weiteren, dass Lernende über ein möglichst präzises Wissen über das eigene Wissen sowie über Strategien im Umgang mit eigenen Gedächtnisinhalten und Fähigkeiten verfügen. Man spricht hier von Metakognition, auf die im Folgenden näher eingegangen wird.

### 2.2.3 Metakognition und Selbststeuerung

***Der Begriff der Metakognition***. Fragt man kleine Kinder, wie viele Dinge sie sich wohl auf einmal merken können, so sind die Antworten oftmals unrealistisch. Aber auch Erwachsene tun sich mitunter schwer, richtig einzuschätzen, wie viel Zeit bestimmte Lernvorhaben in Anspruch nehmen werden oder welche Lernstrategien für welche Inhalte am besten passen. Solche Beobachtungen haben mit dem Konzept der Metakognition zu tun, also damit, was man über die eigenen kognitiven Inhalte und Prozesse alles weiß bzw. welche Fähigkeiten man im Umgang mit denselben besitzt. Ende der 1970er Jahre zeigten vor allem entwicklungspsychologische Studien, wie wichtig Fähigkeiten der Selbstbeobachtung und der Selbstkontrolle beim Lernen sind. Spätestens seit den 1980 Jahren ist in diesem Zusammenhang die *Metakognition* in lernpsychologischen Diskussionen nicht mehr wegzudenken (z.B. Flavell, 1984). Eine weitgehend konsensfähige Definition von Metakognition besagt, dass damit die Fähigkeit gemeint ist, a) das eigene Wissen zu kennen, b) über das eigene Denken nachzudenken, c) sich bei der Lösung von Problemen selbst zu beobachten und zu kontrollieren und d) notwendige Prozesse wie auch Hilfsmittel beim Lernen effektiv zu organisieren.

***Wissen und Strategien***. Man unterscheidet gemeinhin zwei Komponenten der Metakognition (Kluwe, 1982): erstens das *metakognitive Wissen*, also Wissen über die eigene Informationsverarbeitung, über (mögliche) kognitive Strategien sowie über Ziele und Aufgaben des Lernens, und zweitens *metakognitive Prozeduren* (auch metakognitive Strategien genannt), die sich auf Prozesse wie z.B. Planen, Auswählen, Überprüfen und Schlussfolgern beziehen. Metakognitives Wissen und metakognitive Strategien haben sich als entscheidende Ergänzung zu inhaltlichem Wissen beim Lernen und Problemlösen herausgestellt: So ist es z.B. wichtig zu wissen, welche Strategien bei welchem Problem von der eigenen Person am erfolgversprechendsten eingesetzt werden können. Experten zeichnen sich im Allgemeinen neben einem herausragenden inhaltlichen Wissen darin aus, mit Wissen (in ihrer Domäne) sehr flexibel umgehen zu können, was ein Höchstmaß an Metakognition erfordert. Nicht immer kann man ausreichende Metakognition bei Lernenden voraussetzen, was gleichzeitig bedeutet, dass man diese unter Umständen erst fördern oder unterstützen muss. Je mehr eigene Entscheidungen und Eigenaktivität in einer Lernumgebung gefordert sind, je höher also die Notwendigkeit der Selbststeuerung beim Lernen ist, umso wichtiger sind metakognitives Wissen und metakognitive Strategien. Metakognition und Selbststeuerung stehen also – ähnlich wie Problemlösen und Lerntransfer – in einer engen Verbindung: Metakognition gehört zu den wichtigsten Bedingungen erfolgreichen selbstgesteuerten Lernens.

***Der Begriff der Selbststeuerung***. Die Diskussion um das *selbstgesteuerte Lernen* hat im Zuge zahlreicher Initiativen zum lebenslangen Lernen großen (auch politisch unterstützten) Aufwind erhalten: Angesichts der Tatsache, dass lebenslanges Lernen keinen lebenslangen Schulbesuch beinhalten kann, wuchs die Notwendigkeit, diejenigen Lernprozesse genauer zu erforschen, die von Individuen eigenständig initiiert, durchgeführt und beendet werden. Dabei wurde schnell deutlich, dass es nicht *das* selbstgesteuerte Lernen gibt, denn Lernen setzt sich immer aus verschiedenen Anteilen von *Selbst- und Fremdsteuerung* zusammen: Lernen im engeren Sinne ist immer selbstgesteuert, wenn man davon ausgeht, dass Lernen den Aufbau und die Veränderung von Erkenntnisstrukturen meint und damit eine konstruktive und adaptive Auseinandersetzung mit der (sozialen und gegenständlichen) Umgebung voraussetzt. Lernen ist allerdings immer auch fremdgesteuert: Sogar der Autodidakt braucht Hilfsmittel wie Medien und/oder Materialien, die andere entwickelt haben. Reine Selbststeuerung und reine Fremdsteuerung kommen von daher praktisch nicht vor (Simons, 1992). Selbstgesteuertes Lernen ist ein Konstrukt, kein reales Phänomen; man kann allenfalls verschiedene Ausprägungen selbstgesteuerten Lernens unterscheiden.

***Selbststeuerung als Voraussetzung, Methode und Ziel*.** Bereits seit den 1980er Jahren wird darauf hingewiesen, dass selbstgesteuertes Lernen Voraussetzung, Methode und Ziel zugleich ist (Weinert, 1982) – ein Dilemma für alle Lehrenden. Denn wer als Lehrender den Lernenden freistellt, selbst zu entscheiden, wie sie z.B. einen Arbeitsauftrag erledigen (also Selbststeuerung in Bezug auf methodische und ressourcenbezogene Aspekte des Lernens), der wird nur dann Erfolge sehen, wenn die Lernenden mit den gewährten Spielräumen auch umzugehen wissen. Dass sie die dazu erforderlichen Fähigkeiten entwickeln, ist gleichzeitig ein Lehr-Lernziel, und wie soll der Lehrende es anders angehen als durch Lehrformen, die selbstgesteuertes Lernen erfordern, was aber wieder voraussetzt, dass ... Rein logisch betrachtet ist es unmöglich, ein Ziel mit einer Methode zu erreichen, die gleichzeitig die Voraussetzung zur Zielerreichung ist. Eine gewisse Auflösung erfährt dieses Dilemma mit der oben gemachten Feststellung, dass sich Lernen aus selbst- und fremdgesteuerten Anteilen zusammensetzt. Das heißt: Man kann mit wenig voraussetzungsreichen Formen der Selbststeuerung beginnen, die Komplexität selbstgesteuerter Lernformen langsam erhöhen und den Anteil an Fremdsteuerung allmählich zurücknehmen.

***Strategien zum selbstgesteuerten Lernen*.** In der Literatur findet man zahlreiche Handlungsempfehlungen und Instrumente zum selbstgesteuerten Lernen, die sich nicht nur auf kognitive Aspekte, sondern auch auf motivationale Aspekte des Lernens (siehe Kap. 2.3) beziehen. Dabei kann man verschiedene Bereiche unterscheiden, in denen Selbststeuerung zum Tragen kommt, nämlich beim *Vorbereiten* des Lernens (wann, wo, womit oder mit wem soll wozu gelernt werden?), bei der *Steuerung* des eigentlichen Lernprozesses (z.B. beim Einprägen von Vokabeln) sowie bei der *Organisation* des Lernens (z.B. Ressourcen einsetzen) und bei der *Koordination* des Lernens (z.B. das Lernen vor konkurrierenden Tätigkeiten abschirmen) (siehe Abb. 2.2). Folgende Teiltätigkeiten des selbstgesteuerten Lernens sind hier relevant und entsprechend zu unterstützen: a) lernrelevante (Teil-)Ziele setzen und überprüfen bzw. evaluieren, b) Informationen aufnehmen, behalten, später wieder abrufen und anwenden, c) Motivationslöcher, Unaufmerksamkeit und „negative" Stimmungen überlisten, d) das Selbstkonzept stärken, e) Zeit, Hilfsmittel und Medien effizient einsetzen (Ressourcenmanagement) usw. (vgl. Friedrich & Mandl, 1997). Derartige Strategien zu kennen, reicht natürlich nicht aus - man muss sie auch einüben: entweder direkt in Strategietrainings oder indirekt zusammen mit dem Erwerb inhaltlichen Wissens. Die Erfolge direkter Trainingsmaßnahmen für das selbstgesteuerte Lernen sind eher mäßig. Als fruchtbarer haben sich Maßnahmen erwiesen, Lehr-Lernformen zu realisieren sowie Medien und Aufgaben einzusetzen, die verschiedene Fertigkeiten zum selbstgesteuerten Lernen erfordern und diese dann „nebenher" trainieren.

## 2.3 Die motivationale Dimension des Lernens

Jeder kennt Situationen aus der eigenen Lerngeschichte, in denen einem der Antrieb zum Lernen fehlt, in denen es große Mühe macht, mit dem Lernen überhaupt anzufangen, oder in denen man sich oft und gerne von anderen Tätigkeiten beim Lernen ablenken lässt. Von daher ist es ein intuitives Wissen, dass Lernen (wie auch andere Formen des Handelns) von psychischen Prozessen abhängt, die diese Tätigkeit einleiten und aufrechterhalten - genau das wird als Motivation bezeichnet. Motivation ist ein Phänomen, das motivierende Situationen und Motive von Menschen sowie das Zusammenspiel von beiden voraussetzt. In vielen Kontexten (vor allen in ökonomischen) geht man davon aus, dass Motive durch geeignete Anreize weitgehend beliebig stimuliert werden können und Motivation entsprechend „machbar" sei - aus psychologischer Sicht ein Trugschluss, weil Motivation auch mit Autonomie und

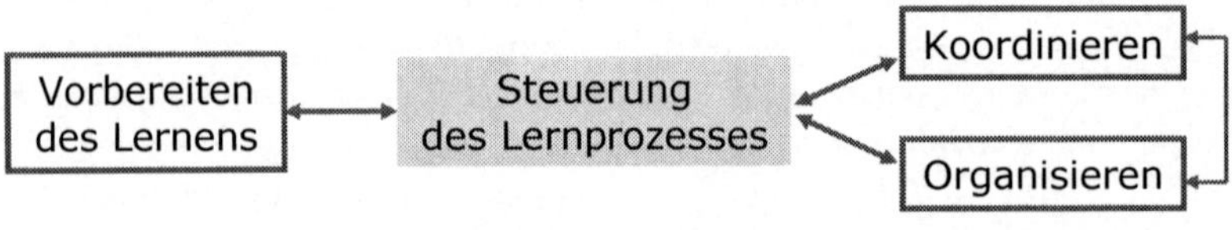


*Abb. 2.2: Bereiche der Selbststeuerung*

Selbstbestimmung zu tun hat. Neben klassischen Motivationsmodellen und dem Konzept der Selbstbestimmung sollen im Folgenden auch der Neugier und dem Interesse Aufmerksamkeit geschenkt werden, da beide Phänomene wichtige Impulse für erfolgreiches Lernen sind.

## 2.3.1 Lernen und Motivation

***Motive und Anreize als Bedingungen für Motivation***. Die Frage nach der *Motivation* ist die Frage nach dem Warum des menschlichen Handelns und Erlebens. Motivation ergibt sich aus dem Zusammenspiel einer motivierten Person mit einer motivierenden Situation (Nerdinger, 2003). Das heißt: Auf der Seite der Person hat man es im Motivationsgeschehen mit bestimmten Zielen, Motiven oder Bedürfnissen zu tun, auf der Seite der Situation mit bestimmten Anreizen oder Aufforderungsreizen und deren Gestaltung. *Motive* sind die Beweggründe des Handelns, die im Menschen liegen und für Handlungsbereitschaft sorgen. *Anreize* nennt man die Gestaltungselemente zur Aktivierung von Handlungsbereitschaft. Man kann davon ausgehen, dass Menschen in Bezug auf Lernen zahlreiche Motive haben: z.B. das Motiv, ein Problem zu lösen oder einen kognitiven Konflikt (siehe Kap. 2.3.3) zu beseitigen, das Motiv, durch Lernen und Weiterbildung die eigene Existenz zu sichern, das Motiv durch soziales Lernen Kontakt mit anderen Menschen zu haben, das Motiv, „Belohnungen“ (in Form guter Noten, Prämien etc.) zu erhalten und vieles mehr. Von der Vielzahl möglicher Motive ist allerdings immer nur ein Teil durch Anreize aktivierbar. Neben solchen konsensfähigen Aussagen zur Motivation gibt es auch hier verschiedene Theorien und Modelle (vgl. z.B. Weinert, 1998). Diese unterscheiden sich z.B. darin, ob sie sich mehr um die Motive und damit um die motivationalen *Inhalte* kümmern (was Inhaltstheorien tun) oder ob sie sich unabhängig von den Inhalten mehr mit den beim motivationalen Geschehen ablaufenden *Prozessen* beschäftigen (was Prozesstheorien tun).

***Prozesstheorien der Motivation***. Prozesstheorien der Motivation konzentrieren sich auf die Art der ablaufenden Prozesse und sind im Allgemeinen eher kognitiv geprägt. Die Prozesse, die voneinander unterschieden werden, sind Zielfindung, Handlungsplanung, Handlungsausführung und Bewertung. Eine motivierte Handlung stellt man sich in Prozesstheorien etwa so vor: a) Eine Person braucht zunächst einmal *Handlungsziele*. Für die Zieldefinition ist es wichtig, welchen persönlichen Wert Ziele für eine Person haben, und für wie wahrscheinlich es die Person hält (bzw. wie sehr sie erwartet), diese Ziele auch erreichen zu können (so genannte Erwartungs-mal-Wert-Theorien). b)

Dann müssen mögliche *Wege* zur Zielerreichung analysiert werden. c) Dazu kommen *Anstrengungen,* eine einmal geplante Handlung von attraktiven Handlungsalternativen abzuschirmen. d) Nach Abschluss einer Handlung muss Bilanz gezogen und *bewertet* werden, ob das Handlungsziel erreicht wurde, mit welchem Aufwand es erreicht wurde und worauf die Zielerreichung zurückzuführen ist (was man als Attribution bezeichnet). Hier wird deutlich, dass Prozesstheorien der Motivation in einer engen Verbindung zum Problemlösen und zur Metakognition stehen (vgl. Kap. 2.2.2 und 2.2.3) bzw. Konzepte und Überlegungen aus beiden Bereichen zur Beschreibung von Motivation herangezogen werden.

***Inhaltstheorien der Motivation***. Bei den Inhaltstheorien der Motivation kann man grob zwischen Ansätzen unterscheiden, die entweder stärker Defizitmotive (also das Bedürfnis, Defizite zu beseitigen) oder mehr Wachstumsmotive (also das Bedürfnis, Neues zu erschließen, sich zu entfalten etc.) in den Vordergrund stellen (zusammenfassend siehe z.B. Rudolph, 2003). Man geht jedoch davon aus, dass sich menschliches Handeln aus dem Spannungsverhältnis zwischen Defizit- und Wachstumsmotiven ergibt. Eine weitere, gerade für das Lernen zentrale (inhaltliche) Unterscheidung ist die zwischen intrinsischer und extrinsischer Motivation. Bei der *intrinsischen Motivation* liegen die Anreize zum Handeln in der Sache selbst bzw. direkt in einer bestimmten Tätigkeit, was mit einem hohen Maß an Selbstbestimmung verbunden ist. Ein typisches Beispiel für eine Tätigkeit mit hoher intrinsischer Motivation ist das Spiel (siehe auch Kap. 6.4). *Extrinsische Motivation* dagegen bedeutet, dass eine Person von außen durch externe Belohnungen oder Sanktionen zum Handeln motiviert wird, was wiederum mit einem hohem Maß an Fremdsteuerung verknüpft ist. Ein typisches Beispiel für eine Tätigkeit mit extrinsischer Motivation ist das Lernen auf eine Prüfung, die ausschließlich für die berufliche Karriere erforderlich ist. Hat eine Person die Tendenz, sich über die aktuelle Situation hinaus mit einer bestimmten Sache oder Tätigkeit auseinander zu setzen, kann man auch von *Interesse* (siehe Kap. 2.3.3) sprechen.

## *2.3.2 Selbstbestimmung und motiviertes Handeln*

***Der Begriff der Selbstbestimmung***. Obschon die Unterscheidung zwischen intrinsischer und extrinsischer Motivation sehr populär ist, führt deren strikte Gegenüberstellung gerade in realen Lernsituationen oft zu Problemen. Deci und Ryan (1993) haben vor diesem Hintergrund die Theorie aufgestellt, dass die *Selbstbestimmung* beim Lernen eine zentrale Rolle spielt: Handelt jemand intrinsisch motiviert, so ist das der Prototyp der Selbstbestimmung, weil nicht äußere Anreize, sondern ein eigener Antrieb, z.B. persönliche Interessen am Gegenstand oder an der Tätigkeit, das Handeln bestimmen. Aber auch extrinsisch motiviertes Handeln, für das es äußere Anreize gibt, kann zu selbstbestimmtem Handeln werden, nämlich dann, wenn äußere Werte oder Prinzipien von einer Person übernommen bzw. *internalisiert* werden, oder wenn internalisierte Werte und Prinzipien in das eigene Selbst eingebaut bzw. *integriert* werden. Nach Deci und Ryan (1993) ist effektives Lernen auf intrinsische Motivation oder auf eine „integrierte Selbstregulation", also darauf angewiesen, dass der Lernende externe Anreize in das eigene Selbstverständnis übernimmt und integriert. In beiden Fällen - und das gilt als entscheidend - erfolgt das Lernen selbstbestimmt.

***Grundlegende Bedürfnisse***. Dieser Selbstbestimmungstheorie der Motivation liegt die Annahme zugrunde, dass es drei grundlegende psychologische Bedürfnisse gibt, die für intrinsisch und extrinisch motiviertes Handeln (und Lernen) gleichermaßen relevant sind (Deci & Ryan, 1993; Prenzel, 1996; siehe Abb. 2.3): a) das Bedürfnis nach *Autonomie* oder Selbstbestimmung, also das Bedürfnis, den eigenen Willen zu entwickeln und eigenen Interessen nachzugehen, b) das Bedürfnis nach Kompetenz oder *Wirksamkeit*, also das Bedürfnis, aus sich heraus etwas zu bewirken, wozu auch der Aufbau von Leistungsmotivation gehört und c) das Bedürfnis nach sozialer Bezogenheit oder *sozialer Zugehörigkeit*, also das Bedürfnis nach Kontakt, sozialer Interaktion mit anderen und gegenseitigem Austausch. Diesem Dreiergespann kann man das Bedürfnis nach *Umweltbezug* beifügen (Oerter, 1995), das sich in Neugier und Interesse (s.u.) manifestiert. All diese Bedürfnisse hat der Mensch von Geburt an und bereits in früher Kindheit übernimmt das Spiel(en) eine wichtige entwicklungsfördernde Funktion, um diese Bedürfnisse zu erfüllen (siehe Kap. 6.4.3). Für die Praxis des Lernens ist die Erkenntnis wichtig, dass es auf das *Erleben* des Lernenden ankommt: Erhält der Lernende in einer Lernumgebung die Möglichkeit, Autonomie, Kompetenz, soziale Zugehörigkeit und Bezug zur Umwelt zu entwickeln, so ist das erst die Voraussetzung dafür, dass er diese Möglichkeiten auch erkennt und erlebt. Ist das der Fall, wirken sich solche (gestaltbaren) Bedingungen positiv auf die Bereitschaft zum Lernen aus. Kann der Lernende äußere Kriterien und Ansprüche als kompatibel zu eigenen Zielen und Interessen erleben oder diese gar in das eigene Selbstkonzept integrieren, ist selbstbestimmtes Lernen möglich.

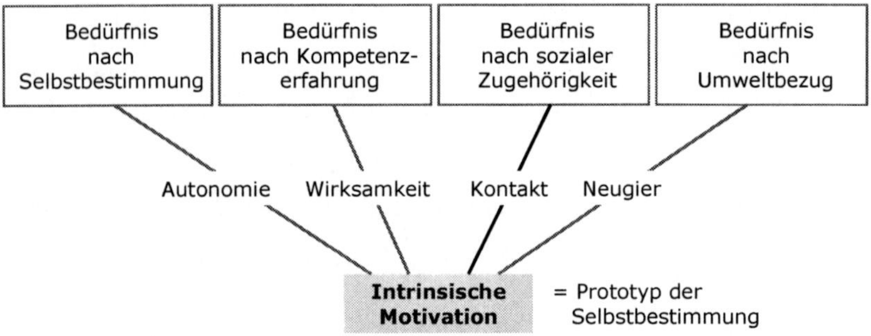


*Abb. 2.3: Grundlegende psychologische Bedürfnisse (Selbstbestimmungstheorie)*

## 2.3.3 Neugier und Interesse

***Das Neugiermotiv.*** Sowohl bei Menschen als auch bei Tieren gibt es das Phänomen, dass sie sich neuen, unbekannten und unvertrauten Reizen und Situationen zuwenden, ihre Aufmerksamkeit auf sie richten und sie durch Inspektion und Manipulation erkunden. Die Evolutionsforschung zeigt, dass ein solches Neugierverhalten mit der Entwicklungshöhe von Gehirnfunktionen zunimmt und dazu dient, mentale Strukturen für erfolgreiches Handeln zu entwickeln. In der Motivationspsychologie spricht man vom *Neugiermotiv* und man geht davon aus, dass der Mensch mit diesem Bedürfnis nach Herausforderungen und kompetenter Bewältigung von Risiken und Unsicherheit von Geburt an ausgestattet ist (vgl. zusammenfassend Stangl, 2004b). Kleine Kinder kann man besonders gut dabei beobachten, wie sie sich Neuem mit Neugier zuwenden und das noch Unbekannte zu erforschen suchen. Trotzdem ist Neugier nicht auf die Kindheit beschränkt: „Neugier (und Interesse) bestimmen das Verhalten des Menschen zeitlebens, wenn er nicht durch zu große Arbeitsbelastung in diesen Aktivitätsbereichen blockiert wird" (Oerter, 1995, S. 768).

***Neugier durch kognitive Konflikte.*** Neugierig wird auch der Erwachsene in der Regel dann, wenn etwas nicht zusammenpasst, wenn ein kognitiver Konflikt vorliegt: Dazu gehört z.B., dass man an der Wahrheit eines Sachverhalts zweifelt oder durch mehrere konkurrierende Überzeugungen oder begriffliche Ungereimtheiten verwirrt wird. Je mehr Wissen jemand erwirbt, desto neugieriger wird er, da er häufiger kognitiven Konflikten ausgesetzt ist (Oerter, 1995).

Neugier entsteht also bei der Konfrontation mit Ereignissen, die nicht oder nicht vollständig in das eigene Wissenssystem (in eigene Erkenntnisstrukturen) passen. Wenig oder unstrukturiert gespeichertes Wissen dämmt die Gefahr des kognitiven Konflikts, reduziert aber auch die Lernmöglichkeiten. In der Entwicklungspsychologie gilt Neugier seit Piaget (1968) als zentrale Erklärung für die geistige Entwicklung: Voraussetzung ist die aktive Auseinandersetzung mit der Umwelt, das aktive Erkunden und die damit zusammenhängende Erfahrungsbildung. Laut Piaget (1968) erfolgt dies im Rahmen der Entwicklung intrinsisch, sofern es eine ansprechende und anregende Umwelt gibt, die Aufmerksamkeit erregt und zum Erkunden einlädt. Auch hier gilt also: Innere und äußere Bedingungen müssen zusammentreffen.

***Interessen und deren Entwicklung***. Während Neugier eine kurzfristige Phase der Erkundung auslöst, versteht man unter *Interessen* längerfristige Beziehungen einer Person zu bestimmten Inhalten, Gegenständen und Tätigkeiten. Diese „Person-Gegenstands-Beziehung" kann durch besondere Umstände (z.B. die Interessantheit von Inhalten) hervorgerufen werden und eine (kurze) Zeit anhalten (das *situationale Interesse*), oder es entwickelt sich ein langfristig wirksames *dispositionales Interesse*, das für das Selbstkonzept der Person relevant wird (Krapp, 1998; siehe Abb. 2.4). Lerninhalte und Lernhandlungen, für die man sich interessiert, weisen besondere Merkmale auf: a) Sie sind von positiven Gefühlen begleitet, b) sie haben eine hohe subjektive Bedeutung, und c) sie gehen mit dem Gefühl der Selbstbestimmung einher. Ein weiteres Merkmal ist die „epistemische Orientierung", das heißt: Interesse für eine Sache ist damit verbunden, mehr darüber wissen und erfahren zu wollen, was wiederum zu Neugier führt. Welche Interessen ein Mensch ausbildet, hängt davon ab, wie attraktiv seine Umgebung ist, wie er sich selbst entwickelt und welche eigenen Aktivitäten und deren Wirkungen er als lustvoll und zufrieden stellend erleben kann. Der Begriff des Interesses steht in enger Verbindung zur intrinsischen Motivation und zur Selbstbestimmungstheorie: Die intrinsische Qualität kommt dadurch zustande, dass sich eine Person bei interessiertem Lernen mit dem jeweiligen Gegenstand identifiziert; die Selbstbestimmung ergibt sich daraus, dass sich die Person freiwillig mit den Dingen beschäftigt, die ihr am Herzen liegen.

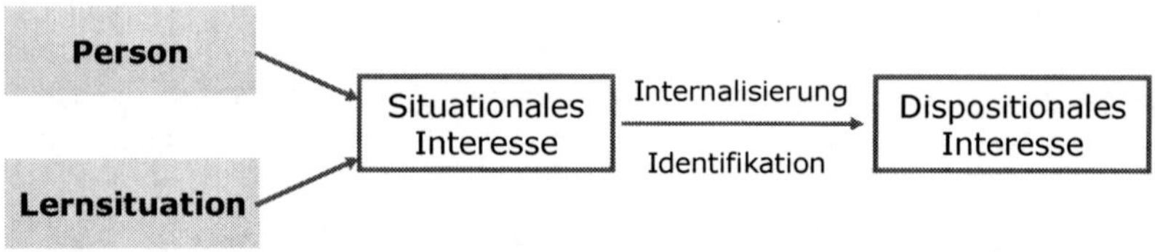


*Abb. 2.4: Entstehung von Interessen*

## 2.4 Die emotionale Dimension des Lernens

Man muss nur die eigene Erfahrung befragen, um zu dem Schluss zu kommen: Lernen ist kein rein kognitiver Prozess; auch das Erleben beim Lernen kann man nicht auf motivationale Elemente reduzieren. Vielmehr sind Lernaufgaben, Lernmethoden und Lerninhalte affektiv getönt, sie sind mit Lust- oder Unlustgefühlen gekoppelt; Lernerfolge machen Spaß, Lernstörungen machen ärgerlich (Siebert, 2001). Seit mehr als 200 Jahren befassen sich Wissenschaftler mit dem Phänomen der Emotion. Trotzdem sind emotionale Aspekte des Lernens im Allgemeinen und des Blended Learning im Besonderen - von wenigen Ausnahmen einmal abgesehen - ein vernachlässigtes Thema. Emotionen haben eine Erlebens-, eine Verhaltens- und eine physiologische Komponente und es gibt zahlreiche Theorien, die versuchen, dem Zusammenspiel dieser Komponenten näher zu kommen. Emotionen sind auch beim Lernen eine querliegende Dimension und stehen in enger Verbindung zur Motivation. Für das Lernen interessant sind unter anderem Konzepte wie das Flow-Erleben und die emotionale Intelligenz.

### *2.4.1 Lernen und Emotion*

***Der Begriff der Emotion***. Gefühl, Affekt, Emotion, Stimmung - all diese verschiedenen Bezeichnungen machen deutlich, dass auch innerhalb der Wissenschaft keine einheitliche Handhabung des Emotionsbegriffs vorhanden ist. Die Begriffe „Emotion" und „Gefühl" werden bisweilen gleichgesetzt[4], bisweilen werden sie unterschieden; im letzteren Fall gelten Gefühle als eine (subjektive) Komponente der Emotion neben Kognitionen, neurophysiologischen Prozes-

[4] In diesem Buch werden der Fachbegriff „Emotion" und der alltagssprachliche Begriff „Gefühl" ebenfalls synonym verwendet.

sen, Motivation und Ausdruck. Wesen und Wirkungsweise der Emotion treffen spätestens seit dem 19. Jahrhundert auf intensives wissenschaftliches Interesse. Schon damals wurden die biologischen Wurzeln und physiologischen Grundlagen der Emotion analysiert und zum Ausgangspunkt verschiedener Emotionstheorien gemacht. Auch die zentrale Lust-Unlust-Dimension und die Beteiligung des Gehirns am emotionalen Geschehen sind Erkenntnisse, die bereits im 19. Jahrhundert aufscheinen. Nicht minder intensiv sind die wissenschaftlichen Auseinandersetzungen mit emotionalen Fragen in der zweiten Hälfte des 20. Jahrhundert: Im Zentrum des Interesses standen zu dieser Zeit die Interaktionen zwischen Kognition und Emotion (z.B. im Rahmen von Stresstheorien) bis hin zum Versuch, Gefühle als simulierbaren Prozess der Informationsverarbeitung zu modellieren (vgl. Meyer, Schützwohl & Reisenzein, 1993, 1997; Reisenzein, Meyer & Schützwohl, 2002).

***Merkmale von Emotionen***. Eine allgemein anerkannte Definition von Emotion gibt es nicht. Relativ einig ist man sich aber über einige grundlegende *Merkmale* von Emotionen (Kleinginna & Kleinginna, 1981): a) So kann der Begriff der Emotion sowohl momentane Zustände als auch überdauernde Reaktionstendenzen umfassen. b) Emotionen sind komplexe Interaktionsgefüge subjektiver und objektiver Faktoren, in denen neuronale und endokrine Systeme eine vermittelnde Funktion haben. c) Emotion ist ein Geschehen, das mit kognitiven Prozessen (Wahrnehmungseffekte, Bewertungen, Klassifikationen), physiologischen Abläufen der Erregung und meist expressivem, zielgerichtetem und adaptivem Verhalten verknüpft ist. d) Emotionen ermöglichen es dem Menschen, rasch und flexibel auf Ereignisse zu reagieren. Emotionen werden verschiedene Funktionen zugesprochen: Sie regulieren das Handeln, sie motivieren, sie stimulieren reflexhaftes Verhalten und sie helfen sich anzupassen (vgl. auch Otto, Euler, & Mandl, 2000).

***Emotionale Prozesse als querliegende Dimension***. Emotionen lassen sich aus verschiedenen Perspektiven betrachten: a) aus der subjektiven Perspektive des *Erlebens*, das man mitteilen kann, wenn man sich selbst beobachtet, b) aus der Perspektive des *Verhaltens*, das sich auch von außen beobachten lässt (Ausdruck, unmittelbare Reaktionen und Handeln) und c) aus der *physiologisch-biochemischen* Perspektive durch Messungen am zentralen und vegetativen Nervensystem sowie am endokrinen System. Innerhalb und zwischen den Ebenen des Erlebens, des Verhaltens und des körperlichen Geschehens finden zahlreiche und vielfältige Interaktionen statt, die zusätzlich durch situative und kulturelle Bedingungen beeinflusst werden. Man kann heute davon ausgehen, dass Kognition und Emotion eng aufeinander bezogen und oft nur analytisch trennbar sind. Emotionale Prozesse spielen beim Denken und Handeln *immer* eine Rolle, sodass Emotionen eine querliegende psychische Dimension sind, die vielschichtige und vielgestaltig-aktivierende Funktionen erfüllen. Das gilt auch für das Lernen: Emotionen mobilisieren oder hemmen Wahrnehmungs-, Erkenntnis-, Motivations- und Gedächtnisprozesse; sie schaffen aber auch (biografische) Kontinuität, helfen bei der Ordnung und Hierarchisierung (etwa nach Wichtigkeit) von Denkinhalten, sie können Komplexität reduzieren (z.B. durch Auswählen, Ausblenden, Vergessen) und sind damit für das Lernen von besonderer Bedeutung (Ciompi, 1997). Dennoch ist die Theorienlandschaft ebenso wie die empirische Befundlage nicht dergestalt, dass sie der großen praktischen Bedeutung der Emotionen beim Lernen Rechnung tragen.

### 2.4.2 Emotion, Motivation und Kognition

***Angst und ihre Folgen***. Emotionen beim Lernen sind – wie die vorausgegangenen Ausführungen gezeigt haben – ein vernachlässigtes Thema, wobei es eine Ausnahme gibt: die Untersuchung der *Angst*, speziell der Prüfungsangst (Pekrun, 1992): (Prüfungs-)Angst – so weiß man aus zahlreichen Studien – a) reduziert Lernfreude und intrinsische Lernmotivation, b) verstärkt den Wunsch nach der Vermeidung von Misserfolgen, c) kann die Anstrengungsbereitschaft erhöhen und d) beeinträchtigt den Lernprozess, indem die Aufmerksamkeit weniger auf der Aufgabe liegt als um mögliche Misserfolge und Kompetenzmängel kreist. Als Fazit kann man festhalten: Positive Emotionen wie Leistungsfreude oder Hoffnung auf Erfolg begünstigen den Einsatz von Lernstrategien (z.B. beim selbstgesteuerten Lernen) und erhöhen die Tiefe der Informationsverarbeitung, während negative Emotionen wie Angst (aber auch Langeweile) das Gegenteil bewirken.

***Die Verbindung zwischen Emotion und Motivation***. Emotionen haben also eine enge Beziehung zur *Motivation*, die wiederum der Motor allen Lernens ist. In der Pädagogischen Psychologie werden denn auch Emotionen beim Lernen vorrangig im Zusammenhang mit motivationalen Fragen untersucht. Oft sind Ziele und Absichten (also motivationale Impulse) Bestandteil einer Emotion; umgekehrt sind Motive und das motivationale Geschehen emotional gefärbt. Die Konzepte und Begriffe „Emotion" und „Motivation" sind von daher überlappend und nur analytisch trennbar. Eine lineare Beziehung zwischen verschiedenen Emotionen und Lernmotivation gibt es allerdings nicht; zu viele moderierende Faktoren nehmen hier Einfluss.

***Kognitive Komponenten von Emotion und Motivation.*** Emotion und Motivation stehen beide in enger Verbindung zur Kognition: Emotionen haben eine kognitive Komponente, und Motive (wie auch Interessen) sind kognitiv repräsentiert. Ein weiteres Beispiel für die Verbindung zwischen Emotion und Kognition ist der Einfluss der Stimmung auf Gedächtnisabläufe und kreative Problemlöseprozesse. Eine positive Stimmung begünstigt holistisches, kreatives Denken, während eine negative Stimmung ein Denken induziert, das im Detail verhaften bleibt (Pekrun, 1992). Aus der Selbstkonzeptforschung schließlich weiß man, dass eine mit positiven Emotionen verbundene Haltung den eigenen Fähigkeiten gegenüber Lernbereitschaft und Lernergebnisse verbessern kann (z.B. Greve, 2000). Wahrscheinlich sind es genau diese zahlreichen und vielfältigen Verbindungen zur Motivation und Kognition, die die emotionale Dimension des Lernens so schwer greifbar und so schwierig erforschbar machen. Emotionale Prozesse beim Lernen aus diesem Grund der Motivation nur beizustellen und nicht als eigenen phänomenalen Aspekt zu berücksichtigen, dürfte allerdings keine Lösung sein. Freude, Zufriedenheit, Wut oder Ärger (um nur einige wichtige Primäremotionen[5] zu nennen) werden bei diesem Lösungsweg kaum beachtet. Im Folgenden sollen von daher zumindest zwei Konzepte vorgestellt werden, die deutlicher als reine Motivationskonstrukte das emotionale Geschehen fokussieren: das Flow-Erleben und die emotionale Intelligenz.

### *2.4.3 Flow-Erleben und emotionale Intelligenz*

***Das Flow-Erleben.*** Dass gerade für das Lernen diejenige Motivation von besonderer Bedeutung ist, die man aus Tätigkeiten und Inhalten *selbst* schöpft (also die intrinsische Motivation), ist eine Plausibilität mit wissenschaftlicher Bestätigung. Die intrinsische Motivation ist ein Antriebszustand, der auf menschlicher Neugier und Funktionslust basiert und mit Glücksgefühlen über das Erleben eigener Selbstwirksamkeit begleitet ist. In den 1970er Jahren hat Csikszentmihalyi (1975) bei Freeclimbern, Motorradfahrern und Schachspielern ein spezielles Phänomen der intrinsischen Motivation untersucht, das mit hoher Zufriedenheit und freudvollem Erleben verknüpft ist: das *Flow-Erleben*. Flow entsteht - einfach formuliert - wenn man in eine Tätigkeit, die man beherrscht und die einen doch herausfordert, so vertieft ist, dass man in dieser Tätigkeit aufgeht und alles andere um sich herum - auch die Zeit - vergisst. Flow entsteht beim kreativen Arbeiten, beim Spielen oder bei Aktivitäten, die

[5] Primäremotionen sind nicht mehr weiter zerlegbare Emotionen.

volle Konzentration erfordern. Flow ist eine positive Erfahrung, die sich aus einem Mix aus Anstrengung und spielerischer Leichtigkeit ergibt.

***Komponenten und Voraussetzungen des Flow-Erlebens.*** Komponenten des Flow-Erlebens, die gleichzeitig notwendige Bedingungen darstellen, sind (Csikszentmihalyi, 1985): a) ein Gleichgewicht wahrgenommener Anforderungen und wahrgenommener Fähigkeiten, woraus das Gefühl einer optimalen Beanspruchung entsteht; b) Klarheit von Zielsetzungen, Handlungsanforderungen und Rückmeldungen; c) keine Unterbrechung der Aktivität mit der Folge, dass der Handlungsablauf als flüssig (einer inneren Logik folgend) erlebt wird; d) beeinträchtigtes Zeiterleben zusammen mit einer fast automatischen Konzentration, bei der alle unwichtigen Gedanken ausgeblendet sind und Selbst und Tätigkeit miteinander zu verschmelzen scheinen. Rheinberg (1995) weist anhand der Merkmale des Flow-Erlebens nach, dass es einige Parallelen zur *Leistungsmotivation* gibt: Auch für das Entstehen von Leistungsmotivation ist eine optimale Passung zwischen Anforderungen und Fähigkeiten ideal; andere Anregungsbedingungen sind für Flow und Leistungsmotivation zumindest ähnlich. Csikszentmihalyi (1990) zufolge entsteht Flow nur, wenn Anforderungen und Fähigkeiten im Gleichgewicht, aber auch hoch sind. Hohe Fähigkeit und geringe Anforderung dagegen führen zu Langeweile, hohe Anforderung und geringe Fähigkeit zu Angst. Ist beides gering, kommt es zu keiner besonderen Erfahrung und Emotion (siehe Abb. 2.5).

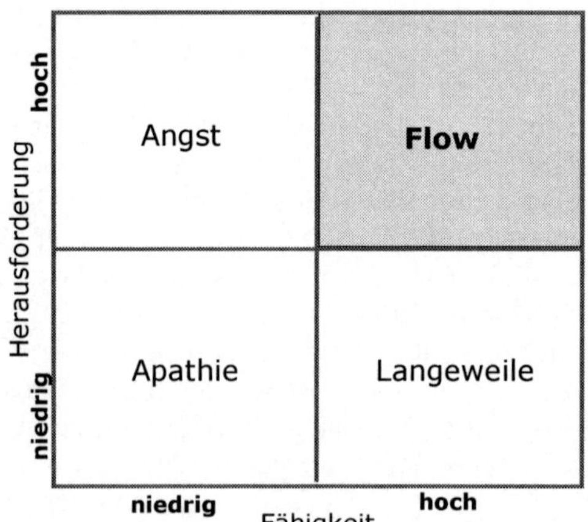


*Abb. 2.5: Bedingungen des Flow-Erlebens*

***Flow-Erleben und Lernen***. Es liegt auf der Hand, dass es bei der Förderung von Lernprozessen ein erstrebenswertes Ziel sein sollte, Bedingungen zu schaffen, die ein Flow-Erleben ermöglichen. Dabei muss man gar nicht an Extremformen des Flow-Erlebens denken, wie es etwa bei Sportlern vorkommt; vielmehr geht es um optimale Anregungsbedingungen, die es erlauben, Arbeit und Mühe beim Lernen mit einer spielerischen Leichtigkeit, Lust und Zufriedenheit mit dem eigenen Tun zu verbinden. Bedingungen des Flow-Erlebens wie die Passung zwischen Fähigkeit und Herausforderung, klare Ziele und Rückmeldungen sowie unterbrechungsfreie Abläufe können ohne weiteres auch bei der Gestaltung von Lernumgebungen leitende Prinzipien sein und günstige Wirkungen auf das gefühlsmäßige Erleben beim Lernen haben.

***Emotionale Intelligenz***. Eine der neuesten und sehr bekannt gewordenen Emotionstheorien mit Relevanz für das Lernen ist die von der *emotionalen Intelligenz*. Mit einem populär-psychologischen Sachbuch[6] hat Daniel Goleman (1995) dieses Konzept einer breiten Öffentlichkeit zugänglich gemacht. Gemeint sind mit emotionaler Intelligenz (grob umrissen) Fähigkeiten, die eigenen sowie die Gefühle anderer zu (er)kennen, erfolgreich mit Gefühlen umzugehen und das eigene Gefühlsleben zu kontrollieren – Fähigkeiten, die (so suggeriert es die populärwissenschaftliche Aufmachung) zu den besten Prädiktoren beruflichen Erfolgs zählen würden. Dass das Konzept der emotionalen Intelligenz bereits mehrere Jahre früher der „scientific community" vorgestellt und seitdem auch wissenschaftlich untersucht wurde und wird, ist vielen nicht bekannt (Salovey & Sluyter, 1997).

***Emotionsbezogene Fähigkeiten***. Das wissenschaftliche Konzept hat mit dem populärwissenschaftlichen weitgehend gemein, dass emotionale Intelligenz als ein Bündel emotionsbezogener Fähigkeiten verstanden wird. Danach beinhaltet emotionale Intelligenz a) die Fähigkeit, Emotionen korrekt wahrzunehmen, zu bewerten und auszudrücken, b) die Fähigkeit, Zugang zu seinen Gefühlen zu haben bzw. diese zu entwickeln, um gedankliche Prozesse zu erleichtern, c) die Fähigkeit, Emotionen zu verstehen einschließlich einem emotionalen Wissen, sowie d) die Fähigkeit, Emotionen zu regulieren, um emotionales und intellektuelles Wachstum zu unterstützen. Eine Ausweitung des Konzepts auf lange Listen von Persönlichkeitseigenschaften ist aber ebenso unzulässig wie die Behauptung, man könne anhand emotionaler Intelligenz z.B. berufliche Erfolge vorhersagen. Für Fragen des Lernens (und Lehrens) ist die emotionale Intelligenz unter anderem im Zusammenhang mit selbstgesteuertem Lernen

[6] "Emotional Intelligence: Why it can matter more than IQ"

(und metakognitiven Prozessen) ein interessantes Konstrukt, legt es doch die Zielsetzung nahe, in Bezug auf die eigenen Gefühle Kompetenzen zu entwickeln, die dem Lernen förderlich und nicht etwa hinderlich sind.

## 2.5 Die soziale Dimension des Lernens

Lernende dürfen nicht nur als Individuen, sondern müssen auch als soziale Wesen verstanden werden, die unweigerlich in einen soziokulturellen Kontext eingebettet und letztlich auch abhängig von sozialen Interaktionen sind. Wie gezeigt wurde, existiert ein (offenbar angeborenes) Bedürfnis nach sozialer Bezogenheit und sozialer Zugehörigkeit, und die Entwicklung von Erkenntnisstrukturen setzt eine aktive Auseinandersetzung mit der gegenständlichen *und* der sozialen Umwelt voraus. Es gibt viele Aspekte des Lernens, die man als sozial bezeichnen kann, und seit etlichen Jahren wird das kooperative Lernen besonders forciert. Theoretisch viel diskutiert wird seit den 1990er Jahren das Konzept der Situiertheit, das den (sozialen) Kontext als wichtige Determinante des Lernens (wieder) entdeckt hat.

### *2.5.1 Lernen und soziale Interaktion*

***Soziale Aspekte beim Lernen***. Wenn von „sozialer Interaktion" die Rede ist, denkt man als erstes an einen Austausch zwischen Lernenden und Lehrenden oder zwischen den Lernenden untereinander. Soziale Interaktion beim Lernen aber kann mehrere Bedeutungen und Implikationen haben (Salomon & Perkins, 1998): a) In der Entwicklungspsychologie gibt es die Auffassung, dass soziale Interaktion (vor allem mit den wichtigsten Bezugspersonen) noch vor individuellen kognitiven Leistungen von zentraler Bedeutung für die Entwicklung des Individuums ist (Wygotski, 1978). Soziale Interaktion in diesem Sinne ist eine Voraussetzung für individuelles Lernen. b) Nahe liegend ist die Annahme, dass beim Lernen eine *soziale Vermittlung* stattfindet, falls es einen Lehrenden gibt, der sich für diese Aufgabe zuständig fühlt. Doch selbst dann, wenn sich Lernen selbstgesteuert und ohne einen Lehrenden vollzieht, findet eine passive Form von sozialer Vermittlung statt, etwa indem man Lehrmaterialien, technische Werkzeuge wie CD-ROMs oder Internetquellen etc. nutzt, die man als kulturelle Artefakte bezeichnen kann. c) In vielen Situationen – vor allem in solchen außerhalb klassischer Bildungsinstitutionen – steht weniger das individuelle Lernen im Vordergrund als die Teilnahme des Individuums an einem sozialen Prozess der Wissenskonstruktion innerhalb einer Gemeinschaft (Lave

& Wenger, 1991). *Soziale Partizipation* lautet hier das zentrale Konzept, dem eine hohe Lernwirksamkeit (vor allem für Aneignungsprozesse) bescheinigt wird. d) Nicht nur Individuen können lernen; auch Teams, Organisationen und andere kollektive Einheiten zeigen (unter bestimmten Bedingungen) Lernfähigkeit (z.B. Senge, 1990). Das *Lernen sozialer Einheiten* wird unter anderem im Zusammenhang mit der Situiertheit des Lernens (s.u.) inzwischen auch in pädagogisch-psychologischen Kreisen diskutiert. e) Schließlich können *soziale Aspekte* des Lernens auch zum *Lerninhalt* werden. Das heißt: Individuen und kollektive Einheiten können sich über Prozesse des Lernens soziales Wissen und Können aneignen und dieses einüben.

***Soziale und individuelle Faktoren.*** Es gibt zahlreiche theoretische Argumente und empirische Befunde, die dafür sprechen, dass – wie eben gezeigt wurde – Methoden und Medien als soziale Mediatoren dienen, dass Bedeutung in vielen Fällen sozial konstruiert ist und auch soziale Systeme lernen können (vgl. Reinmann-Rothmeier & Mandl, 2002). Soziales Lernen ist folglich ebenso Realität wie individuelles Lernen; entsprechend kann man davon ausgehen, dass es sich bei der kognitiven Wissensentwicklung von Individuen und bei der situativen Partizipation an sozialen Gemeinschaften um zwei Perspektiven desselben Phänomens handelt. Ähnlich wie Lernen stets selbst- *und* fremdgesteuerte Anteile enthält (vgl. Kap. 2.2.3), bilden soziale und individuelle Faktoren zusammen zwei wichtige Aspekte des Lernens: Jede Form des sozialen Lernens enthält immer auch unterschiedlich ausgeprägte individuelle Aspekte und jede Form des individuellen Lernens umfasst stets soziale Aspekte in variabler Ausprägung.

***Die Zone proximaler Entwicklung.*** Nach Wygotski (1978) bedeutet Entwicklung, dass Individuen in kulturelle Überzeugungs- und Denkmuster hineinwachsen, weshalb Entwicklung und Lernen in hohem Maße von „rechtzeitiger" sozialer Interaktion profitieren können. Die *Zone proximaler Entwicklung* besagt in diesem Zusammenhang, dass es einen Entwicklungs- und Lernbereich gibt, der besonders günstig für den Erwerb neuen Wissens und Könnens ist, falls in dieser Zone soziale Unterstützung durch Peers, Lehrende oder andere Personen angeboten wird (siehe Abb. 2.6). Derartige Erkenntnisse haben sich unter anderem für die Förderung des Lerntransfers (vgl. Kap. 2.2.2) als wichtig herausgestellt und unterstreichen die Rolle von Betreuung und Unterstützung beim Lernen ebenso wie die Bedeutung des Zeitpunkts, zu dem Lernende sozial begleitet werden sollten.

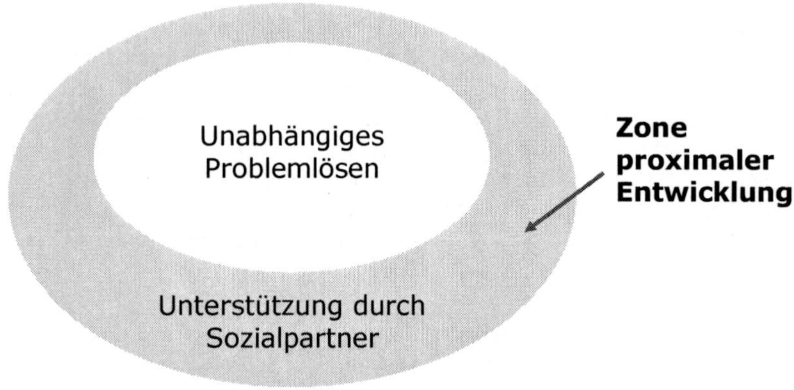


*Abb. 2.6: Zone proximaler Entwicklung*

## *2.5.2 Kooperation und Kollaboration*

***Voraussetzungen erfolgreichen kooperativen Lernens.*** Fragt man Lernende (etwa in der Hochschule) nach ihren Erfahrungen mit kooperativem Lernen, so erhält man eine Vielzahl unterschiedlicher Urteile: Vom „Gruppenarbeit-nein-Danke"-Phänomen über skeptisch-zurückhaltende Aussagen bis zu begeisterten Berichten über die Vorzüge des Lernens im Team sind hier alle Varianten vertreten. Kooperation führt – das machen bereits eigene Erlebnisse deutlich – nicht automatisch zu mehr Motivation, angenehmeren Gefühlen, besseren Lernprozessen und erfolgreicheren Ergebnissen. Vielmehr ist der Erfolg kooperativen Lernens von vielen Faktoren abhängig: Soziale Fähigkeiten, Unsicherheitstoleranz und eine positive Einstellung zur Zusammenarbeit seitens der Lernenden sind ebenso nötig wie Aufgaben, die das gemeinsame Denken und Problemlösen auch erfordern und nicht etwa sinnlos erscheinen lassen. Dazu müssen Rahmenbedingungen kommen, unter denen sich die Kooperation für die Lernenden „lohnt" (die also Anreize im motivationspsychologischen Sinne bieten) und die im Hinblick auf Ressourcen, Klima und Kultur Kooperation möglich machen (z.B. Renkl, Gruber & Mandl, 1996). Was genau aber soll man unter „kooperativem Lernen" verstehen?

***Bestimmungsstücke kooperativen Lernens.*** Von Kooperation oder genauer von *kooperativem Lernen* kann man dann sprechen, wenn zwei oder mehr Personen innerhalb einer bestimmten Umgebung in der Gruppe gemeinsam lernen (Dillenbourg, 1999). Jedes Element dieser allgemeinen Definition kann unterschiedlich ausgeprägt sein: a) Die Charakterisierung *zwei oder mehrere Personen* kann ein Zweierteam, eine Kleingruppe (von drei bis fünf Personen), eine Klasse (von 20 bis 30 Personen), eine Gemeinschaft (von ein paar Hundert oder Tausend Menschen) oder eine ganze Gesellschaft (mit mehreren Millionen Menschen) bezeichnen. b) Die *gemeinsame Umgebung* kann eine Face-to-Face- oder eine computervermittelte Situation mit synchronen oder asynchronen (virtuellen) Kommunikationswegen sein. c) Mit dem Begriff des *Lernens* können die unterschiedlichsten Lernformen gemeint sein, die beispielsweise von einem Seminarbesuch und dem Studium von Kursmaterial über Lernaktivitäten wie Problemlösen bis zum Erfahrungslernen infolge lebenslanger Arbeitspraxis reichen. Lernen kann als Kenntniserwerb, Verstehen oder Aneignung erfolgen und damit sehr unterschiedliche Qualitäten haben (vgl. Kap. 2.1.1). d) Als *Gruppe* kommen Ad-hoc-Gruppen oder länger eingespielte Gruppen sowie Lern- oder Arbeitsgruppen mit regelmäßigen oder unregelmäßigen Zusammentreffen in Frage. e) Und das Merkmal *gemeinsam* kann mit echter gemeinsamer Anstrengung oder mit systematischer Arbeitsteilung einhergehen. Die unterschiedlich möglichen Bedeutungszuschreibungen zu den Merkmalen kooperativen Lernens zeigen, dass dieser Bergriff ein relativ weites Feld von Lernprozessen umfasst, in dem verschiedene soziale Aspekte eine Rolle spielen.

***Abgrenzung zum kollaborativen Lernen***. Das Kriterium „Arbeitsteilung", das in der Definition kooperativen Lernens vorkommt, wird vor allem im englischsprachigen Raum für eine differenzierte Unterscheidung zwischen Kooperation und Kollaboration herangezogen (Dillenbourg, 1999). Im deutschsprachigen Raum ist diese Unterscheidung zwar weniger geläufig, aus pädagogisch-psychologischer Sicht aber ist sie durchaus sinnvoll: Danach teilen sich bei der *Kooperation* die Gruppenmitglieder die zu erledigende Arbeit auf, lösen für sich Teilaufgaben und verbinden die individuellen Ergebnisse dann zu einem gemeinsamen Resultat. Bei der *Kollaboration* dagegen arbeiten die Gruppenmitglieder nicht arbeitsteilig, sondern von Anfang an zusammen, wobei einzelne Funktionen im Rahmen des Gruppengeschehens nur spontan und in geringem Ausmaß auf verschiedene Gruppenmitglieder verteilt werden. Mit anderen Worten: Beim kollaborativen Lernen steht – anders als beim kooperativen Lernen – die soziale Wissenskonstruktion (Ko-Konstruktion von Wissen) im Mittelpunkt des Interesses.

***Strukturierung kooperativen Lernens***. Hinter der Unterscheidung von Kooperation und Kollaboration stehen unterschiedliche Auffassungen insbesondere was die *Strukturierung* des Lernens und Arbeitens in der Gruppe angeht (vgl. Reinmann-Rothmeier & Mandl, 2002): Diejenigen, die kollaboratives Lernen favorisieren, gehen davon aus, dass zu viel Struktur etwa bei einer Aufgabenbearbeitung in der Gruppe tiefergehende Interaktionen eher behindert als fördert und damit für Prozesse höherer Ordnung (vor allem für Problemlöseprozesse) nicht förderlich ist. Viele von denen, die kooperatives Lernen vertreten, nehmen dagegen an, dass es gerade dann zu Interaktionen höherer Ordnung kommt, wenn beispielsweise ein Lehrender die Probleme (vor-)definiert, den Gruppenteilnehmern spezifische Rollen und Regeln zuweist oder andere lenkende Methoden einsetzt. Empirische Studien sprechen dafür, dass ohne Anregung und Unterstützung Austauschprozesse in Gruppen (tendenziell) eher gering ausgeprägt sind. Entscheidend aber sind letztlich der Expertisegrad und die Teamerfahrung der Gruppenmitglieder.

***Förderung kooperativen Lernens***. Versteht man Lernen unter anderem als einen sozialen Prozess, liegt die Folgerung nahe, bei der Gestaltung von Lernumgebungen auch kooperatives und/oder kollaboratives Lernen zu fördern. Zur Überwindung spontaner Kooperations- und Kollaborationsdefizite werden seit den 1970er Jahren Modelle und Verfahren entwickelt, die auf unterschiedliche Weise versuchen, die Bedingungen für das Problemlösen und Lernen in Gruppen zu optimieren (siehe hierzu auch Kap. 6.4.2 unter dem Stichwort „Kooperationsskripts"). Seit den 1990er Jahren wird dies verstärkt auch für das Lernen in virtuellen Gruppen getan, wobei einige Konzepte und Techniken aus dem Bereich des Präsenzunterrichts (mit entsprechenden Anpassungen) auch in virtuellen Umgebungen eingesetzt werden können (z.B. Hinze, 2004; siehe Kap. 3.3.3).

## *2.5.3 Kontext und Situiertheit*

***Situiertes Lernen***. Mit der Wiederentdeckung des kooperativen Lernens ist auch das *situierte Lernen* in die pädagogisch-psychologische Fachdiskussion eingetreten. „Situiert" meint zunächst einmal nichts anderes, als dass Lernprozesse in konkrete Situationen eingebettet sind: In der Schule ist es der Unterricht im Klassenraum, im Studium z.B. der Einzelplatz in der Bibliothek oder die Lerngruppe, im Berufsleben kommen der Arbeitsplatz, Teamsituationen oder Weiterbildungsveranstaltungen als mögliche Kontexte in Frage. In allen Fällen sind Inhalte, Ziele und Dynamik des Lernens mit beeinflusst von den situativen Bedingungen, sodass die Situiertheit des Lernens gewissermaßen auf der Hand liegt. Eine der wichtigsten Wurzeln für verschiedene Ansätze zur Situiertheit des Lernens ist die ökologische Entwicklungspsychologie von Gibson (1982), der Lernen in enger Verbindung mit dem Kontext des Lernens sieht (vgl. Gerstenmaier, 1999): Der Kontext des Lernens hat nach Gibson (1982) stets einen bestimmten Aufforderungscharakter, der auf Handlungsoptionen hinweist, und beinhaltet gleichzeitig Restriktionen, die andere Alternativen eher unwahrscheinlich machen. In seinem Konzept der *Situiertheit* hat Greeno (1989) diesen Gedanken aufgegriffen und weiter ausgearbeitet. Kognitive Prozesse werden demnach durch Handlungseinschränkungen (Restriktionen) und Handlungsangebote (Aufforderungen) der Situation beeinflusst, was sich vor allem auf den Transfer von Wissen (vgl. Kap. 2.2.2) auswirkt: Gelerntes kann nur dann auf neue Situationen übertragen werden, wenn entweder die Handlungsbedingungen der neuen Situation mit der ursprünglichen Situation übereinstimmen oder wenn das Handlungsrepertoire im Falle geänderter situativer Anforderungen angepasst und entsprechend geändert wird. Wichtig ist bei dieser Auffassung von Lernen (und Wissen), dass soziale Interaktionen sowie Interaktionen mit der Umwelt als „Aktivitätssysteme" stärkere Beachtung finden als individuelle Lernprozesse: Es geht um *geteiltes Wissen* und darum, dieses Wissen durch Partizipation und Ko-Konstruktion zu verbessern.

***Die Situated Cognition-Bewegung***. Der Situated Cognition-Ansatz von Resnick (1987) verfolgt eine ähnliche Richtung: Auch Resnick betont, dass Kognition eine sozial geteilte Aktivität ist, und stellt fest, dass dieser Sachverhalt vor allem im Rahmen des schulischen Lernens zu wenig berücksichtigt wird. Im Gegensatz zum Lernen außerhalb der Schule arbeiten Lernende hier weitgehend isoliert und werden auch isoliert beurteilt; Hilfsmittel dürfen nicht gebraucht werden, symbolisch vermittelte Inhalte stehen im Vordergrund und der Anwendungsaspekt des Gelernten bleibt weitgehend unbeachtet. Demgegenüber ist Lernen aus einer situierten Perspektive immer auch ein Prozess der Partizipation. Wie man sich eine solche Partizipation in einer sozialen Gemeinschaft im Einzelnen vorstellen kann, hat Lave (1991) mit dem *Community of Practice*-Ansatz deutlich gemacht: Bei der Beschreibung und Erklärung des Lernens genügt es nicht, lediglich die kognitiven Prozesse und Strukturen zu analysieren; vielmehr müssen zusätzlich die dialektischen Beziehungen von Menschen gesehen werden, die mit dem Lerngeschehen untrennbar verknüpft sind. Lebensnahes Lernen findet grundsätzlich im alltäglichen Tun und in einer Gemeinschaft praktisch tätiger Menschen statt. Dass dabei auch Anleitung und Unterstützung vonnöten sein können, wird auch beim situierten Lernen vereinzelt gefordert, so etwa im *Guided Participation*-Konzept (Rogoff, 1990). Ähnlich wie im Konzept der „Zone proximaler Entwicklung" (vgl. Kap. 2.5.1) wird hier angenommen, dass Lernen dann besonders erfolgreich ist, wenn der

Lernende von kompetenten und von ihm anerkannten Sozialpartnern angeleitet und unterstützt wird und dabei aktiv und eigenverantwortlich an der Bewältigung komplexer werdender Aufgaben teilnimmt.

## 2.6 Zusammenfassung

- Kenntniserwerb, Verstehen und Aneignung – mit dieser „Stufung" der *Intensität* oder *Qualität* des Lernens lässt sich zumindest erahnen, dass Lernen und das daraus resultierende Wissen vielschichtig und facettenreich sind, und dass man verschiedene Methoden zur Lernförderung sowie unterschiedliche Erklärungsansätze braucht. Das gilt auch für Blended Learning, denn digitale Medien können dem einfachen Einüben von Fakten und Fertigkeiten, der Förderung von Einsicht und Verständnis *oder* dem Versuch dienen, eigene Erfahrungen zu machen und Handlungskompetenz aufzubauen. Lernen ist – auf jedem Intensitätsniveau – ein *aktiver* Prozess, der Aufmerksamkeit und geistige Grundvoraussetzungen, Lernbereitschaft und ein Mindestmaß an Lust sowie eine soziale Umwelt erfordert, oder anders formuliert: Lernen hat kognitive, motivationale, emotionale und soziale Dimensionen, die zwar nicht immer in gleicher Ausprägung und Stärke, aber doch eine unabdingbare Rolle spielen. Das gilt für *alle* Lernprozesse unabhängig davon, ob sie mit oder ohne die digitalen Medien erfolgen. Eine erfolgreiche Gestaltung von Blended Learning-Umgebungen setzt ein Verständnis der verschiedenen Dimensionen des Lernens voraus.
- Die *kognitive Dimension* des Lernens lässt sich am besten mit Konzepten wie Gedächtnis, Problemlösen, Lerntransfer, Metakognition und Selbststeuerung fassen. Ohne das Gedächtnis ist kein Lernen möglich, weil man von Lernen nur sprechen kann, wenn neue Erfahrungen und das resultierende Wissen über die Lernsituation hinaus Veränderungen in der Person auslösen. Lernen impliziert demnach bereits Prozesse des „Transfers" (bzw. der Anwendung) des Gelernten, auch wenn der Begriff des Transfers umstritten ist. Mit der Anwendung neu erworbenen Wissens wird es möglich, Probleme zu lösen, zu deren Bewältigung man *vor* dem Lernen nicht in der Lage war. Probleme lösen zu wollen, ist umgekehrt auch ein wichtiger Anlass zum Lernen. Wer Wissen um das eigene Wissen und um effektive Strategien aufbaut, erhöht seine Lernfähigkeit: Eine hohe Metakognition erleichtert vor allem Lernprozesse, die ohne viel Fremdsteuerung auskommen sollen. Obschon alles Lernen selbstgesteuerte Anteile enthält, da Lernen von außen nicht machbar, sondern nur durch Eigenaktivität möglich ist, erfordert selbstgesteuertes Lernen im engeren Sinne metakognitives Wissen und

Können. Angesichts der Tatsache, dass mit Blended Learning vielerorts ein Lernen mit hohem Selbststeuerungsanteil verbunden ist, kommt den letztgenannten Aspekten große Bedeutung zu.

- Die *motivationale Dimension* des Lernens wurde an beispielhaften Konzepten wie Selbstbestimmung, Neugier und Interesse deutlich gemacht. Motivation ist gleichsam der Motor des Lernens, der Bedürfnisse, aber auch Interessen seitens der Lernenden und eine Lernumwelt mit Aufforderungs- und Unterstützungscharakter braucht. Neugier gehört zu den wohl wichtigsten menschlichen Motiven des Lernens: Neugier ermöglicht intrinsisch motiviertes Lernen auch ohne äußere Anreize und Belohnungsstrukturen; Neugier fördert die Entwicklung von Interessen, und diese wiederum stabilisieren ein langfristig motiviertes Lernen. Neugier und Wissen stehen in einem engen Wechselverhältnis, denn mit wachsendem Wissen häufen sich kognitive Konflikte, die neugierig machen und zum Lernen veranlassen. Bei all dem ist es wichtig, dass sich der Lernende als selbstbestimmt erlebt, dass externe Steuerung und Kontrolle nicht überhand nehmen. Wenn bei der Gestaltung und Durchführung von Blended Learning Konstrukte wie Selbstbestimmung, Neugier und Interesse beachtet werden, lassen sich vor allem diejenigen Situationen reduzieren, in denen es zum Abbruch des Lernens kommen kann.
- Die *emotionale Dimension* des Lernens ist in hohem Maße mit der (Lern-) Motivation verknüpft: Emotion und Motivation sind in vielen Fällen zwei Seiten einer Medaille. Trotzdem sollte den Emotionen ein eigener Status beim Lernen zuerkannt werden, denn wer die Gefühle als Weggefährten des Lernens außen vor lässt, reduziert die Möglichkeiten des Lernens im Allgemeinen und des Blended Learning im Besonderen. Mit Konzepten wie Flow-Erleben und emotionale Intelligenz lassen sich exemplarisch nicht nur die theoretische, sondern auch die praktische Relevanz der Emotionen beim Lernen zeigen: Lust und spielerische Leichtigkeit führen unter bestimmten Bedingungen zu Höchstleistungen und sind mit dem Gefühl der Zufriedenheit gepaart – das jedenfalls zeigt die Forschung zum Flow-Erleben. Die damit verbundenen Potentiale für Fragen des Lernens werden zumindest in klassischen Bildungsinstitutionen kaum ausgeschöpft. Da Lernen aber auch mit Ärger, Wut oder Angst einhergehen kann, sind Fähigkeiten im Umgang mit den eigenen Gefühlen von großer Bedeutung für erfolgreiches Lernen. Angesichts der Tatsache, dass viele Blended Learning-Angebote vom Lernenden fordern, auch mit unerwarteten Herausforderungen selbständig umzugehen, ist die emotionale Intelligenz ein komplementäres Fähigkeitsbündel zur Selbststeuerungskompetenz, das meist unterschätzt wird.

- Die *soziale Dimension* des Lernens schließlich öffnet einem die Augen für die Bedeutung der sozialen Interaktion des Lernenden mit anderen Lernenden, mit Lehrenden, mit sozialen Artefakten und mit der soziokulturellen Umwelt. Dass der Mensch ein soziales Wesen ist, darf auch beim Lernen, insbesondere beim Blended Learning nicht vergessen werden. Lernen erfolgt nie im luftleeren Raum, sondern in konkreten Kontexten: Immer ist Lernen auch ein situierter Prozess, und wer den Einfluss der Situation auf den Lernprozess nicht wahrnimmt, wird auch viele (gewollte und ungewollte) Resultate des Lernens (oder deren Ausbleiben) nicht verstehen können. Im engeren Sinne verweist die soziale Dimension des Lernens auf das kooperative (im Gegensatz zum individuellen) Lernen, von dem man sich unter anderem höhere Motivation, besseres Problemlösen und den Erwerb sozialer Fähigkeiten erhofft - auch beim Blended Learning. Doch Kooperation sowohl im Sinne der arbeitsteiligen Zusammenarbeit als auch im Sinne der gemeinsamen Konstruktion von Wissen (kollaboratives Lernen) will gelernt sein und muss unterstützt werden, um erfolgreich sein zu können.

*Abb. 2.7: Zusammenfassende Übersicht zu Kap. 2*

# Kapitel 3: Lernen mit digitalen Medien

## Überblick

Wer mit digitalen Medien lernt, erfährt auf der einen Seite neue Möglichkeiten, auf der anderen Seite aber auch neue Grenzen. Diese Möglichkeiten und Grenzen zu kennen, die sich aus den Merkmalen der digitalen Medien ergeben, ist eine wichtige zweite Voraussetzung für die Gestaltung von Blended Learning-Umgebungen. Von daher beschäftigt sich das dritte Kapitel mit den Lernpotentialen der digitalen Medien – bzw. genauer: der neuen Informations- und Kommunikationstechnologien – und bietet eine Reihe theoretischer und empirischer Erkenntnisse zu verschiedenen Aspekten des Lernens mit digitalen Medien an.

1. **Potentiale der digitalen Medien** ergeben sich zum einen durch deren Merkmale, sind aber zum andern durch deren spezifischen Einsatz bedingt. Funktionen wie Distribution, Repräsentation und Exploration von Information einerseits sowie Interaktivität, Kommunikation und Kooperation andererseits machen die neuen Informations- und Kommunikationstechnologien zu einem mächtigen Werkzeug des Lernens.
2. **Lernen mit neuen Informationstechnologien** impliziert vor allem die Nutzung der multimedialen Möglichkeiten der digitalen Medien. Dabei spielt die externe und interne Codierung von Information eine zentrale Rolle. Die Effekte, die man dem multimedialen Lernen zuschreibt, stellen sich nur unter bestimmten Gestaltungsbedingungen ein. Die kognitionspsychologischen Grundlagen des Lernens zu kennen, erweist sich hier einmal mehr als großer Vorteil.
3. **Lernen mit neuen Kommunikationstechnologien** eröffnet die Chance, sich im Netz zu Lernzwecken zu informieren und zu kommunizieren. Unter dem Stichwort Hypermedia waren und sind die Erwartungen groß, das Lernen zu verbessern. Doch auch hier zeigt sich, dass es keine einfachen Rezepte gibt. Kommunikative und kooperative Lernformen können sehr effektiv sein; um diese Effektivität zu erreichen, sind jedoch Kenntnisse über externe Einflüsse und die soziale Dimension des Lernens erforderlich.

4. Angesichts der Vielfalt an Lern- und damit auch an Lehrformen mithilfe der digitalen Medien ist eine **Kategorisierung von Blended Learning** von zentraler Bedeutung, um sich in der Praxis orientieren zu können: Vorgestellt werden drei Klassifikationsmodelle, die einen ersten Überblick geben. Schließlich wird der Versuch einer Synthese dieser Modelle gemacht, die im weiteren Verlauf des Buches genutzt wird.

## 3.1 Potentiale der digitalen Medien

Blättert man durch die einschlägige Literatur zum Lernen mit Medien, so trifft man auf unterschiedliche Definitionen des Begriffs „Medium", je nachdem, ob eher eine psychologische, pädagogische oder medienwissenschaftliche Sicht eingenommen wird. Konsens besteht darin, dass ein Medium eine „Mittlerrolle" hat. Ansonsten wird eher uneinheitlich zwischen Medientechnik und Medieninhalt, zwischen didaktischen und publizistischen Medien, zwischen visuellen und auditiven Medien etc. unterschieden. Dies kommt dadurch zustande, dass verschiedene (disziplinbezogene) Einteilungsgesichtspunkte herangezogen werden. Wenn es um Blended Learning geht, dann hat man es mit *digitalen Medien* zu tun; synonym wird auch der Begriff „neue Informations- und Kommunikationstechnologien" (kurz IuK-Technologien) gebraucht. Letztere Bezeichnung hat den Vorteil, dass sie auf zwei grundlegende Potentiale der digitalen Medien hinweist: Sie eröffnen neue Möglichkeiten der Information, der Informationsdarstellung und des Informationszugangs einerseits und neue Wege der Kommunikation und Kooperation andererseits. Information *und* Kommunikation sind zwei Grundpfeiler des Lernens, die in *allen* Lernsettings eine zentrale Rolle spielen. Dazu kommt die Interaktivität von Lernobjekten in medialen Lernumgebungen, die einen echten Mehrwert der neuen Technologien darstellt.

### *3.1.1 Digitale Medien*

***Der Medienbegriff***. Allen Medien gemeinsam ist die Funktion, Gedanken mitzuteilen (vgl. Boeckmann, 1994). Mitteilungen sind ein Versuch von Menschen, eigene Gedanken oder Gefühle mit anderen Menschen zu teilen, sie gemeinsam zu machen, wie es das Wort „Kommunikation" andeutet. Kommunikation ist ein zweiseitiger Prozess, an dem mindestens zwei Menschen intentional beteiligt sein müssen. Ein Gedanke wird aber nicht auf ein Medium geladen und dann wieder entladen, sondern es wird ein Bezug zwischen einem Gedanken im Kopf des Senders/Kommunikators (z.B. des Lehrenden) und einem Gedanken im Kopf des Empfängers/Rezipienten (z.B. des Lernenden) hergestellt; diese Gedanken müssen nicht gleich, aber aufeinander bezogen sein. Allerdings ist der Sender nicht eigentlich Sender seines Gedankens, sondern Sender einer Äußerung zu seinem Gedanken. Und der Empfänger ist auch nicht nur Empfänger, sondern er macht sich selbst seine Gedanken bezogen auf die Äußerung des Senders (Boekmann, 1994). In diesem Sinne ist der Kommunikationsvorgang *zweiseitig*. Medien stellen damit den Brückenschlag zwischen den beiden Intentionen und den beiden Gedanken her; hier passt auch die ursprüngliche Bedeutung von Medium als „das Mittlere" und „das Vermittelnde".

***Funktionen von Medien***. Medien ermöglichen nicht nur das Funktionieren der Kommunikation, sie sind ein Teil der Bedeutungskonstruktion und bedingen bestimmte Funktionen der Kommunikation (Boeckmann, 1994). Es gibt aus der Sicht der Kommunikationstheorie drei Grundfunktionen von Kommunikation[1]: a) Medien dienen Menschen dazu, sich über Inhalte zu verständigen oder sich über die Außenwelt zu informieren (*propositionale* Funktion). b) Medien dienen Menschen dazu, zwischenmenschliche Beziehungen oder soziale Vereinbarungen auszudrücken oder herzustellen (*interaktive* Funktion). c) Medien dienen Menschen dazu, individuelles/persönliches Erleben auszudrücken oder herzustellen (*personale* Funktion). An diesen drei Grundfunktionen der Kommunikation sind jeweils Kommunikator *und* Rezipient beteiligt. Von daher sind Medien immer auch Kommunikationsmedien, wobei allerdings zu beachten ist, dass nur manchmal eine direkte Kommunikation vorliegt; oft erfolgt die Kommunikation via Medien über die Weitergabe von Information und ist von daher nur indirekter Natur.

***Verschiedene Aspekte eines Mediums***. Weidenmann (2001) schlägt aus einer psychologischen Perspektive fünf Aspekte eines Mediums vor, die in der Praxis, aber auch in der Wissenschaft oft nicht sauber voneinander getrennt werden. Diese fünf Aspekte können dazu dienen, den Medienbegriff im Allgemeinen und den Begriff der digitalen Medien im Besonderen präziser zu fassen: a) die *Hardware*, d.h. die Materialität eines Mittlers (z.B. Videoplayer und Beamer), b) die *Software*, also das übermittelte Programm (z.B. Videofilm), c) das *Symbolsystem* bzw. der Code (z.B. Sprache, Bilder, Bewegtbilder), d) die *Sinnesmodalität*, also das, was der jeweilige Code anspricht (Augen, Ohren, Tast-

---

[1] Diese stehen in der Tradition des Organon-Modells von Karl Bühler (Inhalt, Appell und Ausdruck).

sinn) und d) die *Botschaft* und damit das im Symbolsystem Vermittelte (z.B. inhaltliche Filmaussage).

***Definition des Begriffs „digitale Medien"***. Digitale Medien zeichnen sich dadurch aus, dass sie Multimedialität, Interaktivität, Simulation, Kommunikation und Kooperation über die Distanz hinweg ermöglichen. Die begrifflichen Verwendungen sind allerdings nicht ganz einheitlich. So trifft man z.B. (vor allem in älteren Publikationen) auf die Bezeichnung Multimedia als Synonym für digitale Medien, um die Verbindung sich ergänzender Medien mit dem Computer als Leitmedium zu benennen. In diesem Buch wird nur dann von Multimedia gesprochen, wenn damit multicodierte und multimodale Darstellungsweisen mit Hilfe digitaler Technologien gemeint sind (siehe Kap. 3.2.1). Auch der Begriff der Interaktivität wird unterschiedlich gehandhabt (s.u.). Technisch gesehen, liegt das Neue an den digitalen Medien in folgenden Punkten: a) in der Digitalisierung der Informationen bei ihrer Speicherung, Verarbeitung, Weiter- und Wiedergabe bzw. die Digitalisierung bislang getrennter Einzelmedien, b) in zusätzlichen Nutzungsmöglichkeiten und Funktionserweiterungen der „alten" Medien über neue Distributionswege und Multimedia-Systeme, c) in der Verbreitung mehrerer Dienste über ein einziges Netz (z.B. ISDN, DSL), d) in direkten und globalen Zugriffsmöglichkeiten auf Informationen und e) in der interaktiven Komponente digitaler Kommunikationssysteme (z.B. Kerres, 2001).

### *3.1.2 Lernpotentiale*

***Distribution – Repräsentation – Exploration***. Mit Hilfe des Internet und anderen computerbasierten Vernetzungsformen ist es uns heute möglich, Informationen interessierten Menschen leicht und rasch sowie unabhängig von Ort und Zeit zugänglich zu machen und zu verteilen; man kann von der *Distributionsfunktion* der digitalen Medien sprechen. Informationen werden damit „greifbarer", die Hoffnung auf Demokratisierung von Information erlebt auf diesem Wege einen neuen Aufwind. Multimedia-Werkzeuge unterschiedlichster Art eröffnen zudem vielfältige Möglichkeiten, Informationen in verschiedenen Symbolsystemen darzustellen, Text, Bild und Animation zu kombinieren oder Audio und Video zu Hypermedia-Systemen zu integrieren; man kann das als *Repräsentationsfunktion* der digitalen Medien bezeichnen. Informationen werden mit dieser Funktion anschaulicher und lebendiger; wo ein Lernen in realen Situationen nicht möglich ist, kann Multimedia den Realitätscharakter zumindest nachahmen. Planspiele, Simulationen und Mikrowelten schließlich sind Beispiele für technische Werkzeuge, die Informationen nicht nur anschaulicher, sondern sogar manipulierbar machen; hier hat man es mit der *Explorationsfunktion* der digitalen Medien zu tun. Der Vorteil ist: Wer Informationen auswählt, aufnimmt *und* mit ihnen in Interaktion tritt, für den wird Information erfahrbar (siehe Abb. 3.1).

***Beispiele***. Distribution, Repräsentation und Exploration von Information - es gibt viele Beispiele, die belegen, dass die neuen Technologien diese drei Funktionen gut erfüllen: Der Studierende, der im Internet nach Aufsätzen und Forschungsergebnissen für eine Hausarbeit sucht, lernt durch verteilte Information dank elektronischer Vernetzung. Der Hochschullehrer, der seine Publikationen online zur Verfügung stellt, nutzt ebenfalls die *Distributionsfunktion* der digitalen Medien, unter anderem um das Lernen anderer zu unterstützen. Wer in einem Computer Based Training kennen lernt, wie ein neues Gerät funktioniert, der profitiert durch multimediale Information und erweitert damit seinen Kenntnisstand. Auch der Lehrende, der im Unterricht auf ein videogestütztes Lernprogramm zurückgreift, bedient sich der *Repräsentationsfunktion* der neuen Medien, um seinen Unterricht anschaulicher zu machen. Wenn junge Menschen im Planspiel üben, wie man - im Zeitraffer - ein Unternehmen oder einen Staat führt, dann ist das ein aktives, fast schon handelndes Lernen, das durch Manipulation von Prozessen und unmittelbares Feedback möglich wird. Virtuelle Labore an der Hochschule vermeiden risikoreiche Experimente in der Realität; auch das ist nur machbar dank der *Explorationsfunktion* der digitalen Medien. Bei den letztgenannten Beispielen kommt zum Lernen durch Information noch das Lernen durch Interaktion hinzu. Interaktivität mit dem Gegenstand aber ist nur *eine* Seite der Interaktionsmöglichkeiten, die die neuen Technologien bereithalten: Interaktion mit anderen Lernenden, mit Lehrenden und Experten eröffnet das Feld der digitalen Kommunikation.

***Kommunikation - Kollaboration***. Internet und andere Netze dienen nicht nur der Verteilung von Information; sie sind auch die Grundlage für verschiedene Formen der synchronen und asynchronen Interaktion zwischen Menschen via e-Mail, Foren, Chat und Videokonferenzen; hier geht es um die *Kommunikationsfunktion* der digitalen Medien. Die Kommunikation wird damit unabhängig von konkreten Orten, im Falle asynchroner Tools auch unabhängig von der Zeit. Werkzeuge aus dem Bereich "Computer Supported Cooperative Work" - kurz CSCW - gehen noch einen Schritt weiter: Sie machen nicht nur Kommunikation zwischen Menschen an verschiedenen Orten möglich, sondern unterstützen auch die Zusammenarbeit etwa bei der gemeinsamen Lösung einer Aufgabe oder eines realen Problems; man spricht von der *Kollaborations-*

*funktion* der digitalen Medien. Wissensteilung und gemeinsame Ideenfindung oder anders formuliert: Ko-Konstruktion von Wissen sind die Chancen der Technik vor diesem Hintergrund (siehe Abb. 3.1).

***Beispiele***. Kommunikation und Kollaboration - auch hierfür gibt es Beispiele, die zeigen, dass die neuen Technologien diese beiden Aufgaben in vielfältiger Weise übernehmen können: E-Mail-Projekte im schulischen Sprachunterricht etwa nutzen die *Kommunikationsfunktion* der digitalen Medien ebenso, wie dies Newsgroups im Internet tun. Das erste Beispiel verweist auf Lernmöglichkeiten via Kommunikation in Bildungsinstitutionen, das zweite auf neue Lernwege im informellen Bereich. Auf kooperative Fallbearbeitung in verteilten Gruppen trifft man sowohl in der Fort- und Weiterbildung als auch in der Hochschullehre; dank der *Kollaborationsfunktion* der neuen Technologien und entsprechender Tools werden derart komplexe Lernszenarien möglich und häufiger - zumindest dort, wo das Kosten-Nutzen-Denken nicht vorherrschend ist, denn: Kollaboration mit digitalen Medien ist zwar effektiv, aber für Lernende und Lehrende gleichermaßen aufwändig (siehe Kap. 3.3.3).

***Kombinationsmöglichkeiten***. In der Praxis des Lernens und Lehrens trifft man auf verschiedene Kombinationen aller genannten Funktionen der neuen In-

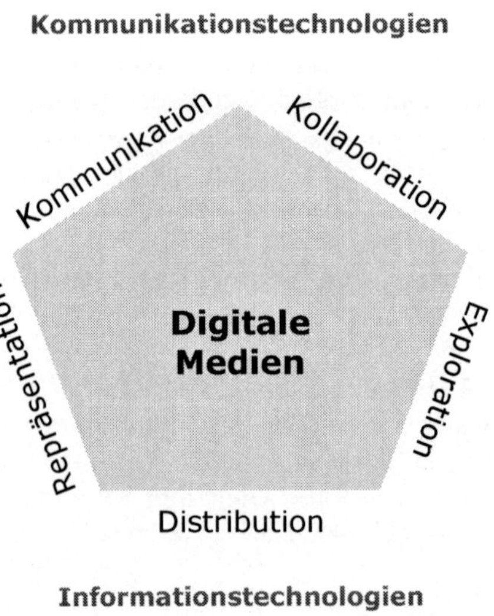


*Abb. 3.1: Lernpotentiale der digitalen Medien*

formations- und Kommunikationstechnologien; eine Trennung derselben hat also immer nur analytischen Charakter: So kombinieren komplexere Computer oder Web Based Trainings Multimedia und Interaktivität und nutzen damit die Repräsentations- *und* Explorationsfunktion der digitalen Medien gleichzeitig. Lernszenarien, die auf Kommunikation und Kollaboration setzen, bieten meist auch Information auf derselben Lernplattform an, die man zur Bearbeitung von Aufgaben nutzen kann: Kommunikations-, Kollaborations- *und* Distributionsfunktionen gehen hier eine Verbindung ein. Simulationen lassen sich auch kooperativ sogar in verteilten Gruppen spielen - hier werden die Kollaborations- *und* Explorationsfunktionen gezielt vereint. Die Beispielliste ließe sich fortsetzen.

***Interaktion und Interaktivität.*** Interaktion und Interaktivität stellen zwei Begriffe dar, die im Zuge der digitalen Medien besonders häufig angesprochen und von daher auch hier noch mal eigens behandelt werden. Unter beiden Begriffen kann man allerdings sehr unterschiedliche Dinge verstehen, sodass es notwendig ist, folgende Sachverhalte auseinander zu halten (Metzger & Schulmeister, 2004): a) die Interaktion des Nutzers mit der Hardware des Computers, b) die Interaktion des Nutzers mit der Benutzerschnittstelle des Computers, c) die Interaktion des Benutzers mit Inhalten bzw. Lernobjekten in einem Lernprogramm und d) die symbolische Interaktion des Nutzers mit anderen Nutzern (beim Blended Learning z.B. mit dem Lehrenden und anderen Lernenden); letztere bezeichnet man als soziale Interaktion. Aufgrund dieser Vielseitigkeit des Interaktionsbegriffs führt Schulmeister (2004) den Begriff der Interaktivität ein, der weder die soziale Interaktion zwischen Menschen noch die Interaktion mit dem Computer und/oder mit der Benutzerschnittstelle meint. Interaktivität bedeutet vielmehr die „Manipulation und den lernenden Umgang mit den Lernobjekten im virtuellen Raum" (Schulmeister, 2004, S. 27).

***Bedeutung von Interaktivität und sozialer Interaktion beim Blended Learning.*** In virtuellen Umgebungen begegnen Lernende zunächst nur den „Lernobjekten", also den mehr oder weniger didaktisch aufbereiteten Inhalten. Beim Lernen in Präsenzsituationen dagegen befinden sich Lernende von vornherein in einer sozialen Umgebung: Sie sind mit einem Lehrenden konfrontiert, der sie aktiviert. In E-Learning-Phasen dagegen müssen individuelle Lernaktivitäten (im Sinne der Interaktivität mit dem Lernobjekt) und soziale Interaktionen (im Sinne der Kommunikation und Kooperation) erst hergestellt werden. Dass beides vor allem durch gutes Aufgabendesign möglich ist, soll später (siehe Kap. 6.3) behandelt werden. Sowohl die Interaktivität als auch die soziale Interaktion haben sich für den Lernerfolg wie auch für die Akzeptanz und Zufriedenheit der Lernenden als sehr wichtig herausgestellt (vgl. Metzger & Schulmeister, 2004). Letztlich entscheidend aber ist, auf welchem *Niveau* die soziale Interaktion wie auch die Interaktion mit dem Lerninhalt stattfinden. Darüber hinaus ist das Feedback auf solche Aktivitäten von großer Bedeutung für den Lernprozess.

***Interaktivitätsniveaus und Feedback***. Das Niveau der Interaktion mit Inhalten (Interaktivität) und mit anderen Personen (soziale Interaktion) kann natürlich sehr unterschiedlich sein; folgende *Interaktivitätsniveaus*[2] sind zu unterscheiden (Schulmeister, 2003): a) Der Lernende kann die Repräsentationsform des Lernobjekts variieren und verschiedene Darstellungsformen betrachten. b) Der Lernende kann den Inhalt des Lernobjekts modifizieren und z.B. andere Inhalte im Lernobjekt auswählen. c) Der Lernende kann sowohl die Repräsentationsform variieren als auch den Inhalt modifizieren. d) Der Lernende kann das Lernobjekt selbst konstruieren, indem er Editoren oder Simulationen nutzt und dadurch auch explorativ tätig wird. d) Der Lernende erhält Feedback vom Lernobjekt. *Rückmeldungen* sind denn auch das Komplement zur Interaktivität mit dem Lernobjekt: So sind z.B. interaktive Übungen ohne Feedback per definitionem gar nicht möglich. Ein Feedback kann grundsätzlich implizit sein (indem z.B. etwas funktioniert, man einen Schritt weiter kommt etc.), oder es ist explizit (durch zusätzlich visuelle oder auditive Information). In ähnlicher Weise stellt sich auch das Feedback bei der sozialen Interaktion als äußerst wichtig für den Erfolg heraus (siehe Kap. 4.3.3).

## 3.2 Lernen mit neuen Informationstechnologien

In der ersten Welle des Lernens mit digitalen Medien stand der Multimedia-Begriff im Mittelpunkt des Interesses. Oft bezeichnete man das Lernen mit digitalen Medien generell als „Multimedia-Lernen" – aus heutiger Sicht eine einseitige Beschreibung, die vorrangig die neuen Möglichkeiten der *Information*s-darstellung fokussiert. Ohne Zweifel aber bilden die multimedialen Potentiale der digitalen Medien eine wichtige Säule beim E-Learning und Blended Learning, die allerdings – je nach Ziel und Domäne des Lernens – unterschiedlich wichtig ist. Von besonderer Bedeutung ist in diesem Zusammenhang die Überführung von Wissen verschiedener Zeichensysteme (externe Codierung) sowie die Aufnahme und Verarbeitung solchermaßen codierter Information

---

[2] Der Aspekt der sozialen Interaktion wird später (in Kap. 3.3) näher behandelt.

durch den Lernenden (interne Codierung). Kenntnisse über solche kognitionspsychologischen Prozesse sowie Wissen um die wichtigsten Effekte von Multimedia stellen eine nicht zu unterschätzende Hilfe dar, wenn es um Entscheidungen beim Einsatz von neuen Technologien für das Lernen geht.

### 3.2.1 Multimedia

***Multicodierung und Multimodalität***. Beim Lernen mit Medien macht es Sinn zwischen Codierung und Modalität zu unterscheiden (Weidenmann, 2001): a) Botschaften lassen sich in verschiedenen Symbolsystemen codieren: Ich kann meine Gedanken z.B. aussprechen (verbales Symbolsystem), ich kann sie aber auch aufmalen (piktorales Symbolsystem). Die *Codierung* bezeichnet also die Art der verwendeten Symbolsysteme. b) Eine verbal codierte Botschaft kann, wenn sie mündlich vermittelt wird, gehört werden; wenn sie schriftlich verfasst ist, wird sie gelesen; beides spricht jeweils unterschiedliche Sinneskanäle an (einmal die Ohren und das andere Mal die Augen). Die *Modalität* bezeichnet also den angesprochenen Sinneskanal. Ein paar Beispiele können den Unterschied zwischen Codierung und Modalität veranschaulichen: Ein Text auf einem Computerbildschirm z.B. ist monocodal, weil nur Sprachsymbole verwendet werden; kommen zum Text noch Bilder hinzu, wird das Ganze multicodal, weil nun zwei Symbolsysteme (das verbale und das bildhafte bzw. piktorale System) auftreten. Ein Sprachlernkurs auf Tonkassette mit Sprache und Musik ist monomodal (er spricht ausschließlich den Gehörsinn an); ein Computerlernprogramm mit Text, Grafik, Ton und Video dagegen ist multimodal, weil neben dem Gehörsinn auch der Sehsinn angesprochen wird; gleichzeitig liegt hier auch eine Multicodierung vor.

***Das Problem mit dem Multimedia-Begriff***. Besonders ungenau wird in der Literatur mit dem Begriff „Multimedia" umgegangen. Legt man Weidenmanns (2001) Differenzierung von Codierung und Modalität zugrunde, um den Medienbegriff präziser zu fassen, sollte man die Bezeichnung „multimedial" auf die Beschreibung unterschiedlicher Speicher- und Präsentationstechnologien beschränken, die integriert (über den Computer bzw. über eine einzige Benutzerplattform) genutzt werden. Demnach ist z.B. das Buch, aber auch die Videoanlage monomedial, während eine Kombination von PC mit Videorekorder oder CD-Player als multimedial bezeichnet werden kann. In der Literatur wird diese eingegrenzte Begriffsverwendung allerdings nicht durchgehalten. Auch in diesem Buch wird an einigen Stellen von Multimedialität (im weiteren Sinne) die Rede sein, allerdings mit den für das Verständnis notwendigen Erläuterungen.

### 3.2.2 Interne und externe Codierung von Information

***Externe Repräsentation***. Wenn jemand Symbolsysteme (also z.B. Sprache) nutzt, um seine Gedanken zu codieren, spricht man von einer externen Repräsentation (Schnotz, 2001): Das Wissen einer Person wird durch Zeichen zu Information, die an andere weitergegeben werden kann, sofern die Empfänger die verwendeten Symbolssysteme kennen, beherrschen und deren Bedeutung mit uns teilen (siehe hierzu Kap. 4.1). Texte, Bilder (logische und realistische Bilder) wie auch Filme oder auditive Dokumente sind demnach *externe Repräsentationen* von Wissen, die in Blended Leaning-Umgebungen zur Anwendung kommen. Nach wie vor spielt selbst bei der Nutzung digitaler Medien der Text (in schriftlicher oder mündlicher Form) eine zentrale Rolle, weshalb die Lesekompetenz auch beim E-Learning entscheidend ist und keineswegs von anderen Formen der Medienkompetenz verdrängt wird. Auf der anderen Seite wird es zunehmend notwendig, Bildkompetenz zu entwickeln, da statische und dynamische Bilder (mit oder ohne auditive Ergänzung) beim Blended Learning einen höheren Stellenwert haben als etwa beim Präsenzlernen. Texte bestehen aus Wörtern und Sätzen, die man als Symbole bezeichnet, weshalb auch von *Symbolzeichen* die Rede ist. Bilder dagegen (in ihren verschiedenen Varianten) bestehen aus *ikonischen Zeichen*. In Text-Bild-Kombinationen, die beim Blended Learning gewissermaßen der Normalfall sind, findet demnach eine Multicodierung statt.

***Verschiedene Arten von Repräsentation***. Die Verwendung von Symbolzeichen führt zu *deskriptionalen Repräsentationen*; die Verwendung von ikonischen Zeichen zu *piktionalen Repräsentationen* (Schnotz, 2001). Eine eigene – in den meisten Theorien zur Symbolverarbeitung derzeit kaum berücksichtigte – Kategorie sind audiovisuelle Repräsentationen, wie sie in Videos umgesetzt sind, die Symbolzeichen und ikonische Zeichen kombinieren und zusätzlich dynamisch machen. Nun mag man einwenden, dass eine solche begriffliche Differenzierung verschiedener Arten von Repräsentationen wenig praktische Relevanz hat. Tatsächlich kommt es in der Praxis des Blended Learning nicht darauf an, dass man Begrifflichkeiten in der genannten Form *verwendet*. Wichtig aber ist die *Einsicht*, dass externe Repräsentationen, die mit Symbolzeichen arbeiten, zu anderen mentalen Prozessen und unterschiedlichen internen Repräsentationen führen als externe Repräsentationen, die ikonische Zeichen verwenden. Und das wiederum ist sehr wohl relevant für Fragen der Gestaltung von Lernumgebungen, worauf später noch genauer eingegangen wird.

***Theorie der Symbolsysteme.*** Dass die Symbolsysteme verschiedener Medien und damit die Art der Informationsdarbietung bzw. die Codierung (und die damit verbundene Ansprache verschiedener Sinneskanäle) das Lernen beeinflussen, hat bereits Salomon (1979) Ende der 1970er Jahre in seiner *Theorie der Symbolsysteme* gezeigt: Verschiedene Symbolsysteme ermöglichen zum einen unterschiedliche Transformationen und erfordern zum anderen unterschiedliche Fertigkeiten. Salomons Theorie der Symbolsysteme besagt zudem, dass auch *Vorwissen* sowie Vorerfahrungen mit Medien - also die viel diskutierte *Medienkompetenz* (z.B. Hamm, 2001) - den Lernerfolg beeinflussen. Zudem spricht die Theorie der Symbolsysteme der jeweiligen *Aufgabe* Einfluss auf spezifische Medieneffekte beim Lernen zu, was ebenfalls von neueren Theorien bestätigt wird. Salomon (1979) geht also von einer (komplexen) Interaktion zwischen Medium (bzw. genauer: dessen Multicodierung, Multimodalität und Multimedialität), Lerner, Kontext und Aufgabe aus - eine Erkenntnis, deren Gültigkeit bis heute unbestritten ist. Niemals also kann man die Effekte eines Mediums bzw. einer bestimmten Art der Informationsdarbietung auf das Lernen ohne Kenntnis von Personen-, Aufgaben- und Kontextmerkmalen vorher genau bestimmen.

***Supplantationstheorie***. Auf der Basis seiner Theorie der Symbolsysteme hat Salomon (1979) die *Supplantationstheorie* entwickelt, die kognitive Merkmale von Lernenden mit Merkmalen von Medien in Beziehung setzt. Ausgangspunkt ist die Beobachtung, dass z.B. Lehrfilme den Betrachter formal überfordern können: Um etwa Wechsel von Nah- und Ferneinstellungen, Schwenks und Perspektivensprünge nachvollziehen zu können, müssen bereits Fähigkeiten und Erfahrungen mit den Merkmalen dieser Codierung von Inhalten vorhanden sein. Defizitäre Fähigkeiten lassen sich dadurch kompensieren, dass fehlende intern ablaufende Prozesse extern im Medium vollzogen werden, z.B. - um beim angeführten Beispiel „Film" zu bleiben - durch eine andere Kameraführung oder durch Montagen. Genau dieser Vorgang wird als *Supplantation* bezeichnet. Ein weiteres, häufig mit der Supplantationstheorie angeführtes Beispiel ist das Zoomen in einem Bild, um ein Detail aus einem komplexen Bild besser identifizieren zu können[3]. Auch der Kerngedanke der Supplantationstheorie beweist nach wie vor Aktualität im Bereich des Blended Learning: Man denke nur an neue Möglichkeiten der Visualisierung, der Simu-

[3] Die Technik des Zoomens taucht auch in der Elaborationstheorie (siehe Kap. 6.1.4) wieder auf.

lation und der Manipulation durch moderne technische Tools, die allesamt dazu dienen können, begrenzte Fähigkeiten zu kompensieren: etwa beim Erkennen sehr kleiner oder sehr großer Sachverhalte, beim Verstehen komplexer Zusammenhänge etc. Für die Gestaltung von Lernumgebungen wichtig ist schließlich Salomons Erkenntnis, dass sich Fähigkeiten im Umgang mit Medien durch die Supplantation auch trainieren lassen.

***Interne Repräsentation.*** Die Darbietung von Information und die dabei mögliche Nutzung verschiedener Symbolsysteme und unterschiedlicher Medien ist die eine Seite; sie betrifft vorrangig den Lehrenden bzw. den Mediengestalter. Die andere Seite ist die Wahrnehmung, Verarbeitung, Speicherung und spätere Nutzung dieser Information seitens des Lernenden – eine Voraussetzung für den Aufbau von Wissen (siehe Kap. 4.1). Letzteres lenkt die Aufmerksamkeit auf die intern ablaufenden Prozesse der Informationscodierung und -verarbeitung. Vor allem in der Kognitionspsychologie forscht man bereits seit mehreren Jahrzehnten an diesem Thema und geht dabei der Frage nach, wie Menschen Information codieren und welche Wirkung dies auf das Lernen hat, wie die Verarbeitungstiefe das Lernen beeinflusst wird und wann und warum es zu Erscheinungen der Überlastung des kognitiven Systems kommt. All diese Fragen sind auch heute noch aktuell, wenn es um den Einsatz digitaler Medien im Rahmen des Blended Learning geht. Zwar bewegt man sich bei dieser Thematik auf der Ebene des Medien- und Informationsdesigns, weshalb in diesem Buch auch *nicht im Detail* darauf eingegangen wird. Grundkenntnisse zu den genannten Aspekten aber unterstützen auch die Entwicklung von Blended Learning-Konzepten, bei der man zentrale Fragen der Informationsdarbietung mit bedenken sollte.

***Theorie der dualen Codierung.*** Trifft ein Lernender in einer Lernumgebung auf Text- und Bildmaterial (also auf unterschiedliche externe Repräsentationen von Information), so konstruiert er verschiedene interne mentale Repräsentationen (Schnotz, 2001). Diesen Gedanken hatte bereits Paivio (1971) Anfang der 1970er Jahre und entwickelte auf der Grundlage zahlreicher Studien die *Theorie der dualen Codierung*. In dieser Theorie geht Paivio davon aus, dass es zwei unabhängige, aber miteinander in Verbindung stehende kognitive Systeme gibt: das verbale System, das wahrgenommene Informationen in sprachlicher Form codiert (also in Form von Symbolzeichen), und das imaginale (oder visuelle) System, das wahrgenommene Informationen in bildhafter Form codiert (also in Form von ikonischen Zeichen). Anders als im vorangegangenen Abschnitt geht es hier also nicht um die externe Informationsdarbietung, sondern um intern ablaufende Repräsentationsprozesse. Welches kognitive System aktiviert wird, hängt erstens davon ab, ob es sich bei den Informationen um Sprache oder Bilder handelt. Zweitens wird die Aktivierung der Systeme von Bedeutungen beeinflusst, indem bestimmte Wörter neben einer sprachlichen Codierung zugleich (bekannte) Vorstellungsbilder auslösen; diese *Doppelcodierung* kommt bei konkreten Bildern und konkreten Begriffen vor. In diesem Fall kommt es drittens zu Verbindungen zwischen den beiden Codierungssystemen (siehe Abb. 3.2). Die Theorie der dualen Codierung besagt, dass doppelcodierte Informationen besser behalten werden, also einen positiven Effekt auf das Gedächtnis haben (vgl. Kap. 2.2.1).

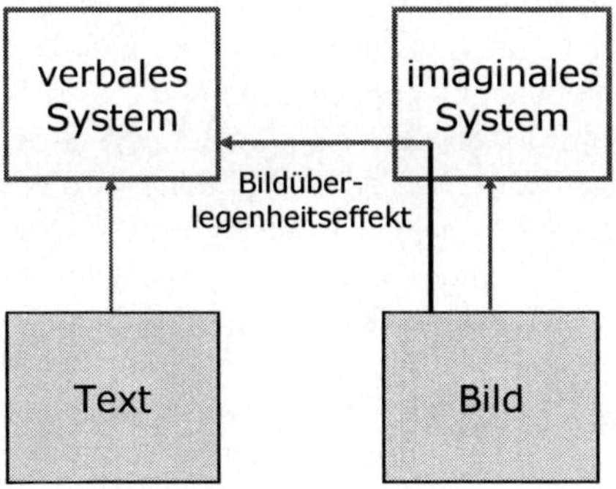


*Abb. 3.2: Duale Codierung*

***Integratives Modell des Text- und Bildverstehens***. Anfangs stand die Theorie der dualen Codierung in Konkurrenz zu Theorien, die von einer abstrakten (amodalen) Form der Codierung ausgingen. Heute wird diskutiert, dass und wie diese beiden Ansätze komplementär sein könnten: Man geht inzwischen davon aus, dass sowohl beim Verstehen von Symbolzeichen (Sprache) als auch beim Verstehen von ikonischen Zeichen (Bilder) multiple mentale Repräsentationen gebildet werden, zwischen denen auch Interaktionen stattfinden (Schnotz, 2002). Von daher kann die Verarbeitung von Texten und Bildern als integrativ bezeichnet werden. Diese Einsicht ist insbesondere auch für die Verarbeitung von Videomaterial (im Sinne einer multimedialen Informationspräsentation in Reinform; siehe Kap. 3.2.3) von Bedeutung. Generell gilt, dass eine kombinierte Verwendung von Text- und Bildmaterial die Chance für Lernerfolge (vor allem bei geringem Vorwissen) erhöht. Beispiele sind etwa sprachliche Erläuterungen von Bildern in Form von Bildlegenden oder Bilder zum besseren Verstehen und Behalten von Texten. Man darf allerdings nicht von der naiven Vorstellung ausgehen, dass mit der Anzahl an Symbolsystemen der Lernerfolg quasi automatisch steigt. Vielmehr kommt es auf eine genau durchdachte Abstimmung verschiedener Formen der Informationsdarbietung und auf die Passung zu den Vorerfahrungen, Vorkenntnissen und Fertigkeiten im Umgang mit verschiedenen Symbolsystemen an (worauf bereits die Theorie der Symbolsysteme hinwies).

***Theorie der Verarbeitungstiefe***. Welchen Nutzen die digitalen Medien beim Lernen haben, hängt unter anderem davon ab, wie intensiv Lernende die medial angebotenen Informationen verarbeiten. Unter den kognitiven Aspekten des Lernens wurde bereits auf die Erkenntnis verwiesen, dass Gedächtnisleistungen auch davon beeinflusst sind, wie tief Informationen verarbeitet werden (vgl. Kap. 2.2.1). Die dahinter stehende *Theorie der Verarbeitungstiefe* (Craik & Lockhart, 1972) spielt für die interne Informationsverarbeitung beim Blended Learning eine wichtige Rolle. Nach dieser Theorie wird eine wahrgenommene Information umso besser behalten, je tiefer der Lernende deren Bedeutung verarbeitet. Bedeutung zu verarbeiten wiederum meint, statt einer oberflächlichen Verarbeitung wie Auswendiglernen die Information zu *verstehen*. Im Laufe der Zeit wurde auch dieses Modell vor allem im Hinblick auf die Annahme einer hierarchischen Verarbeitung revidiert und ausgebaut: Demnach ist das Behalten nach neueren Erkenntnissen umso besser, a) je mehr der Lernende mit der Information aktiv umgeht, b) je stärker die bildhaften Vorstellungen sind, die mit der Information verbunden werden, c) je mehr der Lernende die neue Information mit bestehenden kognitiven Strukturen verbindet und d) je umfangreicher und unterschiedlicher die Aktivitäten sind, die mit der Information ausgeführt werden.

***Bedeutung von Aufgaben zur Verarbeitungstiefe***. Deutlich geworden ist inzwischen auch die Bedeutung emotional-motivationaler Aspekte: Das Interesse und die Induktion von Interessen z.B. spielen ebenfalls eine große Rolle bei der Verarbeitungstiefe. Im Übrigen hat sich gezeigt, dass auch eine geschickte Text-Bild-Kombination die Verarbeitungstiefe – vor allem über die Dauer der Auseinandersetzung mit den Inhalten – erhöhen kann (vgl. Weidenmann, 2002). Die Theorie der Verarbeitungstiefe macht allem voran deutlich, dass nicht allein die Art der Informationsdarbietung beim Blended Learning für die Behaltensleistung und Effektivität von Lernprozessen bedeutsam ist. Auch Aufgaben und spezifische Instruktionen, was mit den gegebenen Informationen zu tun ist, sind wichtige Gestaltungselemente, um eine intensive Verarbeitung medialer Information und damit auch Behalten und Verstehen zu fördern (siehe Kap. 6.3).

***Kognitive Belastung.*** Das Gefühl der Überlastung beim Lernen im Allgemeinen und bei E-Learning-Anteilen im Besonderen ist allseits bekannt. Wann man allerdings von „normaler Belastung" und wann von „Überlastung" sprechen kann, ist nicht einfach zu entscheiden – jedenfalls nicht in der Praxis des Lernens. Mit der *Cognitive Load-Theorie* (Sweller, 1988) wird versucht, diese Unterscheidung zu fassen und daraus Konsequenzen für Lehr-Lernprozesse zu ziehen. Ausgangspunkt der Cognitive Load-Theorie ist die bereits besprochene Erkenntnis, dass das Kurzeitgedächtnis zeitlich wie auch mengenmäßig bei der Verarbeitung und Speicherung von Informationseinheiten stark begrenzt ist, während das Langzeitgedächtnis in beider Hinsicht kaum Grenzen kennt. Des Weiteren wird angenommen, dass jeder kognitive Prozess (z.B. Lernen oder Problemlösen) im Arbeitsgedächtnis eine kognitive Belastung erzeugt. Die kognitive Belastung kann von der Komplexität der zu lernenden Inhalte stammen, sie kann aber auch durch die Art der Informationsdarbietung, durch bestimmte Instruktionen oder durch technische Anforderungen verursacht sein.

***Kognitive Überlastung***. Von kognitiver Überlastung („cognitive overload") spricht man im Rahmen der Cognitive Load-Theorie (Sweller, 1988) erst dann, wenn die kognitive Anstrengung über die eigentliche Lernanstrengung (z.B. beim Lesen und Verstehen eines Textes oder einer Text-Bild-Kombination) hinausgeht. Eine solche kognitive Überlastung kann sich bei E-Learning-Anteilen in mehrerer Hinsicht einstellen: a) Sie kann bereits bei der Informationsdarbietung auftreten, etwa dann, wenn zu viele multimodale und multicodale Lerninhalte gleichzeitig dargeboten werden. b) Sie kann beim Einsatz von Hypertext und Hypermedia (siehe Kap. 3.3.2) entstehen, wenn zu starke oder unübersichtliche Vernetzung zu Desorientierung führt, und c) sie kann sich entwickeln, wenn zu viele, zu schwierige oder überflüssige technische Tools (etwa zur Visualisierung, zur Kooperation etc.) in virtuellen Lernumgebungen zur Verfügung gestellt werden. In allen genannten Fällen besteht die Gefahr, dass Lernende von einer tieferen Informationsverarbeitung und damit vom Verstehen der Lerninhalte abgehalten werden. Die relativ einfache Folgerung aus dieser Theorie (die zahlreiche empirische Befunde nach sich gezogen hat) ist, dass man bei der Gestaltung von Lernumgebungen kognitive Überlastung möglichst vermeiden und das Arbeitsgedächtnis „schonen" sollte. Und doch ist es gerade diese einfache Folgerung, die in vielen E-Learning-Umgebungen aufgrund von „Verführungen durch technische Möglichkeiten" immer wieder ignoriert wird.

### 3.2.3 Multimediales Lernen

***Multimedia und Lernen***. E-Learning und Blended Learning sind immer auch „multimediales Lernen" im mehrfachen Sinne: In der Regel wird mehr als ein Medium herangezogen und der Computer steht dabei als Integrationsmedium im Vordergrund (Multimedialität im engeren Sinne); Informationen sind meist in verschiedenen Symbolsystemen repräsentiert und es werden (im Idealfall) mehrere Sinne angesprochen (Multicodierung und Multimodalität); moderne Informationssysteme gründen zudem auf der Konzeption von Hypertext und Hypermedia im Sinne einer nicht-linearen (vernetzten) Repräsentation von Information. Letzteres gibt es als lokale Anwendung (z.B. im Falle der CD-ROM als Trägermedium) wie auch als netzbasierte Anwendung (siehe Kap. 3.3.2). Verschiedene Theorien, die entweder Fragen der externen oder internen Repräsentation von Information im Blick haben, liefern hilfreiche, bisweilen aber nur indirekte Hinweise für die Gestaltung von E-Learning-Anteilen. Einen integrativen Charakter mit deutlichen Empfehlungen für die Praxis des E-Learning liefert die generative Theorie des Multimedia-Lernens, die man durch „alte" Erkenntnisse der Gestaltpsychologen ergänzen kann. Auffällig allerdings ist, dass wissenschaftliche Befunde zum Lernen mit multicodierter und multimodaler Information vorrangig kognitionspsychologischer Natur sind. Die in Kapitel 2 besprochene motivationale, emotionale und soziale Dimension des Lernens ist von daher vernachlässigt – Grund genug, um im Folgenden auf die zahlreichen offenen Fragen wie auch auf einige Fehlannahmen in diesem Bereich ebenfalls kurz einzugehen.

***Die generative Theorie des Multimedia-Lernens***. Die generative Theorie des Multimedia-Lernens[4] (Mayer, 2001) unterscheidet in Anlehnung an die Theorie der dualen Codierung von Paivio (1971) ein verbales und ein visuelles System zur Informationsverarbeitung. Von *Generativität* ist deshalb die Rede, weil der Lernende durch *aktive* Prozesse im Umgang mit dargebotenen Informationen Bedeutung *konstruiert*. Einzelne generative Elemente sind: a) die Selektion, das heißt: Lernende wählen wichtige Informationen beim Lernen selbst aus; b) die Organisation, das heißt: Lernende verarbeiten Informationen zu mentalen (internen) Repräsentationen; c) die Integration, das heißt: Lernende verknüpfen neue mentale Repräsentationen mit bestehendem Wissen. Der Lernende hat in diesem Modell also eine *aktive* Rolle; er konstruiert sein Wissen selbst.

---

[4] Nach den Ausführungen in Abschnitt 3.2.1 müsste es eigentlich „multicodiertes und multimodales Lernen" heißen.

***Effekte beim Multimedia-Lernen.*** Auf der Grundlage seiner Theorie formuliert Mayer (2001) eine Reihe von Effekten des Lernens mit multicodierter und multimodaler Information: Multimedia-, Kontiguitäts-, Kohärenz-, Modalitätseffekt und Redundanzeffekte (siehe Kasten 3.1). All diese Effekte geben Hinweise darauf, in welcher räumlichen, zeitlichen und inhaltlichen Anordnung verbale und bildliche Informationen beim E-Learning angeboten werden sollten. Moderiert werden diese Effekte allerdings durch Merkmale und Handlungsmöglichkeiten des Lernenden. Empirisch am besten gesichert ist der *Modalitäts-Effekt*: Zahlreiche Studien belegen relativ konsistent, dass man besser mit Bildern und gesprochenen Erläuterungen als mit Bildern und geschriebenen Erläuterungen lernt. Als Erklärung dafür kommt vor allem die oben beschriebene Cognitive Load-Theorie in Frage: Bilder und geschriebene Erläuterungen belasten beide gleichzeitig das visuelle System, was eine *Über*lastung ergeben kann, die im Falle einer Aufteilung der Information auf zwei Sinneskanäle nicht entsteht.

**Kasten 3.1.: Multimedia-Effekte nach Mayer (2001)**

- *Multimedia-Effekt*[5]: Verbale und bildliche Informationsrepräsentation zusammen fördern den Erwerb neuen Wissens mehr als nur verbale Informationsrepräsentation.
- *Räumlicher Kontiguitäts-Effekt*: Eine räumlich benachbarte Darstellung verbaler und bildlicher Information unterstützt den Erwerb neuen Wissens mehr als eine getrennte Darstellung von Texten und Bildern.
- *Zeitlicher Kontiguitäts-Effekt*: Die gleichzeitige Präsentation verbaler und bildlicher Information fördert den Erwerb neuen Wissens mehr als die sukzessive Präsentation gleicher Inhalte.
- *Kohärenz-Effekt*: Interessante, aber für das Lehr-Lernziel irrelevante visuelle oder akustische Information behindert den Erwerb neuen Wissens.
- *Modalitäts-Effekt*: Die audiovisuelle Darstellung bildlicher und verbaler Information fördert den Erwerb neuen Wissens mehr als nur die visuelle Darstellung.

[5] Dieser müsste nach den Ausführungen in Abschnitt 3.2.1 eigentlich Multicodierungs-Effekt heißen.

- *Redundanz-Effekt*: Die audiovisuelle Darstellung bildlicher und verbaler Information (durch Bild und Ton) unterstützt den Erwerb neuen Wissens mehr als die (redundante) Darstellung der gleichen Information durch Bild, Ton und (geschriebenen) Text.

***Gestaltgesetze***. Nun könnte man meinen, dass derartige Erkenntnisse völlig neu und ausschließlich auf das Lernen mit digitalen Medien bezogen sind. Doch dem ist nicht so: Die *Gestaltpsychologie*, die bereits beim Thema Problemlösen erwähnt wurde (vgl. Kap. 2.2.2) und im ersten Drittel des 20. Jahrhunderts entstanden ist, untersuchte bereits, wie Menschen wahrnehmen, Probleme lösen und dabei lernen. Dabei entdeckten sie die *Gestaltgesetze*, die für das multimediale Lernen von neuer Aktualität sind und die Prinzipien von Mayer (2001) bestätigen und/oder ergänzen (siehe Kasten 3.2). Die Gestaltgesetze in Kombination mit den skizzierten Multimedia-Effekten geben wichtige Hinweise vor allem für die Informationsgestaltung in Blended Learning-Umgebungen.

**Kasten 3.2: Gestaltgesetze**

- Das Gesetz der *Nähe* besagt, dass Elemente, die nahe beieinander liegen, als zusammengehörig aufgefasst werden.
- Das Gesetz der *Ähnlichkeit* weist darauf hin, dass Elemente, die sich ähnlich sind, als zusammengehörig aufgefasst werden.
- Das Gesetz der *guten Gestalt* bedeutet, dass mehrere Elemente zu Gestalten verbunden und dabei möglichst einfache und einprägsame Gestalten bevorzugt werden.
- Das Gesetz der *guten Fortsetzung* besagt, dass Elemente, die auf einer durchgehenden Linie oder Kurve angeordnet sind, als zusammengehörig aufgefasst werden.
- Das Gesetz der *Geschlossenheit* hat zum Inhalt, dass Elemente, die geschlossen oder von einer Linie umrahmt sind, als zusammengehörig aufgefasst werden.
- Das Gesetz der *Erfahrung* verweist darauf, dass Elemente, die sich zu bekannten Gestalten zusammenfügen lassen,

selbst dann als solche erkannt werden, wenn sie unvollständig sind.

***Video als multimediale Informationspräsentation***. Die pädagogisch-psychologischen Wirkungen einer multicodalen und multimodalen Präsentationsweise, wie sie beim Video-Einsatz auftritt, sind empirisch nicht eindeutig geklärt (Weidenmann, 2001). In der Literatur betont und (zum Lernen) genutzt werden in der Regel folgende Eigenschaften bzw. Vorzüge von Video: a) die hohe Informationsdichte, b) der variationsreiche Umgang mit Zeit (Wiedergabe von Ereignissen in Echtzeit, Zeitlupe oder Zeitraffer), c) zunehmend erweiterte Interaktionsmöglichkeiten, d) die hohe Realitätsnähe und damit erreichbare Authentizität, e) die Chance zur Veranschaulichung raumzeitlicher Abläufe, dreidimensionaler Verhältnisse und komplexer Bewegungs- oder Interaktionsprozesse, f) besondere Möglichkeiten der Aktivierung und Aufmerksamkeitsteuerung der Lernenden und g) unschlagbare Spielräume für Emotionalität (vgl. Issing et al., 2004, S. 148 f.). Werden Videoclips in eine lineare (text- und bildbasierte) Präsentationsfolge eingebunden, spricht man von „sukzessivem Multimedia"; wird Video gleichzeitig mit anderen Präsentationsformen dargeboten, bietet sich die Bezeichnung „simultanes Multimedia" an (Schwan, 2005). Von besonderer Bedeutung sind bei der letztgenannten Variante die Interaktionsmöglichkeiten mit dem Videomaterial (z.B. Krammer & Reusser, 2005).

***Forschungsstand zum multimedialen Lernen***. Die Forschung zum multimedialen Lernen zeigt, dass populäre Annahmen einer Summierung von Medien zur Steigerung von Lernerfolg ebenso falsch sind wie die Behauptung, es gäbe eindeutige Lerntypen, die z.B. grundsätzlich besser mit Text oder besser mit Bild arbeiten. Zieht man ein Fazit aus der psychologischen Forschung zum multimedialen Lernen, so muss man die Hoffnung auf einfache Rezepte aufgeben: „Das Zusammenspiel mehrerer Sinneskanäle bei der Nutzung von Multimedia ist ... keineswegs eindimensional und mit einfachen Prozentangaben wiederzugeben. Die Behaltensleistung kann von Anwendung zu Anwendung in Abhängigkeit von konkreten Aufgaben und individuellen Wahrnehmungsfaktoren stark variieren" (Klimsa, 2002, S. 10). Besonders hartnäckig halten sich in der populärwissenschaftlichen Literatur die (weit verbreiteten) naiven Annahmen zu grundsätzlich günstigen kognitiven und motivationalen Effekten durch multicodierte und/oder multimodale Information beim Lernen. Genau diese Annahmen aber treffen nicht zu (Weidenmann, 2002).

***Gesicherte Erkenntnisse.*** Weidenmann (2002) fasst folgende Aussagen zum multimedialen Lernen als gesicherte Erkenntnisse zusammen: a) Der Einsatz von Multimedia führt *nicht* automatisch zu besserem Behalten von Information; vielmehr kann durch Medieneinsatz eine mentale Multicodierung der Lerninhalte angestoßen werden, die die Verfügbarkeit von Wissen erhöht. b) Der Einsatz von Multimedia steigert *nicht* automatisch die Motivation; vielmehr kann durch Medieneinsatz in Kombination mit geeigneten didaktischen Modellen z.B. das Interesse gesteigert, Neugier geweckt, emotionale Beteiligung hervorgerufen werden. c) Der Einsatz von Multimedia bewirkt *nicht* automatisch eine höhere Aktivierung des Lernenden; vielmehr kann durch Medieneinsatz das Spektrum an möglichen Lernaktivitäten und Lernerfahrungen erweitert sowie die Bedeutung des Kontextes erhöht werden. Doch selbst diese (positiven) Effekte stellen sich erst dann ein, wenn neben der Informationsdarbietung auch Anstrengung bei der didaktischen Gestaltung etwa von inhaltlichen Sequenzen, Abläufen, Aufgaben, Instruktionen etc. unternommen werden.

***Kognitive Dominanz***. Die in diesem Abschnitt vorgestellten Theorien und Befunde zum Lernen mit multicodierter und multimodaler Information sowie zur Auswirkung vor allem auf Gedächtnisleistungen basieren zum größten Teil auf einer kognitivistischen Vorstellung vom Lernen als Prozess der Informationsverarbeitung (siehe Kap. 5.1.3). Vorherrschend ist von daher auch eine eher positivistische Haltung und Auffassung menschlichen Erkennens und Lernens; die dazugehörigen Forschungsbemühungen haben entsprechende Grenzen für das Verständnis von Lernen mit (digitalen) Medien (Klimsa, 2002). Zu wenig berücksichtigt werden zudem aktiv-konstruktive, soziale und emotional-motivationale Prozesse: Wie bereits gezeigt wurde, sind Langeweile, Überforderung oder Angst große und häufige Hemmnisse beim Lernen (unabhängig von anderen Faktoren), während Herausforderung, Neugier und Fantasie die Attraktivität des Lernens steigern können; bisherige Theorien und Befunde zum multimedialen Lernen machen darüber kaum handlungsrelevante Aussagen.

## 3.3 Lernen mit neuen Kommunikationstechnologien

Im vorangegangenen Abschnitt wurde unter dem Stichwort „Lernen mit neuen Informationstechnologien" *ein* wesentlicher medienbedingter Aspekt des Blended Learning behandelt. Dabei ging es um die externe Codierung und Informationsdarbietung durch Medien und um die Frage, welche mentalen Prozesse (interne Codierung und Verarbeitung) dies im Hinblick auf Lernen auslöst. Ein weiterer Aspekt, der beim Lernen mit digitalen Medien eine neue Qualität bewirken kann, ist die *Vernetzung* von Computern; gemeint sind sowohl die weltweite Verknüpfung von Computernetzen (das Internet) als auch Netzwerke zur internen Kommunikation für geschlossene Benutzergruppen (Intranets). Nimmt man die Perspektive der Vernetzung ein, treten einerseits Fragen des Zugriffs auf Information und der Verteilung von Information (im Sinne einer Einwegkommunikation) und andererseits neue Wege der Kommunikation und der Kooperation in den Fokus des Interesses. Mit verschiedenen Formen der virtuellen Kooperation kommt die im zweiten Kapitel beschriebene soziale Dimension des Lernens ins Spiel (vgl. kap. 2.5).

### *3.3.1 Information und Kommunikation im Netz*

***Potentiale der Computervernetzung***. Wenn vom netzbasierten Lernen die Rede ist, liegen Assoziationen vom weltweiten Zugriff auf *Information* und von nahezu unbegrenzten Möglichkeiten der *Kommunikation* nahe. Diese Assoziationen bedürfen zwar der Differenzierung, bezeichnen aber durchaus die beiden zentralen Potentiale der Computervernetzung: a) Orts- und zeitunabhängig lassen sich aus dem Internet ebenso wie aus Intranets *Informationen recherchieren und abrufen.* Zudem ist es – anders als bei traditionellen Medien – vergleichsweise einfach (entsprechende Kenntnisse, Fertigkeiten und technische Ressourcen vorausgesetzt) *Informationen zu publizieren und anzubieten* und auf diesem Wege zu verteilen. Angesichts der Tatsache, dass das World Wide Web ein frei zugängliches globales Hypermedia-System darstellt, sind beim Thema „Information im Netz" auch Erkenntnisse zu Hypertext und Hypermedia zu beachten (siehe Kap. 3.3.2). b) Orts- und zeitunabhängig sind auch die Möglichkeiten der *Kommunikation*: Unter dem Schlagwort „Kommunikation im Netz" subsummiert man in der Regel sowohl den (einfachen) Austausch von Information (z.B. über E-Mail) als auch komplexere Interaktionen mit dem Ziel der gemeinsamen Problemlösung (im Sinne der Kooperation oder Kollaboration).

***Telemedien und Online-Medien***. In unserer heutigen Gesellschaft nimmt die technisch mediatisierte Kommunikation (in Wirtschaft, Beruf, Freizeit und Bildung) einen zunehmend wichtiger werdenden Stellenwert ein (vgl. Döring, 2003). Technisch mediatisierte Kommunikation an sich ist nicht neu: Früher dienten hierzu z.B. Telegraf, später dann Telefon und Telefax; bereits diese Medien können als *Telemedien* bezeichnet werden. Heute sind es die digitalen Kommunikationstechnologien, die auch unter dem Begriff *Online-Medien* bekannt sind. Online-Medien sind also die derzeit modernste Form von telemedialer Kommunikation. Der Begriff Telemedien umfasst aus gesetzlicher Sicht alle Online-Medien mit Ausnahme des Rundfunks, also insbesondere WWW-Angebote wie auch E-Mail-Inhalte.

***Forschung und Forschungslücken zu Information und Kommunikation im Netz.*** Vielen dürfte das Phänomen des „lost in hyperspace" bekannt sein, das die Orientierungslosigkeit bezeichnet, die vor allem im WWW, aber auch in geschlossenen netzbasierten Umgebungen dann auftritt, wenn Wahlmöglichkeiten zu groß und/oder Navigationswege zu intransparent werden. Diese typische Klage bei der *Informationsrecherche* im Netz wird vor allem dann zum Problem, wenn daraus eine kognitive Überlastung resultiert (vgl. Kap. 3.2.2). Probleme beim Anbieten von Informationen im Netz sind – außerhalb von „echten" Kooperationssituationen (s.u.) – wissenschaftlich kaum untersucht. Bekannte Hindernisse beim *Anbieten von Information* bzw. beim Publizieren im Netz liegen weniger auf einer pädagogisch-psychologischen als vielmehr auf der rechtlichen Ebene sowie auf einem nach wie vor bestehenden Mangel an Standards, die beispielsweise eine Gleichrangigkeit zum traditionellen Publizieren garantieren. Der größte Teil an Forschung zu Problemen beim Lernen mit Kommunikationstechnologien bezieht sich auf das *kooperative Lernen* im Netz. Zu den am meisten zitierten Ursachen für Schwierigkeiten beim kooperativen Lernen in netzbasierten Umgebungen gehören technische Probleme, Probleme infolge defizitärer Wissensteilung und Probleme infolge fehlender sozialer Hinweisreize. All diese Punkte sollen im Folgenden kurz behandelt werden.

## *3.3.2 Hypermedia*

***Hypertext und Hypermedia.*** Als *Hypertexte* bezeichnet man eine Form der Repräsentation von Information, die entgegen der traditionellen linearen Strukturen auch Verzweigungen aufweisen, die nur auf Aufforderung sichtbar werden. Durch den Einsatz von digitalen Medien ist es möglich, beliebige Verzweigungen zu definieren. Ein Hypertext ist demnach ein computerbasiertes Informationsangebot, dessen Inhalte in einzelne Informationseinheiten aufgegliedert sind. Diese Informationseinheiten in Form von Texten oder Bildern sind in einer Datenbasis (die Hypertextbasis) nicht-linear gespeichert: Man nennt diese Einheiten *Knoten*, die mit *Links* untereinander verknüpft sind. Der Begriff „Text" ist hier also nicht auf Sprachsymbole beschränkt, sondern bezieht auch ikonische Symbole mit ein. Von *Hypermedia* spricht man, wenn nicht nur Texte, Tabellen, Diagramme und Abbildungen vorliegen, sondern auch Audio- oder Video-Informationen, Animationen, Simulationen oder ganze Computer-Programme sowie Links zu externen Informationsquellen etwa im Internet (Tergan, 2002). Die Idee „Hypertext" kam bereits in den 1940er Jahren auf, wurde in den 1970er Jahren technisch umgesetzt, aber erst in den 1990er Jahren in größerem Umfang praktisch nutzbar gemacht. Auch das heutige WWW ist nichts anderes als ein frei zugängliches weltweites Hypermedia-System (Döring, 2003).

***Struktur und Navigation in Hypermedia-Systemen***. Man kann Hypertext- und Hypermedia-Systeme danach unterscheiden, wie die Datenbasis strukturiert ist (Organisationsstruktur) und wie man auf die vernetzten Informationen zugreifen kann (Navigationsmöglichkeiten) (Tergan, 2002). Hinsichtlich der *Organisationsstruktur* unterscheidet man strukturierte von unstrukturierten Hypertextbasen, wobei jedoch viele heutige Hypermedia-Systeme gemischte Strukturen aufweisen: a) *Unstrukturierte* Hypertextbasen ermöglichen einen assoziativen Zugriff von jedem Knoten auf jeden anderen damit verknüpften Knoten; möglich ist damit eine weitgehend freie Exploration von Information. b) *Strukturierten* Hypertextbasen liegen Organisationsprinzipien zugrunde, die linear, hierarchisch oder netzartig sind, um Informationen systematisch zur Verfügung zu stellen: Lineare Strukturen dienen z.B. dazu, Benutzer in neue Inhalte einzuführen; hierarchische Strukturen ermöglichen es, unterschiedliche Ebenen von Abstraktheit oder Bedeutsamkeit von Inhalten darzustellen; netzartige Strukturen schließlich repräsentieren vielfältige semantische Beziehungen zwischen verschiedenen Informationseinheiten. Bezüglich der *Navigationsmöglichkeiten* in Hypertextbasen sind die häufigsten Formen des Informationszugriffs das Browsing, die gezielte Suche und das Folgen von Pfaden: a) *Browsing* im Sinne von „Herumstöbern" beschreibt einen eher unsystematischen Informationszugriff. b) Eine *gezielte* Suche nach Informationen erfolgt mit Hilfe von Suchalgorithmen. c) Ein Folgen von *Pfaden* liegt dann vor, wenn eine bestimmte Abfolge fest verknüpfter Informationseinheiten angeboten wird, wobei man jedoch auch abweichen und zurückspringen kann (siehe Abb. 3.3).

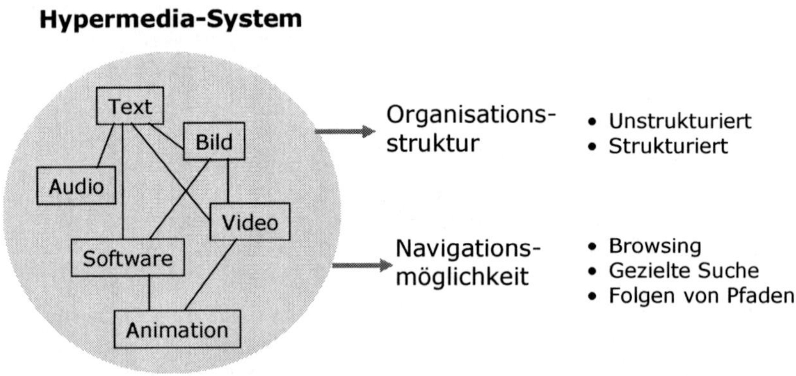


*Abb. 3.3 Struktur und Navigation in Hypermedia-Systemen*

***Ernüchterung in der Hypermedia-Welt.*** Bereits Mitte der 1990er Jahre gab es erste Stimmen, die versuchten, mit einigen gängigen „Mythen" zu Hypertext und Hypermedia aufzuräumen und damit auch die anfängliche Euphorie zum hypermedialen Lernen zu dämpfen (z.B. Dillon, 1996). Forschungen in den letzten Jahren erhärten die Erkenntnis, dass anfängliche Annahmen zur Wirkung von Hypertext und Hypermedia eher Mythen als wissenschaftliche Erkenntnisse sind (vgl. Tergan, 2002): Bezweifelt werden die Nähe von Hypermedia zum menschlichen Gedächtnis, die Überlegenheit von Hypermedia gegenüber alten Medien wie Texten auf Papier und die grundsätzliche Lern- und Behaltenseffektivität hypermedial dargestellter Information (siehe Kasten 3.3). Inzwischen hat sich gezeigt, dass Experten besonders gut von nicht-linearen Hypertext-Strukturen profitieren, die einen raschen und explorativen Informationszugriff erlauben; Novizen dagegen lernen besser mit „guided tours" (also dem Folgen von Pfaden). Neuerdings geht man davon aus, dass weniger die Aufnahme und Verarbeitung von Hypertext und Hypermedia, sondern die eigene Konstruktion und Bearbeitung solcher Formen der Informationsdarbietung einen lernförderlichen Effekt haben.

**Kasten 3.3: Hypermedia-Mythen (Tergan, 2002)**

- *Mythos 1: Assoziatives Verbinden von Informationen ist natürlich, da es die Arbeitsweise des menschlichen Gedächtnisses nachbildet.*
  Die Erwartung, dass hypertextuelle Strukturen aufgrund einer Ähnlichkeit mit der Organisation des menschlichen Gedächtnisses besonders gut dazu geeignet sind, den Aufbau kognitiver Strukturen zu unterstützen, hat sich in dieser einfachen Form nicht erfüllt: Zum hypertextuellen Informationsangebot muss auch eine aktive und konstruktive Auseinandersetzung mit den Inhalten kommen.
- *Mythos 2: Papier ist linear und daher ein beschränkendes Medium.*
  Auch in linearen Texten gibt es Formen der semantischen Vernetzung, etwa durch Fußnoten und Querverweise. Im Gegenzug beinhalten auch verlinkte Hypertexte lineare Sequenzen und der Zugriff auf und die Verarbeitung von Informationen erfolgt durch den Nutzer zwangsweise sequenziert. Deutlich wird damit, dass man in Bezug auf lineare und nicht-lineare Repräsentationen die technische Ebene mit der mentalen Ebene der Verarbeitung von Information nicht gleichsetzen darf.
- *Mythos 3: Der schnelle Zugriff auf eine große und verlinkte Informationsmenge führt zu besserem Behalten und effektiverem Lernen.*
  Multicodierte und vernetzt repräsentierte Darstellungen verbessern nicht grundsätzlich das Behalten und Verarbeiten von Information. Empirische Untersuchungen verweisen auf keinen generellen Zusammenhang zwischen multicodierter Information und Lernleistung. Positive Effekte ergeben sich aber dann, wenn Multicodierung den Aufbau mentaler Modelle fördert, gleichzeitig aber durch die mehrfache Codierung keine kognitive Überlastung eintritt.

### 3.3.3 Telekooperatives Lernen

***Netzbasierte Umgebungen.*** Die Aufhebung räumlicher und zeitlicher Beschränkungen, denen Interaktionsprozesse in Face-to-Face-Situationen notwendigerweise unterliegen, ist der gemeinsame Nenner netzbasierter Umgebungen für Information und Kommunikation. Darüber hinaus aber sind elektronische Netzwerke *keine* homogene Situation – vor allem nicht für soziale Interaktionen. Verbreitete Anwendungen wie E-Mail, News- und Chatgroups sowie Computer- und Videokonferenzen weisen in Bezug auf zeitliche Aspekte, Zugangscharakteristika und die verwendeten Kommunikationskanäle unterschiedliche Ausprägungen auf (vgl. Reinmann-Rothmeier & Mandl, 2002): a) Die Kommunikation kann aus technischer Sicht *synchron* (wie bei Videokonferenzen) *oder asynchron* (wie bei Newsgroups) verlaufen. b) Virtuelle Gruppen im Netz können in unterschiedlichem Ausmaß für neue Gruppenmitglieder *offen oder geschlossen* sein. Während der Austausch per E-Mail auf zwei Personen beschränkt ist, bieten Newsgroups vielen Personen die Möglichkeit zum gegenseitigen Austausch. Manche virtuelle Gruppen im Netz sind für beliebig viele interessierte Nutzer offen; andere Gruppen dagegen vergeben Zugangsrechte. Auf diese Weise lassen sich Gruppenzusammensetzungen in der Netzsituation begrenzen und steuern. c) Die Art der Interaktion zwischen zwei oder mehreren Personen in der Netzsituation schließlich ist wesentlich davon beeinflusst, ob vor allem *textbasiert* kommuniziert wird (was nach wie vor dominant ist) oder ob *audio- und videobasierte* Situationen vorliegen.

***Verschiedene Netzbedingungen zum Lernen***. Beide Netzsituationen – die textbasierte und die video-/audiobasierte – weisen besondere Unterschiede zur Face-to-Face-Situation auf. Die wichtigsten Unterschiede zwischen Face-to-Face-Situationen und *textbasierten Netzumgebungen* bestehen darin, dass soziale Hinweisreize fehlen und der nonverbale Austausch defizitär ist. Die Folgen sind vor allem eingeschränkte Möglichkeiten der sozialen Interaktion, wie sie zum gegenseitigen Verstehen notwendig sind. Darüber hinaus mangelt es in textbasierten Umgebungen an definierten Regeln des Sprecherwechsels mit der Folge, dass der für das gemeinsame Lernen erforderliche Koordinationsaufwand wesentlich höher ist als in Face-to-Face-Gruppen. Auch zwischen *Videokonferenz-Bedingungen* und Bedingungen physischer Kopräsenz gibt es noch Unterschiede, die teilweise in eine ähnliche Richtung gehen: Reduziert, aber nicht beseitigt wird in videobasierten Situationen das Problem der sozialen Hinweisreize (Fischer, Bruhn, Gräsel & Mandl, 1999). Zwar sind die Möglichkeiten zur sozialen Wahrnehmung besser als in textbasierten Umgebungen; problematisch aber sind nach wie vor der direkte Blickkontakt, Gesten und rasche wechselseitige Rückmeldungen, sodass auch unter videobasierten Bedingungen der Aufbau von Vertrauen und reibungslose Koordination schwieriger sind als in Face-to-Face-Situationen.

***Virtuelle Kooperation***. Was kooperatives Lernen im Einzelnen alles bedeuten kann, wurde bereits beschrieben (vgl. Kap. 2.5.2). Dabei konnte gezeigt werden, dass es - neben der eben beschriebenen sozialen Umgebung - darauf ankommt, wie groß und welcher Art die Gruppe ist, welche Lernziele und welche Qualität des Lernens (Kenntniserwerb, Verstehen, Aneignung) angestrebt und welche Form der Zusammenarbeit (Kooperation im Sinne der Arbeitsteilung oder soziale Wissenskonstruktion) umgesetzt wird. Diese Aussagen zur sozialen Dimension des Lernens gelten auch für das telekooperative Lernen, also für die lernbezogene Kooperation in netzbasierten Umgebungen (kurz: virtuellen Kooperation). Ein gängiges Kürzel, mit dem die virtuelle Kooperation in Lernsettings (in ihren verschiedenen Varianten) bezeichnet wird, lautet CSCL: *„Computer Supported Collaborative Learning"* (z.B. Hinze, 2004). Bisweilen stößt man auch auf die Bezeichnung CSCW, was für „Computer Supported Cooperative Work" steht und eher die beim CSCL verwendeten Tools bezeichnet. Im engeren Sinne versteht man unter CSCL die Kombination von Computersystemen und pädagogisch-didaktischen Methoden zur Förderung kooperativen Lernens (vgl. auch Paechter, 2003a).

***Interaktionsqualität beim telekooperativen Lernen***. Man geht davon aus, dass für das kooperative Lernen in netzbasierten Umgebungen eine hohe Interaktionsqualität erreicht werden muss. Vor allem sozialpsychologische und sprachpsychologische Forschergruppen haben für die *synchrone Kommunikation und Kooperation* in virtuellen Gruppen einige interessante Erkenntnisse zur Frage der Interaktionsqualität geliefert (vgl. Hesse & Friedrich, 2001): a) So sollten z.B. das Lesen und Erstellen von Beiträgen innerhalb einer virtuellen Gruppe gut verteilt sein. b) Neben Informationen, die alle kennen, sollten auch ungeteilte Informationen (also solche, über die nur einzelne Gruppenmitglieder verfügen) eingebracht werden. c) Die Argumentation innerhalb der Gruppe sollte aufgabenbezogen und kohärent sein. d) Notwendig ist zudem ein gemeinsamer Verständigungshintergrund, der die Koordination und die aufgabenbezogene Kooperation erleichtert. Ähnlich wie in der Face-to-Face-Kooperation entwickeln sich eine hohe Interaktionsqualität und die damit verbundenen Prozesse nicht automatisch; vielmehr bedarf es dazu der direkten und der indirekten Förderung. Eine erfolgreiche Zusammenarbeit ist darüber hinaus von Gruppen-, Situations- und Aufgabenmerkmalen abhängig.

***Bedeutung der Aufgabe***. Forschungsarbeiten legen den Schluss nahe, dass die zu bearbeitende Aufgabe wesentlichen Einfluss darauf haben sollte, ob und welche netzbasierte Umgebung zu wählen ist (also: face-to-face oder virtuell; text- oder videobasiert; synchron oder asynchron etc.). Komplexe und informational mehrdeutige Aufgaben, die es innerhalb der Gruppe notwendig machen, Bedeutung auszuhandeln, erfordern generell eher medial reichhaltige Umgebungen (also Face-to-Face-Situationen oder audio-visuell gestützte Umgebungen). Für einfachere und interpretationseindeutige Aufgaben eignen sich dagegen auch netzbasierte Szenarien mit geringer medialer Reichhaltigkeit wie Computerkonferenzen, Foren oder Mailing-Listen (McGrath & Hollingshead, 1994). Je unsicherer und komplexer Entscheidungen, Handlungen, Wissen und die dazugehörigen Informationen sind und/oder je mehr soziale Aspekte diese beinhalten, umso reicher (im Sinne von multimodaler) sollte also das eingesetzte Medium zur Zusammenarbeit in der Gruppe sein.

***Einflussfaktoren auf die virtuelle Kooperation***. Der Erfolg oder Misserfolg kooperativen Lernens in netzbasierten Umgebungen ist von vielen Faktoren abhängig: Logischerweise spielen hier alle Dimensionen des Lernens (also Kognition, Motivation, Emotion und natürlich die soziale Interaktion) sowie spezifische Aspekte des Lernens mit Medien, wie sie in den vorangegangenen Abschnitten besprochen wurden, eine Rolle. Dazu gehören bei der virtuellen Kooperation vor allem die Technik, die Wissensteilung und die soziale Präsenz; dies jedenfalls sind die wohl am meisten untersuchten Einflussfaktoren auf kooperatives Lernen im Netz - vor allem im Hinblick auf Probleme der virtuellen Kooperation und Möglichkeiten, diese zu beheben (vgl. Reinmann-Rothmeier & Mandl, 2002). Auf diese Faktoren soll im Folgenden kurz eingegangen werden.

***Technik***. Kommunikation und Kooperation in virtuellen Umgebungen sind zunächst einmal abhängig von einer funktionsfähigen Technik, also von funktionierenden Geräten (Hardware) und lauffähigen sowie bedienbaren Programmen (Software). Mögliche technische Probleme beim kooperativen Lernen in netzbasierten Umgebungen sind folgerichtig Hardware-Probleme (z.B. hinsichtlich Bandbreite und Schnelligkeit), Software-Probleme, daraus resultierende Widerstände seitens der Nutzer und die mangelnde Fähigkeit, das richtige Tool für eine gegebene Aufgabe auszuwählen. Die ersten beiden (technischen) Problemquellen können im Zuge der raschen Fortschritte bei Hard- und Software-Komponenten prinzipiell gelöst werden. Weniger leicht sind Widerstände seitens der Nutzer anzugehen: Zwar kann man erwarten, dass bessere Technik und Nutzerfreundlichkeit auch Akzeptanzprobleme reduzieren, doch Phänomene wie z.B. das Lurking verweisen auf neue Herausforderungen: *Lurking* bezeichnet die Schwierigkeit, Gruppenmitglieder überhaupt zu einer aktiven Teilnahme an netzbasierten Interaktionen zu bewegen, und stellt folglich so etwas wie ein K.-o.-Kriterium für kooperatives Lernen in netzbasierten Umgebungen dar. Auch der vierte Problemherd und die Frage, welche Tools welche Interaktionsprozesse in welchen Situationen am besten unterstützen, stellen Forschung und Praxis vor nicht zu unterschätzende Anforderungen.

***Wissensteilung***. Da virtuelle Kooperation – entsprechend des Kooperationsbegriffs (vgl. Kap. 2.5.2) – mehr bedeutet als ein bloßer Austausch von Information, kommt vor allem der Teilung von Wissen zwischen den Kooperationspartnern eine hohe Bedeutung zu. Diese ist schließlich die Voraussetzung für eine Ko-Konstruktion von Wissen, wie man sie bei einer lernrelevanten Kooperation erwartet. Ein viel untersuchtes Problem ist von daher die *defizitäre Wissensteilung*, womit Folgendes gemeint ist: In Face-to-Face-Gruppen kennt man seit längerem das Phänomen, dass Gruppenmitglieder vor allem Informationen austauschen, die ohnehin schon allen bekannt sind, während das, was den Einzelnen von den anderen eigentlich unterscheidet, nämlich ungeteilte kognitive Ressourcen, vernachlässigt wird. Auch bei der Zusammenarbeit im Netz spielt dieses Phänomen eine Rolle: Unter textbasierten Bedingungen wird ebenfalls weniger ungeteiltes als geteiltes Wissen ausgetauscht; allerdings werden in der Netzsituation im Vergleich zur Face-to-Face-Situation auch weniger geteilte Ressourcen in die Gruppe eingebracht (Buder, Hesse & Schwan, 1998). Unter Videokonferenz-Bedingungen beobachtet man Ähnliches wie in Face-to-Face-Gruppen. Erprobte Gegenmaßnahmen (auch in der Netzsituation) bestehen darin, das Metawissens seitens der Gruppenmitglieder zu verbessern (indem man z.B. über Wissen und Erfahrungen der Gruppenmitglieder informiert), die Gruppen eher heterogen zusammenzusetzen und klare Rollen zu verteilen.

***Soziale Präsenz***. Soziale Ko-Präsenz ist – qua definitionem – bei der virtuellen Kooperation nicht gegeben. Trotzdem gibt es mehr oder weniger explizite soziale Hinweisreize. Das *Fehlen sozialer Hinweisreize* in Netzsituationen gehört zu den größten Schwierigkeiten vor allem für kollaborative Prozesse in der Gruppe. Fehlende soziale Hinweisreize können zu einer Art Depersonalisierung des Individuums in netzbasierten Situationen führen mit zwei möglichen Folgen (vgl. Döring, 2003): Wenn z.B. Statusunterschiede verwischen, beteiligen sich die Gruppenmitglieder tendenziell ausgeglichener und konzentrieren sich mehr auf aufgabenbezogene und weniger auf soziale Aspekte – ein wünschenswerter Effekt. Mit wachsender Anonymität nimmt aber auch der normative Einfluss ab: Es kann leichter zu unkontrollierter Kommunikation und heftigen Gefühlsausbrüchen, dem so genannten Flaming, kommen – ein unerwünschter Effekt. Da auch die Feedback-Möglichkeiten in der Netzsituation abnehmen, fällt es in Entscheidungssituationen nachweislich schwerer, einen Konsens zu finden.

***Der Haken an dieser Forschung***. Bei der Interpretation von Ergebnissen zur Wissensteilung und zur sozialen Präsenz ist allerdings zu berücksichtigen, dass diese allesamt an Ad-hoc-Gruppen gewonnen wurden. Viele der dort gefundenen Effekte verschwinden, wenn länger eingespielte (Arbeits-)Gruppen untersucht werden, die über einen längeren Zeitraum hinweg zusammenarbeiten und eine soziale Identität aufbauen können. Insgesamt erweisen sich kleinere, dichte Netzwerke mit einem hohen Grad an Gegenseitigkeit und Gruppenzugehörigkeit für den Austausch von komplexen und persönlichen Informationen bei routinierten Netzanwendern durchaus als geeignet, während in großen Netzwerken mit eher losen sozialen Bindungen lediglich der Austausch wenig komplexer Informationen problemlos abläuft. Mit zunehmender Forschung und praktischer Erfahrung zeigen sich aber zumindest Möglichkeiten, die hier skizzierten Probleme der virtuellen Kooperation zwar nicht gänzlich zu lösen, aber doch zu reduzieren (vgl. Reinmann-Rothmeier & Mandl, 2002).

***Förderung virtueller Kooperation***. Kooperative Interaktionen lassen sich nicht nur in Face-to-Face-Situationen, sondern auch in netzbasierten Umgebungen über den *Einsatz kooperativer Methoden* in unterschiedlichem Ausmaß anleiten und unterstützen. Virtuelle Gruppen können ähnlich wie Face-to-Face-Gruppen z.B. mit Strukturangeboten versorgt werden: Möglich ist etwa die Vorgabe von (Experten-)Rollen und Leitfragen für die gemeinsame netzbasierte Aufgabenbearbeitung (kooperative Skripts). Des Weiteren können Kommunikations- und Interaktionsregeln für die virtuelle Zusammenarbeit definiert werden, um die Interaktion auf diesem Wege inhaltsbezogener und strukturierter zu machen. Eine weitere Maßnahme sind grafische Darstellungen von Inhalten: Zugrunde liegt die Idee, dass durch das *Visualisieren* beim Lernen (oder Problemlösen) ein gemeinsamer Problemraum sichtbar wird, der als externes Bezugssystem fungieren kann und damit die gemeinsame Wissenskonstruktion erleichtert; erwartet wird auch, dass durch Visualisierungen Mehrdeutigkeiten und Unklarheiten aufgedeckt werden. Eine mögliche Gefahr bei Visualisierungs-Tools besteht darin, dass mit deren Nutzung eine zusätzliche kognitive Belastung auf die Lernenden zukommt. Insbesondere bei großen Gruppen und schlecht strukturierten (komplexen) Aufgaben ist auch für das kooperative Lernen in netzbasierten Umgebungen ein *Moderator* von nicht zu unterschätzender Bedeutung (siehe hier die Ausführung zur teletutoriellen Begleitung in Kap. 4.3.3).

## 3.4 Kategorisierung von Blended Learning

Blended Learning als *eine* Form von E-Learning setzt auf das Lernen mit digitalen Medien in Kombination mit dem Lernen in Präsenzsituationen, was auch eine Integration der jeweils unterschiedlichen Methoden bedeutet (vgl. Kap. 0). Kenntnisse über das Lernen an sich sowie über Lernen mit digitalen Medien sind von daher unerlässlich, wenn man Blended Learning-Umgebungen gestalten will. Diese Grundlagen wurden in den vergangenen Kapiteln geschaffen. Dabei dürfte allerdings auch deutlich geworden sein, dass es weder *das* Lernen noch *das* E-Learning oder Blended Learning gibt; vielmehr muss man schon genau sagen, welche Form von Lernen (mit digitalen Medien) gemeint ist, um nicht aneinander vorbeizureden. Neben weiteren Begriffsklärungen sollen daher im Folgenden Modelle vorgestellt werde, die dazu geeignet sind, Ordnung in die mögliche Vielfalt des Blended Learning zu bringen.

### *3.4.1 Blended Learning*

***Blended Learning und verwandte Begriffe***. Dass Blended Learning zunächst einmal eine neue Wortkreation aus der Wirtschaft war, die das vorläufige Ende des E-Learning-Hypes signalisierte, darauf wurde bereits in der Einführung dieses Buches hingewiesen. In diesem Buch wird der Begriff Blended Learning als konsensfähiges Etikett für Lehr-Lernkonzepte verwendet, die E-Learning-Elemente mit Präsenzlernen sowie verschiedene Methoden miteinander kombinieren. Es gibt allerdings auch andere Bezeichnungen; im angloamerikanschen Raum wird Blended Learning unter Stichworten behandelt wie: Distributed Learning und Integrated Learning (z.B. Grabe & Grabe, 2001), Flexible Learning (z.B. Caladine, 2002) und Hybrid Teaching (z.B. Young, 2002) (vgl. Hanft & Müskens, 2002). Jeder dieser Begriffe betont eine andere Eigenschaft, die das Blendend Learning kennzeichnet: Die Bezeichnungen „Distributed Learning" und „Integrated Learning" verweisen darauf, dass bei dieser Form des Lernens die Lehr-Lerninhalte auf mehrere Medien *verteilt* sind (distributed learning), dass diese aber (technisch und methodisch betrachtet) nicht einfach additiv aneinander gereiht, sondern auf verschiedenen Ebenen *aufeinander abgestimmt* sind und damit in einem gemeinsamen Konzept miteinander verbunden werden (integrated learning). Der Begriff „Flexible Learning" dagegen macht darauf aufmerksam, dass es infolge von Medien- und Methodenmix als Grundidee mit dieser Art des Lernens (und Lehrens) besonders gut möglich ist, sich an verschiedene Kontextbedingungen (Lehr-Lernziele und -inhalte, Zielgruppen, technische und andere Ressourcen etc.) *anzupassen*, auf aktuelle situative Bedingungen reagieren und entsprechend flexibel sein zu können. „Hybrid Teaching" schließlich kann man als die englische Fassung der „hybriden Lernarrangements" verstehen (Kerres, 2002); hybride Lernarrangements bzw. hybrides Lernen sind die am häufigsten anzutreffenden Synonyme für Blended Learning im deutschen Sprachraum.

***Das Verhältnis zwischen E-Learning und Blended Learning***. „Blended Learning ... möchte betonen, dass e-Learning grundsätzlich eine Kombination von sowohl IKT[6]-basiertem als auch nicht-IKT-basiertem Lernen umfasst" (Back et al., 2001, S. 288). So jedenfalls lautet die Interpretation vor allem seitens der Wirtschaft, die sich auf das E-Learning bereits eingeschworen hatte. Schulen, Hochschulen und Institutionen der Erwachsenenbildung und damit auch der Lehrerbildung dagegen sehen die Entwicklung der digitalen Medien aus einer anderen Warte, denn bei ihnen ist der E-Learning-Hype ja gerade erst angekommen und konnte noch gar nicht richtig verarbeitet, geschweige denn verbreitet werden. Es kommt also auf die Perspektive an: Vom Standpunkt des Präsenzlehrens und -lernens aus betrachtet ist Blended Learning eine Bezeichnung dafür, dass man traditionelle Methoden und Medien nun mit Möglichkeiten des E-Learning kombiniert; im Vordergrund steht nach wie vor die Präsenzlehre. Vom Standpunkt des virtuellen Lernens und Lehrens aus betrachtet, beschreibt Blended Learning einen Ansatz, der E-Learning mit dem klassischen Lehr-Lernrepertoire ohne Technikeinsatz „mischt"; im Fokus steht weiter das Lernen mit digitalen Medien. Als dritte Variante kommt hinzu, das Lernen in Präsenzsituationen und in virtuellen Situationen (einschließlich verschiedener Methoden) als gleichberechtigt bzw. von der Bewertung her als gleichrangig zu betrachten. Wie also genau eine Blended Learning-Umgebung aussieht, lässt sich aus dem *Begriff* „Blended Learning" keinesfalls ableiten: Vielmehr ist eine Vielzahl von Lernumgebungen denkbar – und das wiederum macht es erforderlich, verschiedenste Blended Learning-Formen nach theoretisch sinnvollen und praktisch brauchbaren Dimensionen zu kategorisieren.

### 3.4.2 Verschiedene Kategorisierungsvorschläge

***Vom E-Learning- zum Blended Learning-Modell***. Es gibt derzeit eine ganze Reihe von Kategorisierungsvorschlägen, die sich zum größten Teil darauf konzentrieren, Ordnung in das Chaos verschiedener *E-Learning*-Formen zu bringen. Angesichts der Tatsache, dass Blended Learning eine „Folgeerscheinung"

---

[6] Informations- und Kommunikationstechnologien

des E-Learning ist, ist nachvollziehbar, dass sich die meisten derzeit verfügbaren Modelle auf das „E" beim Lernen mit Medien konzentrieren, auch wenn etliche dieser Modelle bereits *vor* der Verbreitung des Blended Learning-Begriffs den Stellenwert von Präsenz-Elementen mit einbezogen haben. Im Folgenden werden exemplarisch drei Kategorisierungsmodelle vorgestellt: Ein technologiebasiertes Modell, das vorrangig E-Learning im Blick hat, aber auch für Blended Learning genutzt werden kann, ein dreidimensionales, zunächst einmal medienunabhängiges Modell, das auf E-Learning übertragen wurde, sowie ein auf didaktischen Szenarien aufbauendes Modell, das bereits Blended Learning-Varianten vorsieht.

***Technologiebasiertes Kategorisierungsmodell***. Back, Seufert und Kramhöller (1998) teilen verschiedene E-Learning-Formen danach ein, welche Art von Technologien zum Einsatz kommt. Sie unterscheiden distributive, interaktive und kollaborative Technologien: a) *Distributive Technologien* dienen der Verteilung von Lehr-Lernmaterial (z.B. über CD-ROMs als Datenträger, über frei zugänglich oder benutzerdefinierte Web-Sites oder via E-Mail und Mailing-Listen). Das Vorgehen bei Nutzung distributiver Technologien zum Lernen und Lehren ist entsprechend *lehrerzentriert*; Ziel ist die Vermittlung von Information. Aus der Sicht des Lernenden liegt bei diesen Technologien ein „learning from information" (Staud, 2001) vor, was entsprechende Selbststeuerungsfähigkeiten beim Lernenden voraussetzt (Reinmann-Rothmeier, 2003b). b) *Interaktive Technologien* ermöglichen dem Lernenden eine Interaktion mit dem System (z.B. in CBTs oder WBTs, in Simulationen oder Mikrowelten). Beim Einsatz von interaktiven Technologien kann man das pädagogisch-didaktische Vorgehen als *lernerzentriert* bezeichnen, weil sich der Lernende aktiv mit den angebotenen Inhalten auseinander setzt (via Übungen mit elektronischer Rückmeldung oder tutorieller Begleitung oder via Eingriff in Prozesse mit darauf folgenden Reaktionen), sich das System (soweit technisch möglich) dem individuellen Lerner (etwa im Hinblick auf Tempo, Schwierigkeitsgrad u.a.) anpasst und auf diese Weise den Erwerb von Kenntnissen und Fertigkeiten fördert. Aus Lernersicht liegt eine Art „learning by feedback" (Staud, 2001) vor, was beim Nutzer weniger Selbststeuerungsfähigkeit erfordert als beim Lernen von bloßer Information (Reinmann-Rothmeier, 2003). c) *Kollaborative Technologien* schließlich (z.B. virtuelle Räume auf Lernplattformen, Werkzeuge wie CSCW-Tools) zielen darauf ab, dass sich Lernende virtuell austauschen und zusammenarbeiten. Didaktische Szenarien, die diese Technologien anwenden, setzen auf *teamzentriertes* Lernen und wollen Wissensteilung und Problemlösen unterstützen. Vom Lernenden aus gesehen liegt ein „learning from different perspectives" (Staub, 2001) vor, das soziale Fähigkeiten (im

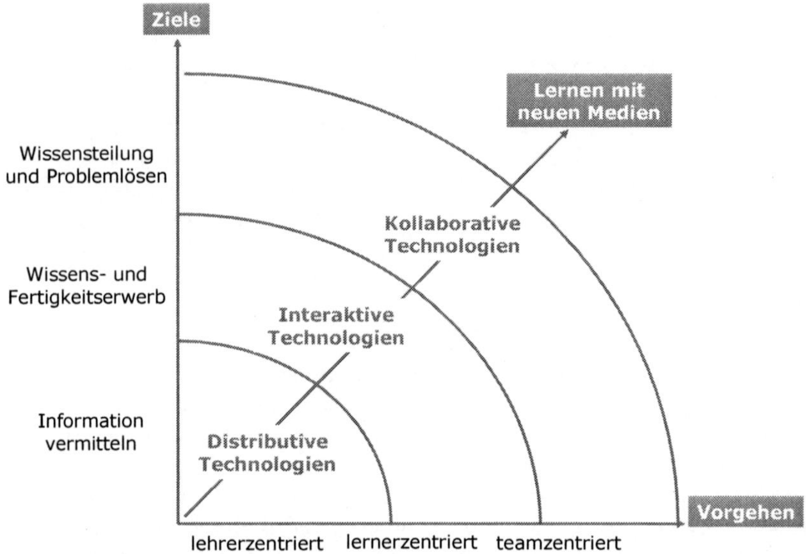


*Abb. 3.4: Technologiebasiertes Kategorisierungsmodell (Abb. nach Back et al., 1998)*

Netz) sowohl voraussetzt als auch fördert (Reinmann-Rothmier, 2003). Die folgende Abbildung fasst die drei Technologien und die damit zusammenhängenden Vorgehensweisen (aus der Sicht des Lehrenden) und Ziele des E-Learning noch einmal zusammen.

***Dreidimensionales Kategorisierungsmodell***. Baumgartner (2004) schlägt ein Modell zur Klassifizierung von E-Learning-Angeboten vor, das aus drei Ebenen bzw. Dimensionen besteht. Dabei handelt es sich um eine Heuristik für Lehr-Lernszenarien, die zunächst einmal unabhängig vom Medieneinsatz entwickelt wurde (Baumgartner & Payr, 1999): a) Die *Lehr-Lernebene* bildet verschiedene Grade der Entwicklung des Lernenden vom Novizen zum Experten ab: Zugrunde liegen Erkenntnisse aus der Expertiseforschung, die hier für die Definition von Lerninhalten herangezogen werden: Diese reichen von kontextfreien Fakten über Regeln und Problemlösen bis zu Mustern und komplexen Situationen. b) Auf der Ebene der *sozialen Organisation* werden verschiedene Rollen des Lehrenden festgelegt, nämlich ein Lehrer- bzw. Transfermodell, ein

Tutorenmodell und ein Coachmodell, was in Anlehnung an die drei großen Lerntheorien Behaviorismus, Kognitivismus und Konstruktivismus (siehe hierzu Kap. 4) erfolgt. c) Auf der *Handlungsebene* werden unterschiedlich komplexe Tätigkeiten beim Lernen bzw. Lernaktivitäten angeordnet: Rezipieren und Erinnern, Anwenden und Nachahmen, Entscheiden und Auswählen, Entdecken und Handeln sowie Entwickeln und Konstruieren (was Bezüge aufweist zu Modellen des Instruktionsdesigns; siehe Kap. 5). Die folgende Abbildung zeigt, dass und wie diese drei Ebenen im dreidimensionalen Kategorisierungsmodell einen Würfel bilden, der laut Baumgartner (2004) die Möglichkeiten der Lehre im Allgemeinen und des E-Learning im Besonderen absteckt.

Alle drei Ebenen lassen sich nach Baumgartner (2004) auch auf E-Learning (und Blended Learning) anwenden: Dem fünfstufigen dynamischen Entwicklungsprozess vom Novizen zum Experten (*Lehr-Lernebene*) können verschiedene Phasen des Erlernens von E-Learning-Prozessen zugeordnet werden: Der Nutzer (1) braucht Zugang und Motivation zu einem E-Learning-Angebot, (2) muss eine Art „Online-Sozialisierung" durchlaufen, (3) tauscht dann Informationen aus, (4) kann auf dieser Basis auch Wissen konstruieren und (5) erreicht im Idealfall das Stadium des selbstorganisierten Lernens. Die *Ebene der sozialen Organisation* findet sich relativ auch beim E-Learning wieder, da hier Einwegkommunikation auf einer statischen Website (Lehrer-/Transfer-Modell)

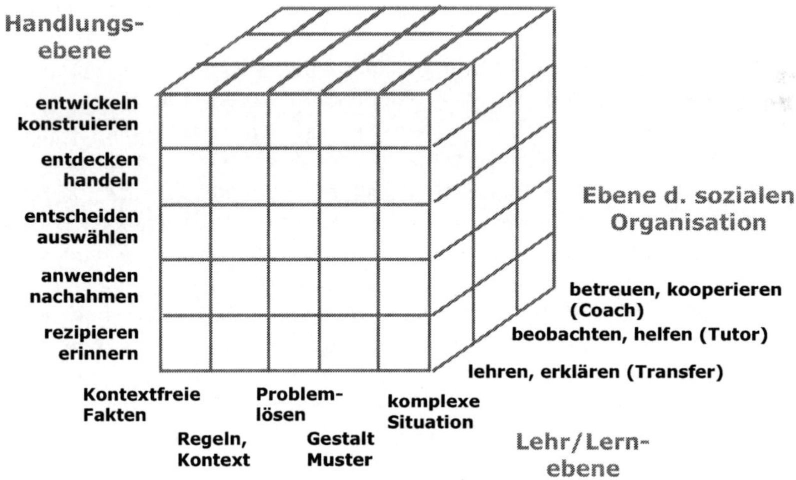


*Abb. 3.5: Dreidimensionales Kategorisierungsmodell (Abb. nach Baumgartner, 2004)*

ebenso möglich ist wie dialogische Austauschbeziehungen via asynchroner Kommunikation (Tutoren-Modell) oder vollständiges virtuelles Lernen einschließlich kollaborativem Arbeiten (Coach-Modell). Schließlich gibt es für die Ausprägungen auf der *Handlungsebene* ebenfalls Pendants beim E-Learning und den dort verwendeten technischen Werkzeugen: Informations-Websites oder Content Management Systeme zur reinen Rezeption, Drill and Practice zum (übenden) Anwenden, komplexe problemlösende Tutorien, virtuelle Umgebungen zur entdeckenden Exploration und Kooperation sowie werkzeugbasiertes kooperatives Arbeiten mit Chancen zum Konstruieren und Erfinden.

***Kategorisierung nach didaktisch begründeten Szenarien***. Schulmeister (2003) schlägt ein klassifizierendes Begriffsraster für E-Learning und Blended Learning mit drei qualitativen Kriterien vor, nämlich: Formen, Funktionen und Methoden. a) Mit *Formen* sind Organisationsformen des Lehrens und die organisatorische Einbettung in die institutionelle Umgebung gemeint. Auf einem Kontinuum zwischen reinen Präsenzveranstaltungen und reinen virtuellen Lernformen gibt es eine ganze Reihe von Mischformen mit unterschiedlichen virtuellen Anteilen. b) Unter *Funktionen* kann man Potentiale der neuen Technologien verstehen, die von der reinen Information über Dateiaustausch und asynchroner Kommunikation bis zu synchroner Kommunikation und Kooperation reichen. c) Das Kriterium *Methoden* schließlich subsumiert Lehr- und Lernmethoden, die sowohl in Präsenzanteilen als auch in virtuellen Anteilen von Veranstaltungen zum Einsatz kommen können und von instruktionaler Anleitung bis zu selbstorganisierten Lerngemeinschaften reichen: Unterschieden werden hier die Instruktion, das graduell interaktive Unterrichtsgespräch, tutoriell begleitetes Lernen, moderiertes problemorientiertes Lernen in Gruppen und selbstorganisierte Kooperation. Auf der Grundlage dieser drei Kriterien mit ihren genannten Ausprägungen postuliert Schulmeister (2004) vier verschiedene *didaktische Szenarien*: (1) Präsenzveranstaltungen mit Netz-Einsatz (mit Fokus auf Präsenzelementen, Information und Instruktion), (2) Gleichrangigkeit von Präsenz- und Netzkomponente (mit Information und Kommunikation sowie Instruktion und tutorieller Betreuung), (3) integrierter Einsatz von Präsenz- und Netzkomponenten (mit Kommunikation und Kooperation sowie moderierten Arbeitsgruppen) und (4) virtuelle Seminare und Lerngemeinschaften ohne Präsenzelemente (mit Kommunikation, Kooperation, Arbeitsgruppen und Gemeinschaften). Die folgende Abbildung setzt die drei postulierten Kriterien zueinander in Beziehung und veranschaulicht die eben genanten didaktischen Szenarien beim E-Learning bzw. Blended Learning.

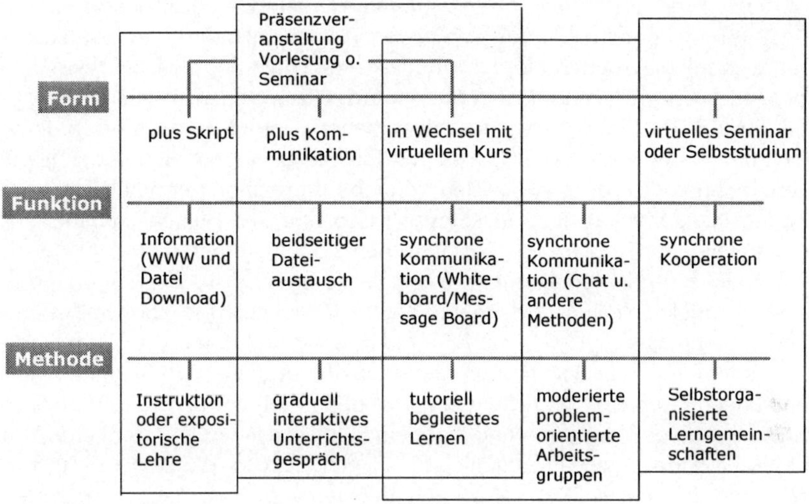


*Abb. 3.6: Kategorisierungsmodell nach didaktischen Szenarien (Abb. nach Schulmeister, 2003)*

## 3.4.3 Versuch einer Synthese

***Allgemeine Bewertung.*** Alle drei Kategorisierungsmodelle schlagen nachvollziehbare und begründete Dimensionen, Ebenen bzw. Kriterien vor, die dem Praktiker helfen können, sich in der Vielfalt an Möglichkeiten beim E-Learning und Blended Learning zu orientieren. Dabei zeigen die Modelle Unterschiede und Gemeinsamkeiten: Die Unterschiede liegen vor allem in den Bezeichnungen (die mitunter durchaus einen gemeinsamen Bedeutungskern haben) und in der Anzahl an Ausprägungen der postulierten Dimensionen. Die Gemeinsamkeiten zeigen sich darin, dass alle drei Modelle Aussagen machen a) zum Lernpotential der digitalen *Medien*, b) zu (formalen) Lernzielen und/oder Lerninhalten, die die Aktivitäten des *Lernenden* im Blick haben, und c) zu Strategien und Methoden seitens des *Lehrenden*. Während sich die Modelle von Back et al. (1998) sowie von Baumgartner (2004) vorrangig auf die Definition von Ordnungsdimensionen beschränken, postuliert das Modell von Schulmeister (2003) zusätzlich mögliche *Muster* von Ausprägungen seiner Ordnungskriterien in Form von didaktischen Szenarien.

***Aussagen zum Lernpotential der digitalen Medien***. Das Modell von Back et al. (1998) geht unmittelbar von den neuen Technologien aus und teilt diese in drei Technologiegruppen ein: Distributive, interaktive und kollaborative Technologien. Diesen Technologiegruppen werden zum einen bestimmte Vorgehensweisen des Lehrenden zugeordnet (lehrer-, lerner- und teamzentriertes Vorgehen); zum anderen werden sie mit Zielen verbunden, die mit den jeweiligen Technologien erreicht werden können (Information vermitteln, den Lernenden dazu bringen, dass er selbst Wissen und Fertigkeiten aufbaut, Wissensteilung und Problemlösen ermöglichen). Baumgartner (2004) bildet zunächst keine Technologiegruppen bzw. nimmt diese nicht als Ausgangspunkt seiner Modellvorstellung; vielmehr betrachtet er gängige Software-Typen (Content Management-Systeme, Drill-and-Practice-Programme, Tutorien, virtuelle Umgebungen zur Exploration etc.) und ordnet diese verschiedenen Lernhandlungen (erinnern und rezipieren, anwenden und nachahmen, entscheiden und auswählen, entdecken und handeln, entwickeln und konstruieren) zu. Diese Lernhandlungen sind deutlich feiner granuliert als die Lernziele im Modell von Back et al. (1989), lassen sich aber durchaus miteinander verbinden. In Schulmeisters (2003) Modell schließlich finden sich über das Kriterium „Funktionen" ebenfalls Hinweise auf lernrelevante Eigenschaften neuer Technologien, wobei aber keine explizite Medienklassifikation postuliert wird. Bei ihm spielt die Unterscheidung zwischen Information, Kommunikation und Kooperation eine zentrale Rolle.

***Aussagen zu Vorgehensweisen des Lehrenden***. Genaue Angaben zu Aktivitäten und Strategien des Lehrenden macht das dreidimensionale Modell von Baumgartner (2004): Aufbauend auf den drei großen Lerntheorien (siehe Kap. 5.1) werden das Transfer-Modell (der Lehrende lehrt und erklärt), das Tutor-Modell (der Lehrende beobachtet und hilft) und das Coach-Modell (der Lehrende betreut und kooperiert) postuliert. Diese Einteilung stimmt gut mit der – wenn auch knapp ausgeführten – Einteilung in lehrerzentriertes, lernerzentriertes und teamzentriertes Vorgehen im technologieorientierten Modell von Back et al. (1998) überein. Am differenziertesten ist in puncto Lehreraktivitäten Schulmeisters (2003) Modell, der fünf (und nicht nur drei) grundlegende Methoden seitens des Lehrenden unterscheidet: Instruktion, interaktives Unterrichtsgespräch, tutorielle Begleitung, moderiertes problemorientiertes Lernen in der Gruppe und selbstorganisierte Lerngemeinschaften.

***Aussagen zu Aktivitäten und Zielen seitens des Lernenden***. Was eigentlich der Lernende beim E-Learning oder Blended Learning macht und was er dabei lernt, wird explizit in Baumgartners (2004) Modell auf der Lehr-Lernebene durch Angabe von Wissensarten bzw. Expertisegraden angegeben: Lernen von kontextfreien Fakten, Lernen von Regeln und Kontexten, Lernen als Problemlösen, Lernen als Mustererkennung und Lernen in komplexen Situationen, was in virtuellen Umgebungen jeweils mit verschiedenen Graden der Vertrautheit mit den digitalen Medien verbunden ist. Ausgehend von den Lernpotentialen der neuen Technologien beschäftigt sich auch das Modell von Back et al. (1998) unter dem Stichwort „Ziele“ mit den Aktivitäten des Lernenden (Information, Wissen, Problemlösen) - allerdings in weniger ausgearbeiteter Form. In Schulmeisters (2003) Modell sind Überlegungen zum Lernenden nur indirekt zu erschließen. Stattdessen schlägt er vier verschiedene didaktische Szenarien vor, die sich aus der Kombination verschiedener Ausprägungen seiner Dimensionen ergeben: Diese Szenarien wiederum legen bestimmte Lernaktivitäten nahe.

***Aussagen zu verschiedenen Organisationsformen des Blended Learning***. Explizite Aussagen zu verschiedenen Organisationsformen des Blended Learning macht nur das Modell von Schulmeister (2003): Sein Kriterium der „Form“ sowie die aus den drei Kriterien Form, Funktion und Methode abgeleiteten didaktischen Szenarien berücksichtigen, dass Präsenz-Elemente mit E-Learning-Elementen auf verschiedene Weise kombiniert werden können: Man kann Präsenzveranstaltungen dank neuer Informationstechnologien mit Online (oder Offline-)Informationen und/oder dank neuer Kommunikationstechnologien mit Online-Kommunikation anreichern, man kann Präsenz- und E-Learning-Elemente gleichrangig nutzen und/oder so miteinander verzahnen, dass eine integrierte Lerneinheit entsteht, man kann aber letztlich auch auf Präsenz-Elemente ganz verzichten und „reine“ E-Learning-Angebote machen. Diese Ordnung ist für einen ersten Einstieg in die Frage der Möglichkeiten des Blended Learning sicher der einfachste und zunächst einmal ein sehr praktikabler Weg der Orientierung.

***Leitgedanken zum Blended Learning***. Im Folgenden soll *kein* viertes Orientierungsmodell erarbeitet, sondern aus den bestehenden Modellen einige gemeinsame Leitgedanken zum Blended Learning (im Sinne einer Synthese) abgeleitet werden.

- *Leitgedanke 1*: Wenn es um Blended Learning geht, wird zunächst einmal die These vertreten, dass der *Lernende* und die angestrebten *Lernprozesse* den Ausgangspunkt aller Überlegungen bilden sollten. Dies stimmt auch mit der im englischsprachigen Raum weit verbreiteten Forderung überein, Lernumgebungen „learner-centered“ (Bransford, Brown & Cocking, 199) bzw. „learning-centered“ (Anderson, 2004) zu gestalten. Von daher wurde dem Phänomen Lernen eine wichtige Rolle gleich zu Beginn dieses Buches zugewiesen. Wichtig ist, *was wer wozu* lernen soll: Man muss sich also über die Art des angestrebten Lernens ebenso wie über die Inhalte Gedanken machen, wobei man sich einfacher Kriterien, wie den in Kapitel 2 vorgestellten Qualitätsniveaus (vgl. Kap. 2.1.1), feiner granulierter Stufen wie den aus dem dreidimensionalen Ordnungsmodell von Baumgartner (2004) oder Lernzielkategorien aus Modellen des Instruktionsdesigns (siehe Kap. 6.1) bedienen kann. Entscheidend ist an dieser Stelle nicht so sehr die Art der gefundenen Ziele, Kategorien und Stufen des Lernens, sondern der Umstand, *dass* man sich beim Blended Learning überhaupt systematisch Gedanken über das Was und Wozu des Lernens mit digitalen Medien macht, und dass man sich auch der Haltung bewusst ist, die man im gegebenen Fall dem Lernen und den Lernenden entgegenbringen möchte/sollte. Dabei wird in diesem Buch *nicht* davon ausgegangen, dass diese Überlegungen unabhängig von der Inhaltsdomäne angestellt werden können; vielmehr sind diese in hohem Maße auf das jeweilige Fach und die konkreten Themen, um die es geht, abzustimmen.

- *Leitgedanke 2*: Stehen Zielgruppe, Lerninhalte, Lernziele und die bevorzugten Formen des Lernens fest, sollte der *Lehrende* bzw. der Gestalter von Blended Learning-Angeboten festlegen, *wie* man die angestrebten Lerninhalte vermitteln und die angestrebten Lernprozesse fördern kann: An der Stelle geht es um die in allen drei oben dargestellten Modellen integrierte Dimension – ich nenne es hier kurz – der Lehrstrategien und -methoden: Dieser in der Tat sehr zentralen Frage widmen sich zwei Kapitel dieses Buches mit dem Thema „Lernparadigmen" und ihrem Einfluss auf die Art des Lehrens (Kap. 5) und dem Thema „Lehr-Lernmodelle" einschließlich der Gestaltung von Aufgaben (Kap. 6). Dabei wird die Annahme vertreten, dass es weitaus mehr Spielraum für den Lehrenden gibt, als es die Lehr-Dimensionen der referierten Modelle nahe legen – dies soll vor allem in Kapitel 6 deutlich werden. Aktivitäten des Lehrenden in Blended Learning-Umgebungen beziehen sich zum einen auf die Gestaltung von Umgebungsstrukturen und zum anderen auf die Gestaltung der ablaufenden Prozesse, worauf ebenfalls an späterer Stelle noch genauer eingegangen wird (siehe Kap. 4.3). Der Fokus in diesem Buch konzentriert sich auf die Entwicklung eines Blended Learning-*Konzepts* und damit auf die Gestaltung von Lernumgebungen und deren Strukturen.
- *Leitgedanke 3*: Da es beim Blended Learning um Lernen und Lehren in Umgebungen geht, die *auch* die digitalen Medien einbeziehen, müssen die Lernpotentiale der verfügbaren Technologien und Werkzeuge in einem dritten Schritt mit ins Kalkül gezogen werden. Hierzu kann man sich an den

hier referierten Modellen ebenso orientieren wie an den fünf in diesem Buch vorgeschlagenen zentralen Lernpotentialen der digitalen Medien (vgl. Kap. 3.1.2). Die digitalen *Medien* sollten allerdings die Entscheidung für bestimmte Lernziele und -inhalte und/oder für bestimmte Lehrstrategien und -methoden nicht vorgeben, sondern in Abhängigkeit von Zielen, Inhalten und angestrebten Vorgehensweisen des Lehrenden gewählt werden. Die digitalen Medien selbst werden - so eine weitere These - erst dann zu Lern- und Lehrmedien, wenn Lernende diese selbst als Werkzeug nutzen (etwa beim informellen Lernen oder in offenen Lernumgebungen) oder wenn Lehrende mit deren Hilfe didaktische Szenarien kreieren.

## 3.5 Zusammenfassung

- Mit neuen Informations- und Kommunikationstechnologien (kurz: digitalen Medien) lassen sich Lerninhalte einfacher und rascher als mit analogen Medien verbreiten und zugänglich machen (Distribution), sie lassen sich vielfältiger darstellen und codieren und können dabei verschiedene Sinne des Lernenden ansprechen (Repräsentation), sie ermöglichen dem Lernenden, Inhalte aktiv zu bearbeiten, zu manipulieren und zu erkunden (Exploration), sie eröffnen neue Wege der sozialen Interaktion mit anderen (Kommunikation) und der gemeinsamen Bearbeitung von Problemen bis hin zur Gründung virtueller Gemeinschaften (Kooperation). Eine etwas andere Einteilung unterscheidet die Interaktivität von Lerninhalten (auf verschiedenen Stufen) von der Interaktion zwischen Personen. Diese Merkmale der *digitalen Medien* stellen auch deren Potentiale für das *Blended Learning* dar. Für eine genauere Analyse, wie mit digitalen Medien gelernt werden kann, bietet sich eine Aufteilung in neue Informations- und neue Kommunikationstechnologien an.
- Konzentriert man sich auf das *Lernen mit neuen Informationstechnologien,* werden vor allem der Multimedia-Begriff sowie Konzepte zum multimedialen Lernen relevant: Die Unterscheidung von Multicodalität (Frage der genutzten Symbolsysteme bei der Darstellung von Information) und Multimodalität (Frage der angesprochenen Sinneskanäle beim Lernenden) unterstützt die Orientierung. Eine weitere Unterscheidung ist die zwischen der externen Codierung von Information (der Gestaltung von Information seitens des Lehrenden) und der internen Codierung von Information (der mentalen Verarbeitung von Information seitens des Lernenden). Für die Gestaltung von Blended Learning-Umgebungen sind diese Kenntnisse vor allem für die Entscheidung relevant, ob und in welcher Weise Text und Bild

(darüber hinaus natürlich auch Audio, Video und Animationen) bei der Darstellung von Lerninhalten kombiniert werden sollten. Theorien zum Text- und Bildverstehen, zur Codierung verschiedener Symbolsysteme, zur Tiefe der Informationsverarbeitung und der damit einhergehenden Be- oder Überlastung des Lernenden stellen in diesem Zusammenhang ein hilfreiches Hintergrundwissen dar. Die generative Theorie des Multimedia-Lernens schließlich gibt dem Praktiker klare Empfehlungen für die Informationsdarstellung auch in Blended Learning-Umgebungen an die Hand, die sich durch die „alten" Gestaltgesetze ergänzen lassen. Auffällig bei alldem ist die Dominanz kognitionspsychologischer Forschung.

- Beschäftigt man sich dagegen mit dem *Lernen mit neuen Kommunikationstechnologien,* stehen die Potentiale der Computervernetzung und damit die Online-Formen des Lernens im Mittelpunkt des Interesses, also vor allem die Kommunikation und Kooperation beim Lernen mit digitalen Medien. An der Stelle werden auch der Hypermedia-Begriff und die damit verbundenen Mythen wichtig. In Bezug auf telekooperatives Lernen – also Lernen in virtuellen Gruppen – sollte man wissen, unter welchen verschiedenen Netzbedingungen Kooperation möglich ist, welche Probleme es dabei geben und wie man Abhilfe schaffen kann: Von Bedeutung sind die Qualität der sozialen Interaktion wie auch der Aspekt der sozialen Präsenz, die Art der Aufgabe und der Grad der angestrebten Wissensteilung sowie die eingesetzte Technik.
- Eine *Kategorisierung von Blended Learning* ist auf verschiedenen Wegen möglich und angesichts der Vielfalt verschiedener Lernformen mit neuen Informations- und Kommunikationstechnologien in jedem Fall nötig. Auch sollte man die verschiedenen Synonyme und deren Nuancen in der Bedeutung zum Blended Learning-Begriff kennen. Vorgestellt wurden drei Ordnungsmodelle: ein technologiebasiertes Modell, ein dreidimensionales Modell und ein auf didaktischen Szenarien basiertes Modell. Alle Modelle postulieren auf ihre Weise Unterscheidungen auf Dimensionen, die im weitesten Sinne die eingesetzten digitalen Medien, den Lehrenden und den Lernenden tangieren. Auf der Grundlage dieser Dimensionen wurden einige Leitgedanken zum Blended Learning formuliert, die dem weiteren Verlauf des Buches zugrunde gelegt werden.

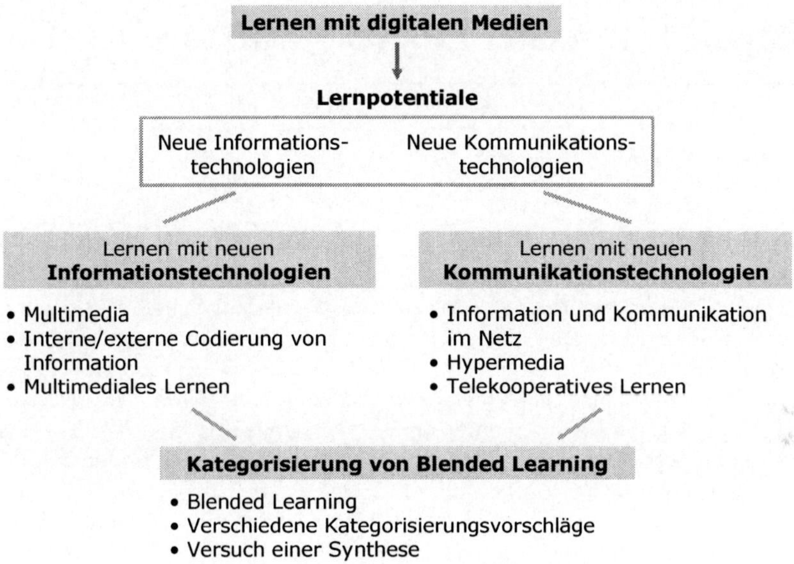


*Abb. 3.7: Zusammenfassende Übersicht zu Kap. 3*

# Kapitel 4: Vom Lernen zum Lehren

## Überblick

Bis jetzt stand in diesem Buch vor allem das Lernen im Mittelpunkt des Interesses: Die verschiedenen Facetten des Lernens im Allgemeinen (Kapitel 2) und die Merkmale des Lernens mit digitalen Medien im Besonderen (Kapitel 3) wurden in zusammenfassender Form dargelegt. Der Grund für die starke Akzentsetzung auf dem Lernen in den ersten Kapiteln ist der, dass man das Phänomen Lernen verstanden und sich mit typischen Fragen, Problemen und Herausforderungen des Lernens auseinander gesetzt haben sollte, *bevor* man sich daran wagt, Lernen zu fördern und lehrend tätig zu werden. Das vierte Kapitel nun hat eine wichtige „Scharnierfunktion": Es führt vom Lernen zum Lehren und möchte deutlich machen, in welcher Beziehung Lernen und Lehren zueinander stehen. Um es gleich vorwegzunehmen: Lehren führt nicht automatisch zu Lernen; das, was gelehrt wird, ist selten das, was gelernt wird. Warum das so ist und welche Folgerungen daraus auch für E-Learning- und Blended Learning-Projekte zu ziehen sind, soll dieses Kapitel klären. Folgende Inhalte werden hierzu behandelt:

1. **Wissen als Bindeglied zwischen Lernen und Lehren** zu betrachten, hat den Vorteil, einen gemeinsamen Nenner im weiten Feld von Lern- und Lehraktivitäten bestimmen zu können. Es wird eine strukturgenetische Perspektive auf das Wissen vorgeschlagen – eine Perspektive, die es erlaubt, Wissen sowohl als personales als auch als öffentliches Gut zu sehen. Es gibt also verschiedene Wissensformen und genau diese Erkenntnis hilft weiter im Verständnis der Beziehung zwischen Lernen und Lehren.
2. Lehren ist ein Begriff, der in weiten Teilen Fremdsteuerung und Kontrolle mitschwingen lässt, der an das Lernen in Institutionen erinnert und wenig gemein hat mit einem eher informellen, selbstbestimmten Lernen im Alltag. Diese und andere Gründe sprechen dafür, **Lehren als Gestaltung von Lernumgebungen** zu verstehen. Dabei ist zu klären, was genau der Begriff der Lernumgebung meint, inwiefern aus der Sicht des Lehrenden Blended Learning auf ein Gestalten von Lernumgebungen hinausläuft und welche Rolle die Didaktik dabei spielt.

3. Damit erreicht das Buch seinen Kern, nämlich die **Gestaltung von Blended Learning-Umgebungen**, der sich auch alle weiteren Kapitel dieses Buches widmen. Hierzu wird ein heuristisches Rahmenmodell herangezogen, das drei Ebenen unterscheidet: die Strukturebene, die Prozessebene und die technische Ebene. Von besonderer Bedeutung ist zunächst die Strukturebene, auf der auch das so entscheidende Blended Learning-Konzept entsteht. Des Weiteren gilt es, sich mit der Prozessebene zu beschäftigen, auf der die Betreuung der Lernenden stattfindet.

## 4.1 Wissen als Bindeglied zwischen Lernen und Lehren

Wer zur Schule oder Hochschule geht, soll Wissen erwerben; die dort Lehrenden sollen dieses vermitteln. Auch in der Weiterbildung erhofft man sich den Aufbau von Wissen, vor allem von Handlungswissen, zur besseren Lösung anstehender Probleme in der Arbeitswelt. In der Erwachsenenbildung ist es (unter anderem) der „Wissensdurst", der Menschen freiwillig in (weiter-) bildende Kurse treibt. Dabei ist allerdings der Wissensbegriff ebenso vielschichtig und facettenreich, wie dies beim Lernen der Fall ist: Mit Wissen können – jedenfalls im „normalen" Sprachgebrauch – einfache Kenntnisse und Fertigkeiten ebenso gemeint sein wie aktiv durchdrungene und verstandene Inhalte, persönliche Erfahrungen oder ausgeprägte Handlungskompetenz. Wenn Wissen – in einem weiten Sinne – sowohl Ziel des Lernens als auch des Lehrens ist, kann man es als ein Bindeglied zwischen Lernen und Lehren bezeichnen: Es verbindet als gemeinsamer (oder gemeinsam werdender) „Gegenstand" Lehrende, die ihr Wissen weitergeben wollen, mit Lernenden, die ihr Wissen aufbauen oder erweitern wollen (oder sollen). Aber natürlich ist Wissen kein „Ding" im materiellen Sinne; ein einfacher „Transport" vom Lehrenden zum Lernenden ist somit nicht möglich. Bereits das zweite Kapitel sollte dies gezeigt haben: Als Folge von Lernen mit all seinen Facetten ist auch Wissen kognitiver *und* sozialer Natur und wird in hohem Maße von Emotion und Motivation beeinflusst. Ebenso wie es verschiedene Qualitäten von Lernen gibt (vgl. Kap. 2.1.1), müssen auch verschiedene Formen von Wissen unterschieden werden. Dabei aber tun sich einige Fragen auf: Ist das, was Lehrende weitergeben, eigentlich Wissen? Wenn ja, wie unterscheidet es sich dann von dem, was Lernende (nach erfolgreichem Lernen) im Kopf haben? Wenn nein, was wird beim Lehren sonst vermittelt? Eine hilfreicher Ansatz zur Klärung dieser und anderer Fragen ist der strukturgenetische Ansatz, der auf Jean Piagets Erkenntnistheorie und Entwicklungspsychologie zurückgeht. Dieser Ansatz ist meiner Ansicht nach hervorragend dazu geeignet aufzuzeigen, inwiefern Wissen ein Bindeglied zwischen Lernen und Lehren ist. Er vervollständigt das Verständnis des Phänomens Lernen und kann verdeutlichen, warum Lehren – unabhängig davon, ob und welche digitalen Medien zum Einsatz kommen – ein so schwieriges Unterfangen ist.

### 4.1.1 Die strukturgenetische Perspektive

***Theorie der Strukturgenese***. Wer die Entstehung von Wissen und damit auch das Lernen verstehen will, der profitiert vor allem von einer Sichtweise, welche die Veränderungsprozesse und die Dynamik auf den besprochenen psychologischen Dimensionen des Lernens, nämlich der Kognition, Motivation, Emotion und sozialen Interaktion, im Blick hat. Vor diesem Hintergrund ist die Theorie der Strukturgenese hilfreich, auch wenn damit eine theoretische Einengung auf einen konstruktivistischen Denkansatz erfolgt[1]. Die Theorie der Strukturgenese beruht auf folgenden Annahmen (Seiler, 2001): Das menschliche Denken und Handeln ist nicht in fertiger Form vorgegeben; es entsteht auch nicht aus einer einfachen und schrittweisen Abbildung von Wirklichkeit. Vielmehr verhält es sich so, dass sich jedes erkennende Subjekt sein Wissen selbst konstruiert, indem es erworbene Erkenntnisstrukturen auf die erfahrene Umwelt anwendet und sie an das Erfahrene nach und nach anpasst. Drei Aspekte sind in der strukturgenetischen Perspektive besonders wichtig: Subjektbezug, kognitive Strukturen und der Gedanke der Genese.

***Subjektbezug.*** Subjektbezug meint, dass das (personale) Wissen von Individuen der Ausgangspunkt allen Wissens ist. Wissen geht also immer auf die Erkenntnistätigkeit von Subjekten zurück und kann auch nur durch Erkenntnistätigkeit von Subjekten reaktiviert (und damit z.B. auch angewendet, weitergegeben etc.) werden. Bezogen auf Lernen und Lehren ist mit diesem Subjektbezug also auch eine hohe Konzentration auf den Lernenden und die in ihm ablaufenden Prozesse verbunden. Der in der Strukturgenese vertretene Subjektbezug stellt damit eine mögliche Begründung für die in diesem Buch vertretene Lernorientierung (und damit auch Orientierung am Lernenden) beim Blended Learning dar.

---

[1] Kapitel 5 wird sich ausführlich mit den verschiedenen Lernparadigmen auseinander setzen, zu denen auch der Konstruktivismus gehört. Keines der besprochenen Paradigmen wird dabei als „falsch" oder insgesamt ungeeignet zurückgewiesen werden. Die in Kapitel 4 vorgenommene Favorisierung konstruktivistischen Gedankenguts schließt – wie noch zu zeigen sein wird – die Nutzung anderer Lerntheorien bei der Gestaltung von Blended Learning-Umgebungen nicht aus.

***Kognitive Strukturen***. Menschliches Erkennen, Verstehen und Wissen lässt sich auf Erkenntnisstrukturen bzw. (anders formuliert) auf kognitive Strukturen zurückführen, die sich in der dynamischen Auseinandersetzung mit der Wirklichkeit entwickeln und verändern. Nun darf der Begriff der kognitiven Struktur nicht einseitig kognitionspsychologisch verstanden und mit der kognitiven Dimension des Lernens (vgl. Kap. 2.2) gleichgesetzt werden. Der Begriff der kognitiven Struktur bezieht sich zum einen auf die Fähigkeit, bestimmte Gedanken zu denken (im Sinne mentaler Fähigkeiten) und zum anderen auf Handlungsbereitschaften und Handlungsvollzüge. Es sind also auch motivationale Tendenzen, Gefühle und Werte mit kognitiven Strukturen untrennbar verbunden. Jeder Mensch erwirbt, verändert und entwickelt im Laufe seines Lebens kognitive Strukturen (seinen „Wissensschatz"), die in geeigneten Situationen reaktiviert und angepasst werden können.

***Genese***. Wichtig ist im Rahmen der Strukturgenese die Frage, wie Wissen oder kognitive Strukturen *entstehen* und wie sie sich *verändern* – genau das ist mit dem Begriff der Genese gemeint. Kognitive Strukturen sind grundsätzlich flexibel und dynamisch. Sie sind sowohl Ausgangspunkt als auch Mittel und Ergebnis der Konstruktion. Wichtige Prozesse sind hier die Assimilation und die Akkomodation (Piaget, 1968): *Assimilation* trägt Erfahrungsinhalte und motorische Vollzüge an neue äußere Gegenstände oder auch innere kognitive Strukturen heran. Die Gegenbewegung zur Assimilation ist die *Akkomodation*, die die Struktur dem Gegenstand anpasst. Beide Prozesse bedingen sich, das Zusammenspiel von Assimilation und Akkomodation ist algorithmisch nicht fassbar, weil viele konkrete und zufällige Faktoren und Gewichtungen eine Rolle spielen. Dass es sie aber gibt, ist ermutigend, ermöglicht dies doch auch Spielräume für erfolgreiche Lehrprozesse.

***Wissen aus strukturgenetischer Sicht***. Nach der strukturgenetischen Auffassung besteht also – um es noch einmal zusammenzufassen – alles Wissen einer Person aus reaktivierten Systemen von kognitiven Strukturen unterschiedlicher Art. Die fortlaufende Entstehung und Veränderung solcher Systeme beruht auf einer aktiven und subjektiven Konstruktion durch Individuen, die wiederum voraussetzt, dass das einzelne Subjekt mit seiner Umwelt und mit sozialen Bezugspartnern interagiert. Dieser Austausch ist nicht nur aktiv, sondern auch wertend und setzt eine schrittweise Rekonstruktion des Wissens der Interaktionspartner voraus (Seiler, 2001). Diese Interaktion und Verständigung zwischen Menschen ist nur möglich, weil und wenn Wissen objektiviert wird. Man muss folglich aus strukturgenetischer Sicht verschiedene Wissensformen unterscheiden: Kognitive Strukturen können rein personaler Natur sein und bleiben, sie können aber auch objektiviert und öffentlich zugänglich gemacht werden, sodass man zwei übergeordnete Wissensformen unterscheiden kann, nämlich das idiosynkratische (oder personale) und das objektivierte (oder öffentliche) Wissen (Seiler & Reinmann, 2004).

## 4.1.2 Verschiedene Wissensformen

***Personales Wissen.*** Personales oder idiosynkratisches Wissen[2] kommt in verschiedenen Ausprägungen vor: a) Das ursprünglichste Wissen ist das *Handlungswissen,* das aus sensumotorischen Handlungen resultiert und entsprechend aus Systemen von Handlungen und Wahrnehmungen besteht, die sich gegenseitig steuern. Dieses Wissen ist dem Bewusstsein meist nicht zugänglich und weit davon entfernt, sprachlich artikuliert zu werden. Auch später noch (also nicht nur in der kindlichen Entwicklung) lernt man im Handeln und drückt ein bestimmtes Wissen durch die Art und Weise seines Tuns und Problemlösens aus. b) Eine weitere auf dem Handlungswissen aufbauende Form des Wissens ist das *intuitive Wissen,* das unabhängig von Wahrnehmungen und Handlungen in der Vorstellung (bildlich) aktiviert werden kann; dieses Wissen ist vorbegrifflich und kann ebenfalls noch nicht sprachlich artikuliert werden. Es stützt sich auf bildliche Vorstellungen und erfahrene Beziehungen (verinnerlichte Wahrnehmungen). c) Für die Entwicklung von Erkenntnistätigkeit entscheidend ist das *begriffliche Wissen.* Dieses Wissen entsteht (durch verschiedene Transformationen) aus Handlungswissen und intuitivem Wissen und zeigt sich in hochkomplexen Strukturen. Begriffliches Wissen ist bewusstseinsfähig und kann explizit artikuliert, also auch sprachlich dargelegt werden. Handlungswissen, intuitives Wissen und begriffliches Wissen bilden zusammen das zunächst einmal nur subjektiv zugängliche Wissen einer Person.

***Öffentliches Wissen.*** Von öffentlichem oder objektiviertem Wissen[3] spricht man, wenn Wissen mit anderen geteilt werden kann, weil es in irgendeiner Form materialisiert und damit nicht mehr nur dem Individuum zugänglich ist. Auch das öffentliche Wissen kommt in verschiedenen Ausprägungen vor. a) Für Lehr-Lernzwecke am wichtigsten ist das *kollektive* (oder: konventionelle) *Wissen,* das durch gemeinsame Diskurse und Aushandeln verdichtet, vereinheitlicht, (durch Regeln) normiert und systematisch verbalisiert ist; diese Form des Wissens kann man auch als *Information* bezeichnen. Individuen können

---

[2] „Personal“ und „idiosynkratisch“ werden in diesem Zusammenhang synonym verwendet.
[3] „Öffentlich“ und „objektiviert“ werden in diesem Zusammenhang synonym verwendet.

ihr Wissen in Zeichen (z.B. Symbolzeichen oder ikonische Zeichen; vgl. Kap. 3.2.2) objektivieren, und in dieser Form kann es mit anderen Personen geteilt werden. Was gerade in Lehrsituationen oft zu kurz kommt, ist die Erkenntnis, dass Wissen im objektivierten Zustand nur *potentieller* Natur ist: Es ist ein in Zeichen „eingefrorenes" Wissen und kann nur wieder von Individuen aktualisiert werden, die wissen, was die Zeichen bedeuten, denn den Zeichen selbst sieht man ihre Bedeutung nicht an. Kollektives Wissen lebt von der lebendigen Interaktion und von Diskursen zwischen Individuen, wodurch es beständig verändert wird. b) Als *formalisiert* bezeichnet man *Wissen* dann, wenn es nach festgelegten Kriterien und Zuordnungsregeln in Daten transformiert wird, die sich mit formalen Prozeduren (und damit auch elektronisch) weiter verarbeiten lassen. Nur diese Prozesse laufen ohne Steuerung und Kontrolle denkender Individuen ab; Bedeutungen werden dabei nicht hergestellt. Die Vorteile der elektronischen Datenverarbeitung liegen bekanntlich darin, dass immense Datenmengen gespeichert werden können, das Gedächtnis entlastet wird, Routinearbeiten wegfallen und Daten für Suchmaschinen sortiert werden können. Die folgende Abbildung fasst noch einmal die verschiedenen Wissensformen im Überblick zusammen.

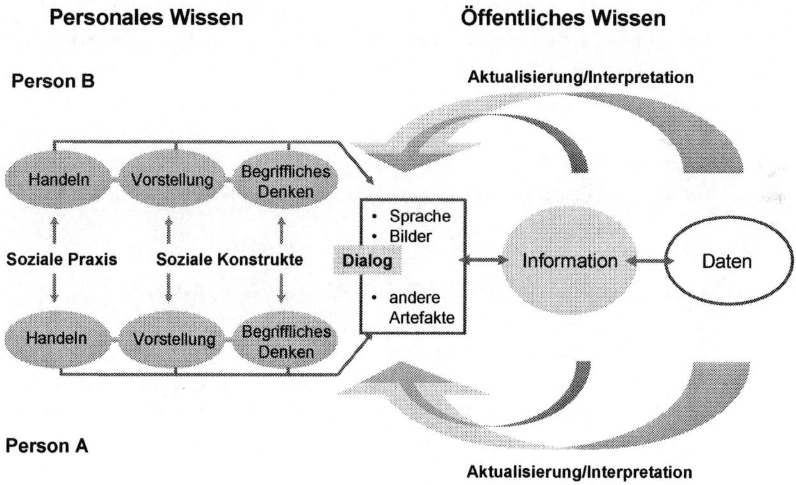


*Abb. 4.1: Wissen aus strukturgenetischer Sicht*

***Kontextuelle und soziale Bezüge***. Ein strukturgenetisches Wissensverständnis impliziert auf den ersten Blick eine eher individuelle Sicht auf die Entstehung und Veränderung von Wissen. Auf den zweiten Blick aber wird deutlich, dass der strukturgenetische Wissensbegriff aus mindestens zwei Gründen weiter ist als viele andere Auffassungen von Wissen: Zum einen wird angenommen, dass kognitive Strukturen nur durch Austausch mit der gegenständlichen und sozialen Umwelt entstehen und sich verändern; es liegt also *auch* eine kontextualisierte und situierte Sicht vor. Zum anderen wird auch die Information im Sinne von objektiviertem Wissen in das Wissensverständnis integriert, sodass in dieser Hinsicht die Grenzen des Individuums ebenfalls überschritten werden. Mit dem strukturgenetischen Wissensbegriff vereinbar sind daher auch die mit dem situierten Lernen (vgl. Kap. 2.5.3) verbundenen Begriffe „verteiltes Wissen" (distributed knowledge) und „geteiltes Wissen" (shared knowledge), die vor allem für kooperative Lernvorhaben (und deren Ziele) von nicht zu unterschätzender Bedeutung sind: Unter *sozial verteiltem Wissen* sind personale und öffentliche Wissensinhalte zu verstehen, die über soziale und/oder physikalische Netzwerke verteilt sind (Salomon, 1993). Wissensinhalte, die in einer Gemeinschaft unter mehreren Personen geteilt werden (die also alle gemeinsam haben), lassen sich demgegenüber als *sozial geteiltes Wissen* bezeichnen (Resnick, 1991). Die Entwicklung sozial geteilten Wissens setzt soziale und partizipative Prozesse in der Gemeinschaft sowie Lernprozesse der Gemeinschaft als soziale Einheit (im Sinne der Kollaboration) voraus. Der gemeinsame Nenner beider Konzepte besteht darin, dass sich kognitive Ressourcen und Konstruktionsprozesse nicht nur im Kopf eines Individuums abspielen, sondern dass sich Wissensinhalte über mehrere Personen entwickeln können und Wissensressourcen über mehrere Personen verteilen lassen.

## 4.2 Lehren als Gestaltung von Lernumgebungen

Lernen – das dürfte jedem einsichtig sein – ist auch ohne Lehren möglich und Lehren führt nicht notwendigerweise dazu, dass auch gelernt wird. Gelernt werden kann in Umgebungen, die nicht primär auf Lernen ausgerichtet sind, ebenso wie in speziellen Lernumgebungen, die mit pädagogischer Absicht gestaltet wurden: Zu letzterem zählt vor allem das Lernen in Schule, Hochschule, Weiterbildung, Erwachsenenbildung und damit auch (in weiten Teilen) die Lehrerbildung, was man als institutionalisiertes Lernen bezeichnen kann. Die Unterscheidung zwischen informellem Lernen und institutionalisiertem Lernen ist wichtig, um den Stellenwert wie auch die Probleme des Lehrens sowie die Rolle der Didaktik nachvollziehen zu können; auch hier erweist sich die strukturgenetische Perspektive als hilfreich. Eine Hilfe ist letztlich auch die Entscheidung, Lehren unter der Perspektive der didaktischen *Gestaltung* von Lernumgebungen zu sehen, wozu natürlich auch Blended Learning-Umgebungen zählen.

## *4.2.1 Informelles und institutionalisiertes Lernen*

***Informelles Lernen***. Der Begriff „informelles Lernen" bezeichnet alle Lernaktivitäten, die außerhalb von Bildungsinstitutionen bzw. außerhalb systematisch organisierter Bildungsveranstaltungen stattfinden und nicht durch Lehrpersonen angeleitet, gesteuert und kontrolliert werden. Vielmehr zeichnet sich informelles Lernen dadurch aus, dass es unsystematisch und bezogen auf bestimmte Anlässe im Alltag stattfindet, dass es im Kontext von Arbeit und Freizeit und damit im alltäglichen Umgang mit verschiedenen Menschen, Medien, Situationen und Problemen erfolgt (Dohmen, 2002). Informell lernen kann man allein oder in Gruppen, sodass individuelle kognitive und soziale Aspekte gleichermaßen eine Rolle spielen. Informelles Lernen ist jedoch in vielen Fällen ein Lernen, das unterhalb der Bewusstseinsschwelle abläuft, das heißt: Es muss Menschen nicht bewusst sein, dass sie lernen und was sie lernen. Es gibt also keine Metakognition, die eine Reflexion des Lernens erlaubt (vgl. Kap. 2.2.3). Dafür aber ist diese Form des Lernens in hohem Maße situiert und auf konkrete Kontexte bezogen (vgl. Kap. 2.5.3). Informelles Lernen kennt per definitionem kein Motivationsproblem: Informell wird nur dann gelernt, wenn die Bereitschaft dazu auch vorhanden ist. Informelles Lernen ist also selbstbestimmt und interessengeleitet (vgl. Kap. 2.3). Bisweilen wird das informelle Lernen als ein „natürliches" Lernen in authentischen Kontexten mit realen Herausforderungen und Problemen bezeichnet in Abgrenzung zum „künstlichen", weil formalisierten Lernen in Bildungsinstitutionen.

***Institutionalisiertes Lernen***. Unter institutionalisiertem Lernen sind Lernprozesse zu verstehen, die planmäßig, organisiert und (in unterschiedlichem Maße) angeleitet sind durch entsprechend ausgebildete Lehrpersonen. Lernen in Bildungsinstitutionen ist begleitet von Motivationsproblemen, z.B. deshalb, weil Lernende sich wenig selbstbestimmt fühlen; auch das gefühlsmäßige Engagement beim institutionalisierten Lernen ist (in der Regel) ungleich schwächer als beim informellen Lernen. Institutionalisiertes Lernen erzwingt und ermöglicht allerdings auch eine gewisse Distanz zum „echten" Leben, „befreit" das Lernen von einzelnen Kontexten und verhindert eine Fixierung des Gelernten auf bestimmte Situationen, zeigt andere Perspektiven als die eigene auf und eröffnet die Möglichkeit, Lerninhalte und Lernprozesse zu reflektieren. Auf diesem Wege kann auch die eigene Lernfähigkeit verbessert werden.

***Informelles und institutionalisiertes Lernen aus strukturgenetischer Sicht***. Die hier nur kurz skizzierten Merkmale informellen und institutionalisierten Lernens zeigen, dass deren Polarisierung wenig Sinn macht: Aus strukturgenetischer Perspektive beginnt das informelle Lernen beim personalen Wissen, meist beim Handlungswissen, während das institutionalisierte Lernen beim öffentlich zugänglichen Wissen (also bei Informationen außerhalb der Person) seinen Anfang nimmt. So gesehen ist das informelle Lernen tatsächlich die „natürlichere" Form des Lernens, die selbstbestimmt und situiert erfolgt, während das institutionalisierte Lernen die Entwicklung von personalem und öffentlichem Wissen in gewissem Sinne umkehrt. Vor diesem Hintergrund wird auch die z.B. von Siebert (2001) vertretene Auffassung verständlich, dass der Lehrende für die Qualität seiner Lehre, aber nicht direkt für die Qualität des Lernenden verantwortlich ist. Allerdings ist auch der „natürliche" (informelle) Weg der Wissensentwicklung immer beeinflusst von öffentlichem bzw. objektiviertem Wissen, sofern dieses zur Umgebung gehört, mit der sich das Individuum auseinander setzt.

***Lehren als schwieriges Unterfangen***. Das strukturgenetische Verständnis von Wissen „erklärt", warum Lehren ein mitunter schwieriges Unterfangen ist: Lehren impliziert ein institutionalisiertes Lernen (denn beim informellen Lernen fehlen planmäßige Lehrprozesse) und dieses entspricht – wie gezeigt wurde – nicht dem „natürlichen" Weg des Lernens. Jeder Lehrende weiß um die zahlreichen Schwierigkeiten, die das institutionalisierte Lernen (potenziell) mit sich bringt: Lerninhalte werden schlecht behalten oder schnell vergessen (weil sie nicht tief verarbeitet oder ohne persönliche Relevanz sind); das Gelernte wird in geeigneten Situationen nicht angewendet, es findet kein Transfer statt; Selbststeuerung fällt schwer und wird mitunter auch verweigert; Lernende sind unmotiviert und fühlen sich fremdbestimmt; die Lerninhalte machen weder neugierig noch stoßen sie auf Interesse; Angst und Ärger begleiten das Lernen stärker als Lust und Wohlbefinden, von Flow-Erleben kann keine Rede sein; Lernen findet meist vereinzelt statt, viele Kooperationsbemühungen scheitern; es fehlt dem Lernen der „Echtcharakter", denn reale Situationen sind in weiter Ferne. Ein düsteres Szenario, das in dieser geballten Form sicher nicht den typischen Bildungsalltag darstellt, aber die wichtigsten Probleme auf allen Dimensionen des Lernens deutlich macht (vgl. Kap. 2).

***Chancen und Grenzen des institutionalisierten Lernens***. Nun kann man das institutionalisierte Lernen (wegen den geschilderten Schwierigkeiten) nicht zum informellen Lernen machen, und dies ist auch nicht erstrebenswert, denn eine Gesellschaft wie die unsrige kann allein auf die Früchte des informellen Lernens nicht vertrauen. Zudem *ergänzen* sich das informelle und das institutionalisierte Lernen mit ihren Eigenschaften, Chancen und Grenzen: Auch das informelle Lernen hat Tücken (Wer z.B. bewahrt einen davor, etwas Falsches zu lernen?), und so stellt sich eher die Frage, wie die verschiedenen günstigen Merkmale möglichst gemeinsam genutzt werden können. Daraus lassen sich zwei wichtige Folgerungen für die Gestaltung von Lernumgebungen im Allgemeinen und für Blended Learning-Umgebungen im Besonderen ableiten: Zum einen gilt es, Lernumgebungen so zu gestalten, dass auch typische Merkmale informellen Lernens zum Tragen kommen. Zum anderen lassen sich gerade mit Hilfe der digitalen Medien Konzepte entwickeln, die das informelle und das institutionalisierte Lernen besser miteinander verzahnen. Insbesondere für die Lehrerbildung dürfte diese zweite Variante von besonderer Bedeutung sein (siehe Kap. 7.3).

***Verschiedene Qualitätsstufen des Lernens***. Wichtig ist es, sich an dieser Stelle noch einmal die verschiedenen Qualitätsstufen des Lernens in Erinnerung zu rufen (vgl. Kap. 2.1.1): Denn auch das Lehren in Bildungsinstitutionen verfolgt verschiedene Ziele, angefangen vom Kenntniserwerb über das Verstehen bis zur Aneignung. In vielen Fällen konzentrieren sich Lehrende in Institutionen auf den Kenntniserwerb; darüber hinaus streben viele – im Idealfall – auch das Verstehen an und suchen nach Methoden, um Lernende darin zu unterstützen, neue Informationen in das Vorwissen einzubauen, bestehendes Wissen umzustrukturieren und Verständnis zu erlangen, oder anders formuliert: Neben der Weitergabe von Information wird auch der Aufbau begrifflichen Wissens und Verstehens gefördert. Den Sprung vom Wissen zum Handeln erreicht man in institutionalisierten Settings allerdings seltener: Handlungswissen und die Fähigkeit zur Umsetzung des Gelernten setzen intensive Prozesse der „Aneignung" und das Sammeln eigener Erfahrungen voraus, wie sie bei der Entstehung von Wissen aus entwicklungspsychologischer Sicht in Form von konstruktiven und adaptiven Auseinandersetzungen mit der Umgebung vorliegen. Das verlangt die bereits genannte Verzahnung institutionalisierten und informellen Lernens.

### 4.2.2 Lernumgebungen, Didaktik und Design

***Gestaltung von Lernumgebungen***. Lehren wird gemeinhin nicht, wie oben angedeutet, als Umkehrung natürlicher Lernprozesse bezeichnet, obschon dies das Verständnis für so manche Schwierigkeiten zumindest nachvollziehbarer machen könnte. Im deutschsprachigen Raum wird statt „Lehren" (in institutionalisierten Settings wie Schule, Hochschule und Weiterbildung) häufig auch der Begriff des *Unterrichtens* verwendet. Beides – Unterrichten und Lehren – bezeichnet solche Situationen, in denen professionell tätige Lehrende mit pädagogischer Absicht und in planmäßiger und organisierter Weise innerhalb eines institutionellen Rahmens Lernprozesse initiieren, fördern und erleichtern. Lehren und Unterrichten legen bereits durch die Art der gewählten Termini die gesamte Aufmerksamkeit auf die vom Lehrenden ausgehenden Prozesse. Geht es einem darum, die verschiedenen Facetten des Lernens im Auge zu behalten und Lehr- oder Unterrichtsprozesse auf die besonderen Eigenschaften verschiedener Lernprozesse und -aspekte auszurichten, so kann die Formulierung „Lernumgebungen gestalten" diese Intention besser zum Ausdruck bringen.

***Faktoren einer Lernumgebung***. Unter einer „Lernumgebung" versteht man in einem engeren Sinne das Arrangement von Lehrmethoden, Lernmaterialien und Medien (Reinmann-Rothmeier & Mandl, 2001). Eine Lernumgebung ist aber auch durch die besondere Qualität der aktuellen Lernsituation in zeitlicher, räumlicher und sozialer Hinsicht charakterisiert. Auch der kulturelle Kontext (Subkultur, Organisationskultur, regionale Kultur, nationale Kultur) stellt einen Bestandteil der Lernumgebung im weiteren Sinne dar. Mit der Kultur verbunden sind letztlich auch Auffassungen von Lernen und Lehren seitens der Lehrenden wie auch der Lernenden, die ebenfalls zur Lernumgebung dazugehören. Alle diese Umgebungsfaktoren beeinflussen das Lernen und unterliegen in unterschiedlichem Ausmaß den Gestaltungsmöglichkeiten des Lehrenden: a) Lehrmethoden, Lernmaterialien und Medien können am meisten vom Lehrenden gestaltet und daher auch geplant, gesteuert und kontrolliert werden. Im Falle von Vorgaben etwa bei den Inhalten (und damit auch bei den Zielen) des Lehrens und Lernens sind die Lehrenden selbst nur eingeschränkt in der Gestalterrolle, weil andere Personen (Bildungsplaner, Lehrplanentwickler etc.) mitreden. b) Mit Zeit und Raum des Lernens verhält es sich ähnlich. Andere situationale Faktoren wie z.B. die Zusammensetzung von Gruppen, aktuelle Kontexteinflüsse und Ähnliches können sich dem Einfluss gestaltender Personen durchaus entziehen. c) Am wenigsten Gestaltungsfreiraum hat man, wenn es um kulturelle Aspekte einer Lernumgebung geht: Gewohnheiten und Werte, die vor Klassenzimmern und Seminarräumen nicht

Halt machen, „mischen“ sich in das Lehr-Lerngeschehen ebenso wie tradierte oder individuelle Überzeugungen und Glaubenssätze aller Beteiligten, ohne dass man diese in planmäßiger und vor allem sicherer Weise ändern oder gar eliminieren kann.

***Lehren als Gestalten von Lernumgebungen***. Umschreibt man Prozesse des Lehrens (oder Unterrichtens) als ein Gestalten von Lernumgebungen, so hat dies den Vorteil, dass man auf diese Weise in höherem Maße zum einen das Lernen (als Ziel und Zweck allen Lehrens) deutlicher fokussiert und zum anderen die zahlreichen Faktoren, die das Lehr-Lerngeschehen beeinflussen, stärker im Blick hat. Der Begriff der Gestaltung - oder synonym dazu der Begriff „Design“ - wird daher auch in späteren Kapiteln herangezogen. Nach dem bisher Gesagten ist zu folgern, dass Blended Learning ein Lernen in medialen Umgebungen, oder genauer: ein Lernen in Umgebungen beschreibt, die *auch* digitale Medien beinhalten. Wenn es um Lehren oder Unterrichten mit digitalen Medien geht, dürfte man genau genommen nicht von E-Learning oder Blended Learning sprechen, sondern man müsste dieses Unterfangen - um im englischsprachigen Bereich zu bleiben - als E-Teaching bezeichnen. Es hat sich allerdings eingebürgert, auch dann den Begriff E-Learning oder Blended Learning zu verwenden, wenn eigentlich Fragen des Lehrens oder Unterrichtens mit digitalen Medien gemeint sind. Ein weiterer sich verbreitender Begriff ist der des „E-Education“ (Baumgartner et al., 2004), ohne dass dieser allerdings semantisch genauer vom E-Learning unterschieden wird. Auch diese begrifflichen Unsicherheiten sind ein Grund, der für die Formulierung „Gestaltung von Lernumgebungen“ spricht. Dabei kommt natürlich auch der Begriff der Didaktik ins Spiel, der im Folgenden kurz erörtert und zu den bisherigen Ausführungen in Beziehung gesetzt werden muss.

***Der Didaktikbegriff***. Didaktik stammt aus dem Griechischen (didaskein) und heißt wörtlich „Lehre“ (Siebert, 2003). In der pädagogischen Fachliteratur wird Didaktik als „Wissenschaft vom Unterricht, als Theorie von Unterricht, als Theorie der Bildungsinhalte, als Theorie der Organisation von Lernprozessen oder als Anwendung psychologischer Lehr-Lerntheorien“ (Hallitzky & Seibert, 2002, S. 135) verstanden. Der Begriff der Didaktik ist also keineswegs eindeutig und umfasst je nach pädagogischer Richtung unterschiedlich weite Themenfelder und Zielsetzungen. Es gibt verschiedene didaktische Theorien und Modelle (z.B. die bildungstheoretische Didaktik, die kybernetische Didaktik, die lehrtheoretische Didaktik etc.), auf die hier aber nicht weiter eingegangen werden kann (vgl. Gudjons & Winkel, 1997). Meist wird die Didaktik im Rahmen der Schulpädagogik behandelt und ist von daher eng mit dem Lehren an der Institution Schule verbunden, was sich vor allem im Begriff des Unterrichts zeigt. Dies ist jedoch eine enge Sichtweise: Denn natürlich wird auch an Hochschulen und in der Weiterbildung oder Erwachsenenbildung „gelehrt", was mit entsprechendem Bedarf an didaktischen Modellen verbunden ist. Sogar im Alltag wird im Prinzip „didaktisch gehandelt", nämlich immer dann, wenn etwas mitgeteilt oder erklärt wird, wenn jemand überzeugt oder zu etwas befähigt werden soll, wie dies in Familien, in der Interaktion mit Experten (z.B. dem Arzt) oder im Umgang mit Medien geschieht (Siebert, 2003).

***Verschiedene Ebenen didaktischen Handelns***. Die Theorielage der allgemeinen Didaktik ist seit Jahrzehnten im Wesentlichen stabil und hat seit den 1970er Jahren kaum nennenswerte Bewegungen durchgemacht (Terhart, 1999). Nach wie vor unterscheidet man fünf Ebenen des didaktischen Handelns, die unter anderem zeigen, dass sich Didaktik nicht auf den „Unterricht" allein beschränkt (Flechsig & Haller, 1975): Didaktik bezieht sich a) auf gesellschaftliche Rahmenbedingungen und damit vorgegebene Kontexte, die beim Lernen und Lehren berücksichtigt werden müssen, b) auf Lehrpläne und Schulkonzepte bzw. – etwas weniger auf Schule bezogen – auf Institutionen und Lehr-Lerninhalte dieser Institutionen, c) auf Fachdidaktiken und folglich auch auf die Besonderheiten einzelner Domänen und ihrer Themen, d) auf die Veranstaltungsplanung einschließlich der Organisation des Lernens und e) auf die Gestaltung einer Unterrichtseinheit bzw. – wiederum weniger schulbezogen – auf die Gestaltung einzelner Elemente einer Lernumgebung. Noch etwas prägnanter kann man die wesentlichen Aufgaben der (Allgemeinen) Didaktik auf zwei Ebenen reduzieren: auf die *Ebene der Inhalte* (Auswahl und Abfolge von Lerninhalten, Bedeutung von Inhalten und deren Ziele) und auf die *Ebene der Prozesse* (Methoden zur Strukturierung und/oder Begleitung des Lernens).

***Gestaltung als didaktische Ebene***. Im Rahmen der Ziele dieses Buches hat der Didaktikbegriff allem voran die Funktion, theoretische und empirische Erkenntnisse der Lehr-Lernforschung bei der Gestaltung von Lernumgebungen anzuwenden. Damit steht die letzte der oben genannten fünf Ebenen didaktischen Handelns – nämlich die *Gestaltung von Lernumgebungen* – zwar im Vordergrund; da diese aber nicht losgelöst von Rahmenbedingungen, Inhalten und domänenspezifischen Besonderheiten erfolgen kann und zudem in übergeordnete Planungen integriert werden muss, bestehen (lockere) Bezüge auch zu den anderen vier Ebenen. Die in Kapitel 6 zusammengestellten Modelle zum Instruktions- und Kontextdesign haben die Funktion von didaktischen Modellen, die sowohl Aussagen zur Inhalts- und Zielebene als auch zur Prozessebene machen: Sie lassen sich zurückführen auf bestimmte lerntheoretische Wurzeln, beziehen lernpsychologisches Wissen auf Lehr-Lernsituationen und bieten dem Lehrenden Leitlinien für das Handeln in der Praxis an. Didaktik in diesem Sinne bündelt in einem Begriff, was dieses Buch in Bezug auf Blended Learning leisten will, nämlich: a) aufzuzeigen, welche psychologischen Erkenntnisse zu verschiedenen Facetten des Lernens vorliegen und bei der Gestaltung von Blended Learning-Umgebungen berücksichtigt werden sollten (Kap. 2), b) darzulegen, welche Besonderheiten des Lernens mit digitalen Medien zu beachten sind (Kap. 3), c) zu diskutieren, in welchem Verhältnis Lernen (als Phänomen) zum Lehren steht und was daraus zu folgern ist (Kap. 4), d) welche paradigmatischen Zugänge man zum Lernen und Lehren wählen kann und welche Folgen dies für eine Blended Learning-Umgebung hat (Kap. 5), und e) welche Lehr-Lernmodelle einem für die Gestaltung von Blended Learning-Umgebungen zur Verfügung stehen und in welcher Weise die Gestaltung von Aufgaben in diesem Zusammenhang von besonderer Bedeutung ist (Kap. 6). Wenn im Folgenden von „Gestaltung" die Rede ist, dann ist in der Regel eine *didaktische Gestaltung* bzw. ein *didaktisches Design* gemeint.

***Der Designbegriff***. Den Begriff „Design" kennt man aus den Bereichen der Architektur und Stadtentwicklung, aber auch aus der Produktion (Produktdesign) und neuerdings aus dem Informationsbereich (Informationsdesign). Das Internationale Institut für Informationsdesign in Wien definiert Design als das Erfassen einer Problemstellung und die geistige Werkschöpfungsleistung eines Urhebers; sie manifestiert sich in Entwürfen und Plänen, zu denen auch Konzepte und Spezifikationen zählen. Baumgartner und Payr (1999, S. 75) schlagen vor, den Designbegriff auf *alle* Tätigkeiten auszuweiten, „die innerhalb bestimmter Rahmenbedingungen verschiedene Gestaltungsmöglichkeiten zulassen". Dabei sind es vor allem drei zentrale Elemente, die im Begriff des Designs liegen: erstens ein planerisches, entwickelndes und entwerfendes Element, das eine Neu- oder Umorientierung bedeutet und bloße Nachahmung oder Reproduktion ausschließt; zweitens ein „visionäres" Element mit einer harmonischen Verbindung von Form und Inhalt zu einem schöpferischen Eingriff, der einen entsprechenden Gestaltungsspielraum eröffnet; und drittens das Primat des Inhalts vor der Form, was Design von der „reinen" Kunst unterscheidet. Edelson (2002), der sich vorrangig auf das Design von Interventionen und Lösungen in der Bildung konzentriert, umschreibt Design als eine Kette von Entscheidungen, mit denen Ziele und beschränkende Bedingungen in Einklang zu bringen sind. Entschieden werden muss, erstens wie der Gestaltungsprozess vonstatten gehen soll (*„design procedure"*), zweitens welcher Bedarf und welche Möglichkeiten dem Design zugrunde liegen (*„problem* *analysis"*) und drittens wie das Gestaltungsergebnis letztlich auszusehen hat (*„design solution"*). Ziel ist es, diese Entscheidungen an die Bedingungen des jeweiligen Kontextes optimal anzupassen.

***Eigenschaften von Design.*** Versucht man die dargestellten Umschreibungen des Designbegriffs miteinander zu kombinieren, resultieren folgende Eigenschaften von Design: a) Design ist kein unsystematischer Akt, da ihm eine Analyse von Problemen und Kontexten vorangeht; es wird geplant und entworfen, auf eine Lösung hingearbeitet und es werden dabei Kontextfaktoren beachtet und einbezogen. b) Design ist trotz dieser Systematik kein algorithmisch zu bewältigender Prozess, da weder die Lösung noch die Situation, für die die Lösung zu erarbeiten ist, eindeutig über die Zeit festgelegt und kreative, schöpferische Prozesse beteiligt sind. c) Form und Inhalt ebenso wie Theorie und Praxis sind keine sich starr gegenüberstehenden Entitäten, sondern komplementäre Aspekte, die im Design eine Synergie ergeben. Mit diesen Eigenschaften ist die Idee des Designs aus meiner Sicht hervorragend für das Lernen und Lehren im Allgemeinen und für Blended Learning bzw. für die Gestaltung von Blended Learning im Besonderen geeignet.

## 4.3 Gestaltung von Blended Learning-Umgebungen

Am Ende des vorangegangenen Kapitels wurden drei Kategorisierungsmodelle vorgestellt, die sich auch beim Blended Learning als Ordnungsraster nützlich erweisen können (vgl. Kap. 3.4). Die darauf aufbauenden Leitgedanken zum Blended Learning beinhalten eine Reihe von Thesen, die sich auf das Lernen bzw. den Lernenden, auf das Lehren bzw. den Lehrenden und seinen Gestaltungsaufgaben und auf die Medien bzw. neuen Technologien beziehen. Im Folgenden werden ein heuristisches Rahmenmodell und seine Weiterentwicklung vorgestellt, das auf diesen Leitgedanken aufbaut. Dabei wird der Frage nach der Strukturgestaltung (und damit der Entwicklung eines Blended Learning-*Konzepts*) sowie der Frage nach der Prozessgestaltung (und damit der *Betreuung* von Lernenden beim Blended Learning) besondere Aufmerksamkeit zuteil.

### *4.3.1 Verschiedene Gestaltungsebenen*

***Heuristisches Rahmenmodell.*** Baumgartner und Bergner (2003) unterscheiden drei Abstraktionsebenen bei der Beschreibung von E-Learning-Umgebungen (was sich allerdings auch auf Blended Learning-Umgebungen übertragen lässt): a) Auf der obersten Ebene werden *didaktische Szenarien*[4] kategorisiert und beschrieben. Gemeint sind damit Arrangements von Methoden, wie sie in didaktischen Modellen (siehe Kap. 6.2 und 6.3) zum Ausdruck kommen. Die Beschreibung derartiger Szenarien ist unabhängig von ihrer konkreten Umsetzung; auch die Frage, ob deren Implementation in der Präsenzlehre oder in virtuellen (Online- oder Offline-)Umgebungen erfolgt, ist erst einmal unerheblich. b) Auf der mittleren Ebene werden verschiedene Aktivitäten im Sinne von *didaktischen Interaktionsmustern* kategorisiert und beschrieben, also z.B. Frage-Antwort-Sequenzen, bestimmte Aufgaben und Instruktionen und die darauf folgenden Aktionen, die Bildung von Gruppen etc. Auf dieser Ebene macht es bereits einen Unterschied, ob face-to-face- oder virtuell gelernt werden soll; technische Details aber sind auch hier noch weitgehend uninteressant. c) Erst auf der untersten Ebene der technischen Tools (z.B. LMS[5], CMS[6] etc.) geht es um die Beschreibung und Kategorisierung *spezifischer Software-Produkte*. Eine generelle Bewertung technischer Produkte aber ist auch hier nicht das Ziel, denn: Technische Tools zu beurteilen, macht nur im Hinblick auf die damit ausgeführten oder angestrebten didaktischen Interaktionsmuster Sinn, die wiederum aus einem didaktischen Szenario abgeleitet sind. Alle drei Ebenen sind eng miteinander verzahnt: Die didaktischen Interaktionsmuster bilden die Elemente, aus deren Kombination (nach bestimmten Leitideen) didaktische Szenarien werden. Für die technische Umsetzung oder Unterstützung didaktischer Interaktionsmuster benötigt man häufig nicht nur mehrere (verschiedene) Tools, sondern nutzt bei diesen Tools oftmals nur bestimmte Funktionen.

***Struktur, Prozess und Technik***. Das Rahmenmodell von Baumgartner und Bergner (2003) ist für die Gestaltung von Blended Learning-Umgebungen deshalb sehr gut geeignet, weil man die bereits mehrfach postulierten Gestaltungsaufgaben auf den verschiedenen Ebenen gut verankern kann. Dazu kommt, dass auch für ein Verständnis der Lernerperspektive die drei Gestaltungsebenen von Bedeutung sind. Bevor diese beiden Perspektiven (die des Lehrenden und die des Lernenden) noch einmal genauer unter die Lupe genommen werden, sollen im Folgenden einige Reformulierungen an dem Modell vorgenommen werden, die für die hier verfolgten Zwecke nützlich sind (siehe Abbildung 4.2):

---

[4] Der hier genutzte Begriff „didaktisches Szenario" ist nicht ganz identisch mit dem von Schulmeister genutzten Begriff in seinem Kategorisierungsmodell (Kap. 3.4.2).

[5] Learning Management System

[6] Content Management System

- Die oberste Ebene der didaktischen Szenarien soll im Folgenden als *Strukturebene* einer Blended Learning-Umgebung bezeichnet werden. Die Struktur einer Lernumgebung besteht letztlich immer aus Inhalten und Aufgaben (siehe Kap. 6.3.1), wobei Aufgaben die Manifestation der ausgewählten Methoden sind und Methoden wiederum aus didaktischen Modellen abgeleitet werden können.
- Die mittlere Ebene der didaktischen Interaktionsmuster soll im Folgenden als *Prozessebene* einer Blended Learning-Umgebung bezeichnet werden. Zu den Prozessen zählen alle konkreten Lern- und Austauschprozesse, also Interaktionen mit den Inhalten oder unter Lernenden und Lehrenden.
- Die unterste Ebene der spezifischen Software-Produkte schließlich soll im Folgenden kurz als *technische Ebene* umschrieben werden. Die technische Ebene spielt im weiteren Verlauf des Buches eine untergeordnete Rolle; hier wird auf einschlägige Literatur mit technischen Empfehlungen verwiesen (Schulmeister, 2003; Baumgartner et al., 2003; Baumgartner et al. 2004; Handke, 2003 etc.).

Die in diesem Modell angesprochenen Ebenen der Struktur, der Prozesse und der Technik einer Blended Learning-Umgebung können aus verschiedenen Blickwinkeln betrachtet werden: Aus der Perspektive des Lehrenden, der eine Lernumgebung zunächst einmal gestaltet und dann auch umsetzt, und aus der Perspektive des Lernenden, der in der Umgebung lernen soll.

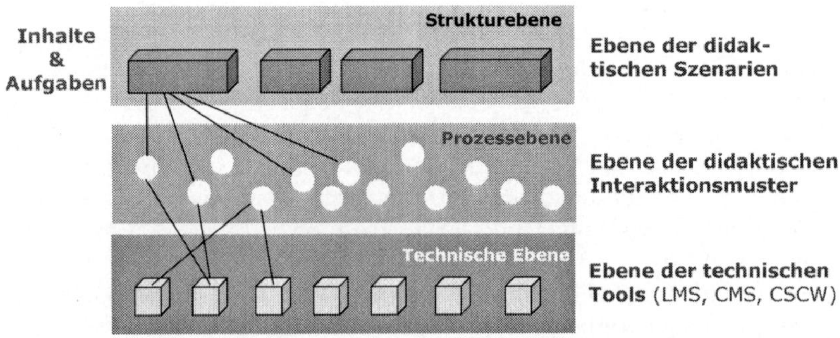


*Abb. 4.2: Heuristisches Rahmenmodell (in Anlehnung an Baumgartner und Bergner, 2003)*

***Perspektive des Lehrenden – Gestaltungslogik.*** Das eben skizzierte heuristische Rahmenmodell macht deutlich, dass bei der Gestaltung von Blended Learning-Umgebungen die Technik nicht am Anfang, sondern – im Idealfall – am Ende steht. Es gibt also eine Art *Gestaltungslogik*: Der Lehrende muss zunächst einmal eine *Struktur* gestalten, das heißt: Er/sie hat die Aufgabe – bezogen auf Ziele und Zielgruppe – Inhalte auszuwählen, zu sequenzieren und aufzubereiten. Zudem ist zu überlegen, wie man die Lernenden aktivieren und darin unterstützen kann, sich mit diesen Inhalten aktiv und im Dialog mit anderen auseinander zu setzen. Welche *Prozesse* in einer Lernumgebung – abhängig von den Aufgaben – stattfinden sollen, muss und kann der Lehrende ebenfalls (in Grenzen) vorab überlegen: Er/sie wird sich Gedanken darüber machen, wie Lernende die Inhalte explorieren sollen, in welcher Weise sie kooperieren werden, welches Feedback sie erhalten und wie groß der Austausch mit Lehrenden oder Tutoren ausfallen soll usw.[7] All diese struktur- und prozessbezogenen Überlegungen sind lenkend für Entscheidungen auf der Ebene der *Technik*, das heißt: Sie beeinflussen die Auswahl von technischen Infrastrukturen und Werkzeugen, zumindest aber leiten sie einen in der Auswahl von Funktionen, die bei vorgegebener Technik zur Verfügung stehen. Dass in dieser Gestaltungslogik technische Entscheidungen relativ spät fallen, soll keine Zweitrangigkeit der Technik suggerieren. Dieser Eindruck mag dann entstehen, wenn man bei der *Gestaltung* von Blended Learning-Umgebungen stehen bleibt und nicht auch deren *Realisierung* mit ins Kalkül zieht.

***Perspektive des Lehrenden – Prozesslogik.*** Wechselt man nämlich beim Lehrenden von der Gestalterrolle in seine Rolle als beratender Experte, als E-Teacher oder E-Moderator, so wird deutlich, dass *Struktur* und *Technik* einen Raum aufspannen, in dem die Lehr-Lernprozesse stattfinden. Dieser „Raum" (gemeint in einem metaphorischen Sinne) ist einerseits ein *Spiel*raum für die nun einsetzende Gestaltung von Interaktionsprozessen; andererseits setzt er der Prozessgestaltung auch Grenzen. In dieser Prozesslogik haben Struktur und Technik keinen *determinierenden* Einfluss auf die Interaktionsprozesse; sie bringen aber sehr wohl – wie Greeno es nennt – „affordances" und

[7] Diese Ausführungen sind – das ist mir bewusst – nichts Neues: Bildungstheorien leiten seit Beginn der wissenschaftlichen Pädagogik Lehrende darin an, Inhalte auszuwählen, auszuarbeiten und umzuordnen; Lehr-Lerntheorien aus der Pädagogischen Psychologie wiederum liefern seit Jahrzehnten zum Teil auch empirisch abgesicherte Hinweise für die Organisation und Inszenierung von Lehr-Lernprozessen; und auch für die Gestaltung der sozialen Interaktion gibt es Kommunikationsmodelle unterschiedlichen Ursprungs (Reusser, 2001). Hier geht es darum, mit einem für E-Learning und Blended Learning kompatiblen Sprachangebot genau diese verschiedenen wissenschaftlichen Disziplinen für das Lernen mit digitalen Medien fruchtbar zu machen und miteinander zu verbinden.

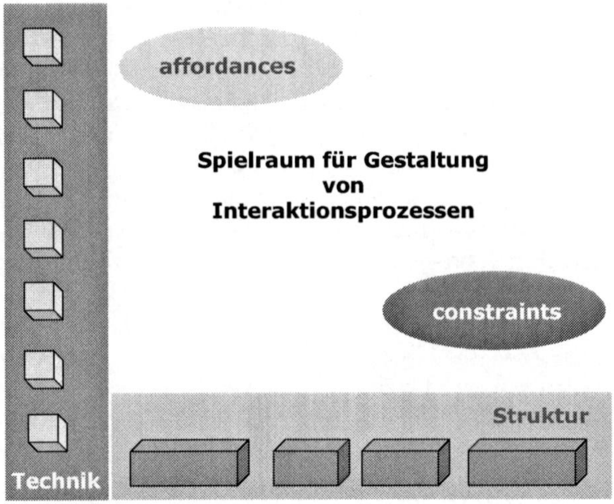


*Abb. 4.3: Prozesslogik aus Sicht des Lehrenden*

„constraints" (Greeno & MMAP, 1998) für das Lehr-Lerngeschehen mit sich. Hier ist auch zu entscheiden, ob, wann und in welchem Umfang Präsenzphasen notwendig sind. Die folgende Abbildung fasst die Prozesslogik aus der Sicht des Lehrenden kurz zusammen.

***Perspektive des Lernenden – Erlebnislogik.*** Aus der Perspektive des Lernenden stellt sich die Situation anders dar: Beim ersten Kontakt mit der Lernumgebung trifft der Lernende erst einmal auf die *Oberfläche*. Diese konfrontiert ihn – neben strukturellen Merkmalen – sofort auch mit den technischen Sachverhalten. Eine nicht-intuitive, fehlerhafte oder unattraktive Oberfläche wird zum Abbruchkriterium, auch wenn noch so gute pädagogisch-didaktische Intentionen dahinter zu finden sind. Einmal mit der Oberfläche der Lernumgebung vertraut, beschäftigt sich der Lernende von sich aus oder angeleitet durch Aufgaben mit den angebotenen Inhalten. Nun beginnen auch die *Interaktionsprozesse* im virtuellen Raum. Die durch Technik und Struktur geprägte Oberfläche sowie die dadurch ebenfalls beeinflussten Inhalte und Aufgaben *und* die daraufhin ablaufenden Prozesse sind für das *Lernerlebnis* beim Lernenden verantwortlich. Der Begriff „Lernerlebnis" ist in seinem wörtlichen Sinne als Erleben auf der kognitiven, motivationalen und emotionalen Ebene zu verstehen und soll an dieser Stelle signalisieren, dass Lernende Subjekte sind, die auf Lernangebote *reagieren* und diese in ihrer Relevanz für die Entwicklung personalen Wissens *bewerten*.

***Das Erleben des Lernenden im zeitlichen Verlauf***. Wenn man einmal von der praktischen E-Learning- und Blended Learning-Erfahrung ausgeht, so lässt sich in Bezug auf die Interessen- und Bedürfnislage des Lernenden die These aufstellen, dass Oberfläche, Struktur und Prozess im *zeitlichen Verlauf* des Lerngeschehens unterschiedlich hohe Bedeutung haben: Während die *Oberfläche* als Manifestation der technischen Ebene für das Erleben des Lernenden zu Beginn einer Blended Learning-Veranstaltung von großer Bedeutung und so etwas wie ein K.-o.-Kriterium sein kann, nimmt die Aufmerksamkeit in diesem Punkt mit zunehmender Vertrautheit im Laufe der Zeit ab. Da sich Teile der inhaltlichen und methodischen *Struktur* einer Lernumgebung bereits in der Oberfläche finden, spielt die Struktur von Anfang an eine nicht zu vernachlässigende Rolle, wird aber mit zunehmender Beschäftigung mit dem Lernangebot noch größer. Die ablaufenden Interaktions*prozesse* schließlich spielen erfahrungsgemäß eine kontinuierlich wachsende Rolle. So können z. B. gute Betreuung und Moderation (vgl. Zawacki-Richter, 2004; s.u.) sogar Schwächen in der Strukturgestaltung kompensieren. Noch einmal etwas anders ist die Lage, wenn man das Bedürfnis nach Präsenzphasen hinzunimmt: Abhängig von der Qualität der Lernumgebung, der Komplexität der Inhalte und der E-Learning-Erfahrung der Lernenden treten hier variable Bedürfnisse auf. Die folgende Abbildung stellt die hier aufgestellte These schematisch dar.

***Kohärente Gestaltung***. Meine These ist, dass der Erfolg einer Gestaltung von Blended Learning-Umgebungen in der Kohärenz der Gestaltung liegt. Um dies genauer erörtern zu können, soll zunächst der Kohärenzbegriff definiert werden: Der Begriff der *Kohärenz* kommt aus dem Lateinischen (cohaerere: zusammenhängen) und bezeichnet allgemein den inneren oder äußeren Zusammenhang oder Zusammenhalt von etwas, was aber je nach Fachbereich unterschiedlich ausgelegt wird[8]. In der Physik meint Kohärenz das Phänomen des *Gleichschwingens* (von Frequenz und Phase) zweier Wellen; in der Linguistik steht Kohärenz für den *sinnbildenden* (semantischen) *Zusammenhang* der Worte in einem Text; in der klinischen Psychologie kommt der Kohärenzbegriff vor, wenn es um den logischen Zusammenhang und die *Nachvollziehbarkeit* von Gedankengängen geht; und selbst im Bereich der digitalen Medien greift man zum Begriff der Kohärenz: Dort bezeichnet er den inhaltlichen Zusammenhalt bzw. die *Interpretierbarkeit* eines Hypertextes. Aus einer eher

---

[8] http://de.wikipedia.org/wiki/Koh%E4renz (Stand: 01.07.2005)

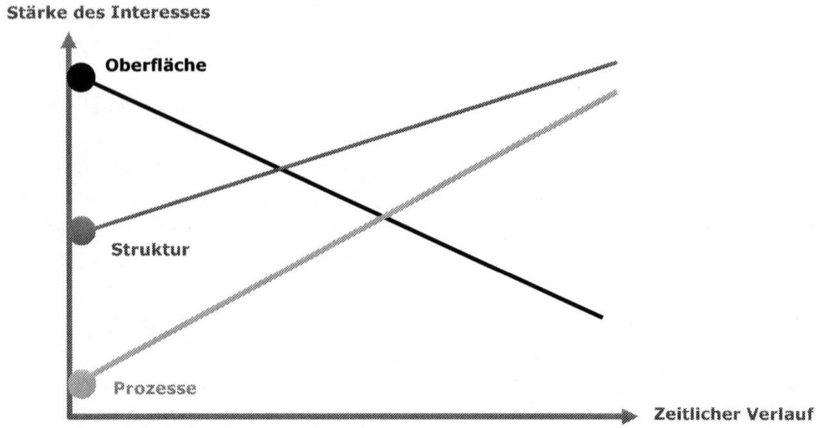


**These zur Interessenverschiebung im zeitlichen Verlauf**

*Abb. 4.4: Erlebnislogik aus Sicht des Lernenden*

anthropologischen Sicht gilt Kohärenz als wichtiges Prinzip der *Bedeutungskonstruktion* beim Menschen (Thagard, 2000): Bedeutung entsteht, wenn etwas zunächst Unstimmiges in ein geordnetes Muster mentaler Repräsentationen (Konzepte, Überzeugungen, Gefühle, Ziele, Handlungen) überführt wird. Kohärent ist also etwas, dessen Teile zusammenpassen, im Einklang zueinander stehen, stimmig sind und einen „Gleichklang" ergeben; kohärent ist etwas, das in sich schlüssig, logisch und nachvollziehbar ist, das einen Sinn ergibt und interpretiert werden kann.

***Kohärenz als Leitkriterium.*** Mit diesen Bedeutungselementen im Hintergrund kann Kohärenz als ein zunächst abstraktes Gestaltungskriterium auf den oben beschriebenen Ebenen von Blended Learning-Umgebungen (Strukturebene, Prozessebene, technische Ebene) konkretisiert werden. Wenn das Kohärenzprinzip auf den Gestaltungsebenen zur Anwendung kommt, heißt das allerdings noch nicht, dass man damit die Idee der Kohärenz vollständig erfasst hat. Von kohärenter Gestaltung kann erst dann gesprochen werden, wenn die Gestaltungsmaßnahmen auf allen drei Ebenen *zueinander* und in ihrer *Dynamik* (über den Zeitraum einer Lernphase) in einem stimmigen Verhältnis stehen. Es liegt auf der Hand, dass sich mit einer solchen Sichtweise die Komplexität der Anforderungen, Kohärenz zu erzielen, enorm erhöht. Und in der Tat entzieht sich diese „komplexe Kohärenz" einer vollständigen Planung. Auch diese Erkenntnis ist für die Pädagogik an sich nicht neu: Balancen und Synthesen verschiedener, auf den ersten Blick auch gegensätzlicher Prinzipien der Gestaltung von Lernumgebungen werden seit vielen Jahren gefordert (Reusser, 2001) - gerade auch für die Lehrerbildung. An dieser Stelle aber geht es vor allem darum, diese Erkenntnis auch für die Gestaltung von Blended Learning-Umgebungen nutzbar zu machen und in die „E-Learning-Bewegung" einzuführen, die sich relativ abgekoppelt von klassischen pädagogischen Überlegungen entwickelt.

## *4.3.2 Die Konzeption auf der Strukturebene*

***Das Fundament einer Blended Learning-Umgebung***. Ziel dieses Buches ist *nicht* die medientechnische Umsetzung von Blended Learning; von daher werden Fragen zu technischen Tools bzw. zur technischen Gestaltung nur am Rande gestreift. Kernziel dieses Buches ist es, aufbauend auf einem möglichst tiefen Verständnis von Lernen und dessen Beziehung zum Lehren zu zeigen, wie man in der Praxis Blended Learning-Projekte von genuin pädagogischen Fragen ausgehend plant, auf der Basis lernpsychologischer und didaktischer Erkenntnisse konzipiert und damit auf ein Fundament stellt, das nicht gleich bei den ersten Pannen und Veränderungen in der Praxis des Lernens mit digitalen Medien in sich zusammenstürzt. Ein solches Fundament kann nur durch eine konzeptionelle Grundlage geschaffen werden - man kann auch von einem „Blended Learning-*Konzept*" sprechen. Bei der Entwicklung eines Blended Learning-Konzepts befinden wir uns innerhalb des oben dargestellten heuristischen Rahmenmodells auf der *Strukturebene* - mit all ihren Ausläufern zu pädagogisch-didaktischen Interaktionen auf der Prozessebene (s.u.) und zu den technischen Gegebenheiten. Die konzeptionelle Arbeit bei der Gestaltung von E-Learning- und Blended Learning-Umgebungen ist eine vergleichsweise vernachlässigte Komponente: Zu oft bestimmen in der Praxis technische Neuerungen (oder auch technische Einschränkungen) den Charakter einer E-Learning- oder Blended Learning-Umgebung. In der Theorie dagegen dominieren wissenschaftliche Ansätze und Modelle, denen - aus praktischer Sicht - die „Bodenhaftung" fehlt und/oder die konkrete Fragen der Umsetzung ausklammern. Das Blended Learning-*Konzept* ist vor diesem Hintergrund zum einen *die* zentrale Brücke zwischen Theorie und Praxis. Zum anderen bildet es die Basis, auf der - ziel-, zielgruppen- und inhaltsspezifisch - eine Blended Learning-Umgebung *kohärent* gestaltet werden kann.

***Bedeutung der konzeptionellen Arbeit.*** Die konzeptionelle Arbeit bildet einen wesentlichen Kristallisationspunkt der Gestaltungsprozesse beim Blended Learning[9]: a) Konzeptionelle Arbeit setzt zunächst einmal voraus, dass man sich ernsthaft mit dem *Phänomen Lernen* auseinander gesetzt hat, dass man die wichtigsten psychologischen Dimensionen des Lernens kennt und mit relevanten lernpsychologischen und medienspezifischen Konzepten zum Thema Lernen vertraut ist. b) Konzeptionelle Arbeit beginnt - aufbauend auf dem Verständnis von Lernen - mit Grundsatzfragen zur *Auffassung von Lernen und Lehren*, die man - begründet - einer Blended Learning-Umgebung zugrunde legen möchte. Das folgende Kapitel 5 gibt hierzu einen Überblick über die wichtigsten Lernparadigmen. Dabei erfolgt die „Entscheidung" für ein Lernparadigma weder nach dem Alles-oder-Nichts-Prinzip noch handelt es sich dabei um eine statische Angelegenheit: Vielmehr sind verschiedene theoretische Perspektiven unter verschiedenen Bedingungen funktional, kombinierbar und anpassbar. c) Der Kern der konzeptionellen Arbeit ist schließlich die Gestaltung der *Struktur* einer Lernumgebung, wofür es verschiedene Lehr-Lernmodelle mit unterschiedlicher (paradigmatischer) Ausrichtung gibt. Kapitel 6 bietet eine Auswahl solcher Modelle und klopft diese im Hinblick auf deren Eignung für die Gestaltung von Blended Learning-Umgebungen mit verschiedenen Zielen ab. Als Feinschliff der konzeptionellen Arbeit auf der Strukturebene kann man die Kreation und Einbettung verschiedener *Aufgaben* bezeichnen. Die Aufgaben sind teilweise in Lehr-Lernmodellen bereits bedacht, in vielen Fällen aber haben sie es verdient, eigens beachtet und mit besonderer Sorgfalt entwickelt zu werden. Denn die Aufgaben bilden das „Herz" einer jeden Lernumgebung: Sie sind es, die letztlich die Aktionen und Interaktionen bestimmen, mit denen und durch die Lernende sich mit den angebotenen Inhalten auseinander setzen und eigenes Wissen aufbauen. Mit den Aufgaben wendet man sich auch der Prozessebene zu (siehe Kap. 4.3.3).

***Kohärenz auf der Strukturebene.*** Auf der Ebene der *Strukturgestaltung* lässt sich das Leitkriterium der Kohärenz durch Passung, Nachvollziehbarkeit und Stimmigkeit in konkrete Handlungsoptionen „übersetzen": a) Allem voran muss darauf geachtet werden, dass eine *Passung* besteht zwischen dem gewählten Arrangement von Inhalten und Aufgaben einerseits und den bestehenden Rahmenbedingungen andererseits, das heißt: Es ist wenig Erfolg ver-

[9] Zur Beurteilung der Qualität von E-Learning- und Blended Learning-Angeboten sollte von daher (was bisher kaum geschieht) auch das Vorhandensein eines zugrunde liegenden Konzepts und dessen Güte herangezogen werden (vgl. Tergan, 2004; Ehlers, 2004).

sprechend, wenn man ein „didaktisches Szenario“[10] an den Voraussetzungen der Zielgruppe, den Besonderheiten des zu lehrenden und zu lernenden Gegenstands oder den technischen Möglichkeiten der jeweiligen Institutionen und den Kompetenzen der Lehrenden vorbei plant. Vielmehr muss das didaktische Szenario in seinen Kontext (im weitesten Sinne) passen (vgl. Tergan, 2004). b) Das didaktische Szenario muss in seiner Gänze für die jeweilige Zielgruppe *nachvollziehbar* sein, das heißt: Eine Lernumgebung, deren Zielsetzung und Aufbau von den Lernenden nicht verstanden und im Hinblick auf eigene Lernziele nicht eingeordnet werden können, kämpft von Anfang an mit Akzeptanzproblemen und Verweigerung. Ein didaktisches Szenario muss von daher anschlussfähig sein an Vorerfahrungen, Kenntnisse und Fertigkeiten, gleichzeitig aber so viel Differenz erzeugen, dass Lernende sich herausgefordert und motiviert fühlen (vgl. Ehlers, 2004). c) Schließlich sollte das didaktische Szenario eine in sich *stimmige Komposition* einzelner Elemente ergeben. Aufgaben, die mit den angebotenen Inhalten nichts gemein haben, Instruktionen, die den Implikationen von Aufgabenkontexten zuwiderlaufen, Aufforderungen zur Selbstorganisation unter starren Anleitungen oder ein Angebot an Werkzeugen, die man in der konkreten Umgebung gar nicht gebrauchen kann – all das sind Beispiele dafür, dass es an Stimmigkeit mangelt. Methoden, Medien und Lernaktivitäten sind aufeinander abzustimmen und unter eine übergeordnete Idee zu stellen, die wiederum von den Zielen und Rahmenbedingungen eines Lernangebots abhängig ist.

### *4.3.3. Die Betreuung auf der Prozessebene*

***Notwendigkeit der Betreuung beim E-Learning***. Bei der Konzeption einer Blended Learning-Umgebung sind Fragen der Betreuung und des Feedbacks mit einzuplanen. Inzwischen ist (empirisch und praktisch gleichermaßen) deutlich geworden, dass das Lernen in reinen E-Learning-Umgebungen ohne Betreuung zu hohen Abbrecherquoten führt (Astleitner, 2000; Behrendt, Ulmer & Müller-Tamke, 2004). Blended Learning ist unter anderem eine Reaktion auf den beim E-Learning bestehenden Bedarf nach sozialem Kontakt mit lehrenden Personen; aber auch die E-Learning-Phasen in Blended Learning-Angeboten profitieren von professioneller Unterstützung der Lernenden. Notwendig werden vor diesem Hintergrund virtuelle Lernbegleiter, die bisweilen auch als Moderatoren oder Koordinatoren des Lernprozesses bezeichnet

---

[10] Hier als Abkürzung für das Arrangement von Inhalten und Aufgaben genutzt, die die Struktur einer Lernumgebung ausmachen.

werden (Zawacki-Richter, 2004, S. 106); im deutschsprachigem Raum spricht man meistens von Tele-Tutoren und demzufolge auch von Tele-Tutoring, wenn es um virtuelle Betreuungsaktivitäten geht (Rautenstrauch, 2001). Der Lernbegleiter kann der Lehrende selbst sein; möglich ist aber auch, dass sich der Lehrende durch andere Tutoren bei der Umsetzung eines Blended Learning-Angebots unterstützen lässt oder diesen weitgehend die Betreuung überlässt und z.B. nur noch als inhaltlicher Experte und/oder als Beurteiler von Aufgabenlösungen zur Verfügung steht. Die Werkzeuge zur Begleitung von Lernprozessen in virtuellen Umgebungen sind notwendigerweise technischer Art: Zur Verfügung stehen synchrone Werkzeuge (z.B. via Chat[11], Instant Messaging[12], Video- und Audiokonferenzen oder Whiteboarding[13]) und asynchrone Werkzeuge (z.B. E-Mail, Newsletter, Foren oder Newsgroups[14]). Welche Formen der Betreuung in welcher Intensität notwendig und hilfreich sind, kann man zwar vor dem eigentlichen Lerngeschehen *nicht exakt* bestimmen; man wird aber Mindest- und Maximalanforderungen an die Betreuung durchdenken und in die Konzeption des Blended Learning-Angebots mit einfließen lassen (müssen).

***Feedback***. Ein wesentlicher Punkt bei der Betreuung ist das Feedback. Wie im dritten Kapitel bereits dargelegt (vgl. Kap. 3.1.2) sind Rückmeldungen das Komplement zur Interaktivität: Während Feedback bei der Interaktion mit Lernobjekten oder bei der Bearbeitung einfacher bzw. geschlossener Aufgaben (siehe Kap. 6.3.3) durchaus auch elektronischer Art sein kann, erfordern Rückmeldungen bei sozialen Interaktionen und bei der Bearbeitung komplexer bzw. offener Aufgaben eine personale Betreuung, die individuelles Feedback (bezogen auf Einzellerner oder Gruppen) gibt. Da Lernende in der Regel stärker auf negatives Feedback im Sinne von Kritik reagieren, ist darauf zu achten, dass Kritikpunkte informativ sind (also genaue Angaben zu fehlerhaften oder problematischen Punkten enthalten) und konstruktiv formuliert werden, also explizit auf Verbesserungsmöglichkeiten verweisen; daneben sind auch die Stärken etwa einer Aufgabenlösung oder eines Gruppenprozesses darzulegen (vgl. Reinmann-Rothmeier, Nistor & Mandl, 2001). Da Feedback in den meisten heutigen Lernumgebungen textbasiert erfolgt, sind die Tücken der virtuellen Kommunikation (etwa Missverständnisse) zu beachten (vgl. Kap. 3.3.3).

---

[11] Textbasierte synchrone Kommunikation über ein Computernetz.

[12] Versenden von Nachrichten, die in einem neuen Fenster sofort beim Empfänger eingeblendet werden.

[13] Zusammenarbeit über eine elektronische Arbeitsfläche, die synchron bearbeitet werden kann.

[14] Textbasierte asynchrone Kommunikation über ein Computernetz.

Es hat sich als sinnvoll herausgestellt, Beurteilungskriterien als Grundlage von Feedbackprozessen in der Lernumgebung offen zu legen und damit transparent zu machen; das hat neben der besseren Nachvollziehbarkeit seitens der Lernenden auch den Vorteil, dass sich der Lehrende selbst noch einmal Gedanken über seine Ziele macht (z.B. Reinmann-Rothmeier, 2003b)[15].

***Aufgaben von Tele-Tutoren***. Lern- bzw. Prozessbegleitung durch Tele-Tutoren in E-Learning-Phasen kann sich auf verschiedene Punkte beziehen: Am wichtigsten sind a) die Unterstützung selbstgesteuerter Lernprozesse, b) die Koordination von Kommunikationsprozessen, c) die Förderung kooperativer Lernprozesse sowie d) fachliche Betreuung und e) technische Beratung (Rautenstrauch, 2001; Arnold et al., 2004). Auch den Schwerpunkt der Aufgaben, die Tele-Tutoren bei der Unterstützung von Lernenden in Blended Learning-Umgebungen übernehmen, kann man sich - in Grenzen - vorab (also bei der Konzeption) überlegen. Vorteilhaft aber ist es, wenn man bei der Planung etwas flexibel sein und im aktuellen Lehr-Lerngeschehen auf den jeweiligen Bedarf reagieren kann, denn: Selbst ein- und dieselbe Lernumgebung kann bei verschiedenen Zielgruppen zu unterschiedlichen Bedarfsmustern in der teletutoriellen Betreuung führen. Die Art der tele-tutoriellen Betreuung und damit auch die erforderlichen Kompetenzen von Tele-Tutoren sind stets abhängig von den Zielen und Aufgaben in einer Lernumgebung. Daneben ändern sich die Aufgaben (und die Kompetenzanforderungen) auch im Zeitverlauf des Lernprozesses: In den ersten Phasen eines Blended Learning-Vorhabens benötigen Lernende vor allem Unterstützung dabei, sich mit der technischen Umgebung, den Inhalten, Aufgaben und Besonderheiten vertraut zu machen und eine gewisse Selbstsicherheit zu erlangen; in den Phasen des Lernens (mit all seinen Facetten in Bezug auf Kognition, Motivation, Emotion und soziale Interaktion) sind genuin lernbegleitende Aktivitäten und die oben beschriebenen Feedback-Prozesse auf konkrete Aktivitäten und Leistungen erwünscht; gegen Ende einer Blended Learning-Veranstaltung dagegen können Tele-Tutoren beratende Funktionen etwa bei Reflexionsprozessen übernehmen (Salmon, 2002, 2004).

***Kohärenz auf der Prozessebene***. Auf der Ebene der *Prozessgestaltung* sind Gleichklang und die Möglichkeit zur aktuellen Sinnkonstruktion von zentraler Bedeutung: a) Im Rahmen vorgegebener (und natürlich auch lenkender) Strukturen einer Lernumgebung können (in Grenzen) auch die ablaufenden Prozesse durch Moderation, aktive Intervention, Feedback, (kleinere) Ad-hoc-

[15] Zur Bedeutung von Zielsetzungen und Planungsprozessen bezogen auf Lehr-Lernziele siehe die Ausführungen zum Instruktionsdesign (Kap. 6.1).

Änderungen in Aufgaben etc. gestaltet werden. Kohärenz kann in diesem Zusammenhang z.B. bedeuten, dass Prozesse der Selbst- und Fremdsteuerung ausbalanciert werden, dass Kognition, Emotion und Motivation gleichrangig berücksichtigt werden, dass eine Balance zwischen individuellen Aktivitäten und sozialen Interaktionen hergestellt wird. b) Nicht nur die Struktur einer Lernumgebung muss für die Lernenden nachvollziehbar und damit auch sinnvoll sein; auch im Prozess des Lernens innerhalb einer Blended Learning-Umgebung ist darauf zu achten, dass Sinnkonstruktion möglich ist und auch erfolgt: Mechanisches Abarbeiten von Inhalten und Anleitungen kann an manchen Stellen eines Lernprozesses mitunter gewollt und nützlich sein, als alleiniges Prinzip aber verhindert es die persönliche Sinnkonstruktion.

## 4.4 Zusammenfassung

- Nach zwei Kapiteln, die vorrangig das Lernen im Blick hatten, stellt sich die Frage, wie der Sprung zum Lehren zu machen ist. Als Bindeglied zwischen Lernen und Lehren konnte das *Wissen* ausgemacht werden, wobei eine *strukturgenetische Perspektive* bevorzugt wird, der zufolge sich Wissen (und damit auch Erkennen und Verstehen) aus der aktiven und fortlaufenden Auseinandersetzung mit der gegenständlichen und sozialen Umwelt des Lernenden ergibt. Zu unterscheiden sind Wissensformen, die *personaler* Natur und nur dem Individuum zugänglich sind, von Wissensformen, die objektiviert und auf diesem Wege *öffentlich* genutzt werden können. Personales und öffentliches Wissen sind in ständigem Austausch und ergänzen sich einander: Jeder von uns verfügt über individuelles Wissen, kann und muss jedoch – jedenfalls als Lehrender – Teile dieses Wissens anderen, nämlich vor allem den Lernenden, zugänglich machen. Das eigene Wissen wiederum kann man nur erweitern und vertiefen, wenn zum einen andere mit einem in einen Dialog treten und Wissen teilen, und wenn zum anderen Wissen (etwa aus den Wissenschaften) öffentlich zugänglich ist.
- Vor dem Hintergrund dieser strukturgenetischen Wissensauffassung lässt sich gut begreifen, warum das *informelle Lernen* einen gänzlich anderen Charakter hat als das *institutionalisierte Lernen*, warum Lernen außerhalb von Institutionen weniger emotional-motivationale und soziale Probleme aufweist und warum Lehren (zur Förderung institutionalisierten Lernens) ein so schwieriges Unterfangen ist – unabhängig vom Einsatz digitaler Medien. Um alle Gestaltungsmöglichkeiten und Vorteilen des informellen Lernens nutzen zu können, ist es empfehlenswert, „Lehren" als ein Gestalten von Lernumgebungen zu begreifen. Begriffe wie *Gestaltung* oder *Design* ma-

chen didaktische Überlegungen keineswegs überflüssig oder didaktische Theorien und Modelle obsolet – im Gegenteil: Es gilt, die Erkenntnisse sowohl der *Didaktik* als auch der Lehr-Lernforschung auch für das Lernen mit digitalen Medien fruchtbar zu machen, und dies gelingt – aufgrund einer besseren Anschlussfähigkeit an die E-Learning- und Blended Learning-Literatur – möglicherweise besser mit dem Begriff der Gestaltung von Lern- bzw. von Blended Learning-Umgebungen.

- Zu diesem Zweck ist es sinnvoll, *Struktur, Prozess* und *Technik* als die drei zentralen Gestaltungsebenen beim Blended Learning zu unterscheiden: Die Struktur einer Blended Learning-Umgebung umfasst Inhalte und Aufgaben und stellt das didaktische Grundgerüst (man kann auch sagen: das didaktische Szenario) bereit, in dem gelernt werden soll. Die Interaktions- und Lernprozesse, die darin stattfinden sollen, müssen bis zu einem gewissen Grad vorweggenommen werden (Prozessebene), um dann auf dieser strukturellen und prozessbezogenen Basis auch technische Entscheidungen sinnvoll treffen zu können. Auf der *Strukturebene* erfolgt also die *Konzeption* eines Blended Learning-Angebots (wofür eine entsprechend konzeptionelle Kompetenz erforderlich ist), was im Mittelpunkt dieses Buches steht. Auf der *Prozessebene* erfolgt die Begleitung und Betreuung der Lernenden in der Blended Learning-Umgebung, wofür Kenntnisse vor allem zum *Tele-Tutoring* erforderlich sind. Bei all dem wird die These vertreten, dass die Gestaltung kohärent sein muss – sowohl bezogen auf das Konzept als auch bezogen auf die letztlich ablaufenden Prozesse und die dazu herangezogenen technischen Infrastrukturen und Werkzeuge.

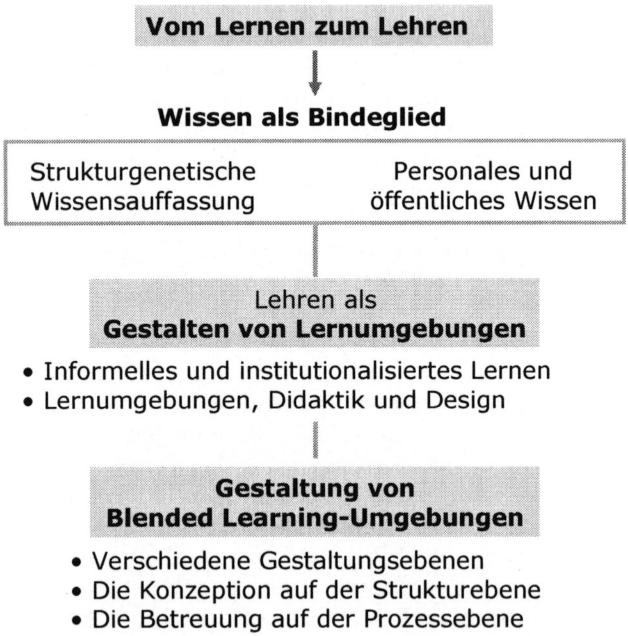


*Abb. 4.5: Zusammenfassende Übersicht zu Kap. 4*

# Kapitel 5: Paradigmen des Lernens

## Überblick

Kapitel 2 und 3 haben sich mit verschiedenen Facetten des Lernens sowie mit den Besonderheiten des mediengestützten Lernens beschäftigt. Im vierten Kapitel wurde die Beziehung zwischen Lernen und Lehren herausgearbeitet. Stets wurde dabei versucht, dem Phänomen Lernen, wie es uns im Alltag wie auch in Institutionen begegnet (informelles und institutionalisiertes Lernen) möglichst nah zu kommen und eine *rein* wissenschaftlich motivierte Sichtweise zu vermeiden. Dennoch kamen bei der Beschreibung verschiedener Aspekte des Lernens unterschiedliche wissenschaftliche Konzepte und damit – indirekt – auch verschiedene Auffassungen von Lernen (und Lehren) ins Spiel. Dass verschiedene Lernauffassungen innerhalb der Wissenschaft anzutreffen sind, zeigt bereits, dass es nicht *ein* gültiges Verständnis von Lernen gibt: Vielmehr kann man drei große Theoriesysteme unterscheiden, die sich in ihrer Lernauffassung und in der Folge auch in ihrer Auffassung von Lehren deutlich voneinander unterscheiden. Mehr noch: Sie divergieren nicht nur in ihrer Lernauffassung, sondern haben unterschiedliche Vorstellungen von der Welt, von der Möglichkeit des Erkennens, vom Menschen und von der Macht und den Grenzen wissenschaftlicher Forschung. Wie das im Einzelnen zu verstehen ist und welche Konsequenzen verschiedene Lernauffassungen auf die Gestaltung von Blended Learning-Umgebungen haben, ist Gegenstand dieses Kapitels. Folgende Inhalte werden behandelt:

1. Um die Bedeutung von **Paradigmen des Lernens** verstehen und einordnen zu können, ist die Kenntnis einiger weniger wissenschaftstheoretischer Begriffe (wie Ontologie, Epistemologie, Methodologie und Anthropologie) hilfreich. Auf dieser Grundlage werden Behaviorismus, Kognitivismus und Konstruktivismus in ihren Kernaussagen und unterschiedlichen Ausprägungen skizziert.
2. Welche **Bedeutung Lernparadigmen für Blended Learning** haben, kann man nur einschätzen, wenn man sich die jeweils vertretene Auffassung von Lernen genauer ansieht; zudem sollen die drei Theoriesysteme daraufhin analysiert werden, welche Chancen und welche Probleme sich er-

geben, wenn man sie auf Lernen im Allgemeinen und auf Blended Learning im Besonderen anwendet.
3. Abschließend werden die **Gemeinsamkeiten und Unterschiede** der drei Theoriesysteme thematisiert. Dabei haben Behaviorismus und Kognitivismus in einer Art Steuerungslogik ein verbindendes Element, während sich der konstruktivistische Ansatz durch ein Ermöglichungsdenken auszeichnet. Steuerungslogik und Ermöglichungsdenken legen die Grundlage für die beiden Positionen des Instruktions- und des Kontextdesigns. Im Folgekapitel wird diese „Zweiteilung" beibehalten und weiter ausgeführt.

## 5.1 Drei Paradigmen des Lernens

Theorien im Umkreis der Psychologie und der Pädagogik bewegen sich immer auch im gerade dominierenden wissenschaftlichen „Zeitgeist". Der Begriff des Paradigmas - wenn auch umstritten - hilft, sich darüber klar zu werden, dass auch Wissenschaftler „Kinder ihrer Zeit" sind und stets eine besondere Perspektive einnehmen, die man nicht als einzig gültige Wahrheit betrachten darf. Wichtige paradigmatische Komponenten sind die Weltsicht und das Menschenbild einschließlich der Annahmen darüber, wie der Mensch die Welt erkennen kann und mit welchen Methoden dies möglich ist. Im Folgenden soll geklärt werden, was man unter dem Begriff des Paradigmas versteht, inwiefern große Theoriesysteme zum Lernen paradigmatischen Charakter haben und wie man diesen beim Behaviorismus, Kognitivismus und Konstruktivismus zusammenfassend darstellen kann.

### *5.1.1 Der paradigmatische Charakter von Lerntheorien*

***Der Begriff des Paradigmas***. „Jede Wissenschaft hat zu jeder Zeit eine bestimmte, selbst nicht weiter problematisierte Grundansicht, ein Paradigma. Jede Erklärung, auch jede Forschung, erfolgt jeweils im Lichte dieses nicht weiter hinterfragten Paradigmas" (Posner, 2002, S. 145). Paradigmen sind „Orientierungsideale", mit denen man an die Erforschung von Phänomenen herantritt. Sie bestimmen die Sichtweise in der Forschung, sie legen Forschungsfragen nahe und blenden andere eher aus, und sie lenken die Forschungsmethoden, mit denen Fragen beantwortet werden sollen. Noch etwas genauer aufgeschlüsselt, kann man mehrere Dimensionen festhalten, in denen sich Paradigmen voneinander unterscheiden. Unterschiede gibt es darin a) was man für existent hält (Frage der *Ontologie*), b) was man in welcher Form für erkennbar hält, was man unter Wahrheit versteht und woran man sie erkennt (Fragen der *Epistemologie*), und c) was man unter wissenschaftlichem Fortschritt versteht und mit welchen Methoden dieser überhaupt möglich ist (Frage der *Methodologie*) (vgl. Beck & Krapp, 2001). Aus all dem resultieren letztendlich auch verschiedene Welt- und Menschenbilder (Frage der *Anthropologie*). Zur besseren Klärung sollen die Begriffe Ontologie, Epistemologie, Methodologie und Anthropologie kurz erörtert werden (vgl. Wyssusek, 2001).

***Ontologie***. Die Ontologie ist wörtlich übersetzt die „Lehre vom Seienden", die danach fragt, was „ist" und wie es ist. Man unterscheidet hier *realistische* Ansätze, die annehmen, dass es eine von uns unabhängige Außenwelt gibt, die wir durch Wahrnehmen oder Denken erkennen können, von *idealistischen* Ansätzen, für die es nur eine mentale/geistige Wirklichkeit (als Gebilde von Vorstellungen) gibt. In beiden Ansätzen gibt es radikale und kritische Vertreter: Für kritische Realisten können wir uns durch Wahrnehmen und Denken der Außenwelt annähern, sie aber nicht vollständig erfassen. Kritische Idealisten wiederum bestreiten die Existenz einer Außenwelt nicht gänzlich, sondern „nur" die Möglichkeit, diese zu erkennen.

***Epistemologie***. Die Epistemologie beschäftigt sich mit der Frage, ob und wie Menschen Wissen über die Realität erlangen und damit erkennen können; auch hier stehen sich zwei Ansätze gegenüber: In *empiristischen* Ansätzen gilt die Sinneserfahrung als die alleinige oder zumindest wichtigste Erkenntnisquelle; der Verstand dient der Verallgemeinerung und Ordnung der Erkenntnis aus (unmittelbarer) Erfahrung. *Rationalistische* Ansätze dagegen gehen davon aus, dass Wirklichkeit durch Denken erkannt werden kann, Wissen also primär im Verstand begründet ist. Auch hier gibt es jeweils radikale und kritische Vertreter.

***Methodologie***. Die Methodologie widmet sich den Möglichkeiten, mit denen Menschen die Außenwelt erforschen, wie sie also (in systematischer Weise) Erkenntnisse über die Realität gewinnen. Hier geht es um wissenschaftlich gültige Verfahren und darum, welche Forschungsstrategien und -methoden vor dem Hintergrund welcher grundlegender Fragestellungen zum Zuge kommen (dürfen). Viele Streitigkeiten auch innerhalb der Lehr-Lernforschung sind Kontroversen mit methodologischer Grundlage (z.B. zwischen Vertretern der quantitativen und der qualitativen Forschung; vgl. Mayring, 2001).

***Anthropologie***. Die Anthropologie schließlich ist die Lehre vom Menschen und behandelt unter anderem die spezifische Eigenheit und Rolle des Menschen im Bereich der realen Welt und seine Beziehung zur Realität. Im Gegensatz vor allem zu epistemologischen und methodologischen Fragen werden anthropologische Grundlagen meist weniger explizit in Paradigmen behandelt. Vielmehr ist das Menschenbild meist die logische Folge von Annahmen über die Welt, über deren Erkennbarkeit sowie über gültige Verfahren des Erkennens und Erforschens.

***Drei große Theoriesysteme***. In der Erforschung des Lernens (und Lehrens) gibt es drei große Theoriesysteme: den Behaviorismus, den Kognitivismus und den Konstruktivismus. Die gewählte Reihenfolge spiegelt die Chronologie der Entstehung der drei Theoriesysteme wider. Dies ist jedoch nicht so zu verstehen, dass z.B. der Kognitivismus den Behaviorismus und der Konstruktivismus den Kognitivismus jeweils verdrängt hätte. Vielmehr zeigen neue Theoriesysteme jeweils die Schwächen der vorangegangenen auf und verweisen diese auf begrenzte Geltungsbereiche. Dazu kommt, dass theoretische Entwicklungen in der Wissenschaft nicht abrupt, sondern kontinuierlich verlaufen, dass es also auch Übergangs- und Mischformen gibt, was eine genaue Abgrenzung mitunter schwierig macht. Eine akzentuierte Ordnung aber ist durchaus möglich und fruchtbar, hilft sie doch, faktisch bestehende unterschiedliche Sichtweisen besser verstehen, zuordnen und nutzen zu können.

***Lernparadigmen***. Aus wissenschaftstheoretischer Sicht zeigt sich, dass die drei großen Theoriesysteme zum Lernen unterscheidbare Auffassungen dazu vertreten, ob und auf welche Weise eine Realität existiert (Ontologie), ob und wie der Mensch Wissen über diese Realität erlangen kann (Epistemologie), welche Forschungsfragen in den Blick genommen und welche Methoden zu deren Beantwortung befürwortet werden (Methodologie) und in welchem Verhältnis der Mensch zu seiner Umwelt steht (Anthropologie). Wie dies im Einzelnen aussieht, wird im Folgenden behandelt. Nach der oben erörterten Definition von „Paradigma" kann man die drei Theoriesysteme zum Lernen folglich als *Lernparadigmen* bezeichnen. Auch im Hinblick auf ihre Wirkungen erscheint eine Charakterisierung als Paradigmen gerechtfertigt: Behaviorismus, Kognitivismus und Konstruktivismus nehmen in hohem Maße Einfluss darauf, wie gelernt und gelehrt wird, welche normativen Vorstellungen mit dem Prozess des Lernens (und Lehrens) verbunden sind und mit welchem Forschungsverständnis und Methodenarsenal man versucht, dem Phänomen des Lernens näher zu kommen. Da die Blütezeit der drei Lernparadigmen nicht gleichzeitig, sondern nacheinander verlief, sind die genannten Einflüsse auch zeitlich unterscheidbar. Und dennoch gilt, dass keine gegenseitige Verdrängung stattfand: Nach wie vor gibt es Unterschiede darin, welche Lernauffassung Entscheider, Lehrende und Mediengestalter vertreten, wie sie sozialisiert wurden und welche der drei Theoriesysteme ihnen bekannt und geläufig sind.

### *5.1.2 Behaviorismus*

***Vom Tierversuch zum beherrschenden Paradigma.*** Wer lerntheoretische Grundkenntnisse hat, der denkt bei „Behaviorismus" an speichelnde Hunde und hebeldrückende Tauben oder Ratten. Berühmte Tierversuche spielen im Behaviorismus in der Tat eine Rolle, bilden aber nur auffällige Wegmarken einer Lerntheorie, deren Prinzipien die (Lern-)Psychologie bis zur Mitte des 20. Jahrhunderts dominiert haben. Diese sollte man kennen, denn: Bestimmte Formen des E-Learning und Blended Learning bedienen sich in nicht unerheblichem Maße verschiedener behavioristischer Ansätze und deren Kernaussagen.

***Behavioristische Prinzipien.*** Grundlage des Behaviorismus ist das *Reiz-Reaktions-Modell*, demzufolge auf einen äußeren Reiz (auch Stimulus oder Input genannt) nach bestimmten „Gesetzen" eine bestimmte Reaktion (auch Response oder Output genannt) folgt (vgl. Baumgartner & Payr, 1999). An den mentalen (im Gehirn ablaufenden) Prozessen zwischen Input und Output ist der Behaviorismus *nicht* interessiert; vielmehr kritisieren Vertreter des Behaviorismus die Fokussierung „mentalistischer Konstrukte" und die damit verbundene Vorliebe für „subjektivistische" Forschungsmethoden. Die ablehnende Haltung des Behaviorismus gegenüber mentalen Vorgängen wird als Black-Box-Denken bezeichnet. Das Gehirn wird als ein Organ angesehen, das auf Reize oder Reizsituationen mit vorgegebenen (angeborenen oder erlernten) Verhaltensweisen reagiert; die nachfolgenden Konsequenzen (im Sinne neuer Reizsituationen) sind im Behaviorismus ebenfalls von Bedeutung, denn sie „formen" das Verhalten. Die wichtigsten behavioristischen Ansätze zum Lernen sind das klassische Konditionieren (Pawlow, 1928), das operante Konditionieren (Skinner, 1938) und – als Übergang zum Kognitivismus – das Lernen am Modell (Bandura, 1970).

***Klassisches Konditionieren.*** Beim klassischen Konditionieren wird ein an sich neutraler Reiz zeitlich mit einem reflexauslösenden Reiz gekoppelt, sodass der erstere später auch allein den Reflex (Reaktion) auslöst. Weltbekannt wurden in diesem Zusammenhang Iwan Pawlows Hunde: Hunde reagieren auf den Geruch von Fleisch reflexartig mit Speichelsekretion. Pawlow (1928) stellte fest, dass man diese Reaktion auch allein mit einem Glockenton auslösen kann, wenn man diesen dem Hund mehrmals zusammen mit dem Fleisch darbietet. Der zunächst neutrale Reiz des Glockentons (unkonditionierter Reiz) wird damit zu einem konditionierten Reiz, der jetzt die Reaktion der Speichelsekretion auslöst (siehe Abb. 5.1). Dass man auch beim Menschen Furchtreaktionen, z.B. auf eine Ratte, in dieser Weise klassisch konditionieren kann, haben Watson und Rayner (1920) in einem ethisch bedenklichen Experiment mit einem Kind gezeigt. Als Erklärungsprinzip nimmt der Behaviorismus die raumzeitliche Nähe von konditionierten und neutralen Reizen an. Später wurden auch kognitivistische Interpretationen für diesen Effekt angeboten (vgl. Steiner, 2001).

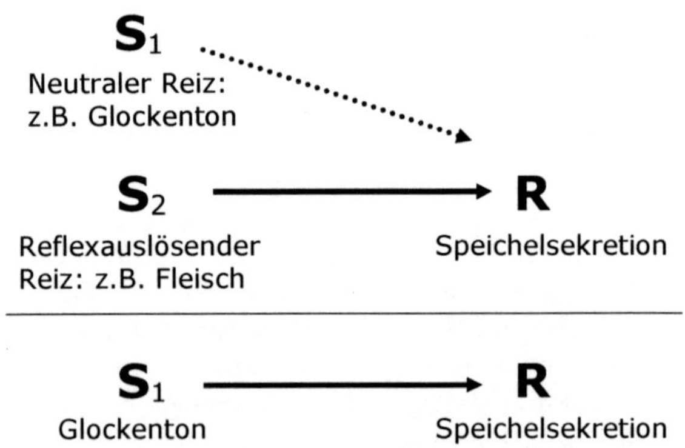


*Abb. 5.1: Das Prinzip der klassischen Konditionierung*

***Operantes Konditionieren.*** Beim operanten Konditionieren werden positive oder negative Verhaltenskonsequenzen für die Auftretenswahrscheinlichkeit eines Verhaltens verantwortlich gemacht. In ähnlicher Weise bekannt wie Pawlows Hunde sind hier Burrhus Frederic Skinners Tauben und Ratten, die durch Belohnung oder Bestrafung lernten, bestimmte Hebel in einem Käfig zu drücken. Das Grundprinzip des operanten Konditionierens besteht darin, dass ein spontanes (also nicht durch einen bestimmten Reiz ausgelöstes) Verhalten von einem verstärkenden Reiz gefolgt wird. Zwischen dem (verstärkenden) Reiz und dem Verhalten wird auf diese Weise eine so genannte Verstärkungskontingenz aufgebaut. In zahlreichen Tierversuchen hat Skinner (1938, 1954) untersucht, welche Arten von Verstärkung kontinuierlich oder in verschiedenen Intervallen zu welchen Effekten führen und welche Verstärkungsart das stabilste Verhalten formen kann. Die daraus resultierenden (relativ differenzierten) Verstärkungspläne sind nie auf den Menschen angewandt worden, werden aber mitunter genutzt, um im Nachhinein den Erwerb bestimmter Verhaltensweisen zu erklären (vgl. Steiner, 2001).

***Lernen am Modell.*** Dass Verhaltensweisen nicht nur durch eigenes Tun und entsprechende Verstärkungen, sondern auch durch Beobachtung und Nachahmung erlernt werden können, hat Bandura (1970) mit dem Lernen am Modell gezeigt: Nach Bundura ist das Prinzip der Nachahmung von seiner Bedeutung her ebenso wichtig wie die klassische und die operante Konditionierung. Menschen lernen eine Vielzahl von Verhaltensweisen, indem sie andere beobachten und anschließend imitieren. Von daher sind Beobachtungslernen und Imitationslernen auch Synonyme für das Lernen am Modell. Von „Lernen am Modell" spricht man genau genommen nur dann, wenn zwischen dem Verhalten eines Modells und dem einer anderen Person eine Ähnlichkeit auftritt und das Modellverhalten dabei als entscheidender Hinweisreiz für die Nachahmungsreaktionen gewirkt hat. Zu unterscheiden sind beim Lernen am Modell mehrere Teilprozesse: a) *Aufmerksamkeit* ist notwendig, damit alle Prozesse einer zu lernenden Verhaltensweise auch wahrgenommen werden. b) Das Gesehene muss dann *codiert* und *behalten* werden. c) Anschließend muss das beobachtete Verhalten *reproduziert* werden. d) Schließlich ist es für die *Motivation* des Lernenden wichtig, dass das Modell erfolgreich war und dass auch die Nachahmung verstärkt wird. In zahlreichen Studien hat Bandura eine Reihe von Bedingungen herausgearbeitet, die gegeben sein müssen, damit Lernen am Modell stattfindet, so z.B. eine Ähnlichkeit und emotionale Beziehung zwischen Beobachter und Modell, positive Konsequenzen des Verhaltens und einige besondere Merkmale des Modells (Status, Macht etc.). Bereits die skizzierten Teilprozesse des Beobachtungslernens wie Aufmerksamkeit, Codierung und Behalten zeigen, dass beim Lernen am Modell der Behaviorismus um kognitive Aspekte erweitert wird (Bandura, 1977).

***Wissenschaftstheoretische Einordnung des Behaviorismus.*** Wissenschaftstheoretisch sind Behavioristen einer eher realistischen Position zuzuordnen (im Sinne eines kritischen Realismus). In jedem Fall sind sie Empiristen, denn behavioristische Lerntheorien beruhen auf einer großen Anzahl an Laboruntersuchungen und systematischen Bedingungsanalysen (etwa in Tierexperimenten), bei denen auf der Basis von konkreten Erfahrungen theoretische Aussagen entwickelt werden. In der behavioristischen Forschung interessiert grundsätzlich nur, was als Verhalten beobachtbar ist; innere Vorgänge kommen erst in Banduras Prinzip der Nachahmung allmählich zum Tragen. Forschungsmethodisch setzt der Behaviorismus konsequent auf experimentalpsychologische

Verfahren in der Hoffnung und Erwartung, auf diesem Wege Ursache-Wirkungsprozesse zu erkennen und Prozesse der Verhaltensänderung möglichst eindeutig beschreiben und erklären zu können. Das „Menschenbild" im Behaviorismus ist stark geprägt von Konditionierung auf und durch äußere Reize; es ist infolge eines mechanistischen Denkens eindimensional und wenig komplex.

### 5.1.3 Kognitivismus

***Die kognitive Wende***. Der Behaviorismus, seine Begrifflichkeiten und Konzepte wurden – als beherrschendes Paradigma – bereits in den 1950er Jahren so manchen (Lern-)Psychologen zu eng: Zur so genannten „kognitiven Wende", durch die auch mentale Prozesse beim Lernen wieder zu einem angesehenen Forschungsgegenstand wurden, kam es aber erst nach mehreren, zum Teil parallel ablaufenden Entwicklungen. Diese haben ihren Ursprung in technischen und mathematischen Gebieten. Kognitivistische Ansätze haben für zahlreiche vor allem kognitive Aspekte des Lernens (vgl. Kap. 2.2) einen hohen Erkenntnisgewinn erbracht und spielen beim E-Learning und Blended Learning nach wie vor eine große Rolle.

***Kognitivistische Prinzipien***. Grundlage des Kognitivismus ist das Informationsverarbeitungsmodell (vgl. Baumgartner & Payr, 1999): In diesem Modell wird der Prozess des menschlichen Denkens als Prozess der Verarbeitung von außen kommender Information sowie als regelgeleitete Symbolmanipulation betrachtet. Von Kognitivismus spricht man nur, wenn psychische Prozesse, und damit auch das Lernen, unter der Perspektive der Informationsverarbeitung betrachtet werden. Mit der Kognition als *eine* Dimension menschlichen Lernens hat dies nichts zu tun: Man kann kognitive Phänomene nicht nur aus kognitivistischer Sicht, sondern auch aus der Sicht anderer Paradigmen beschreiben und untersuchen. Neuerungen auf technischem und mathematischem Gebiet bereiteten den Boden für die „kognitive Wende" Mitte des 20. Jahrhunderts, in der die vom Behaviorismus verpönten „mentalistischen" Prozesse als Informationsverarbeitungsprozesse naturwissenschaftlich konzipiert und damit auch wieder erforscht wurden. Der Kognitivismus interessiert sich nicht (wie der Behaviorismus) für die direkte Verbindung von Reizen und Reaktionen, sondern dafür, mit welchen Methoden Menschen zu Problemlösungen kommen, wobei alle psychischen Phänomene konsequent als Informationsverarbeitung aufgefasst werden. Spätestens seit den 1980er Jahren ist der Kognitivismus ein beherrschendes Paradigma der (Lern-) Psychologie; bevorzugte Themen sind die Wissensrepräsentation sowie Regeln der menschlichen Informationsaufnahme, -speicherung und -wiedergabe. Da sich der Informationsfluss im Gehirn nicht (wie äußere Verhaltensweisen) unmittelbar beobachten lässt, ist der Kognitivismus auf indirekte Schlüsse angewiesen; als Methode dient häufig der Computer. Mit dieser Kurzbeschreibung zeigen sich bereits die wichtigsten (zunächst einmal nicht psychologischen) Säulen des Kognitivismus: die Kybernetik, die Informationstheorie und das Forschungsprogramm der Künstlichen Intelligenz.

***Kybernetik, Informationstheorie und künstliche Intelligenz***. Die *Kybernetik* (Wiener, 1948) ist ein Wissenschaftszweig, der die Grundprinzipien maschineller Steuerungssysteme erforscht. Wichtig sind dabei vor allem Rückkoppelungsprozesse, also Prozesse, die dafür sorgen, dass ein gegebener Sollwert eingehalten bzw. immer wieder zu diesem zurückgekehrt wird. Mit der Erforschung solcher rückgekoppelter Steuerungssysteme wurde es möglich, nicht nur reaktive, sondern auch zielgerichtete Verhaltensweisen zu beschreiben (und zu erklären), die im Behaviorismus ausgeklammert worden waren. Diese technische/naturwissenschaftliche Herangehensweise brachte wichtige menschliche Konstrukte wie Absicht oder Zielsetzung wieder in die psychologische Forschung, ohne auf subjektivistische Methoden zurückgreifen zu müssen. Die relativ zeitgleich sich entwickelnde *Informationstheorie* (Shannon, 1948) im Bereich der Nachrichtentechnik brachte mathematische Aspekte der Informationsvermittlung ins Spiel, die ebenfalls eine wichtige Einflussgröße für den Kognitivismus darstellte: Diese Theorie lieferte vor allem neue Beschreibungsmöglichkeiten für den Prozess der Informationsverarbeitung. Eng damit verbunden ist der Beitrag der *Künstlichen Intelligenz* (Newell & Simon, 1976), deren Ursprung in Theorien der Datenverarbeitung und dem Bau erster Maschinen zur Datenverarbeitung liegt. All diese Entwicklungen zusammen ermöglichten es, dass psychische Prozesse in technischen Modellen abbildbar, teilweise sogar simulierbar wurden und damit dem Kognitivismus zu einer rasanten Entwicklung verhalfen.

***Symbolverarbeitung im Gehirn***. Das Funktionieren von Kognition stellt man sich im Kognitivismus wie folgt vor: „Jede Apparatur, die ... Symbole ... darstellen und manipulieren kann, arbeitet kognitiv. Das System interagiert ausschließlich mit der Form der Symbole ..., nicht mit ihrer Bedeutung“ (Varela, 1990, S. 44). Auch Lernende bzw. deren Gehirne sind damit informationsverarbeitende Systeme, die dann „richtig“ funktionieren, wenn „die Symbole einen bestimmten Aspekt der wirklichen Welt angemessen repräsentieren, und wenn die Informationsverarbeitung zu einer erfolgreichen Lösung des Problems führt, das dem System gestellt wurde" (Varela, 1990, S. 44). Folgerichtig interessiert man sich in kognitivistischen Forschungsprogrammen in hohem Maße für die Art der Repräsentation von Information im menschlichen Gehirn und die damit verbundenen Algorithmen (was die Konzentration auf das Gedächtnis erklärt) sowie für Strategien und Regeln des Problemlösens (wie dies z.B. in der intensiven, kognitivistisch geprägten Transferforschung zum Ausdruck kommt) (siehe auch Abb. 5.2).

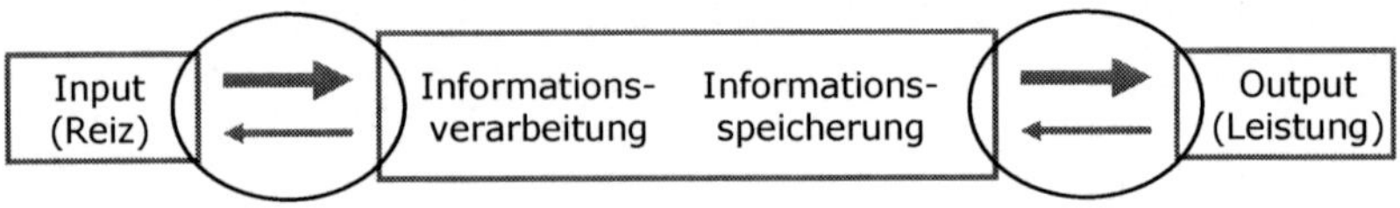


*Abb. 5.2.: Grundmodell der Informationsverarbeitung (in Anlehnung an Edelmann, 2000)*

***Wissenschaftstheoretische Einordnung des Kognitivismus***. Wissenschaftstheoretisch sind auch Kognitivisten weitgehend einer realistischen Position zuzuordnen. Was die epistemologischen Grundlagen angeht, ist eine eindeutige Zuordnung schwierig, weil man im Rahmen kognitivistischer Ansätze sowohl empirisch arbeitet (und damit - wie die Behavioristen - einer empiristischen Position folgt) als auch rationalistisch tätig ist, etwa bei der Entwicklung theoretischer Konstrukte. Diese sind nämlich keineswegs immer empirisch überprüfbar, auch wenn der naturwissenschaftlich-technische Ursprung des Kognitivismus dies nahe legt. In experimentellen und quasi-experimentellen Studien sucht man sowohl nach Ursache-Wirkungs-Mechanismen als auch nach Korrelationen (also Zusammenhängen von Variablen); der Computer dient als wichtiges Hilfsmittel zur Simulation erkannter oder angenommener regelhafter Zusammenhänge (Algorithmen). Das Menschenbild im Kognitivismus ist weniger mechanistisch als im Behaviorismus, weil man dem Menschen auch zielgerichtetes Handeln und nicht nur reaktives Verhalten unterstellt. Kennzeichnend ist aber auch hier die Suche nach möglichst berechenbaren (wenn auch komplexen) Beziehungen und Regeln innerhalb und zwischen kognitiven Prozessen des Menschen.

### 5.1.4 Konstruktivismus

***Von der Repräsentation zur Bedeutungskonstruktion***. Eine „konstruktivistische Wende" analog zur kognitiven Wende hat es in der Psychologie (noch) nicht gegeben. Seit Ende der 1980er Jahre aber mehren sich die Stimmen, die sich für eine Abkehr vom Informationsverarbeitungsmodell aussprechen. Eigenaktivität und Selbstorganisation statt Reaktivität und Außensteuerung wurden schon im Kognitivismus gefordert; der Konstruktivismus aber postuliert Selbstorganisation und Eigenaktivität in einem nicht-technischen Sinne und verdrängt die Diskussion um die Repräsentation von Wissen mit Fragen der Bedeutungskonstruktion. Im Bereich des E-Learning und Blended Learning wirft der Konstruktivismus neue Fragen und Gestaltungsoptionen auf.

***Konstruktivistische Prinzipien***. Grundlage des Konstruktivismus ist die erkenntnistheoretische Auffassung, dass sich die Realität nicht objektiv (also unabhängig vom Beobachter) wahrnehmen, beschreiben und erklären lässt (vgl. Baumgartner & Payr, 1999). Der zentrale und gemeinsame Kern verschiedener konstruktivistischer Richtungen besteht daher in der These, dass die äußere Welt nicht direkt und voraussetzungsfrei erkannt werden kann; vielmehr beruht jeder Wahrnehmungs-, Erkenntnis- und Denkprozess notwendig auf den Konstruktionen eines Beobachters. Was der Einzelne als Wirklichkeit erlebt, ist also eine individuell und/oder sozial konstruierte Wirklichkeit. Um das zu verstehen, sind zwei weitere Annahmen von Bedeutung: Für den Konstruktivismus ist der menschliche Organismus ein zwar energetisch offenes, aber *informationell geschlossenes System*. Das heißt: Unser Gehirn reagiert letztlich „nur" auf die vom Gehirn bereits verarbeitete (interpretierte) Information von außen (was man auch Autopoiesis nennt). Das Verhältnis zwischen uns und der Außenwelt ist das einer *strukturellen Koppelung*: Es muss – trotz der Eigenkonstruktionen – ein Minimum an Entsprechung zwischen unseren Konstrukten und der Umwelt vorhanden sein, damit unser Handeln viabel (nützlich) ist. Nun gibt es aber nicht *den* Konstruktivismus, sondern verschiedene Strömungen in der Erkenntnistheorie, Evolutionstheorie, Neurobiologie, Gehirnforschung, Sprachwissenschaft, Kommunikationswissenschaft, Wissenssoziologie, Kognitionsforschung etc. Zum Verständnis des konstruktivistischen Paradigmas am wichtigsten sind der radikale Konstruktivismus, die Neurobiologie des Erkennens und die (allgemeine) Systemtheorie (vgl. Terhardt, 1999).

***Radikaler Konstruktivismus***. Der radikale Konstruktivismus (z.B. von Glasersfeld, 1996) liefert die wissenschaftstheoretischen Basisannahmen für verschiedene konstruktivistische Ansätze (vgl. Pörksen, 2001): Ausgangspunkt ist das schon genannte Prinzip der *Beobachterabhängigkeit*. Wahrnehmen, Denken, Problemlösen und andere kognitive Aktivitäten beruhen immer und notwendig auf den Konstruktionen eines Beobachters; es gibt von daher keine punktgenaue Übereinstimmung menschlicher Wahrnehmung mit der externen Realität. Wichtig dabei ist, dass der Konstruktivismus die Existenz einer externen Realität keineswegs leugnet. Der Konstruktivismus macht *keine* Aussagen über das Wesen der Welt (über das „Sein"), sondern darüber, wie sich Menschen in der Welt orientieren, wie Erkennen und Beobachten der Welt erfolgen. Eine weitere, damit zusammenhängende Kernthese des Konstruktivismus besteht darin, dass Menschen selbstreferentielle, operational geschlossene Systeme und damit *autonom* sind. Erkenntnis wird damit zu einem biografisch bedingten, individuellen, einmaligen Prozess. Dennoch ist dieser Prozess immer auch eingebettet in soziale Kontexte: Menschen konstruieren ihre Wirklichkeit gemeinsam mit anderen und in ihrer sozialen Umgebung. Der kognitive Konstruktivismus ist also auch ein *sozialer* Konstruktivismus. Zu den Kernthesen des radikalen Konstruktivismus gehört schließlich auch, dass Wissen und Erkennen nach dem Prinzip der *Viabilität* funktionieren: Das Merkmal der Viabilität verleiht man dann, wenn eine Handlung erfolgreich ist, wenn sich Lösungen in der Erfahrungswelt bewähren und entsprechend beibehalten werden.

***Biologischer Konstruktivismus und Systemtheorie***. Zur Popularität des Konstruktivismus auch über Wissenschaftsgrenzen hinweg hat vor allem die *Neurobiologie des Erkennens* beigetragen (Maturana & Varela, 1984; Roth, 1994). Biologen und Hirnforscher konnten zeigen, dass das Gehirn kein exaktes Abbild der Außenwelt aufbaut, sondern anhand von Umweltinformationen eine eigene Erlebniswelt konstruiert. Neuronale Prozesse selbst sind bedeutungsfrei; erst durch die Eigenaktivität des Gehirns werden Bedeutungen erzeugt. Die im radikalen Konstruktivismus postulierte Selbstreferenz zeigt sich auch in der neuronalen Aktivität: Das Gehirn reagiert zum größten Teil auf sich selbst. Auf dieser (biologischen) Basis wurde auch das Konzept der Autopoiesis entwickelt. Kognition gilt nicht mehr länger als regelgeleitete Informationsverarbeitung (wie im Kognitivismus), sondern als „wirksames Handeln: die Geschichte der strukturellen Koppelung, die eine Welt hervorbringt bzw. erzeugt" (Varela, 1990, S. 110). Auch in der *allgemeinen Systemtheorie* (Luhmann, 1990) gelten Systeme (im Sinne von beobachtbaren und beobachtenden Ordnungsgefügen) als selbstreferentiell und autopoietisch. Ein System ist an die Umwelt strukturell gekoppelt, von dieser aber nicht determiniert. Die systemtheoretische Interpretation selbstreferentieller Systeme integriert sowohl radikal-konstruktivistische als auch neurobiologische Konzepte und kombiniert sie mit (kognitivistischen) Konzepten aus der Kybernetik und der Informationstheorie (vgl. Abschnitt 5.1.3).

***Neuer Konstruktivismus***. Als „neuer" Konstruktivismus werden konstruktivistische Ansätze in der Pädagogik bezeichnet, die die oben skizzierten Kernthesen des Konstruktivismus auf Fragen des Lernens und Lehrens beziehen (vgl. Terhardt, 1999; Reinmann-Rothmeier & Mandl, 2001). Der neue Konstruktivismus steht im Einklang mit einem generellen Trend: Dieser geht zunehmend weg von einem deterministischen (mechanistischen und hierarchischen) Weltbild, das auf Zentralsteuerung und Kontrolle setzt, hin zu einem nichtdeterministischen (probabilistischen und dezentralisierten) Weltbild, deren Strukturen Netzwerkcharakter haben und deren Abläufe nur bedingt vorhersehbar sind. Der neue Konstruktivismus hat in der Pädagogischen Psychologie viele Anhänger, aber auch viele Kritiker.

***Wissenschaftstheoretische Einordnung des Konstruktivismus***. Wissenschaftstheoretisch vertreten Konstruktivisten eine Position des Idealismus: Die Realität gilt als Produkt individuellen Denkens und nicht als extern gegebene Außenwelt. Über das „Sein" der Welt äußern sich Konstruktivisten nicht. Erkenntnistheoretisch steht der Konstruktivismus für eine rationalistische Auffassung, die Wissen als Konstruktionsleistung des menschlichen Verstandes betrachtet. Forschungsmethodisch konzentriert man sich auf interpretative Verfahren, auf Feldstudien mit teilnehmender Beobachtung und auf ethnografische Studien. Weniger Ursache-Wirkungs-Ketten und Korrelationen stehen im Mittelpunkt des Interesses; vielmehr ist man auf der Suche nach (Muster-) Ähnlichkeiten mit dem Ziel, komplexe Phänomene besser zu verstehen. Anthropologisch betrachtet gilt der Mensch im Konstruktivismus konsequenterweise als Erschaffer seiner eigenen Realität, als „Welterzeuger", der nicht nur reagiert oder Informationen verarbeitet, sondern gestaltend in seine Welt eingreift.

## 5.2 Die Bedeutung von Lernparadigmen für Blended Learning

Lernparadigmen sind – im Hinblick auf deren Nutzung für die Gestaltung von Blended Learning-Umgebungen – *nicht* derart zu verstehen, dass man aus diesen unmittelbare Gestaltungsempfehlungen ableiten könnte. Vielmehr bilden sie einen wichtigen Hintergrund, der so manche *Haltung* zum Lernen und Lehren deutlich macht. Zudem sind sie der „Boden", auf dem didaktische Modelle entstehen, wie sie in Kapitel 6 dargestellt werden. Von daher sollen im Folgenden alle drei Lernparadigmen noch mal daraufhin eingeschätzt werden, welche Auffassung von Lernen sie vertreten, welche Rollen Lehrende und Lernende darin haben, welcher Geltungsbereich (für Fragen des Lernens) mit ihnen verbunden ist und mit welchen Grenzen sie zu kämpfen haben – auch im Hinblick auf Lernumgebungen, die digitale Medien einsetzen.

### *5.2.1 Lernen aus der Sicht des Behaviorismus*

***Behavioristische Auffassung von Lernen.*** Lernen ist aus behavioristischer Sicht ein Akt der Verhaltensänderung, oder genauer formuliert: „Lernen ist als derjenige Prozess zu verstehen, der ein Individuum – aufgrund eigener, meist wiederholter Aktivität – zu relativ überdauernden Verhaltensänderungen führt" (Steiner, 2001, S. 140). Die Fokussierung auf das (möglichst sichtbare) Verhalten geht einher mit der Auffassung, dass man durch einen geeigneten Input (Reiz) die „richtige" Reaktion oder Verhaltensweise erzeugen kann und dass sich durch geeignetes Feedback (in Form einer neuen Reizsituation) dieser Prozess unterstützen lässt. Lernen gilt als Sonderform des Verhaltens bzw. Lernen wird als eine Art Trainingsvorgang verstanden. Ziel beim Lernen (und Lehren) ist es von daher, bezogen auf ein bestimmtes (Trainings-)Ziel Verhalten zu steuern und zu verändern. Interne, im Lernenden ablaufende Prozesse, sind im Modell des klassischen und des operanten Konditionierens nicht von Interesse. Beim Lernen am Modell dagegen werden erste kognitive Prozesse (z.B. Aufmerksamkeit, Behalten etc.) mit aufgenommen, ohne aber das grundsätzliche Reiz-Reaktions-Schema aufzugeben. Auch Kognitionen gelten noch als weitgehend reizgesteuerte innere Reaktionen.

***Rolle des Lehrenden und Lernenden.*** Fast zwangsläufig resultiert aus der skizzierten behavioristischen Auffassung von Lernen eine eher autoritäre Rolle des Lehrenden: Der Lehrende hat eine starke Machtposition und entscheidet, was wie zu lernen ist; ihm obliegt eindeutig der aktiv-entscheidende Part. Der Lehrende hat die Aufgabe, „Reizsituationen" und Konsequenzen so zu gestalten, dass die angestrebten Ergebnisse des Lernens eintreten und stabilisiert werden. Das (Kommunikations-)Verhältnis zwischen Lehrenden und Lernenden ist unidirektional (Baumgartner et al., 2004). Dies läuft aus didaktischer Sicht vor allem auf darstellende Lehrmethoden und eine kleinschrittige Aufbereitung von Wissensinhalten hinaus, die auf den Lernenden „übertragen" werden sollen. Aus didaktischer Sicht kann man daher von einem *Transfermodell* (Baumgartner, 1998) sprechen. Auch wenn der Lernende in behavioristisch gestalteten Lernumgebungen durchaus aktiv ist (er soll ja Reaktionen zeigen), interessieren den Behaviorismus diese Lerneraktivitäten theoretisch nicht. Die Aktivitäten des Lernenden sind nicht Teil des Lehrprozesses; der Fokus liegt vielmehr auf dem „Output", also auf dem Lernergebnis.

***Geltungsbereich und Grenzen des Behaviorismus***. Ohne Zweifel hat der Behaviorismus in begrenzten Bereichen – z.B. beim Trainieren körperlicher Fertigkeiten (im weitesten Sinne) – große Erfolge erzielt (Baumgartner & Payr, 1999). Der Erklärungswert behavioristischer Theorien bezieht sich vor allem auf den Erwerb körperlicher Fertigkeiten etwa im Sport und anderen Bewegungsbereichen, lässt sich aber auch auf routinierte (scheinbar gedankenlose) Fertigkeiten und unbewusste Reaktionen ausweiten. Der Behaviorismus nimmt eine relativ große Reduktion menschlichen Lernens vor, oder anders formuliert: Nur ein ganz bestimmter Ausschnitt des Phänomens „Lernen" wird in behavioristischen Ansätzen betrachtet, erforscht und damit auch praktisch gefördert. Problematisch beim Behaviorismus ist vor allem das „Black Box"-Denken sowie das zugrunde liegende Reiz-Reaktions-Schema, das der Komplexität menschlichen Lernens mit all seinen Dimensionen (vgl. Kap. 2) nicht gerecht wird: Im Mittelpunkt der behavioristischen Forschung (und Praxis) stehen reaktive Verhaltensweisen; der Eigenaktivität des Menschen wird kaum Beachtung geschenkt. Kognitive Prozesse werden weitgehend ausgeklammert, weil der Fokus auf sichtbaren Verhaltensänderungen liegt; allenfalls beim Lernen am Modell werden bestimmte kognitive Vorgänge als innere Reaktionen berücksichtigt. Motivationale Aspekte werden zwar im Rahmen der Verstärkungsannahmen thematisiert, aber auf ein mechanistisches Schema reduziert. Emotionale Fragen sind ebenfalls nur im Zusammenhang mit Belohnung und Bestrafung ein Thema, ohne dass dabei das subjektive Empfinden des Lernenden eine Rolle spielt. In ähnlicher Weise werden auch die sozialen Bedingungen des Lernens auf Verstärkungsmechanismen, beim „Lernen am Modell" auf Effekte von Modellen eingeschränkt.

***Behavioristische Ansätze und Lernen mit digitalen Medien***. Beim Lernen stehen behavioristische Ansätze (insbesondere das operante Konditionierungsmodell) für das Üben und „Einpauken" eines fest umrissenen Lerninhalts. Im Bereich des E-Learning findet man behavioristische Ansätze z.B. in Mathematiktrainern oder Vokabellernprogrammen, in denen vorgegebene Übungen so lange wiederholt werden, bis sie richtig gelöst (und auf diese Weise auch verstärkt) werden. Es ist also vor allem das Merkmal der Interaktivität digitaler Informationstechnologien, das man für die Umsetzung behavioristischer Prinzipien (insbesondere für das Prinzip der Verhaltensformung durch Verstärkung) nutzen kann. Gerade im Offline-Bereich gibt es denn auch eine große Anzahl von Lernsoftware, die nach behavioristischem Muster „gestrickt" ist und ihren Zweck (Übung, Verfestigung, Training) durchaus erfüllen kann. Immer wieder betont wird in diesem Zusammenhang der Vorteil, dass behavioristisch konzipierte interaktive Lernsoftware ein Maß an Anpassung und „Geduld" für den einzelnen Lernenden mitbringt, das die Möglichkeiten eines menschlichen Lehrenden übersteigt. Das Prinzip der Nachahmung lässt sich im Bereich des E-Learning und Blended Learning ebenfalls einsetzen, etwa indem (echte oder künstliche) Experten als Modelle fungieren, nachvollziehbare Erklärungen (für bestimmte Fertigkeiten und deren Aufbau) geben und Erfolge oder Misserfolge rückmelden. Ein behavioristisch orientiertes Transfermodell kann in Blended Learning-Umgebungen also überall dort herangezogen werden, wo neue Reaktionsweisen eingeübt bzw. automatisiert werden sollen (Baumgartner et al., 2004).

## *5.2.2 Lernen aus der Sicht des Kognitivismus*

***Kognitivistische Auffassung von Lernen***. Lernen ist aus kognitivistischer Sicht ein mentaler (Problemlöse-)Prozess, der sich analog zur Informationsverarbeitung im Computer modellieren lässt. Die Verarbeitung von Information führt (im Prozess des Lernens) zu Wissen, das im Gehirn entsprechend repräsentiert ist. Lernen wird damit zu einem Prozess des Wissenserwerbs und „Lernen im Sinne von Wissenserwerb kann als der Aufbau und die fortlaufende Modifikation von Wissensrepräsentationen definiert werden" (Steiner, 2001, S. 164). Damit wird nachvollziehbar, warum – neben dem Problemlösen – das Thema der Repräsentation von Information im menschlichen Gedächtnis und der damit verbundene Aufbau von Wissensstrukturen und deren Veränderungen in der kognitivistischen Erforschung des Lernens einen so hohen Stellenwert haben. Die Verbindung zwischen Lernen und Lehren lässt sich mit dem nachrichtentechnisch geprägten Modell der Kommunikation fassen, in dem Lehrende die „Sender" von Information und Lernende die „Empfänger" derselben sind; die Übertragung zwischen Sender und Empfänger erfolgt über (meist sprachliche) Codierung und geeignete Medien. Letztendlich läuft Lernen damit auf die Wechselwirkung eines externen Angebots (durch einen Lehrenden) mit der internen Struktur (des Lernenden) hinaus. Dabei geht es weniger um richtige Antworten und Verhaltensweisen (wie im Behaviorismus), sondern um effektive Informationsaufnahme, -verarbeitung und -speicherung sowie um zielführende Problemlösemethoden.

***Rolle des Lehrenden und Lernenden***. Im kognitivistischen Paradigma hat der Lernende - im Vergleich zum Behaviorismus - eine (auch theoretisch behandelte) aktivere Position: Die Aktivitäten des Lernenden werden nicht auf Reaktionen reduziert, sondern auf das Feld des Problemlösens ausgeweitet. Trotzdem kommt auch dem Lehrenden eine aktive Position zu: Seine Aufgabe besteht darin, Inhalte und Probleme didaktisch aufzubereiten, um den Informationsverarbeitungsprozess zu erleichtern; er hat also nach wie vor die „Problemhoheit" und bestimmt, was gelernt werden soll. Im Vordergrund stehen nicht darbietende, sondern erarbeitende Lehrformen. Das (Kommunikations-) Verhältnis ist bidirektional, ohne dass aber Lehrende und Lernende tatsächlich gleichberechtigte Rollen haben, denn: Es ist der Lehrende, der den Lernprozess initiiert und steuert und auf diesem Wege verbessern soll (Baumgartner et al., 2004). Wichtig aber ist, dass der Lehrende anders als im Behaviorismus nicht über die „Reizgestaltung" den Output steuert, sondern dass er in den Prozess des Lernens helfend eingreift. Vor diesem Hintergrund wird auch von einem *Tutormodell* gesprochen (Baumgartner, 1998).

***Geltungsbereich und Grenzen des Kognitivismus***. Der Kognitivismus hat eine sehr erfolgreiche Geschichte hinter sich: Als „Nachfolgeparadigma" des Behaviorismus hat der Kognitivismus über Jahrzehnte die gesamte Psychologie und damit auch die Erforschung des Lernens beeinflusst und in bestimmte Richtungen gelenkt. Der Erklärungswert kognitivistischer Ansätze bezieht sich vor allem auf kognitive Verarbeitungsprozesse in gut strukturierten Domänen - in Domänen also, in denen Modelle der Wissensrepräsentation, des Problemlösens und des Wissenstransfers auch praktisch funktionieren. Problematisch am Kognitivismus ist (aus heutiger Sicht) die Computer-Metapher, die zu einem technologischen Verständnis von Lernen verleitet und dabei die Komplexität des Gehirns unterschätzt. Kognitivistische Ansätze tragen objektivistische Züge: Man geht von objektiv existierendem Wissen aus, weshalb man sich z.B. auch nur auf den Prozess des Problemlösens konzentriert, den Prozess der Problemfindung (und damit die Konstruktion einer Situation als Problem) kaum thematisiert. Obschon der Kognitivismus den Menschen aus seiner passiven Rolle des Reagierenden herausholt und ihm Aktivität beim Lernen zuspricht, ist das zugrunde liegende Verständnis von Eigenaktivität eingeschränkt: Sie unterliegt stets den Gesetzen der Informationsverarbeitung. Als Reaktion auf den Behaviorismus und seine Konzentration auf sichtbare Verhaltensweisen wurden mentale Verarbeitungsprozesse derart in den Vordergrund gerückt, dass - wie ein Pendelschlag - körperliche Aspekte nahezu ausgeblendet wurden. Alle Aspekte menschlichen Lernens werden auf Informationsverarbeitungsprozesse reduziert - auch Fragen der Motivation und der Emotion; das subjektive Erleben bleibt außen vor. Vernachlässigt werden zudem soziale Aspekte des Lernens: Im Vordergrund stehen insbesondere der individuell Lernende und seine intern ablaufenden Prozesse.

***Kognitivistische Ansätze und Lernen mit digitalen Medien***. Im Bereich des Lernens mit digitalen Medien wurden auf der Basis kognitivistischer Ansätze viele überzeugende Produkte entwickelt. Angesichts der informationstechnischen Wurzeln des Kognitivismus ist die hohe Affinität zwischen kognitivistischen Ansätzen und der Entwicklung von elektronischen Lernumgebungen naheliegend: Wenn menschliches Lernen als Informationsverarbeitungsprozess modelliert wird, lassen sich auf dieser Grundlage mit den Mitteln der Informationsverarbeitung auch passgenaue Methoden entwickeln. Etliche Informationstechnologien, die über einfache (behavioristisch konzipierte) Drill-and-Practice-Programme hinausgehen, basieren auf kognitivistischen Prinzipien: So z.B. tutorielle Programme, die den Einstieg in neue Lerninhalte anleiten, dabei Zusammenhänge und Vorgehensweisen aufzeigen und sich bei diesen Vorgängen an individuelle Besonderheiten des Lernenden anpassen (sollen). Mit verschiedenen Formen des elektronischen Feedbacks lassen sich (gut abgrenzbare) Lernprozesse auf individualisierte Art und Weise steuern. Aber auch aufwändige Simulationen und Planspiele basieren zu einem großen Teil auf kognitivistischen Prinzipien und fördern das Lernen, indem der Nutzer aktiv explorieren und infolge eigener Manipulationen neue Einsichten erlangen kann.

## 5.2.3 Lernen aus der Sicht des Konstruktivismus

***Konstruktivistische Auffassung von Lernen***. Lernen ist aus konstruktivistischer Sicht ein eigenaktiver, autopoietischer und selbstreferentieller Vorgang; trotzdem findet dieser auch in Kontakt mit der Umwelt statt (strukturelle Koppelung). Allerdings hat die Umwelt keinen determinierenden Einfluss: Von außen kann Lernen also allenfalls angeregt oder gestört („perturbiert") werden; Lernen ist damit grundsätzlich ein selbstgesteuerter (nicht von außen gelenkter) Prozess. Lehren und Lernen sind unterschiedliche Systeme, die allenfalls lose miteinander gekoppelt sind. Wissen – als Ergebnis von Lernen – ist „doppelt verankert": Wissen ist zum einen die gedankliche Ordnung und das Resultat individueller Aneignungsprozesse, und Wissen ist zum anderen eine kollektive Erfahrung und Teil eines sozialhistorischen, gesellschaftlichen Lernprozesses. Im Bereich des Lernens und Lehrens führt der Konstruktivismus zu einer Entwicklung, die Abschied nimmt von einer Vermittlungsperspektive und sich hinbewegt zu einer Aneignungsperspektive. Daraus folgen einige zentrale Postulate für Lehr-Lernprozesse (vgl. Pörksen, 2001): Lernangebote müssen erstens anschlussfähig sein, da Lernen ein höchst individueller und biografisch eingebetteter Prozess ist. Auch wenn Lernangebote anschlussfähig sein sollen, müssen sie sich zweitens von vorhandenem Wissen unterscheiden; notwendig sind also „Differenzwahrnehmungen". Und drittens sollten die Ziele, Inhalte und Methoden des Lernens für die Lernenden brauchbar und zumutbar sein bzw. als hilfreich und passend empfunden werden. Neben Verunsicherung und/oder Störung durch Differenzwahrnehmung darf man also das Bedürfnis nach einem kognitiven Gleichgewicht nicht außer Acht lassen.

***Rolle des Lehrenden und des Lernenden***. Die konstruktivistische Auffassung von Lernen macht sowohl behavioristische als auch kognitivistische Prinzipien des Lehrens obsolet: Wenn der aktive Part eindeutig beim Lernenden liegt, *kann* die Rolle des Lehrenden nur mehr darin bestehen, diese Aktivität sowohl anzuregen als auch zu begleiten und sie bei der Identifikation und Lösung von komplexen Problemen zu unterstützen; letzteres erfolgt direkt durch Kommunikation und Kooperation oder indirekt durch die Gestaltung von Kontexten. Vor diesem Hintergrund ist es nahe liegend, von einem *Coachmodell* zu sprechen, wenn es um die Position des Lehrenden geht (Baumgartner, 1998). Die verwendeten Lehrformen sind kaum darbietend und wenig erarbeitend, sondern vor allem *explorativ*. Als Coach hat der Lehrende im Vergleich zum Lernenden zwar einen Erfahrungsvorsprung; die Zusammenarbeit aber wird eher als gleichberechtigt betrachtet. Das (Kommunikations-)Verhältnis ist demnach nicht nur bidirektional, sondern ausgewogen: Beide können voneinander lernen; der Lehrende übernimmt keine Kontrollfunktion mehr (Baumgartner et al., 2004).

***Geltungsbereich und Grenzen des Konstruktivismus***. Obschon das konstruktivistische Denken weite Verbreitung gefunden hat, ist dessen Einfluss auf die (Lern-)Psychologie, insbesondere auf die Forschung nicht vergleichbar mit der prägenden Kraft des Kognitivismus. Das liegt unter anderem an der Forschungsmethodik, die sich – jedenfalls im Bereich des Lernens – *nicht* an naturwissenschaftlichen Prinzipien orientiert, sondern qualitative Verfahren einsetzt und schon aus diesem Grund – im Gegensatz zum Kognitivismus – innerhalb der akademischen Psychologie (zu Unrecht, wie ich meine; vgl. Reinmann, 2005) Legitimationsprobleme hat. Der Erklärungswert konstruktivistischer Ansätze bezieht sich vor allem auf die Entwicklung komplexer kognitiver Strukturen und auf die Beschreibung von Handlungskompetenz – auch (oder gerade) in nicht-strukturierten Domänen, in denen kognitivistische Ansätze an ihre Grenzen stoßen. Die größte Schwäche des Konstruktivismus ist seine relative Offenheit. Anders als Modelle aus dem kognitivistischen Paradigma eignen sich Modelle aus dem konstruktivistischen Paradigma weniger dazu, unmittelbar umsetzbare Handlungsanleitungen für Lehr-Lernsituationen abzuleiten. Die „Praxistauglichkeit" des Konstruktivismus stößt von daher vor allem bei Lehrenden ohne oder mit nur geringer Lehrerfahrung schnell an seine Grenzen. Ein weiteres Problem sind die Komplexität und Offenheit von Lernumgebungen, die (wiederum vor allem bei unerfahrenen Lernenden) zu Überforderung und Desorientierung führen können. Die Anforderungen an Lehrende und Lernende sind also unter einer konstruktivistischen Perspektive besonders hoch. Vielfach wird der Konstruktivismus als Lehr-Lernansatz mit konkreten Implikationen für das Lehr-Lerngeschehen missverstanden: Die Stärke des Konstruktivismus dürfte aber vor allem in einer besonderen Einstellung und Haltung zum Lernen und zu Lernenden liegen (Reinmann-Rothmeier, 2003b). Unter einer konstruktivistischen Perspektive kommen alle zentralen Dimensionen des Lernens zum Zuge: Kognition, Motivation, Emotion und soziale Interaktion werden gleichermaßen beachtet. Im Vergleich zum Behaviorismus und vor allem zum Kognitivismus aber ist die Forschungslage weniger eindeutig und weniger weit fortgeschritten und kann nicht nach derselben „Ableitungslogik" für die Praxis des Lernens und Lehrens nutzbar gemacht werden.

***Konstruktivistische Ansätze und Lernen mit digitalen Medien***. Im Bereich des Lernens mit digitalen Medien kann man solche Umgebungen als konstruktivistisch bezeichnen, die wenig Anleitung und Kontrolle und ein Höchstmaß an Handlungsspielraum zur Exploration und zu eigenständigen Prozessen der Wissenskonstruktion bereitstellen (z.B. Mikrowelten). Man kann die digitalen Medien auch als Werkzeuge für die individuelle Wissenskonstruktion oder für das Lernen in Gruppen einsetzen. Neue Kommunikationstechnologien im Sinne von Plattformen und Tools für kooperatives und kollaboratives Lernen eignen sich von daher gut für die Realisierung konstruktivistischer Ansätze. Des Weiteren werden vor allem *komplexe* Lernumgebungen in Zusammenhang mit dem Konstruktivismus gebracht, die möglichst authentische Erfahrungen und Begegnungen mit Lerninhalten ermöglichen. Zu diesem Zweck eignen sich audiovisuelle Medien, die schon früher für mehr Realitätsnähe eingesetzt wurden, nun aber mit anderen Medien und verschiedenen Tools verknüpft auf einer Lernplattform integriert angeboten werden können.
Die folgende Abbildung (Abb. 5.3) fasst die wichtigsten Unterschiede in der Lernauffassung, in den Aufgaben des Lehrenden, in der Rolle des Lernenden und im (Kommunikations-)Verhältnis zwischen Lernenden und Lehrenden noch einmal mit den wichtigsten Stichpunkten zusammen.

| | Behaviorismus | Kognitivismus | Konstruktivismus |
|---|---|---|---|
| Lernauffassung | •Verhaltensänderung<br>•Reizsteuerung<br>•Formbarkeit durch Verstärkung | •Informationsverarbeitung<br>•Speicherung<br>•Problemlösen | •Individuelle und soziale Wissenskonstruktion<br>•Selbstorganisation |
| Aufgabe des Lehrenden | •Reizsituationen und Konsequenzen gestalten<br>•Lerninhalte zergliedern und aufbereiten<br>•Darbietende Formen | •Lernen initiieren und Problemlöseprozesse unterstützen<br>•Inhalte und Probleme aufbereiten<br>•Erarbeitende Formen | •Lernprozesse begleiten<br>•Identifikation und Lösung von Problemen unterstützen<br>•Explorative Formen |
| Rolle des Lernenden | •Aktivität auf Reaktionen beschränkt<br>•Lernprozess nicht Teil des Lehrprozesses | •Aktivität auf Problemlösen erweitert<br>•Lern- und Lehrprozesse aufeinander abgestimmt | •Aktivität bezieht auch Problemfindung mit ein<br>•Lehr-Lernsystem strukturell gekoppelt |
| Kommunikationsverhältnis | •Unidirektionale Kommunikation<br>•Machtposition des Lehrenden<br>•Transfermodell | •Bidirektionale, nichtgleichberechtigte Kommunikation<br>•Problemhoheit beim Lehrenden<br>•Tutormodell | •Bidirektionale, gleichberechtigte Kommunikation<br>•Keine Kontrollfunktion des Lehrenden<br>•Coachmodell |

*Abb. 5.3: Lehren und Lernen aus der Sicht verschiedener Lernparadigmen*

## 5.3 Gemeinsamkeiten und Unterschiede

Wenn es um die praktische Nutzung der drei großen Theoriesysteme zum Lernen in Lehr-Lernsituationen geht, erkennt man zwischen Behaviorismus und Kognitivismus - trotz ihrer großen Unterschiede - ein verbindendes Element im Denken über Lernen und Lehren. Dieses verbindende Element ist die Überzeugung, Lernen planen und in gewissem Sinne auch steuern zu können, weshalb im Folgenden von „Steuerungslogik" die Rede ist. Im Gegensatz dazu lässt sich im Konstruktivismus ein „Ermöglichungsdenken" ausmachen, das eine absolute Kontrolle und Lenkung des Lernens ablehnt und für nicht machbar hält. Für die Praxis des Blended Learning werden damit drei Lernparadigmen zu zwei Richtungen gebündelt, die sich wesentlich in ihrer Auffassung von Lernen und Lehren unterscheiden und die Möglichkeit bieten, verschiedene Lehr-Lernmodelle (vgl. Kap. 6) einzuteilen.

### 5.3.1 Steuerungslogik behavioristischer und kognitivistischer Ansätze

**Technologische Denkweise**. Aus wissenschaftstheoretischer Sicht kann man behavioristische und kognitivistische Ansätze einer Position zuordnen, die sich in weiten Teilen dem Realismus, dem kritischen Rationalismus und dem Empirismus verpflichtet fühlt. Es dominieren experimentelle und quasi-experimentelle Forschungsmethoden, mit denen kausale und korrelative Beziehungen erforscht und von daher nach einem naturwissenschaftlichen Denkmuster Erkenntnisse gewonnen werden (vgl. Kap. 5.1.2 und 5.1.3). Die Gemeinsamkeit behavioristischer und kognitivistischer Ansätze in Bezug auf Lernen und Lehren besteht darin, dass Lernen und Lehren einen *technologischen* Charakter haben - technologisch deshalb, weil man davon ausgeht, dass Lehr-Lernprozesse weitgehend planbar und zum großen Teil auch steuerbar sind. Es wird vermutet, dass Lernprozessen allgemeine Gesetzmäßigkeiten zugrunde liegen, die sich in der Forschung prinzipiell als solche empirisch erfassen und folglich auch manipulieren lassen (entweder durch äußere Reize oder Informationsangebote). Man kann also von einer *Steuerungslogik* oder von einem Denken in *„Engineering-Prinzipien"* sprechen, die - trotz aller Unterschiede zwischen Behaviorismus und Kognitivismus - dem Verständnis von Lernen und Lehren in beiden Paradigmen zugrunde liegen. In der Praxis des Lernens und Lehrens richtet man die Aufmerksamkeit in behavioristischen und kognitivistischen Ansätzen auf Fragen der *Instruktion* und der Entwicklung von Modellen, die die instruktionale Gestaltung von Lernumgebungen leiten. Im Folgenden werden diese Ansätze unter dem Kürzel „Instruktionsdesign" zusammengefasst.

***Der Begriff des Instruktionsdesigns***. Im deutschsprachigen Raum hat sich - innerhalb der Lernpsychologie und der Pädagogischen Psychologie - der Begriff „instructional design" oder - im Deutschen - „Instruktionsdesign" für behavioristische, vor allem aber kognitivistische Vorgehensweisen beim Lehren durchgesetzt, die sich durch starke Lernzielorientierung und ein strukturiertes instruktionsbetontes Lernangebot auszeichnen (z.B. Issing, 2002). Dies gilt vor allem für das Lehren (und Lernen) mit Medien, wobei allem voran mit den *digitalen* Medien die Bezeichnung „Instruktionsdesign" Einzug in Wissenschaft und Praxis gehalten hat. Im englischsprachigen Raum ist „instructional design" teilweise etwas weiter gefasst und fokussiert *nicht immer* eine bestimmte paradigmatische Richtung; teilweise stimmt er aber auch mit der hier vertretenen begrenzten Begriffsnutzung überein. Wie eben gezeigt wurde, besteht die Gemeinsamkeit behavioristischer und kognitivistischer Ansätze in der

Überzeugung, Lernprozesse dann genau planen, steuern und kontrollieren zu können, wenn man es schafft, durch Forschung den Gesetzmäßigkeiten des Lernens auf die Spur zu kommen. Sind diese bekannt, können Lehrprozesse grundsätzlich bestimmte (angestrebte) Lernprozesse bewirken. Konsequenterweise steht die *Instruktion* (im Sinne der Lehreraktivitäten vor und während des Lernprozesses) im Vordergrund des Interesses. So gesehen, ist die Bezeichnung „Instruktionsdesign" sehr treffend.

***Primat des Lehrens***. Indem der Instruktionsdesign-Ansatz vor allem auf die instruktionale Gestaltung von Lernumgebungen abzielt, rückt er das Augenmerk vorrangig auf das *Lehren*. Bekannte lernpsychologische Prinzipien werden im Sinne von Gesetzmäßigkeiten systematisch für die instruktionale Gestaltung genutzt: Ziel ist eine „Technologie" des Lehrens (weshalb im Englischen bisweilen auch von „instructional technology" die Rede ist), die dann wiederum lehrbar und – aus der Sicht von Lehrenden – auch erlernbar ist. Oder anders formuliert: „Instruktionsdesign will praktische Unterrichtsentscheidungen durch Ziel-Methoden-Relationen oder Ziel-Mittel-Relationen ableitbar machen" (Schulmeister, 2004, S. 20). Ziel ist es, Lernumgebungen (in institutionalisierten Kontexten) möglichst genau zu planen, durchzuführen, zu evaluieren und kontinuierlich zu verbessern. Im Rahmen des Instruktionsdesigns sucht man von daher nach optimalen Vermittlungsstrategien und fachübergreifenden Lehrmethoden, die eine Wissensvermittlung nach wissenschaftlichen Kriterien ermöglichen. Im Vordergrund steht (notgedrungen) das objektivierte (öffentliche) Wissen im Sinne der Information (vgl. Kap. 4.1.2).

***Stellenwert der Planung***. Ein besonderes Charakteristikum im Ansatz des Instruktionsdesigns ist, dass verschiedene Phasen der Unterrichtsplanung postuliert werden. Meist werden fünf solcher Phasen unterschieden (Paechter, 2003b): 1) Der erste Schritt ist stets eine sorgfältige *Bedarfsbestimmung;* mit dieser werden die angestrebten Lernergebnisse und die Lehrinhalte festgelegt. 2) Aus den Inhalten und erwarteten Ergebnissen werden Lehrziele abgeleitet und klassifiziert. Das wiederum bildet die Grundlage dafür, konkrete Inhalte sowie Lehr-Lernmethoden auszuwählen und auf diese Weise eine Lehr-Lerneinheit zu *entwickeln*. 3) Die Entwicklung von *Lehr-Lernmaterialien* wird in der Regel nochmals als eigener Schritt behandelt. 4) Erst nach allen Planungen und Entwicklungen wird der Unterricht (möglichst wie vorgesehen) *durchgeführt*. 5) Zur Optimierung des Unterrichts wird nach der Durchführung eine *Evaluation* gefordert. Über Evaluationen ist festzustellen, ob die angestrebten Lernergebnisse auch erreicht wurden (siehe Abb. 5.4). Eine solche Grundstruktur des Vorgehens (wenn auch mit kleineren Abänderungen in einzelnen Mo-

*Abb. 5.4: Phasen der Unterrichtsplanung*

dellen) ist kennzeichnend für den Instruktionsdesign-Ansatz: Das systematisierte, am besten standardisierte Vorgehen sichert eine Lehrbarkeit des Lehrens und räumt – so jedenfalls der Anspruch – Zufälligkeiten und spontane Entscheidungen oder ein Handeln auf der Basis von bloßer Erfahrung weitgehend aus dem Weg.

***Instruktionsdesign und digitale Medien***. Im Bereich des E-Learning ist der Instruktionsdesign-Ansatz führend, hat beachtliche Erfolge vorzuweisen und ist praktikabel, wenn es um die Planung, Organisation und Umsetzung von E-Learning-Elementen (z.B. im Rahmen von Blended Learning-Umgebungen) geht. Die Attraktivität des Instruktionsdesigns für E-Learning ist darauf zurückzuführen, dass mediale Lernumgebungen (ohne einen Lehrenden vor Ort, der kompensierend eingreifen kann) auf eine exakte Planung und durchdachte Anleitung der Lernenden angewiesen sind. Im Vordergrund stehen von daher erst einmal die Instruktion und die Suche nach Modellen, die die instruktionale Gestaltung leiten. Für die Entwicklung und Produktion etwa von interaktiver Lernsoftware (CBTs, WBTs, Drill-and-Practice-Programme, tutorielle Programme) hat sich ein systematisches Vorgehen im Sinne des Instruktionsdesigns – jedenfalls auf der Makroebene – bewährt: Neben den oben genannten typischen Verfahrensschritten gibt es Empfehlungen für systematische Vorgehensweisen bei der Erstellung von Drehbüchern, bei Audio- und Video-Produktionen sowie bei der Entwicklung von Grafiken und Animationen; sogar Vervielfältigung und Vertrieb sind in aktuellen Instruktionsdesign-Modellen mitunter eingeschlossen (Issing, 2002). Kritisiert wird am Instruktionsdesign-Ansatz, dass starre Ablaufpläne sowohl bei der Durchführung von E-Learning- und Blended Learning-Projekten (auf der Makroebene) als auch bei der Gestaltung von Inhalten und Abläufen innerhalb von Lehr-Lerneinheiten (auf der Mikroebene) flexible Anpassungen an neue Erfordernisse verhindern. Zudem setzen die angestrebten Anpassungen an Lernermerkmale sowie der Hang zu automatisch ablaufenden Prozessen sehr aufwändige Entwicklungsarbeiten voraus, die für die Bildungspraxis oft unrealistisch sind (Schulmeister, 2004).

## *5.3.2 Ermöglichungsdenken konstruktivistischer Ansätze*

***Offene Denkweise***. Aus wissenschaftstheoretischer Sicht lassen sich konstruktivistische Ansätze deutlich vom Behaviorismus und vom Kognitivismus abgrenzen. Konstruktivisten verneinen die Möglichkeit, Realität direkt zu erkennen (sind also weder Realisten noch kann man sie den kritischen Rationalisten zuordnen). Die forschungsmethodische Landschaft ist angesichts der verschiedenen Richtungen (philosophischer, biologischer und soziologischer Natur) heterogen. In jedem Fall besteht *keine* Fixierung auf experimentelle Forschung; vielmehr werden - insbesondere im Bereich der Lernforschung aus konstruktivistischer Perspektive - auch qualitative Verfahren genutzt (vgl. Kap. 5.1.4). Der Fokus konstruktivistischer Ansätze liegt auf den *Konstruktion*sleistungen des Lernenden und weniger auf den instruktionalen Leistungen des Lehrenden. Bei der Gestaltung von Lernumgebungen geht man davon aus, dass diese die Lernprozesse anregen und fördern, aber nicht mit Sicherheit und auch nicht unter genauen Gesetzmäßigkeiten auslösen, steuern und/oder kontrollieren können. Statt einer Steuerungslogik wird ein Denken praktiziert, das die *Ermöglichung* von Lernen in den Vordergrund stellt (Arnold, 1993); man könnte auch von einem Denken in *„Empowerment-Prinzipien“* (versus Engineering-Prinzipien) sprechen. In Abgrenzung zu behavioristischen und kognitivistischen Ansätzen werden konstruktivistische Ansätze zur Gestaltung von Lernumgebungen im Folgenden als „Kontextdesign“ bezeichnet.

***Der Begriff des Kontextdesigns***. „Kontextdesign“ wird als eine Pendant zum Begriff des Instruktionsdesigns für Ansätze eingeführt, die konstruktivistische Züge tragen und sich eindeutig von der Steuerungslogik behavioristischer und kognitivistischer Ansätze abgrenzen lassen. Da konstruktivistisch orientierte Lehr-Lernmodelle durchaus Interventionen vorschlagen und keineswegs für ein „Laissez-faire“ beim Lernen und Lehren oder für die Abschaffung institutionalisierten Lernens (zugunsten eines rein informellen Lernens; vgl. Kap. 4.2.1) plädieren, ist es zunächst einmal sinnvoll, ebenfalls von einem „Design“-Ansatz zu sprechen. Allerdings geht es weniger darum, durch die Gestaltung von Instruktionen Lernprozesse zu steuern; vielmehr möchte man indirekt vorgehen und Kontexte gestalten, um möglichst selbstorganisierte Vorgänge der individuellen und sozialen Konstruktion von Wissen zu fördern. Statt der Instruktion stehen folglich die Konstruktion bzw. der Lernende und seine Lernprozesse im Mittelpunkt des Interesses. Da - wie oben dargelegt - Konstruktivisten nicht davon ausgehen, dass menschlichen Wissens- und Lernprozessen eindeutige Algorithmen zugrunde liegen, ist der Versuch einer direkten Manipulation derselben letztlich zwecklos. Von daher kann die Bezeichnung „Kontextdesign“

recht gut die mit konstruktivistischen Lehr-Lernmodellen verbundene Intention bündeln.

***Primat des Lernens.*** Konstruktivisten kritisieren an der Instruktionsdesign-Bewegung vor allem das mechanistische Bild vom Lernen, die damit verbundene Steuerungslogik und die Fokussierung von *Lehr*prozessen. Allen konstruktivistischen Lehr-Lernmodellen ist – trotz ihrer Unterschiede – gemeinsam, dass sie stattdessen Prozesse des *Lernens* und der Konstruktion von Wissen als Dreh- und Angelpunkt betrachten, die es durch Kontextgestaltung zu ermöglichen und zu begleiten gilt. Nicht die Information und deren Vermittlung stehen im Vordergrund, sondern „Enabler" zur Entwicklung von personalem Wissen.

***Stellenwert von Authentizität und Selbstorganisation.*** Zu den Kernannahmen im Rahmen des Kontextdesign-Ansatzes gehört, dass Wissen eigenaktiv konstruiert sowie in einer Gemeinschaft geteilt und sozial weiterentwickelt wird, dass Lernen situiert erfolgt und sich von daher nur vor dem Hintergrund sozialer Kontexte verstehen lässt. Nicht-institutionalisierte Prozesse des Lernens in authentischen Kontexten gelten daher als besonders wirksam. Lernen und Wissensaufbau lassen sich aus konstruktivistischer Sicht nicht erzwingen – auch nicht in institutionalisierten Settings. Man geht von einem Prozess der Selbstorganisation aus, der in allen Modellen mit konstruktivistischer Prägung eine zentrale Rolle spielt. In welchem Ausmaß selbstorganisiertes Lernen von außen angestoßen und unterstützt werden kann und soll, ist ein Punkt, in dem sich verschiedene Lehr-Lernmodelle, die man dem Kontextdesign-Ansatz zuordnen kann, durchaus unterscheiden. Insbesondere dann, wenn es – wie in diesem Buch – um das institutionalisierte Lernen geht, stellt sich die brisante Frage, ob und wenn ja wie viel Fremdsteuerung nötig und möglich ist. Um die Institutionalisierung in ihren tendenziell ungünstigen Wirkungen zu kompensieren, fordern konstruktivistische Modelle, in möglichst realitätsnahen Situationen und anhand komplexer Aufgaben (im Sinne der Authentizität) zu lernen. Ein solchermaßen authentisches Lernen ist anwendungsbezogener und fördert die Fähigkeit, verschiedene Perspektiven einzunehmen (Reinmann-Rothmeier & Mandl, 2001).

***Kontextdesign und digitale Medien.*** Die digitalen Medien waren vielerorts ein werbewirksames Vehikel für eine erneute Welle konstruktivistischen Gedankenguts im Bereich des Lernens und Lehrens. Einige Vertreter der Situated Cognition-Bewegung haben von Anfang an die große Bedeutung der digitalen Medien für das Lernen in einem konstruktivistischen Sinne betont: Medien dienen dieser Bewegung zufolge zum einen als „mind tool" (Jonassen, 1996), zum anderen werden sie für soziale Interaktionen (also kollaborativ) eingesetzt. Dazu kommt, dass mit den neuen multimedialen Möglichkeiten authentische Situationen und Bezüge technisch und organisatorisch leichter in eine Lernumgebung integriert werden können. Die in verschiedenen Modellen des Kontextdesigns formulierten Annahmen liefern wichtige Anregungen für die Gestaltung von Lernumgebungen, ohne jedoch so eindeutige Verfahrensschritte angeben zu können, wie dies Instruktionsdesign-Modelle tun. Die daraus resultierende Unsicherheit in der Praxis gehört zu den wichtigsten Kritikpunkten am Kontextdesign-Ansatz, die vor allem von kognitivistischer Seite geäußert werden.

### 5.3.3 Komplementarität statt Gegensatz

***Unvereinbarkeit von Instruktions- und Kontextdesign?*** Nun könnte die bisherige Gegenüberstellung von a) Steuerungslogik und Ermöglichungsdenken, b) Engineering-Prinzipien und Empowerment-Prinzipien, c) Instruktion und Konstruktion, und d) Primat des Lernens und Primat des Lehrens den Eindruck erwecken, als seien der Instruktions- und der Kontextdesign-Ansatz unversöhnliche Rivalen[1]. Bei genauerem Hinsehen aber wird deutlich, dass *beide* Ansätze (einschließlich der dahinter liegenden paradigmatischen Herangehensweisen an das Phänomen Lernen und das damit verbundene Bemühen des Lehrens) verschiedene Perspektiven einnehmen, unterschiedliche Facetten des Lernens betrachten und bei der Beziehung zwischen Lernen und Lehren einen jeweils anderen Schwerpunkt setzen. Und genau das muss keineswegs bedeuten, dass sich Instruktionsdesign und Kontextdesign gegenseitig ausschließen; beide Ansätze können prinzipiell als komplementär verstanden werden. In ähnlicher Weise spricht z.B. auch Aebli (1988) von „zwei Wegen zum Wissen", die sich (bezogen auf die Bildung des Menschen) ergänzen: vom direkten (oder kontemplativen) Weg, der dem hier beschriebenen Instruktionsdesign entspricht, und vom indirekten (oder problemlösenden) Weg, der Züge des hier vorgestellten Kontextdesigns trägt.

***Der Begriff der Komplementarität***. Mit „Komplementarität" bezeichnet man im Allgemeinen die Zusammengehörigkeit (scheinbar) widersprüchlicher, sich aber ergänzender Eigenschaften (Merkmale) eines einzigen Objekts. Komple-

---

[1] Schnotz, Molz und Rinn (2004) halten bereits die Gegenüberstellung kognitivistischer und konstruktivistischer Ansätze für wenig fruchtbar, worauf an dieser Stelle allerdings nicht näher eingegangen werden kann.

mentäre Eigenschaften gehören zusammen, insofern sie dasselbe Objekt betreffen. Sie schließen sich gegenseitig insofern aus, als sie nicht räumlich und/oder zeitlich zusammentreffen können. In der Regel handelt es sich um zwei verschiedene Eigenschaften, die ... gemeinsam einen Sinn ergeben"[2]. Setzt man in dieser Definition an die Stelle des abstrakten Begriffs „Objekt" die konkrete Lehr-Lernsituation, wie sie uns im Blended Learning bzw. bei der Gestaltung von Blended Learning-Umgebungen begegnet, so bedeutet das: Die Kernannahmen des Instruktions- und des Kontextdesigns sind nur scheinbar widersprüchlich; scheinbar deshalb, weil deren Annahmen sich ergänzende Aspekte und Besonderheiten der Lehr-Lernsituation darstellen und von daher zusammengehören. Geht es um Blended Learning in institutionalisierten Settings, so braucht man dazu Lehrende (oder Autoren von Inhalten und Mediengestalter) *und* Lernende; Prozesse des Lehrens (bzw. des Gestaltens) *und* des Lernens machen zusammen das Phänomen aus, um das es in diesem Buch geht. Bei der Gestaltung von Lernumgebungen sind viele Entscheidungen zu treffen und es liegt auf der Hand, dass dieselbe Entscheidung nicht *gleichzeitig* auf der Grundlage der Steuerungslogik des Instruktionsdesigns und des Ermöglichungsdenkens des Kontextdesigns begründet werden kann. Über mehrere Entscheidungen hinweg aber lassen sich steuerungslogische Engineering-Prinzipien und ermöglichende Empowerment-Prinzipien durchaus kombinieren und können in einer solchen Kombination gemeinsam einen Sinn (bezogen auf die angestrebten Lehr-Lernziele) ergeben. Ohne Zweifel liegt also eine Komplementarität von Instruktions- und Kontextdesign-Modellen im oben definierten Sinne vor.

***Kohärenz als Leitkriterium***. Das heißt aber nun nicht, dass eine *willkürliche* Zusammenstellung verschiedener Modelle aus didaktischer Sicht sinnvoll und wünschenswert ist. Erinnert sei an dieser Stelle an die Ausführungen zur Kohärenz als Gestaltungskriterium und deren Konkretisierung auf den verschiedenen Ebenen von Blended Learning-Umgebungen (vgl. Kap. 4.3). Selbstverständlich kann man sich bei der Entwicklung oder bei der Wahl eines didaktischen Szenarios (auf der Grundlage nachvollziehbarer Argumente) auf den Instruktionsdesign- oder den Kontextdesign-Ansatz als „Leitentscheidung" berufen. Dies schließt aber nicht aus, einzelne Elemente oder ganze Modelle aus dem jeweils „anderen" Lager zu integrieren, wenn damit eine passende, stimmige und nachvollziehbare Lernumgebung resultiert, die für die Lernenden interpretierbar ist und Sinn ergibt.

[2] Definition in WIKIPEDIA, der freien Enzyklopädie: http://de.wikipedia.org/wiki/Komplementarit%E4t

## 5.4 Zusammenfassung

- Wer sich mit Lernen und Lehren (oder E-Learning und Blended Learning) beschäftigt, kommt an den großen Lernparadigmen *Behaviorismus, Kognitivismus* und *Konstruktivismus* nicht vorbei: Anhand der Auffassungen von Wirklichkeit und Mensch sowie von Möglichkeiten des Erkennens der Realität - auch im Bereich der Forschung - kann man die drei Theoriesysteme des Lernens als voneinander unterscheidbare Paradigmen identifizieren. Klassisches und operantes Konditionieren sowie das Lernen am Modell sind die wichtigsten behavioristischen Ansätze, die allesamt nach einem Reiz-Reaktions-Schema funktionieren. Im Kognitivismus finden sich Ausläufer der Kybernetik, der Informationstheorie und der Künstlichen Intelligenz; allen gemeinsam sind die Konzentration auf Symbolverarbeitung und die Überzeugung, dass sich Menschen letztlich wie informationsverarbeitende Systeme verhalten. Obschon es nicht *den* Konstruktivismus gibt, sind die Beobachterabhängigkeit und die informationelle Geschlossenheit des menschlichen Gehirns gemeinsame Annahmen konstruktivistischer Ansätze etwa in der Erkenntnistheorie, Biologie oder Systemtheorie.
- Alle drei Lernparadigmen können für Fragen der *Gestaltung von Blended Learning-Umgebungen* wichtig werden. Wo sie einem Hilfe und Anregung bieten können, wird erst deutlich, wenn man sie auf ihre direkten und indirekten Aussagen zum Lernen und Lehren abklopft: Aus der Sicht des Behaviorismus ist Lernen ein Akt der Verhaltensänderung, wobei vor allem körperliches und unbewusstes Verhalten erklärt wird. Für das Einüben abgrenzbarer Fertigkeiten können sich behavioristische Prinzipien als sinnvoll erweisen. Unter einer kognitivistischen Perspektive ist Lernen ein informationsverarbeitender Vorgang; im Vordergrund stehen kognitive Prozesse, die auf der Grundlage des Kognitivismus auch effektiv gefördert werden können. Im Konstruktivismus ist Lernen ein eigenaktiver und selbstorganisierter Konstruktionsprozess, den man allenfalls anstoßen und stören, aber nicht steuern kann. Konstruktivistische Ansätze sind hilfreich, wenn man den Aufbau von Handlungskompetenz verstehen will; auf konkrete Empfehlungen aber wartet man vergebens. Die Aufgaben des Lehrenden aus behavioristischer, kognitivistischer und konstruktivistischer Sicht sind sehr unterschiedlich; das Verhältnis zwischen Lernenden und Lehrenden unterscheidet sich erheblich.
- Behavioristische und kognitivistische Anätze haben - trotz ihrer Unterschiede - eine bestimmte Art des Denkens über Lernen und Lehren gemeinsam, die man mit Bezeichnungen wie *„Steuerungslogik“* oder „Engineering“-Prinzipien in Verbindung bringen kann: Im Vordergrund stehen

Anstrengungen zur Verbesserung von Aktivitäten des Lehrenden, also zur instruktionalen Gestaltung von Lernumgebungen, weshalb beide Ansätze unter dem Titel „Instruktionsdesign" subsumiert werden. Dem Instruktionsdesign wird das Kontextdesign gegenübergestellt, das als gemeinsamer Nenner verschiedener konstruktivistischer Ansätze postuliert wird: Kennzeichnend für diesen Ansatz ist ein *„Ermöglichungsdenken"* oder ein Denken in „Empowerment-Prinzipen", bei dem alle Konzentration auf dem Prozess des Lernens liegt. Instruktions- und Kontextdesign sind im Hinblick auf die Gestaltung von E-Learning-Umgebungen trotzdem nicht als sich ausschließende „Gegner" zu verstehen, sondern als komplementäre Positionen.

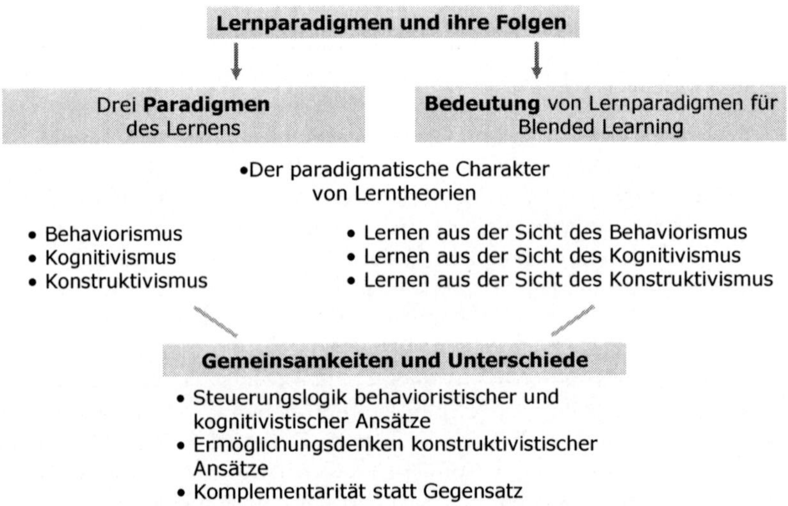


*Abb. 5.5: Zusammenfassende Übersicht zu Kap. 5*

# Kapitel 6: Instruktionsdesign, Kontextdesign und Aufgabendesign

## Überblick

Während Kenntnisse über das Phänomen Lernen sowie über Besonderheiten des Lernens mit digitalen Medien ein Grundverständnis schaffen für Fragen (und typische Schwierigkeiten) des Lehrens, hilft ein Überblick über die drei Paradigmen des Lernens, diese Herausforderungen auch aus einer wissenschaftlichen Sicht besser zu fassen. Dies wurde in den vorangegangenen vier Kapiteln im Detail besprochen. Im vorliegenden Kapitel geht es darum, aufbauend auf den Grundlagen der steuerungslogisch konzipierten Position (Instruktionsdesign) und der Position, die sich einem Ermöglichungsdenken verschrieben hat (Kontextdesign), didaktische Modelle vorzustellen, die mehr als Denkhaltungen und Prinzipien nahe legen und konkrete Anleitungen zur Gestaltung von Lernumgebungen und damit auch von Blended Learning-Umgebungen geben. Folgende Inhalte werden behandelt:

1. Aus der Vielzahl bestehender Modelle des **Instruktionsdesigns** werden fünf Modelle ausgewählt und hinsichtlich ihrer Kernaussagen, ihrer Geltungsbereiche und ihrer Potentiale für das Lernen mit digitalen Medien vorgestellt. Es wird bewusst darauf verzichtet, in Einzelheiten zu gehen. Vielmehr sollen die Grundidee der Modelle, deren Eignung für bestimmte Vorhaben und wichtige Vorgehensschritte aufgezeigt werden. Die Auswahl der Instruktionsdesign-Modelle wird begrenzt auf „große" Namen wie Skinner, Gagné, Ausubel, Reigeluth und Merrill.
2. In vergleichbarer Weise wird bei Modellen des **Kontextdesigns** vorgegangen: Auch hier werden fünf didaktische Modelle exemplarisch dargestellt, die großen Bekanntheitsgrad erlangt haben und mit Namen wie Bruner, Wagenschein, Collins, Schank, Bransford und der Cognition and Technology Group at Vanderbilt verbunden sind. Parallel zur Darstellung der Instruktionsdesign-Modelle beschränkt sich die Beschreibung jedes Modells auf dessen Grundidee und Verfahrensschritte (Kernaussagen), auf den

Geltungsbereich und damit auf besondere Eignungen sowie auf spezielle Potentiale für das Lernen mit digitalen Medien. Als Exkurs wird zudem kurz auf die Methode „WebQuest" eingegangen.
3. Besondere Aufmerksamkeit wird neben Modellen zum Instruktions- und Kontextdesign der Frage zuteil, wie man – neben den Inhalten – Aufgaben gestalten kann, die Lernende zu einer aktiven Auseinandersetzung mit den Lerninhalten anregen. Zum **Aufgabendesign** geben alle Modelle Auskunft – allerdings in unterschiedlicher Ausführlichkeit und Richtung. Zur Gestaltung von Aufgaben braucht man neben Kenntnissen zu verschiedenen didaktischen Modellen auch Informationen zu unterschiedlichen Funktionen und Formen von Aufgaben. Eine Sonderstellung nehmen kooperative Aufgaben ein, die sich teilweise außerhalb der klassischen didaktischen Modelle entwickelt haben.
4. Das Aufgabendesign kann mit Hilfe der Spielanalogie als *die* Chance für didaktische Phantasie betrachtet werden und stellt aus der praktischen Sicht der Gestaltung von Blended Learning-Umgebungen ein wichtiges, bislang vernachlässigtes Feld dar: Das **Spiel als Rahmenkonzept** für die Gestaltung von Aufgaben in Lernumgebungen erweitert den Blick auf Design-Möglichkeiten zur Förderung aktiven und motivierten Lernens, der über didaktische Modelle hinausgeht.

## 6.1 Modelle des Instruktionsdesigns

Es gibt eine Vielzahl von Modellen, die man dem Instruktionsdesign zuordnen kann. Manche sind sich sehr ähnlich, zwischen anderen wiederum bestehen große Unterschiede, sodass der Instruktionsdesign-Ansatz ein sehr breites „Gefäß" ist für eine große Anzahl didaktischer Modelle, die einer Steuerungslogik unterliegen. So unterscheiden sich Modelle des Instruktionsdesigns z.B. darin, welche Aspekte der Planung, Durchführung und Evaluation sie besonders hervorheben: Es gibt Modelle, die sich vorrangig darauf konzentrieren, Lehr-Lernziele zu kategorisieren und in eine bestimmte Reihenfolge zu bringen; etliche Modelle widmen der Gestaltung von Lehr-Lernmaterialien besondere Aufmerksamkeit; wieder andere beschäftigen sich primär mit dem Aufbau ganzer Unterrichts[1]- oder Kursstrukturen und -abläufe. Typisch für alle Modelle aus dem Bereich des Instruktionsdesigns ist, dass Lehrmethoden aus Lehr-Lernzielen abgeleitet und nach festen Regeln an die (vorab erfassten)

[1] Der Begriff „Unterricht" ist im Rahmen des Instruktionsdesigns eher weit zu verstehen und von daher nicht auf den Schulunterricht begrenzt.

Merkmale der Lernenden und/oder an deren Lernfortschritt angepasst werden (Seel & Dijkstra, 1997). Neben einigen Modellen mit behavioristischen Zügen gibt es eine ganze Reihe kognitivistisch orientierter Modelle; einige von diesen nehmen inzwischen auch konstruktivistisches Gedankengut mit auf, ohne aber die Prinzipien der Steuerungslogik aufzugeben. Die Paradigmen des Behaviorismus und des Kognitivismus haben - das wurde im fünften Kapitel bereits gezeigt - dem Lernen mit digitalen Medien wichtige Impulse gegeben. Unter dem gemeinsamen Dach des Instruktionsdesigns (vgl. Kap. 5.3.1) findet sich eine ganze Reihe didaktischer Modelle, anhand derer man dies veranschaulichen kann. Im Folgenden wird eine *Auswahl* von Instruktionsdesign-Modellen vorgestellt und deren Nutzungspotential für die Gestaltung von Lernumgebungen im Allgemeinen und für das Lernen und Lehren mit digitalen Medien im Besonderen diskutiert.

## 6.1.1 Programmierte Unterweisung

***Kernaussagen***. Die Programmierte Unterweisung ist ein „Kind" des Behaviorismus. Skinner (1954), auf den im Rahmen des behavioristischen Lernparadigmas bereits eingegangen wurde (vgl. Kap. 5.1.2), hat die Theorie des operanten Konditionierens und damit das Prinzip der Verstärkung konsequent auf den Unterricht (in der Schule) versucht anzuwenden: „Wir haben ... allen Grund zu der Annahme, dass die wirksamste Steuerung des menschlichen Lernens der instrumentellen Hilfe bedarf" (Skinner, 1971, S. 26; zit. nach Straka & Macke, 2002). Seine Überzeugung war es, dass der traditionelle Lehrerunterricht durch die Einführung entsprechender Lehrprogramme und Lehrmaschinen weitgehend ersetzt werden könnte. Der Programmierte Unterricht (auch Programmierte Instruktion oder Programmierte Unterweisung genannt) setzt vor allem auf das behavioristische Konzept der Verstärkung und funktioniert nach dem Prinzip der Verhaltensformung durch Belohnung von Erfolg. Nach dem (didaktischen) Modell der Programmierten Unterweisung sollten Lehrprozesse nach folgenden Schritten gestaltet werden (siehe Abb. 6.1): 1) Komplexe Lerninhalte werden in kleine Einheiten (frames) aufgeteilt, die jeweils für sich dargeboten werden. 2) Für jede einzelne Einheit wird eine konkrete Lernaufgabe (in der Regel Fragen oder einfache Aufgaben wie Lückentexte oder Multiple Choice-Aufgaben) formuliert, auf die der Lernende reagieren muss (z.B. eine Frage beantworten oder eine Aufgabe bearbeiten). 3) Unmittelbar nach jeder Reaktion (Antwort, Lösung) wird dem Lernenden eine Rückmeldung gegeben: Richtige Antworten werden verstärkt (z.B. durch Lob oder durch neue Aufgaben, die einen weiterbringen etc.); auf falsche Antworten er-

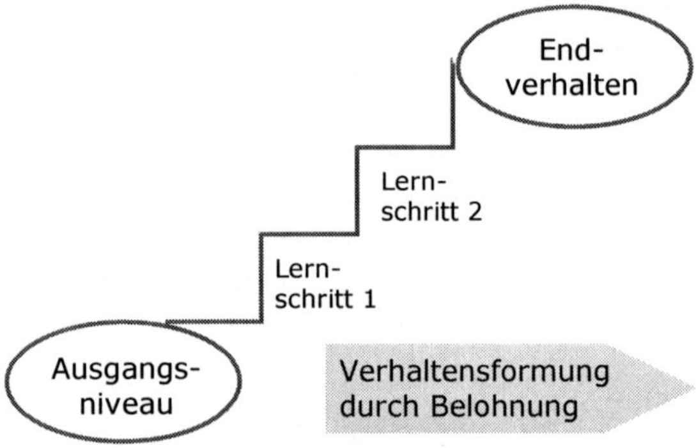


*Abb. 6.1: Programmierte Unterweisung*

folgt keine Reaktion. Die einzelnen Lernschritte sind bei der Programmierten Unterweisung linear und werden systematisch aufgebaut, sodass der Lernende schrittweise von seinem Ausgangsniveau zum erwünschten Endverhalten geführt wird. Zugrunde liegt die Annahme, dass (vor allem positiv) verstärktes Verhalten häufiger auftritt und entsprechend geformt werden kann (shaping).

***Geltungsbereich***. Die Programmierte Unterweisung gehört zu den alten behavioristischen Modellen des Instruktionsdesigns - man spricht auch von der ersten Generation des Instruktionsdesigns. Mit Hilfe der Programmierten Unterweisung können Lernende einfache Kenntnisse und Fertigkeiten erwerben: Prozesse, die - wie bei bestimmten Rechenoperationen, beim Rechtschreiben, beim Erlernen einer Sprache, beim Bedienen eines Geräts etc. - in Routinen überführt werden müssen, sind nach den Prinzipien der Programmierten Unterweisung durchaus trainierbar. Es handelt sich um eine direkte und darbietende Form der Instruktion. Lernen und Lehren nach dem Modell der Programmierten Unterweisung klammert allerdings emotionale und soziale Aspekte des Lernens weitgehend aus; Verstehensprozesse können weder besonders gut unterstützt noch sichergestellt werden. Selbstgesteuertes Lernen ist zwar möglich, allerdings nur auf der Ebene der zeitlichen Koordination (Bestimmung von Lernzeitpunkt und Lerngeschwindigkeit); von Selbstbestimmung im Sinne eigenverantwortlicher Entscheidungen bezogen auf den eigenen Lernprozess dagegen kann keine Rede sein. *Komplexe* Inhalte mit diesem Modell vermitteln und entsprechende Handlungskompetenz aufbauen zu wollen, ist nicht sinnvoll. Solche Ziele werden mit der Programmierten Unterweisung allerdings auch gar nicht angestrebt.

***Potential für Blended Learning***. Die Prinzipien der operanten Konditionierung beim Lernen standen und stehen Pate in vielen Software-Angeboten, die nicht nur für schulische Ziele im „Nachmittagsbereich", sondern auch im Rahmen der Weiterbildung in Unternehmen zum Einsatz kommen. CBTs und WBTs mit instruktionaler und teilweise auch tutorieller Struktur können in eng definierten Geltungsbereichen ihren Zweck durchaus erfüllen, wie dies beispielsweise bei Vokabeltrainern, Mathematikprogrammen und Geräteschulungen der Fall ist. Die heute verfügbare interaktive Software geht über Skinners einfaches Modell in der Regel hinaus - z.B. was die multimediale Gestaltung oder die Art der Rückmeldung betrifft; die grundlegenden didaktischen Prinzipien aber haben ihre Wurzeln in der alten Programmierten Unterweisung. Elemente einer Blended Learning-Umgebung, die konkrete, in den genannten Geltungsbereich fallende Trainingsziele verfolgen, können also durchaus nach operanten Prinzipien gestaltet werden. Das gilt auch für einzelne Aufgaben (siehe Kap. 6.3), die dazu dienen, einfache Kenntnisse und Fertigkeiten zu erwerben und einzuüben.

**Kasten 6.1: Programmierte Unterweisung – Praktische Folgerungen für Blended Learning**

- Kleine Lerneinheiten bilden.
- Jede Lerneinheit mit einer kurzen Aufgabe versehen.
- Zu jeder Lernerreaktion auf eine Aufgabe unmittelbar Rückmeldung geben.
- Zur nächsten Lerneinheit erst fortschreiten, wenn die vorausgegangene vom Lernenden beherrscht wird.

⏩ Geeignet für die Gestaltung von E-Learning-Elementen in einer Blended Learning-Umgebung, mit denen einfache Kenntnisse und Fertigkeiten eingeübt werden sollen.

## *6.1.2 Instruktionstheorie*

***Kernaussagen***. Gagné (1965) steht für den Versuch, auf der Grundlage psychologischer Bedingungen menschlichen Lernens Vorhersagen für die Planung und Gestaltung von Unterricht zu machen. Vielen gilt Gagné als Vater des Instruktionsdesigns. Seine Grundprinzipien des Instruktionsdesigns mit Lehrzielhierarchien und Lehrschritten wird im Folgenden der Einfachheit halber als „Instruktionstheorie“ bezeichnet. Kennzeichnend für seine Lehrzielhierarchie ist das Postulat, dass für jeden Lehrinhalt und jedes erwünschte Lernergebnis bestimmte Lernvoraussetzungen gegeben sein müssen: Noch nicht vorhandene Lernvoraussetzungen sind als Lehrziele zu betrachten. Gagné unterscheidet fünf Kategorien von Lehrzielen bzw. Lernvoraussetzungen (vgl. Gagné, Briggs & Wagner, 1992): a) Sprachlich repräsentiertes Wissen, also Faktenwissen oder Zusammenhangswissen, das erinnert und verbal wiedergegeben werden kann; b) kognitive Fähigkeiten, zu denen (in aufsteigender Reihenfolge) die Unterscheidungsfähigkeit, anschauliche Begriffe, abstrakte Begriffe, Regeln und Problemlösefähigkeiten (Regeln höherer Ordnung) gehören; c) kognitive Strategien, die die eigenen Denk-, Lern- und Problemlöseprozesse verbessern (Metakognition); d) Einstellungen im Sinne von komplexen mentalen Zuständen, die das Handeln beeinflussen; und e) motorische Fähigkeiten zur routinierten Bewältigung praktischer Aufgaben. Um die jeweils angestrebten Lehrziele zu erreichen bzw. die jeweiligen Lernvoraussetzungen zu schaffen, empfiehlt Gagné neun Lehrschritte („events of instruction“), die zusammen zu einer optimalen Vermittlungsstrategie führen sollen: 1) Die Aufmerksamkeit der Lernenden ist zu gewinnen (z.B. durch Problem- oder Praxisbezug). 2) Die Lernenden sind möglichst genau über die Lehrziele zu informieren. 3) Das Vorwissen der Lernenden ist zu aktivieren (z.B. mittels Wissensabfrage zu Unterrichtsbeginn). 4) Die Lehrinhalte mit ihren charakteristischen Merkmalen sind möglichst eindeutig (etwa durch verständliche Sprache und Abbildungen) darzustellen. 5) Die Lernenden sind beim Lernen anzuleiten und (mit Lernhilfen oder Tutoren) zu unterstützen. 6) Die vermittelten Inhalte sind auszuführen und anzuwenden. 7) Es sind informative Rückmeldungen zu geben. 8) Leistungen sind zu kontrollieren und zu beurteilen (z.B. durch Tests). 9) Behalten und Transfer sind (etwa mit entsprechenden Transferhilfen und Übungen) zu sichern (siehe Abb. 6.2). Wie diese neun Lehrschritte im Einzelnen aussehen, ist abhängig von der jeweiligen Lehrzielkategorie.

***Geltungsbereich***. Bereits 1965 veröffentlichte Gagné die Grundzüge einer optimalen Vermittlungsstrategie in seinem Buch "The Conditions of Learning". Gagnés Lehrzielhierarchie sowie seine „events of instruction“ können als Ursprung vor allem von Instruktionsdesign-Modellen bezeichnet werden, die die behavioristische Tradition überwinden. Gagnés Vorstellungen vom optimalen Vermittlungsprozess haben die Gestaltung des traditionellen Unterrichts (vor allem in der Schule, aber auch in der Weiterbildung) nachhaltig beeinflusst; viele Lehrende richten ihr Vorgehen bewusst oder unbewusst an den Grundideen von Gagné aus. Nicht mehr nur von außen erkennbares Verhalten, sondern auch mentale Prozesse unterschiedlicher Komplexität werden in die

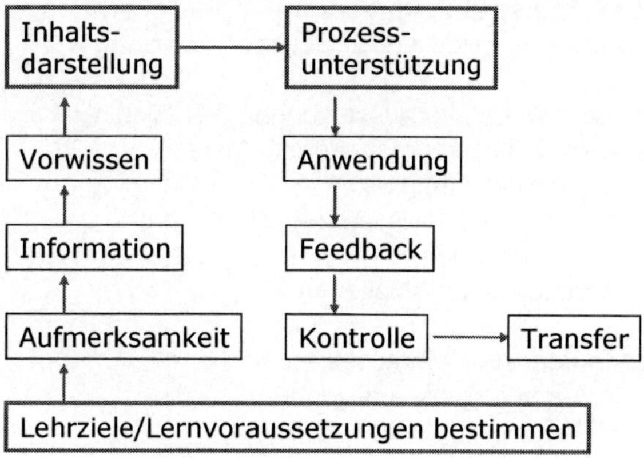


*Abb. 6.2: Events of Instruction*

Lehrzielkategorie der Instruktionstheorie eingebunden und damit der Kognition beim Lernen in hohem Maße Rechnung getragen. Motivationale Aspekte werden bei Gagnés Lehrschritten ebenfalls - zumindest ansatzweise - beachtet. Außen vor aber bleiben auch bei der Instruktionstheorie Emotionen und soziale Interaktionen beim Lernen. Die Vermittlungsstrategie läuft auf eine vor allem fremdgesteuerte Lehr-Lernsituation und direkte Instruktionsmaßnahmen hinaus.

***Potential für Blended Learning***. Die Instruktionstheorie wurde nicht speziell für das Lernen und Lehren mit Medien entwickelt, kann aber vor allem für die Entwicklung von Lernumgebungen herangezogen werden, die auf der Basis von Informationstechnologien verschiedene Möglichkeiten der Interaktion bieten wollen (vgl. Kap. 3.2). Als probate Vorgehensweise bei der Gestaltung medialer Umgebungen hat sich eine Kategorisierung der Lehrziele erwiesen, wie sie Gangé vorsieht: Lehrzieltaxonomien dieser Art erhöhen die Transparenz beim Lernen im Allgemeinen und bei E-Learning- und Blended Learning-Angeboten im Besonderen; sie schaffen zudem Bedingungen dafür, auf der Basis von Lernfortschritten nach individuellem Tempo zu lernen. Auch Gagnés „events of instruction" - von der Aufmerksamkeitsaktivierung bis zur Transfersicherung - können in E-Learning und Blended Learning-Phasen eingesetzt werden, in denen die Vermittlung von Kenntnissen im Vordergrund steht; in vielen CBTs und WBTs finden Gagnés Lehrschritte (wenn auch in abgewandelter Form) Anwendung. Es hat sich jedoch als nicht sinnvoll erwiesen, an einer

**Kasten 6.2: Instruktionstheorie –
Praktische Folgerungen für Blended Learning**

***Lehrziele*** bzw. Lernvoraussetzungen festlegen:

- ✓ sprachlich repräsentiertes Wissen
- ✓ kognitive Fähigkeiten
- ✓ kognitive Strategien (Metakognition)
- ✓ Einstellungen
- ✓ motorische Fähigkeiten

Folgende ***Lehrschritte*** umsetzen:

- ✓ Aufmerksamkeit gewinnen
- ✓ über Lehrziele informieren
- ✓ Vorwissen aktivieren
- ✓ Lehrinhalte darstellen
- ✓ Lernprozess unterstützen
- ✓ Gelerntes anwenden lassen
- ✓ Rückmeldungen geben
- ✓ Leistungen kontrollieren
- ✓ Transfer sichern

⏩ Die Lehrzielhierarchie ist geeignet für die Zielklärung beim Blended Learning; die Lehrschritte können bei gut abgrenzbaren Lerninhalten im Rahmen einer Blended Learning-Umgebung eine erste Orientierung bieten.

hierarchischen Sequenzierung von Lehrstoff und Lehrschritten rigide festzuhalten.

## 6.1.3 Expositorisches Lehren

***Kernaussagen***. Unter dem Begriff „expositorisches Lernen" oder „expository teaching" hat Ausubel (1974) in den 1960er und 1970er Jahre herausgearbeitet, welche Bedeutung die kognitive Struktur des Lernenden im Lerngeschehen hat. Ausubels Theorie liegt die Annahme zugrunde, dass Lernprozesse weitgehend sprachlich vermittelt sind. Beim expositorischen Lehren werden sowohl die Lerninhalte als auch die Art ihrer Darbietung systematisch geplant und strukturiert. Dabei vertritt Ausubel (1974) die Auffassung, dass Lernen sinnvoll und rezeptiv sein soll, wobei die Merkmale „sinnvoll" und „rezeptiv" deutliche Implikationen für das Lehren mit sich bringen: a) *Sinnvoll* ist das Lernen dann, wenn neue Informationen nicht allein nach der Oberflächenbedeutung gespeichert werden (z.B. wortwörtlich), sondern in bestehende Wissensstrukturen[2] untergeordnet und damit in ihrer Tiefenstruktur (in ihrem Sinn) verstanden werden. Diesen Vorgang der Unterordnung von neuer Information in bestehendes Wissen nennt Ausubel „Subsumption" (Subsumptionstheorie). b) *Rezeptiv* ist das Lernen in dem Sinne, dass Lerninhalte vom Lernenden nicht selbst entdeckt werden müssen, sondern bereits in fertiger Form dargeboten werden können. Hier liegt auch der Grund für die Bezeichnung „expositorisches Lehren (expository teaching)". Zur Organisation der Darbietung von Lernmaterial hat Ausubel verschiedene Prinzipien entwickelt, die dem sinnvollen, rezeptiven Lernen gerecht werden sollen (siehe Abb. 6.3): 1) *Advance Organizer*: Dabei handelt es sich um zusammenfassende Texte am Anfang neuer Lehrinhalte, die die Kerngedanken des Folgenden skizzieren, damit Lernende neue Inhalte in bereits vorhandene Wissensstrukturen einordnen können. Advance Organizer sind also so etwas wie Ankerideen höherer Ordnung. 2) *Progressive Differenzierung*: Der Lehrende soll zunächst allgemeine Sachverhalte erläutern und sie dann stufenweise mit immer spezifischeren Informationen ausdifferenzieren. Die hierarchische Organisation von Begriffsstrukturen soll die Subsumption fördern. 3) *Integrierendes Verbinden*: Der Lehrende sollte immer wieder auf inhaltliche Beziehungen zwischen den Lehrinhalten verweisen und diese den Lernenden damit bewusst machen. 4) *Sequentielle Organisation*: Bei der Anordnung von Einzelthemen eines Gegenstandsbereichs sind vom Lehrenden natürliche Abhängigkeiten (z.B. chronologische Reihenfolgen oder kausale Abfolgen) zu nutzen. 5) *Konsolidierung*: Der Lehrende muss dafür sorgen, dass das Gelernte wiederholt durchgearbeitet und auf diese Weise verfestigt wird. Üben und Wiederholen sind wichtig, weil die sichere Bewältigung der vorausgehenden Inhalte eine wesentliche Voraussetzung für die Bewältigung nachfolgender Inhalte ist (was in ähnlicher Form schon Gagné betont hat; vgl. Kap. 6.1.2).

---

[2] Vergleiche hierzu auch die Ausführungen zu den kognitiven Strukturen (im Sinne von Erkenntnisstrukturen) in Kap. 4.1.

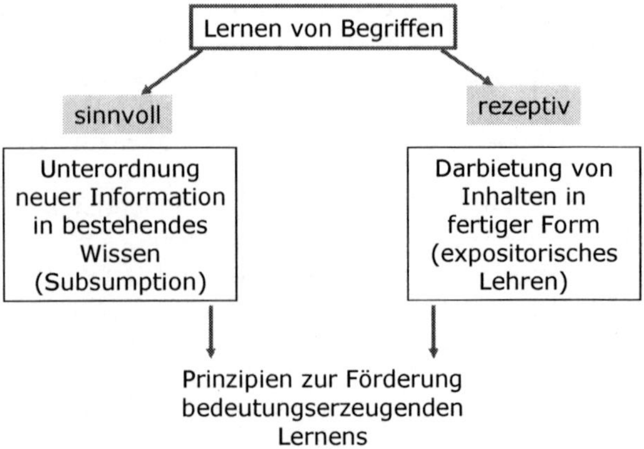


*Abb. 6.3.: Expositorisches Lehren*

***Geltungsbereich***. Ausubels Subsumptionstheorie und der dazugehörige Ansatz des expositorischen Lehrens bezieht sich auf das rezeptive Lernen (Kenntniserwerb und Verstehen) und *nicht* auf Lernformen mit entdeckenden Anteilen (wie man sie bei Prozessen der Aneignung findet). Für Ausubel (1974) besteht bedeutungserzeugendes Lernen darin, neue Begriffe zu erwerben und aufzubauen. Im Vordergrund des Interesses steht der Kontext Schule und die Gestaltung von schulischen Lehr-Lerninhalten bzw. -materialien. Auch beim expositorischen Lehren ist ein deutlich kognitiver Fokus und ein direktes Instruktionsverhalten zu verzeichnen. Motivationale Aspekte werden allenfalls indirekt (z.B. über Vorwissensbezüge), emotionale Aspekte gar nicht thematisiert. In späteren Instruktionsdesign-Modellen wie der Elaborationstheorie (siehe Kap. 6.1.4) wurden die Prinzipien der Subsumption und der progressiven Differenzierung sowie die Methode der Advance Organizer aufgegriffen und weiter ausgebaut.

***Potential für Blended Learning***. Ausubels Prinzipien zum sinnvollen, rezeptiven Lernen lassen sich als Qualitätskriterien für Lehr-Lernmaterial nutzen und haben von daher vor allem bei der Gestaltung von Inhalten in E-Learning- und Blended Learning-Umgebungen ihren Platz. Rezeptives bedeutungsvolles Lernen wiederum kann – je nach Domäne und Zielsetzung – in verschiedenen Phasen des Lernens wichtig sein. Je mehr ein Lernen (auch) durch (medial vermittelte) Information erfolgen soll, umso wichtiger werden Kriterien für eine inhaltliche Gestaltung, mit denen sinnvoll und rezeptiv gelernt werden kann.

Ähnlich wie Lehrzielhierarchien erhöhen Advance Organzier (wenn auch in anderer Weise) die Transparenz beim Lernen: Eine frühzeitige Lenkung von Erwartungen im Hinblick auf die zu erlernenden oder angebotenen Inhalte ist vor allem dann wichtig, wenn Lernprozesse in Blended Learning-Umgebungen nicht (oder nur in geringem Umfang) personal betreut werden.

**Kasten 6.3: Expositorisches Lehren – Praktische Folgerungen für Blended Learning**

- Bestehende Wissensstrukturen der Lernenden „diagnostizieren".
- Die zu lernenden Inhalte so darbieten, dass neue Inhalte in bestehende kognitive Strukturen integriert werden können.
- Nutzung folgender ***Prinzipien*** zur Integration des Neuen:
  - ✓ Advance Organizer
  - ✓ Progressive Differenzierung
  - ✓ Integrierendes Verbinden
  - ✓ Sequentielle Organisation
- Dafür sorgen, dass die neu erworbenen Inhalte durch Üben und Wiederholen konsolidiert werden.

⏩ Geeignet für die Gestaltung von (klassischem ) Lehr-Lernmaterial (bereitgestellt über digitale Medien) in Blended Learning-Umgebungen.

## *6.1.4 Elaborationstheorie*

***Kernaussagen***. Einige Jahre nach Gagné und Ausubel hat Reigeluth (1979) mit der Elaborationstheorie ein didaktisches Modell vorgelegt, das sowohl der Kategorisierung als auch der Strukturierung von Lehrinhalten einen zentralen Stellenwert bei der instruktionalen Gestaltung zuweist. Der erste Schritt zur Gestaltung von Lehreinheiten ist in der Elaborationstheorie die Ordnung der Lehrinhalte nach drei Kategorien (Reigeluth & Stein, 1983): 1) Die erste Kategorie sind *Konzepte*, also Gruppen von Objekten, Ereignissen, Symbolen, die zur gleichen Kategorie gehören (z.B. das Konzept „Unterricht"). 2) Die zweite Kategorie bilden *Prozeduren*, also Abfolgen von Handlungsschritten (mit

Handlungsalternativen), mit denen ein Ziel erreicht werden kann (z.B. die Prozedur „Unterricht planen"). 3) Die dritte Kategorie heißt *Prinzipien* im Sinne von kausalen oder korrelativen Beziehungen (Regeln, Gesetzmäßigkeiten) zwischen zwei oder mehreren Konzepten unterschiedlicher Komplexität (z.B. das Prinzip der „Entstehung von Motivation im Unterricht"). Das besondere Charakteristikum der Elaborationstheorie besteht in der (hierarchischen) Strukturierung der Lehrinhalte: Nach der Analogie des *Zoomens* mit einer Kamera fordert Reigeluth, die Lehrinhalte schrittweise zu differenzieren, damit der Lernende stabile kognitive Strukturen aufbauen kann. Diese schrittweise Differenzierung (die bereits Ausubel forderte) nennt man auch Elaboration, was der Theorie ihren Namen gegeben hat. Vor dem Hintergrund der Zoom-Analogie soll der Lernende wie bei der Weitwinkeleinstellung einer Kamera zunächst eine Übersicht ohne Details erhalten (also ein Überblick über die Inhalte und deren Verknüpfungen samt Beispiele); dann sollen einzelne Aspekte durch Zoomen beliebig detailliert betrachtet werden können. Ein Wechsel zwischen Weitwinkel und Detail ist möglich und wird empfohlen (siehe Abb. 6.4). In der Elaborationstheorie gilt stets das Prinzip: vom Einfachen zum Komplexen. Bei der Strukturierung der Lehrinhalte nach diesem generellen Prinzip spielen Ausubels Advance Organizer (vgl. Kap. 6.1.3) eine wichtige Rolle: Diese stellen die Kernaspekte der folgenden Lehrinhalte in einer für den Lernenden nachvollziehbaren Komplexität dar. Neben Advance Organizern werden verschiedene Varianten von Zusammenfassungen (auch Wiederholungen) sowie Analogien und die Aktivierung eigener Lern- und Kontrollstrategien (metakognitive Strategien; vgl. Kap. 2.2.3) gefordert. Das Ziel besteht darin, dass der Lernende Verbindungen zwischen den Lehreinheiten sowie zwischen den Kategorien Konzepte, Prozeduren und Prinzipien herstellt, denn: Erst diese Verbindungen fördern und sichern das Verstehen.

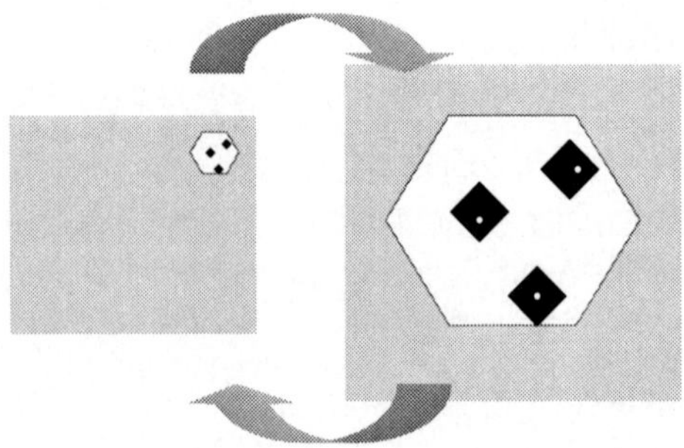

*Abb. 6.4: Die Zoom-Technik der Elaborationstheorie*

***Geltungsbereich***. Die Elaborationstheorie gehört - mit der Component Display-Theorie (s.u.) - zu denjenigen Instruktionsdesign-Modellen, die theoretisch als besonders gut fundiert gelten. Im Gegensatz zu Gagnés Instruktionstheorie und Ausubels expositorischem Lehren bezieht sich die Elaborationstheorie auf erwachsene Lernende. Kognitive Lehrziele stehen allerdings auch hier im Vordergrund, während alle anderen Dimensionen des Lernens ausgeblendet bleiben. Reigeluth macht viele Anleihen bei Ausubels expositorischem Lehren, bezieht sich aber weniger auf die Mikroebene der Gestaltung von Lehreinheiten, sondern stärker auf die Sequenzierung von Inhalten sowie auf die Entwicklung größerer inhaltlicher Einheiten in Form ganzer Kurse. So bleibt z.B. unklar, wie Konzepte, Prozeduren und Prinzipien im Einzelnen dargestellt werden sollen. Für Fragen dieser Art wird auf die Component Display-Theorie (s.u.) verwiesen, zu der es viele Verbindungen gibt. Anders als ältere Instruktionsdesign-Modelle wird vom Lernenden in der Elaborationstheorie ein möglichst hohes Ausmaß an Selbststeuerung in Bezug auf die Reihenfolge des Lernens und die eingesetzten Aneignungsstrategien gefordert.

***Potential für Blended Learning***. An den Stellen der Elaborationstheorie, an denen es um die Kategorisierung von Inhalten geht, gilt wie bei Gagnés Instruktionstheorie, dass diese genutzt werden kann, um die Transparenz von Blended Learning-Umgebungen zu erhöhen und die Erwartungen von Lernenden von Anfang an gut zu lenken. Dort, wo die Elaborationstheorie Prinzipien von Ausubels expositorischem Lehren übernimmt, kann man sich Impulse für die Gestaltung von Lerninhalten holen. Vor allem aber verweist Reigeluths Modell auf das Prinzip, die Komplexität von Inhalten und Anforderungen im Laufe eines Kurses allmählich zu erhöhen und einzelne Einheiten so zu sequenzieren, dass eine wachsende Detailsicht (bei gleichzeitiger Übersicht) ermöglicht wird. Auch dies ist beim Blended Learning umso wichtiger, je weniger Betreuung und situativ erforderliche Flexibilisierung innerhalb einer Lernumgebung möglich ist.

**Kasten 6.4: Elaborationstheorie –
Praktische Folgerungen für Blended Learning**

- Lehrinhalte nach Kategorien ordnen (Konzepte, Prozeduren, Prinzipien).
- Lehrinhalte hierarchisch (vom Einfachen zum Komplexen) strukturieren und schrittweise differenzieren.
- Zur Strukturierung und Differenzierung gut geeignet ist die ***Zoom-Technik***:
    - ✓ Überblick geben
    - ✓ detaillierte Analyse (bei Einzelheiten) vornehmen
    - ✓ erneuten Überblick geben
- Weitere ***Prinzipien*** zur Strukturierung und Differenzierung heranziehen:
    - ✓ Advance Organizer
    - ✓ Zusammenfassungen und Wiederholungen
    - ✓ Analogien
    - ✓ Aktivierung metakognitiver Strategien

⏩ Die Inhaltskategorien sind geeignet für die Zielklärung beim Blended Learning; die Zoom-Technik und Prinzipien zur Strukturierung können bei der Gestaltung und Aufbereitung von Inhalten und Kursstrukturen beim Blended Learning eine Hilfe sein.

### 6.1.5 Component Display-Theorie

***Kernaussagen***. In der Component Display Theory (Merrill, 1983) werden Komponenten identifiziert, aus denen Lehrstrategien entwickelt werden können, was auch den Namen dieses Modells erklärt. Ähnlich wie in Reigeluths Elaborationstheorie werden kognitive Lehrzielkategorien postuliert, auf die die Lehrstrategien anzupassen sind. Merrill (1983) erweitert die Lehrzielkategorien der Elaborationstheorie (mit den drei Kategorien: Konzepte, Prozeduren, Prinzipien) um die Kategorie „Fakten" und meint damit einzelne Objekte, Ereignisse oder Symbole. In einem zweiten Schritt unterscheidet Merrill drei Kategorien von Lernleistungen: a) *erinnern*, also frei reproduzieren oder wiedererkennen; b) *anwenden*, also einen abstrakten Sachverhalt in einem konkreten Fall umsetzen; und c) neue Sachverhalte *erschließen*, also Wissen umstrukturieren, um Neues herauszufinden. Seine vier Lehrzielkategorien bezeichnet Merrill auch als Inhaltsebene, während die drei Kategorien von Lernleistungen die Verhaltensebene bilden. Beide Ebenen mit ihren Kategorien ergeben zusammen eine *Leistungs-Inhalts-Matrix* mit 12 Feldern, für die Aufgaben konstruiert werden können (siehe Abb. 6.5). Leer bleiben die Felder „Anwenden“ und „Erschließen“ beim Lehrziel Fakten, da Fakten allenfalls erinnert werden können. Es verbleiben also noch 10 Felder der Leistungs-Inhalts-Matrix, für die einzelne Unterrichtseinheiten (mit entsprechenden Aufgaben) ausgearbeitet werden können. Im Gegensatz zu Reigeluth gibt Merrill in seiner Component Display-Theorie auch Anleitungen, wie ein Lehrinhalt erklärt und Aufgaben erstellt werden sollen. Dabei schlägt er zwei Kategorien von Lehrschritten vor: 1) Lehrschritte, die sich unmittelbar auf die Lerninhalte beziehen (z.B. Allgemeines oder Konkretes erklären oder erfragen); diese Lehrschritte nennt er „primäre Darbietungsformen“. 2) Lehrschritte, die das Lernen fördern oder erleichtern, ohne sich direkt auf den Lehrstoff zu beziehen, genannt „sekundäre Darbietungsformen“. In Anlehnung an die Elaborationstheorie wird eine Sequenzierung von Lehrschritten favorisiert nach den Prinzipien: vom Einfachen zum Komplexen und vom Allgemeinen zum Konkreten/Besonderen. Das heißt: Bei jeder Lehreinheit soll zuerst ein Sachverhalt allgemein und dann am konkreten Beispiel dargestellt werden; darauf aufbauend sind allgemeine und konkrete Aufgaben zu erstellen.

| | **Fakten** | **Konzepte** | **Prozeduren** | **Prinzipien** |
|---|---|---|---|---|
| **Erinnern** | Aufgabe | Aufgabe | Aufgabe | Aufgabe |
| **Anwenden** | | Aufgabe | Aufgabe | Aufgabe |
| **Erschließen** | | Aufgabe | Aufgabe | Aufgabe |

*Abb. 6.5: Leistungs-Inhalts-Matrix der Component Display-Theorie*

***Geltungsbereich***. Die Component Display-Theorie basiert auf Forschungsarbeiten zum Begriffslernen und konzentriert sich daher auch auf die Auswahl und Zusammenstellung von Begriffsbeispielen. Sie wurde mit der Elaborationstheorie phasenweise gemeinsam entwickelt, um ein vollständiges Modell der Unterrichtsplanung zu erreichen. Wie die Elaborationstheorie weist auch die Component Display-Theorie Bezüge zu Ausubels expositorischem Lehren auf; dabei ist weniger die Sequenz von Lehr-Lernschritten als vielmehr die Vollständigkeit instruktionaler Elemente von Bedeutung. Bei Merrill liegt der Fokus ebenfalls auf der Vermittlung von theoretischem Wissen und intellektuellen Fertigkeiten; entsprechend sind auch nur kognitive Lehrziele vorgesehen. Vergleichbar zur Elaborationstheorie finden emotional-motivationale und soziale Aspekte des Lernens wenig bis keine Beachtung. Detailreich sind die Hinweise zur Gestaltung von Inhalten *und* Aufgaben auf der Mikroebene, die sich auf verschiedene Bildungskontexte anwenden lassen.

***Potential für Blended Learning***. Merrill hat relativ früh computerunterstützte Prozesse der Wissensvermittlung berücksichtigt. Seine Component Display-Theorie ist somit explizit für die Entwicklung von E-Learning-Angeboten, speziell für interaktive Programme, geeignet. Neuere Arbeiten weisen erste Integrationsversuche konstruktivistischen Gedankenguts auf (z.B. Problembezug, mehrere Perspektiven), die mit Einschränkung auch für offenere Formen des Blended Learning herangezogen werden können. Eine Weiterentwicklung der Component Display-Theorie ist die Instruktions-Transaktionstheorie, ein algorithmisches Instruktionssystem bzw. ein wissensbasiertes Computerprogramm, das die Entwicklung adaptiver Umgebungen mit Simulationen realisieren soll[3]. Diese Theorie ist sehr komplex und in der Umsetzung für die meisten Blended Learning-Projekte in der Praxis aus meiner Sicht zu aufwändig und eher für die Forschung brauchbar.

**Kasten 6.5: Component Display-Theorie –**
**Praktische Folgerungen für Blended Learning**

- Lehrinhalte nach (kognitiven) Kategorien ordnen (Konzepte, Prozeduren, Prinzipien, Fakten).
- Inhalte direkt darbieten (vom Allgemeinen zum Konkreten; vom Einfachen zum Komplexen); Lernprozesse inhaltsunabhängig unterstützen.
- Angestrebtes Verhalten (Leistung) nach Kategorien ordnen (Erinnern, Anwenden, Erschließen).
- Aufgaben in Abhängigkeit von Lerninhalten und angestrebter Leistung konstruieren.

[3] Eine kompakte Darstellung findet sich z.B. bei Niegemann et al. (2004).

> ⏩ Die Inhaltskategorien sowie die Leistungs-/Verhaltenskategorien sind geeignet für die Zielklärung beim Blended Learning; die Idee einer Matrix mit den Dimensionen Inhalt und Leistung ist hilfreich für die systematische Konstruktion von Aufgaben, sofern vor allem kognitive Lehrziele angestrebt werden.

## 6.2 Modelle des Kontextdesigns

Eigenaktivität, Kontextbezug und soziale Partizipation in realen Situationen beim Lernen gehören zum gemeinsamen Kern von Modellen, die man dem konstruktivistisch orientierten Kontextdesign zuordnen kann. Zugrunde liegen Leitgedanken, die bereits die Reformpädagogen sowie der amerikanische Pragmatismus vertreten haben: In der deutschen Reformpädagogik gegen Ende des 19., zu Beginn des 20. Jahrhunderts erklärte z.B. Kerschensteiner (1912) die Selbsttätigkeit zur Grundlage allen Lernens. Im Gegensatz zu den traditionellen Buchschulen sollten sich „moderne" Schulen darum bemühen, Kenntnisse und Fertigkeiten soweit wie möglich in lebensnahen Situationen zu vermitteln und dabei geistige Arbeit mit manueller Arbeit verknüpfen. Der Pragmatiker Dewey (1916) hat im selben Zeitrahmen gefordert, kulturelle, historische und institutionelle Kontexte beim Lernen zu berücksichtigen. „Verständiges Lernen", so Deweys Ziel, erfordert Lernarrangements, in denen Lernende Spielraum zum Handeln sowie Möglichkeiten zur sozialen Interaktion und zum Sammeln von Erfahrungen haben. Im deutschsprachigen Raum sind seit den 1970er Jahren vor allem der handlungsorientierte Unterricht und die Projektmethode Modelle, die trotz anderer Wurzeln große Ähnlichkeit mit Modellen des Kontextdesigns haben. Neuere konstruktivistische Ansätze zum Lernen (vgl. Gerstenmaier, 1999) haben ihre Quelle in der kognitiven Anthropologie, in der ökologischen Psychologie und im Situated Cognition-Modell (vgl. Kap. 2.5.3). Das Paradigma des Konstruktivismus hat das Lernen mit digitalen Medien teilweise als Vehikel genutzt, um alte und neue konstruktivistische Vorschläge für das Lernen und Lehren zu verbreiten. Dabei ist es auch zu neuen Entwicklungen gekommen, vor allem im Hinblick auf emotional-motivationale und soziale Aspekte des Lernens, die in behavioristischen und kognitivistischen Ansätzen stiefmütterlich behandelt werden. Unter dem gemeinsamen Dach des Kontextdesigns (vgl. Kap. 5.3.2) gibt es didaktische Modelle, die konkrete Anregungen zur Umsetzung konstruktivistischen Gedankenguts geben. Im Folgenden wird – analog zu den Instruktionsdesign-

Modellen – eine Auswahl von Kontextdesign-Modellen vorgestellt und deren Nutzungspotential für Blended Learning diskutiert.

### 6.2.1 Entdeckendes Lernen

***Kernaussagen***. Mehrere Jahrzehnte vor dem neuen Konstruktivismus-Boom hat sich Bruner (1966) in den 1960er Jahren für ein aktiv-konstruktives (versus rezeptives) Lernen durch Problemlösen eingesetzt und unter dem Begriff des „entdeckenden Lernens" bekannt gemacht[4]. Entdeckendes Lernen nach Bruner bedeutet allerdings nicht, dass Lernende in allen Lernsituationen etwas völlig Neues entdecken müssen. Auch andere Formen des Wissenserwerbs können dem entdeckenden Lernen zugeordnet werden, sofern sie folgende Eigenschaften aufweisen: a) Die Lernenden setzen sich *aktiv* mit Problemen auseinander, b) sie sammeln *selbständig* eigene Erfahrungen, c) sie führen bei passenden Gelegenheiten *Experimente* durch und d) sie erlangen auf diese Weise neue *Einsichten* in komplexe Sachverhalte und Prinzipien. Für Bruner ist der so definierte Vorgang des Entdeckens eine notwendige Bedingung dafür, dass Lernende über das oberflächliche Wissen hinaus auch Problemlösestrategien erwerben. Wer entdeckend lernt, ist nach Bruner neugierig und wird solange weiterlernen, bis die Neugierde gestillt und die noch offenen Fragen beantwortet sind. Um entdeckendes Lernen zu fördern, werden die Lernenden möglichst oft mit realen Situationen konfrontiert, in denen sie die Chance haben, neues Wissen selbständig und explorativ zu erwerben. Speziell für den Bereich des naturwissenschaftlichen Unterrichts entwickelte Wagenschein (1973) in den 1970ern die *genetische Methode*: Danach soll jedes Lehren von Problemstellungen ausgehen, die den Lernenden zum Nachdenken bringen, Fragen auslösen und ihn dazu motivieren, eigene „Entdeckungen" zu machen und mit anderen in einen Dialog zu treten (das sokratische Merkmal der Methode). Von daher kann man die genetische Methode als Unterform des entdeckenden Lernens interpretieren. Wenn der Lehrende problembezogen zum Nachdenken anregen will, kann er *nicht alles* lehren, sondern muss exemplarisch vorgehen. Wagenschein plädiert dafür, anhand beispielhafter Fälle und

---

[4] Bezogen auf Bruners Gesamtwerk ist das entdeckende Lernen nicht der zentrale Punkt seiner Arbeit; als wichtiger Vorreiter für problemlösende Vorgehensweisen im Unterricht aber werden die Ausführungen hier auf das entdeckende Lernen beschränkt. Auch Bruners Zuordnung zum konstruktivistisch orientierten Kontextdesign ist *nicht* zwingend (Bruner gilt vielen auch als Kognitivist); in diesem Buch erfolgt die Zuordnung eher pragmatisch als theoretisch aufgrund der hier im Vordergrund stehenden Problemorientierung beim Lernen und Lehren.

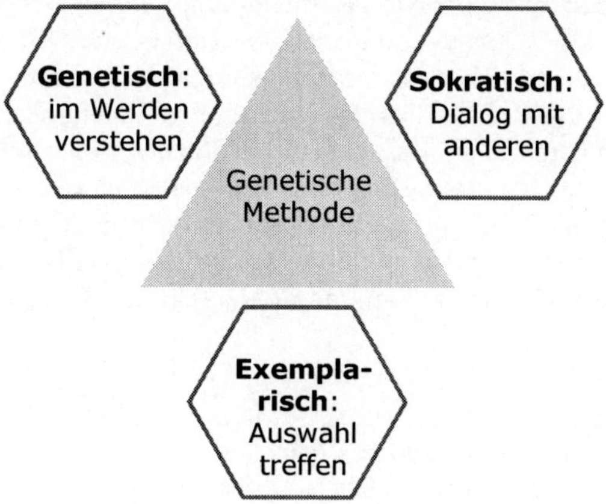


*Abb. 6.6: Die genetische Methode*

Situationen zentrale Probleme und Begriffe aufzugreifen, diese in vielfältigen Variationen zu behandeln und dabei Gelegenheit zu mehrfachen Anwendungen zu geben. Dazu muss man längere Zeit bei einer Sache bleiben – bei Wagenschein kommt das im Begriff des Epochenunterrichts zum Ausdruck, der Teil der genetischen Methode ist (siehe Abb. 6.6).

***Geltungsbereich***. In der pädagogisch-psychologischen Diskussion der 1960er Jahre hatte Bruners Konzept des entdeckenden Lernens vor allem auf das schulische Lernen großen Einfluss. Weniger bekannt und populär wurde Wagenscheins genetische Methode, obschon diese eine Konkretisierung des entdeckenden Lernens darstellt. Beide Ansätze nehmen spätere Konzepte vorweg, die das situative Lernen und das Lernen anhand authentischer Kontexte und Probleme postulieren, um „träges Wissen" zu vermeiden. Bruner und Wagenschein geht es weniger um den Kenntniserwerb als vielmehr um das Verstehen von Prinzipien, um ein tiefes Durchdringen und Aneignen neuen Wissens und um Problemlösen. Von daher können sie als wichtige Vorläufer moderner Kontextdesign-Modelle gelten. Emotionen und motivationale Prozesse spielen eine wichtige Rolle, was sich vor allem darin zeigt, dass der Förderung von Neugier als einem internen Antrieb ein hoher Stellenwert für die didaktische Gestaltung beigemessen wird.

***Potential für Blended Learning***. Weder Bruner noch Wagenschein haben sich speziell auf Medien bezogen. Eigenständige Exploration des Lernenden, exemplarisches Problemlösen sowie die Aneignung von Wissen unter multiplen Sichtweisen und in verschiedenen Kontexten sind jedoch Prinzipien, die auch bei der Gestaltung von Blended Learning-Umgebungen angewandt werden können. Das Ziel, Lerninhalte aus verschiedenen Perspektiven kennen zu lernen und aktiv zu explorieren, lässt sich in besonderer Weise mit Informationstechnologien fördern, die Repräsentations- und Explorationsfunktionen erfüllen und dabei ein hohes Maß an Interaktivität bieten. In neueren Kontextdesign-Modellen werden viele bei Bruner und Wagenschein bereits angelegte Gestaltungsprinzipien wieder aufgegriffen und für den Einsatz digitaler Medien spezifiziert.

**Kasten 6.6: Entdeckendes Lernen –
Praktische Folgerungen für Blended Learning**

- Lerninhalte an beispielhaften Fällen und Situationen vermitteln (exemplarisches Vorgehen).
- Aktive Auseinandersetzung mit Problemstellungen fördern, die so auch in realen Situationen vorkommen könnten.
- Exploration seitens der Lernenden fördern und Lernende Erfahrungen sammeln lassen.
- Zu selbständigen Experimenten ermutigen und Anwenden des Gelernten fördern.

⏩ Geeignet für die Vermittlung komplexer Inhalte, für die Förderung der Entwicklung von Problemlösestrategien und für die Aktivierung selbständiger (explorativer) Prozesse beim Lernen.

## 6.2.2 Cognitive Apprenticeship

***Kernaussagen***. Hohe Popularität hat Ende der 1980er, Anfang der 1990er Jahre das Cognitive Apprenticeship-Modell (zu Deutsch: „kognitive Meisterlehre") von Collins, Brown und Newman (1989) erlangt. In Analogie zur traditionellen Handwerkslehre werden Lernende beim Cognitive Apprenticeship zunächst stark unterstützt und dann nach und nach (im Sinne einer systematischen Sequenzierung) in die Selbstständigkeit und damit in ein selbstbestimmtes und exploratives Lernen entlassen. Ein wichtiges Grundprinzip besteht darin, dass Lernende über authentische Aktivitäten und soziale Interaktionen in eine Expertenkultur eingeführt werden, die gegebene Komplexität aber nur schrittweise freigegeben wird. Die Einführung in eine solche Expertenkultur soll bewirken, dass neben bereichsspezifischem Wissen auch heuristische Strategien sowie Kontroll- und Lernstrategien (im Sinne der Metakognition) erworben werden. Folgende Schritte machen das Modell des Cognitive Apprenticeship aus: 1) *Modeling*: Beim kognitiven Modellieren macht der Lehrende oder der Experte sein Vorgehen zunächst einmal vor und erläutert ausführlich, was er im Einzelnen macht und was er dabei denkt. Auf diese Weise werden intern ablaufende kognitive Prozesse für den Lernenden beobachtbar. 2) *Coaching*: Nach der Modellierung befasst sich der Lernende selbst mit einem Problem und wird dabei vom Lehrenden betreut und bei Bedarf gezielt unterstützt. 3) *Scaffolding*: Kann der Lernende Aufgaben nicht allein bewältigen, hilft ihm der Lehrende durch Tipps und Hinweise, wobei es wichtig ist, dass der Lehrende den Wissens- und Könnensstand des Lernenden möglichst gut einschätzen kann. 4) *Fading*: Im Verlauf des Lernprozesses gewinnt der Lernende Selbstvertrauen und Selbstkontrolle und kann selbständiger arbeiten; der Lehrende blendet seine Hilfestellungen allmählich aus. 5) *Articulation*: Immer wieder wird der Lernende im Verlauf des Lernens aufgefordert, Denkprozesse und Problemlösestrategien zu artikulieren, also sein sich entwickelndes Handlungswissen in Worte zu fassen. 6) *Reflection*: Die ablaufenden Prozesse beim Lernen sollen mit anderen diskutiert und reflektiert werden. Reflexion bedeutet, dass Lernende eigene Strategien damit vergleichen, wie andere Lernende oder der Experte vorgehen. Durch Artikulieren und Reflektieren erwirbt der Lernende generelle, abstrakte Konzepte, deren Verständnis trotzdem auf Anwendung beruht. 7) *Exploration*: Selbstständiges aktives Explorieren und Problemlösen ohne Unterstützung ist die letzte Stufe. Die Komplexität des zu erwerbenden Wissens und Könnens und die Variabilität der Anforderungen und Kontexte werden allmählich gesteigert (siehe Abb. 6.7).

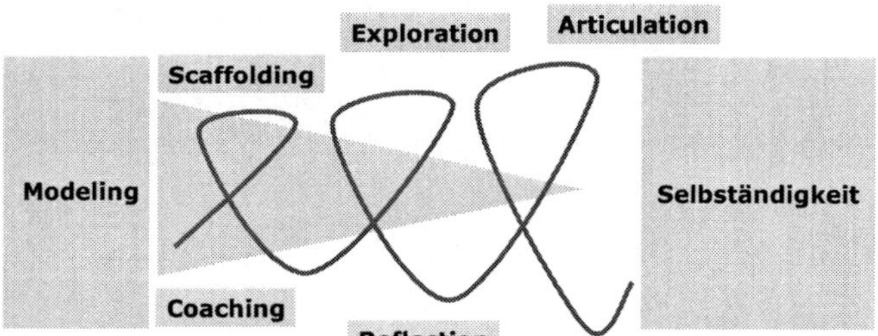


*Abb. 6.7: Cognitive Apprenticeship*

***Geltungsbereich***. Das Cognitive Apprenticeship-Modell versteht sich als allgemeines Rahmenmodell für die Gestaltung von Lernumgebungen. Es eignet sich vor allem für die Einführung in neue Wissensdomänen und kann Wissen und kognitive Fähigkeiten ebenso fördern wie Handlungskompetenz. Unterstützt wird auch die Entwicklung sozialer Fertigkeiten und metakognitiver Fähigkeiten (durch Reflexion und Artikulation). Anwendungsbezug beim Lernen wird dadurch erreicht, dass Lernende - wenn auch nur schrittweise - mit realen Anforderungen und mit möglichst „echten" Experten und deren Praxis konfrontiert werden. Eine Besonderheit dieses Ansatzes liegt darin, dass er ursprünglich für den lehrerorientierten Unterricht konzipiert wurde (und damit zum Instruktionsdesign gezählt werden könnte), gleichzeitig aber auch viele Forderungen aus der Situated Cognition-Bewegung umsetzt und hier deshalb vorrangig dem Kontextdesign-Ansatz zugerechnet wird.

***Potential für Blended Learning***. Nach der Cognitive Apprenticeship-Idee sind bereits mediengestützte Lernumgebungen gestaltet worden (z.B. Seel, 2005). Da beim Cognitive Apprenticeship die soziale Interaktion eine zentrale Rolle spielt, können Tools aus dem Bereich „Computer Supported Cooperative Work" (CSCW) zum Einsatz kommen; ein wichtiges Anwendungsfeld beim Blended Learning ist also das Lernen durch Kommunikation und Kollaboration. Aufgrund der relativ genauen Verfahrensschritte (ähnlich wie dies für Instruktionsdesign-Modelle kennzeichnend ist) ist das Cognitive Apprenticeship-Modell für die Gestaltung von Blended Learning-Umgebungen attraktiv: Anleitung der Lernenden und offene Aufgaben werden miteinander kombiniert: Wie bei Instruktionsdesign-Modellen wird ein Verfahren vom Einfacheren zum Komplexeren favorisiert, wobei allerdings der Einstieg einen höheren Komplexitätsgrad (bzw. höhere Realitätsnähe) aufweist, als dies bei Instruktionsdesign-Modellen der Fall ist. Gleichzeitig wird für Eigenaktivität und explorative Prozesse beim Lernenden gesorgt.

**Kasten 6.7: Cognitive Apprenticeship – Praktische Folgerungen für Blended Learning**

- *Modeling*: kognitives Modellieren seitens des Experten/ Lehrenden
- *Coaching*: gezielte Betreuung des Lernenden
- *Scaffolding*: aufgabenangepasste Unterstützung
- *Fading*: Ausblenden der Hilfestellung
- *Articulation*: Aufforderung zur Verbalisierung von Handlungen
- *Reflection*: Aufforderung zum Vergleich und zum Diskutieren des Gelernten
- *Exploration*: Förderung von Problemlösen ohne Unterstützung

⏩ Geeignet für die Sequenzierung von Inhalten sowie für die Gestaltung von Anleitungen *und* (problemorientierten) Aufgaben in Blended Learning-Umgebungen; viele Hinweise finden sich auch zur Prozessgestaltung (Betreuung von Lernenden) in einer Blended Learning-Umgebung.

### 6.2.3 Anchored Instruction

***Kernaussagen***. Unter der Bezeichnung „Cognition and Technology Group of Vanderbilt" (1997) (kurz: CTGV) haben Wissenschaftler in enger Kooperation mit Praktikern in den 1990er Jahren das Modell der Anchored Instruction („verankerte Unterweisung") entwickelt. Ausgangspunkt dieses Modells ist die Kritik am „trägen Wissen", das durch lehrerzentrierten Unterricht verursacht wird. Von daher soll vor allem die Anwendbarkeit von Wissen verbessert werden. Die grundlegende Idee besteht darin, dies durch narrative Anker zu erreichen, die einen zweifachen Zweck erfüllen: Sie bewirken eine Verankerung der neuen Inhalte in das Vorwissen der Lernenden (was in gewisser Weise an Ausubel erinnert: vgl. Kap. 6.1.3) und eine Verankerung in lebenspraktische Zusammenhänge. Narrative Anker sind Erzählungen bzw. Beschreibungen von authentischen (und interessanten) Situationen, in denen konkrete Probleme gelöst und neue Wissensinhalte erworben werden. Für die Gestaltung der Lernumgebung werden eine Reihe von Prinzipien postuliert, die die Anwendung durch narrative Anker sicherstellen sollen: 1) Unter dem Stichwort „*videobasiertes* Format" sollen audiovisuelle Medien für die Darstellung realitätsnaher Probleme herangezogen werden. 2) Das Stichwort „*narratives* Format" impliziert, dass Aufgaben und Probleme in eine zusammenhängende Geschichte eingebettet werden. 3) Mit „*generativem* Format" ist gemeint, dass Lernende komplexe Probleme selbst finden, spezifizieren und eigenständig lösen sollen. 4) Die Geschichte beinhaltet idealerweise alle relevanten Informationen zur Problemlösung, was auch „*Einbettung* der Informationen" genannt wird. 5) Probleme sollen nicht didaktisiert und künstlich einfacher gemacht, sondern in ihrer *Komplexität* belassen werden; Problemlösungen erfordern daher stets zahlreiche Lösungsschritte. 6) Zur gleichen Thematik sind immer *zwei* Geschichten (Abenteuer) anzubieten, um auf diese Weise den Wissenstransfer zu fördern. 7) Zwischen verschiedenen Wissensdomänen sollen möglichst viele *Verknüpfungen* hergestellt werden (siehe Abb. 6.8). Neben diesen Prinzipien zur authentischen Gestaltung von Lernumgebungen wird empfohlen, instruktionale Maßnahmen an das Vorwissen der Lernenden anzupassen und beim Verständnis des Wesentlichen zu helfen. Zudem sollen unterschiedliche Sicht- und Herangehensweisen an Probleme gefördert und die Ambiguitätstoleranz[5] der Lernenden erhöht werden. Weitere Empfehlungen, die jedoch weniger ausdifferenziert werden, sind: a) Neugier anregen und dadurch motivieren; b) Lernfortschritte und kontinuierliche Leistungsverbesserungen transparent machen; c) kooperatives Lernen unterstützen.

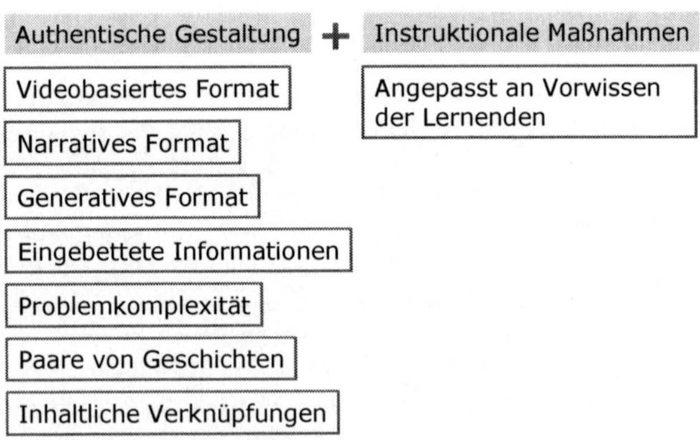


*Abb. 6.8: Designprinzipien im Anchored Instruction-Modell*

[5] Die Fähigkeit, Unsicherheiten und Ungewissheiten auszuhalten.

***Geltungsbereich***. Nach dem Anchored Instruction-Modell wurden für den Schulbereich Abenteuergeschichten im Mathematikunterricht entwickelt, die in der Praxis erfolgreich implementiert werden konnten. Anchored Instruction fördert Verstehensprozesse wie auch Problemlösefähigkeiten und soziale Kompetenzen (durch Aufgaben, die Kommunikation und Kooperation erfordern). Das Anchored Instruction-Modell ist ein klassisches Kontextdesign-Modell, bei dem situatives Lernen und selbstgesteuertes Problemlösen eine zentrale Rolle spielen. Neben kognitiven und sozialen Aspekten werden Fragen der Emotion und Motivation explizit berücksichtigt. Das zunächst recht allgemeine Anchored Instruction-Modell wurde wegen seiner Erfolge in den letzten Jahren weiterentwickelt und zu einem Ansatz zur Gestaltung flexibler adaptiver Lernumgebungen präzisiert, der ein Lernen in Lernzyklen (siehe Kap. 6.2.4) postuliert.

***Potential für Blended Learning***. Erste Medieneinsätze der Cognition and Technology Group at Vanderbilt waren Bildplatten für die Konstruktion von Abenteuergeschichten. Inzwischen wird mit Video und computerbasierten Formen gearbeitet, durch die narrative Anker besser und einfacher hergestellt werden können. Das Anchored Instruction-Modell hat von Anfang an Fragen des Einsatzes digitaler Medien berücksichtigt; fruchtbare Impulse liefert das Modell für die Gestaltung problemorientierter Aufgaben und authentischer Kontexte für Blended Learning-Umgebungen. Lernen durch Interaktion mit Lerninhalten und realitätsnahen Problemen einerseits sowie Kollaboration beim Problemlösen andererseits werden miteinander verbunden und sind in dieser Verbindung für Blended Learning gewinnbringend.

**Kasten 6.8: Anchored Instruction –**
**Praktische Folgerungen für Blended Learning**

- Realitätsnahe (komplexe) Probleme auswählen und mittels audiovisueller Medien (in ihrer Komplexität) darstellen.
- Zu Problemen Aufgaben und Inhalte (zur Aufgabenbearbeitung) entwickeln und alles in eine Geschichte einbetten.
- Möglichst zwei solcher Geschichten für ein (Unterrichts-) Thema kreieren.
- Lernende anleiten (und sie bei Bedarf unterstützen), in und mit der Geschichte durch Problemlösen in verschiedenen Kontexten zu lernen.

» Geeignet für die Gestaltung narrativer Kontexte (Geschichten), die den Erwerb neuer Inhalte motivierender machen *und* die Authentizität beim Lernen erhöhen; geeignet auch für die Förderung von Problemlösefähigkeiten.

## 6.2.4 Lernen in Lernzyklen

***Kernaussagen***. Ein Modell zum projektorientierten Lernen in Lernzyklen haben Mitglieder der Cognition and Technology Group at Vanderbilt als Nachfolgemodell der Anchored Instruction entwickelt (Schwartz et al., 1999). Kernthese beim Lernen in Lernzyklen ist, dass man komplexe Probleme dann besser bewältigen kann, wenn man zunächst einfachere Formen des problemorientierten Lernens eingeübt hat. Es wird deshalb empfohlen, für das projektorientierte Lernen Zyklen mit ansteigenden Herausforderungen zu organisieren. Die Methodik umfasst neun Phasen und Prinzipien: 1) *Vorausschau und Reflexion*: Ziele, Kontexte, Anforderungen und Vorwissen werden erfasst und transparent gemacht; dies geschieht durch Erzählungen, Bilder, offene Fragen etc. 2) *Konfrontation mit dem Einstiegsproblem*: Eine interessante Aufgabe führt dazu, dass die Lernenden ein gemeinsames mentales Modell vom Lerngegenstand aufbauen. 3) *Ideenproduktion*: Nach der Beschäftigung mit dem Einstiegsproblem werden Ideen gesammelt und Lösungsmöglichkeiten erkundet. 4) *Multiple Perspektiven*: Die Lernenden werden angehalten, sich verschiedene Sichtweisen von Experten und anderen Lernenden bewusst zu machen. 5) *Recherche, Exploration und Verbesserung*: Bei der Aufgabenbearbeitung werden verschiedene Informationsquellen genutzt; es wird in Gruppen gearbeitet; die Aufgabenbearbeitung in der Gruppe wird mit zahlreichen Instruktionsmethoden (Gruppentechniken, Videos, Vortrag etc.) unterstützt. 6) *Selbsttests und Selbstevaluation*: Die Überprüfung des Lernerfolgs wird in den Lernprozess integriert; mögliche Assessment-Verfahren sind Multiple Choice-Fragen, Aufsätze, Erprobung eigener Lösungen etc. Wichtig ist informierendes, motivierendes Feedback sowie die Botschaft, aus Fehlern lernen zu können. 7) *Öffentliche Darstellung*: Wenn Selbsttests zeigen, dass die Lernenden über hinreichendes Wissen und Können verfügen, werden die Ergebnisse öffentlich präsentiert. 8) *Fortschreitende Vertiefung*: Der Lernzyklus von Schritt 2 bis 7 wird an thematisch ähnlichen, aufeinander aufbauenden Problemen durchlaufen, deren Komplexität ansteigt. 9) *Reflexion und Rückblick*: Nach drei Lernzyklen werden Lernprozess und Lernfortschritt noch einmal gemeinsam rückblickend reflektiert. Dann wird entschieden, welche Dokumentationen für die nächste Lernergeneration aufbewahrt werden (Abb. 6.9).

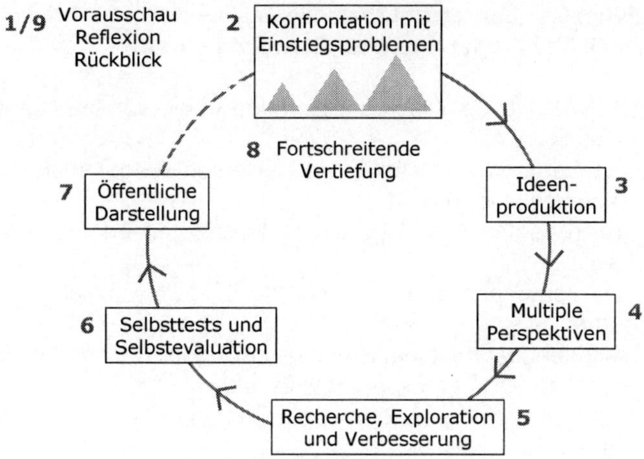


*Abb. 6.9: Lernen in Lernzyklen*

***Geltungsbereich***. Das projektorientierte Lernen in Lernzyklen wurde - wie das Anchored Instruction-Modell - primär für den Kontext Schule entwickelt, lässt sich aber auch auf andere Bildungskontexte (z.B. Hochschule) anwenden. Gefördert werden Verstehen, Problemlösefähigkeit, Handlungs- und soziale Kompetenz. Es ist offenkundig, dass sich die Urheber des Modells bemühen, möglichst alle psychologischen Dimensionen des Lernens anzusprechen. Anders als bei der Anchored Instruction wird die Komplexität allmählich in die Lernumgebung eingeführt; mehr instruktionale Elemente werden eingebaut. Das Modell wurde von Anfang an mit enger Bezugnahme zu digitalen Medien erarbeitet, kann aber prinzipiell auch ohne Medieneinsatz umgesetzt werden. Es wird von sehr guten Erfahrungen mit dem Modell Lernen in Lernzyklen berichtet; allerdings ist der notwendige Aufwand bei einer kompletten Umsetzung des Modells hoch.

***Potential für Blended Learning***. Schwartz et al. (1999) haben für das Lernen in Lernzyklen Software-Tools und eine anpassungsfähige virtuelle Lernumgebung (für den Schulbereich) entwickelt. Es gibt elektronische Werkzeuge für die Ideenproduktion und für Selbsttests; eigene (digitale) Medien kommen auch beim Recherchieren und Explorieren sowie bei der Präsentation und Dokumentation von Ergebnissen zum Einsatz. Projektorientiertes Lernen in Zyklen ist jedoch nicht auf die eigens für dieses Modell konzipierten Software-Produkte beschränkt. Auch andere (handelsübliche) technische Tools können

**Kasten 6.9: Lernen in Lernzyklen – Praktische Folgerungen für Blended Learning**

- Ziele, Kontexte, Anforderungen und Vorwissen transparent machen.
- Die Lernenden mit einer interessanten Aufgabe als Einstieg konfrontieren.
- Ideen sammeln und Lösungsmöglichkeiten erkunden lassen.
- Die Lernenden anhalten, multiple Sichtweisen kennen zu lernen.
- Aufgabenbearbeitung unterstützen; dabei Recherche, Exploration und Verbesserung anleiten.
- Die Überprüfung des Lernerfolgs in den Lernprozess integrieren.
- Ergebnisse öffentlich präsentieren.
- Lernzyklus an thematisch ähnlichen, aufeinander aufbauenden (komplexeren) Problemen nochmals durchlaufen.
- Lernprozesse und Lernfortschritte gemeinsam rückblickend reflektieren; bei Bedarf an andere Lernende weitergeben.

⏩ Geeignet für ein „angeleitetes entdeckendes Lernen" – also für alle Situationen, in denen mit Blended Learning Problemlösestrategien *und* Inhalte vermittelt werden sollen; geeignet für die Gestaltung von Aufgaben nach dem Prinzip der ansteigenden Herausforderung.

zur Umsetzung der oben beschriebenen Phasen und Prinzipien herangezogen werden. Insbesondere die Idee der Zyklen ist für Blended Learning-Umgebungen interessant, die zwar problemorientiert und mit offenen und explorativen Anteilen arbeiten wollen, aber zu große Herausforderungen an die Lernenden gleich zu Beginn des Lernens vermeiden wollen.

## *6.2.5 Goal-Based Scenarios*

***Kernaussagen.*** Auf der Basis kognitionspsychologischer Forschung zur Bedeutung von Geschichten für Lernen und Gedächtnis hat Schank Mitte der 1990er Jahre das Goal-Based Scenario-Modell entworfen (Schank, 1994).

Schank vertritt die Position, dass Fertigkeiten und Kenntnisse gemeinsam (also nicht nacheinander oder voneinander getrennt) und möglichst situiert anhand von authentischen Problemstellungen zu erwerben sind, bei denen ein bestimmtes Ziel zu erreichen ist. Dabei schreibt Schank dem „learning by doing" (vor allem dem Lernen aus Fehlern beim Handeln bzw. beim Problemlösen) eine zentrale Bedeutung zu. Diese Form des ziel- und problemorientierten Lernens soll durch „Goal-Based Scenarios" unterstützt werden. Von Goal-Based Scenarios kann man dann sprechen, wenn sie folgende Eigenschaften aufweisen: 1) Mit einem möglichst interessanten und realistischen Auftrag (eine *„mission"*) wird eine Situation konstruiert, in der ein bestimmtes Ziel verfolgt wird. 2) Eine attraktive, realitätsnahe Rahmengeschichte (die *„cover story"*) liefert - zusammen mit der Mission - den Kontext und schafft realitätsnahe Gelegenheiten, das angestrebte Wissen und Können (Zielfertigkeiten) zu erwerben. 3) In der Rahmengeschichte übernimmt der Lernende eine oder mehrere *Rollen*. 4) In diesen Rollen führt er verschiedenen *Handlungen* (Operationen) aus; diese können - je nach Auftrag und Rahmengeschichte - sehr unterschiedlich sein, sollten sich aber *einem* der folgenden Schwerpunkte (Fokus) zuordnen lassen: a) steuernde und kontrollierende Aktivitäten (z.B. bei Simulationen oder Planspielen), b) gestaltende Aktivitäten (z.B. eine Nachrichtensendung produzieren), c) erklärende Aktivitäten (z.B. bestehende Ereignisse untersuchen, Hypothesen aufstellen oder überprüfen), d) entdeckende Aktivi-

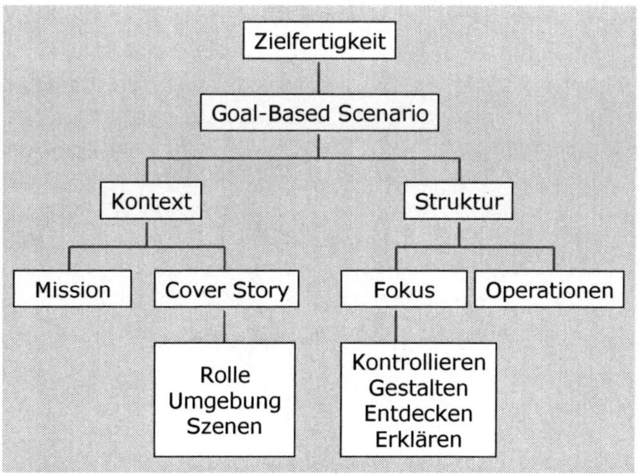


*Abb. 6.10: Struktur eines Goal-Based Scenarios (in Anlehnung an Zumbach & Reimann, 2003)*

täten (z.B. zwei Dinge miteinander vergleichen und eine „Diagnose" erstellen). 5) Alle *Ressourcen* (Informationen), die nötig sind, um den Auftrag zu erfüllen und eine oder mehrere der genannten Lernhandlungen durchzuführen, stehen dem Lernenden zur Verfügung. Informationen werden - wenn möglich - ebenfalls in Form von Geschichten angeboten. 6) *Rückmeldungen* sind unmittelbar und situationsbezogen zu geben, damit sie der Lernende in seinem Handeln sofort berücksichtigen kann. Feedback ist möglich durch a) Konfrontation mit Handlungsfolgen, b) multimediale Coachs (z.B. Videosequenzen von Experten) oder c) Expertenberichte über ähnliche Erfahrungen (siehe Abb. 6.10).

***Geltungsbereich***. Goal-Based Scenarios eignen sich gut für Hochschule und Weiterbildung; für diese wurde das Modell von Schank auch entwickelt. Im Vordergrund stehen anspruchsvolle, komplexe Domäne, in denen Fertigkeiten und Kenntnisse, vor allem aber Handlungskompetenz aufgebaut werden sollen. Im Vergleich zum Anchored Instruction-Modell ist die Führung des Lernenden höher, d.h. das selbstgesteuerte Lernen (nicht jedoch das eigenaktive, konstruktive Lernen) wird an vielen Stellen eingeschränkt bzw. der Lernende wird innerhalb der Goal-Based Scenarios phasenweise stark geführt. Durch Interaktion mit der Geschichte in verschiedenen Rollen sowie durch mehrere Feedbackformen wird ein hohes Maß an Interaktivität mit dem System und mit Situationen sichergestellt. Weniger ausgearbeitet sind Möglichkeiten zum kooperativen Lernen (Schank & Cleary, 1995).

***Potential für Blended Learning***. Das Goal-Based Scenario-Modell ist speziell für projektbasiertes Lernen mit digitalen Medien konzipiert worden. Simulationen und kleine Planspiele werden bei Schank ebenso eingebaut wie Videosequenzen zur Feedbackgestaltung. Auf der Basis des Modells wurden bereits mehrere multimediale Lernumgebungen für Hochschulen und Unternehmen entwickelt und erfolgreich eingesetzt. Ein Problem sind die hohen Kosten für ein Goal-Based Scenario, falls man dieses ausschließlich multimedial umsetzen will. Dies ist bei Blended Learning-Umgebungen allerdings *nicht* zwingend der Fall: Einzelne Elemente eines Goal-Based Scenarios können, müssen aber nicht mit digitalen Medien umgesetzt werden (vgl. Schank, 2004).

**Kasten 6.10: Lernen in Lernzyklen – Praktische Folgerungen für Blended Learning**

- Einen realistischen „Auftrag" (im Sinne eines sinnvollen Ziels) für die Lernenden definieren.
- Einen interessanten Kontext in Form einer Rahmengeschichte liefern.
- Festlegen, welche Rollen die Lernenden in der Geschichte übernehmen können.
- Verschiedene Handlungen, die mit Übernahme der Rollen verbunden sind, definieren (steuern/kontrollieren; gestalten; erklären; entdecken).
- Ressourcen zur Bearbeitung des Auftrags (wenn möglich ebenfalls in narrativer Form) zur Verfügung stellen.
- Unmittelbar Feedback geben (durch Handlungsfolgen, Coaches oder Expertenberichte).

⏩ Geeignet für die methodische Gestaltung von Blended Learning-Umgebungen, insbesondere für die Gestaltung von Geschichten (als Kontexte für die Bearbeitung von Aufgaben), aber auch für die Klärung und Festlegung von Lernleistungen beim Blended Learning (über die Rollen und Lernhandlungen).

### 6.2.6 Exkurs: WebQuests

***Warum dieser Exkurs?*** WebQuests stellen ein didaktisches Modell dar, das speziell für das Lernen mit dem Internet konzipiert wurde und verschiedene Merkmale anderer Modelle des Kontextdesigns kombiniert. Ich nehme die WebQuests deswegen an dieser Stelle auf, weil sie ein Beispiel für didaktische Modelle sind, die in unmittelbarem Zusammenhang mit den digitalen Medien entstanden sind. Man kann davon ausgehen, dass mit zunehmendem Experimentieren und Untersuchen der Nutzungsmöglichkeiten der digitalen Medien für Lehr-Lernprozesse im Laufe der Zeit immer mehr solcher spezifischer Vorschläge entstehen werden.

***Kernidee von WebQuests***. Die ursprüngliche Idee von WebQuests geht auf Dodge (1997) zurück und zeichnet sich vor allem dadurch aus, dass gestellte Aufgaben vorrangig mit Quellen aus dem Internet zu bearbeiten sind; die Bearbeitung kann – laut Dodge (1997) – mit Videoconferencing unterstützt werden. WebQuests sind relativ einfach aufgebaut: Sie bestehen aus a) einführenden Informationen (unter anderem zum Hintergrund des jeweiligen Themas), die auch in Form einer Geschichte dargeboten werden können, b) einer (möglichst interessanten) Problemstellung, die zu bearbeiten ist, c) einer Auswahl an Informationsquellen vor allem (aber nicht ausschließlich) aus dem WWW, mit denen die Aufgabe zu bearbeiten ist (daher die Bezeichnung „WebQuest"), sowie d) Hinweisen, wie die Problemstellung zu bearbeiten ist (Prozess), was am Ende erwartet wird (Ergebnis) und welche Unterstützung es gibt. Weiterentwicklungen insbesondere für den Schulbereich ergänzen die genannten Prinzipien mit der Online-Veröffentlichung der erarbeiteten Ergebnisse, die anderen Lernenden wieder als neue Informationsquelle (via Internet) zur Verfügung gestellt werden können (Moser, 2000): Auf diese Weise können Lernende nicht nur vom Lehrenden lernen, sondern auch untereinander von anderen Lernenden. Dodge (1997) unterscheidet kurz- und langfristige WebQuests, was er abhängig macht von der Komplexität der Aufgabe und des Themas.

***Ziele und Erfolgskriterien***. WebQuests sollen vor allem entdeckungsorientierte Aktivitäten beim Lernenden fördern. Im Einzelnen geht es darum, a) Kreativität und Neugier der Lernenden zu fördern, b) den Umgang mit Internetquellen zu unterstützen und die hierzu erforderlichen metakognitiven Strategien aufbauen zu helfen sowie c) eine aktiv-konstruktive Auseinandersetzung mit den Inhalten anzuregen (Moser, 2005). Möglich ist mit WebQuests demnach ein projektorientiertes, selbstgesteuertes und kooperatives Lernen unter Verwendung authentischer Materialien. Die Qualität von WebQuests, die sich vor allem im Schulbereich weit verbreitet haben, ist unterschiedlich und hängt vor allem von der Art der Aufgabenstellung, aber auch von der Auswahl der Quellen ab. Als wesentlich für den Erfolg von WebQuests im Unterricht hat sich zum einen eine klare Strukturierung herausgestellt, die Spielräume gibt, ohne zu überfordern; zum anderen sollten die Lösungsmöglichkeiten von Aufgaben offen sein bzw. die Lösungen sollten nicht von vornherein feststehen (Moser, 2000).

**Merkmale von Kontextdesign-Modellen in WebQuests**. WebQuests können aufgrund ihrer Zielsetzung, Neugier und exploratives Lernen zu fördern, durchaus als moderne (computerunterstützte) Variante des entdeckenden Lernens (vgl. Kap. 6.2.1) bezeichnet werden. Enthalten die einführenden Informationen und/oder dargebotenen Quellen von WebQuests narrative Elemente, bestehen auch (leichte) Bezüge zum Anchored Instruction-Modell (vgl.

Kap. 6.2.3) und zu den Goal-Based Scenarios (vgl. Kap. 6.2.5). Letzteres Modell beinhaltet zudem ähnliche Prozesshinweise und Strukturierungsangebote, wie sie in guten WebQuests angeboten werden. Die Idee der Veröffentlichung und Wiederverwendung von Lernergebnissen in neuen WebQuest-Runden (mit anderen Lernenden) findet sich auch im Modell „Lernen in Lernzyklen" (vgl. Kap. 6.2.4). WebQuests verbinden also verschiedene Aspekte und Elemente von Kontextdesign-Modellen und tun dies mit Blick auf spezifische *medienbezogene Ziele* (hier etwa der intelligente und reflektierte Umgang mit Internetquellen).

## 6.3 Die Rolle des Aufgabendesigns

Die Darstellung verschiedener didaktischer Modelle hat bereits gezeigt, dass sich diese vorrangig um zwei Kategorien von „Lehrleistungen" Gedanken machen: Zum einen um die Gestaltung von *Inhalten* (sowohl auf der Makroebene im Sinne der Sequenzierung von Inhalten als auch auf der Mikroebene im Sinne der Aufbereitung von Inhalten bzw. der Art der Informationsdarbietung) und zum anderen um die Gestaltung von Anleitungen, Aufforderungen, Aufträgen, Fragen etc., die anregen oder festlegen, was Lernende mit den Inhalten zu tun haben. Letzteres wird im Folgenden als *Aufgabe* bezeichnet und deswegen eigens behandelt, weil ich die These vertrete, dass die Aufgaben aus didaktischer Sicht das „Herz" einer Lernumgebung sind. Über didaktische Modelle hinaus gibt es Versuche, verschiedene Aufgabenformen nach formalen Merkmalen einzuteilen. Die Kenntnis solcher Aufgabentaxonomien ist hilfreich, bleibt aber ohne didaktische Konsequenz, wenn man nicht auch die Funktionen von Aufgaben reflektiert. Dass Lernen etwas mit Spielen zu tun haben könnte und Aufgaben von daher Spielcharakter haben, mag zunächst gewöhnungsbedürftig klingen. Setzt man aber definitorische Elemente des Spiels mit Aufgabenfunktionen sowie mit den meist vernachlässigten emotionalen und motivationalen Aspekten des Lernens zueinander in Beziehung, wird deutlich, dass das Spiel ein interessantes didaktisches Rahmenkonzept ist, das neue didaktische Gestaltungsmöglichkeiten bietet.

### *6.3.1 Gestaltung von Inhalten und Aufgaben*

***Die Begriffe des Inhalts- und Aufgabendesigns***. Als Lehrender steht man – wenn man es einmal einfach formuliert – vor zwei zentralen Herausforderungen, nämlich dem Inhalts- und dem Aufgabendesign: Ausgehend von den

Lehr-Lernzielen besteht die erste Herausforderung an den Lehrenden darin, eine Auswahl an Inhalten zu treffen bzw. festzulegen, welche Art von Inhalten in eine Lernumgebung Eingang findet. Zudem ist zu entscheiden, in welcher Form die Inhalte dargeboten werden, wie sie codiert (z.B. verbal oder bildhaft, als Text-, Ton- und/oder Videodokument) und ob sie weiter didaktisch aufbereitet werden. All diese inhaltlichen Entscheidungen sollen im Folgenden als *Inhaltsdesign* bezeichnet werden. Nur in extrem offenen Lernumgebungen ist es denkbar, dass der Lehrende die Frage nach den Inhalten völlig offen lässt und z.B. allein den Entscheidungen der Lernenden in der aktuellen Situation überlässt. Doch selbst in den hier vorgestellten Kontextdesign-Modellen, die zu eher offenen Lernumgebungen führen, ist eine völlige Enthaltung des Lehrenden beim Inhaltsdesign nicht vorgesehen. Die zweite Herausforderung an den Lehrenden ist die, sich darüber Gedanken zu machen, in welcher Weise sich die Lernenden mit den Inhalten beschäftigen bzw. wie sie sich mit diesen auseinander setzen sollen. Auch dies ist selbstverständlich abhängig von den Lehr-Lernzielen. An dieser Stelle sind wir mitten in methodischen Überlegungen, die ich aber der Einfachheit halber als *Aufgabendesign* bezeichne, denn letztlich läuft alle Methodik auf die Frage hinaus, wie man dem Lernenden dabei helfen kann, neue Inhalte (im Sinne von Information) zu personalem Wissen und zur Grundlage neuer Handlungsmöglichkeiten zu machen. Und genau das geschieht, wenn Aufgaben verschiedenster Art Lernende dazu anleiten oder anregen, sich aktiv mit gegebenen Inhalten auseinander zu setzen.

***Aktives Lernen durch Aufgaben***. Aufgaben – so meine These – haben nicht nur die Funktion, Lernende zu Aktivitäten zu ermuntern und Lernerfolge sicherzustellen (siehe Kap. 6.3.2); vielmehr *lenken* Aufgaben einen Großteil der Lernaktivitäten und sie *bestimmen* die ablaufenden Prozesse innerhalb der Lernumgebung. Und genau das ist *die* zentrale didaktische Funktion innerhalb einer Lernumgebung schlechthin, denn: Allein mit der Präsentation von Inhalten kann man nur lernen, wenn man schon Expertise im jeweiligen Fachgebiet erworben hat und über eine hohe Selbststeuerungsfähigkeit verfügt. Von daher ist auch das Internet als Distributionsmedium von Inhalten für Lernzwecke zunächst einmal denkbar ungeeignet: Im weltweiten Netz der Netze kann man Information abrufen, man kann auch etwas entdecken, aber das Internet liefert selbst keine Hilfe dabei, Information zu verarbeiten, in das eigene Wissen einzugliedern oder anzuwenden. Die didaktische Aufbereitung von Inhalten ist eine wichtige Hilfe, um Lernprozesse in Gang setzen. Richtiggehende Lernaktivitäten, also eine *aktive* Auseinandersetzung mit den Inhalten, setzen jedoch Aufgaben voraus, die – wenn sie denn gut gemacht sind – die Inhalte für den Lernenden zum Leben erwecken. Die Art der Aufgaben verrät viel über den „Spirit" einer Lernumgebung, und in vielen Fällen kann man anhand der Aufgaben relativ gut beurteilen, ob bzw. in welcher Weise Modelle des Instruktionsdesigns oder des Kontextdesigns bei der Gestaltung einer Lernumgebung tonangebend waren.

***Inhalts- und Aufgabendesign in didaktischen Modellen***. Sieht man sich die Kernaussagen und Empfehlungen an den Lehrenden, die man aus verschiedenen Instruktions- und Kontextdesign-Modellen ableiten kann, einmal genauer an, lässt sich feststellen, dass Instruktionsdesign-Modelle *tendenziell* mehr Aussagen über die Gestaltung von Inhalten, Kontextdesign-Modelle dagegen *tendenziell* mehr Aussagen über die Gestaltung von Aufgaben machen. In beiden Modell-Gruppen aber ist das Bemühen zu erkennen, Inhalte und Aufgaben zueinander in Beziehung zu setzen. Erst wenn diese beiden Elemente in sich und zueinander kohärent sind, etabliert sich eine Gestaltungsidee zu einem didaktischen Modell im Gegensatz zu einer willkürlichen Kombination einzelner Medien, Methoden und Materialien. Auf die Notwendigkeit der Kohärenz in diesem Sinne wurde bereits mehrfach hingewiesen (vgl. Kap. 4.3.1 und 5.3.3). Dass Instruktions- und Kontextdesign-Modelle nicht unvereinbar, sondern in vieler Hinsicht sogar komplementär sind und Elemente aus verschiedenen Modellen unter dem Leitgedanken der Kohärenz kombiniert werden können, wurde ebenfalls schon besprochen (vgl. Kap. 5.3.3). Will man nun genau dies tun und verschiedene Prinzipien und Elemente aus mehreren Modellen auswählen und neu zusammensetzen, hilft einem als Orientierung die Beziehung zwischen Inhalts- und Aufgabendesign.

***Adventure Game-Analogie***. An dieser Stelle den Begriff „Adventure Game" zu lesen, mag zunächst einmal verwundern. Die Struktur von computerbasierten Abenteuerspielen aber ist eine fruchtbare Analogie zur Entwicklung eines Blended Learning-Konzepts bzw. der Herausforderung, Inhalte und Aufgaben zu gestalten und aufeinander abzustimmen. Adventure Games sind Spiel und Erzählung in einem (Walter, 2002): In rascher und fein abgestimmter Reihenfolge gibt es einen Wechsel zwischen vorab strukturierten Erzählungen mit einer festen Dramaturgie einerseits und Spielstrukturen, die einen Rahmen und ein Regelwerk für potentiell viele Spielaktivitäten vorgeben, andererseits. Dabei ist die Erzählung das Ergebnis eines (textbasierten oder multimedialen) Erzählprozesses und durch Rezeption wiederholbar. Das Spiel aber wird erst durch das Spielen (das heißt durch die Beteiligung mindestens eines Spielers) zum Spiel. Analog zu dieser Struktur von Adventure Games kann man Inhalte und Aufgaben in einer Blended Learning-Umgebung interpretieren: Die Inhalte werden vorab festgelegt und strukturiert, dem Lernenden in der Umgebung

„erzählt" und sind durch Rezeption prinzipiell wiederholbar. Aufgaben dagegen übernehmen die Rolle eines Spiels: Sie geben die Regeln für potentiell viele Aktivitäten vor. In gewisser Weise sind sogar die Herausforderungen von Spielentwicklern und Konzeptentwicklern von Lernumgebungen einander ähnlich: Wer Adventure Games entwickelt, muss z.B. entscheiden, ob die gewählte Story (Erzählung) linear oder vernetzt aufgebaut sein soll, ob und wie die Freiheit der Nutzer bei ihren Aktivitäten zu begrenzen ist, ob es nur eine oder mehrere Lösungen für ein Problem (Rätsel) geben soll, ob die Lösung von Problemen bzw. Konflikten zeitabhängig oder zeitunabhängig möglich ist und vieles mehr. Wer ein Blended Learning-Konzept entwickelt, steht vor vergleichbaren Herausforderungen, also z.B. vor Entscheidungen in Bezug auf Komplexitätsgrad, Darstellungs- und Arbeitsformen, Selbst- und Fremdsteuerungsanteile, Verbindung von Präsenz- und E-Learning-Elementen sowie von synchronen und asynchronen Medien etc.

***Kohärenz im Adventure Game***. Bei Adventure Games hat man – als Nutzer – den Eindruck, dass sie Erzählung und Spiel vereinen, dass sie *gleichzeitig* Erzählung und Spiel sind, was faktisch aufgrund der gegensätzlichen Strukturen von Erzählung und Spiel gar nicht möglich ist, denn: Wenn erzählt wird, kann nicht gespielt werden und wenn gespielt wird, kann nicht erzählt werden (Walter, 2002). Auf der Erlebensebene seitens des Nutzers aber scheint dieses Paradox möglich zu sein, weil beides fein aufeinander abgestimmt und ineinander verstrickt ist: Die Erzählung verleiht dem Spiel ihren Sinn und macht dieses einsichtig; das Spiel macht die Erzählung lebendig, lässt einen teilhaben am erzählten Geschehen; auf eine Spielaktion folgt ein erzählendes Moment und umgekehrt. Die Beziehung zwischen Erzählung und Spiel im Adventure Game ist ein schönes Beispiel für Stimmigkeit auf der Strukturebene mit der Folge von Gleichklang zwischen rezeptiven und aktiven Vorgängen und Möglichkeiten der Sinnkonstruktion auf der Prozessebene.

***Kohärenz im Inhalts- und Aufgabendesign***. Analog zur Umsetzung von Kohärenz in Adventure Games kann man für Blended Learning-Umgebungen fordern, dass die Gestaltung von Inhalten und die Gestaltung von Aufgaben aufeinander abzustimmen sind (siehe auch Kasten 6.11): Wer zu Trainingszwecken Multiple Choice-Fragen als den wichtigsten Aufgabentyp in einer Blended Learning-Umgebung wählt, der muss auch darauf achten, dass eine begrenzte und übersichtliche Menge an Inhalten so aufbereitet ist, dass man selbstgesteuert damit lernen und rasch die wichtigsten Aussagen erkennen, gut speichern und erinnern kann. Wer projektorientierte Aufträge mit authentischem Charakter als Aufgaben in eine Blended Learning-Umgebung einbaut, der muss dafür sorgen, dass vielfältige Informationsquellen ein Einkreisen des Themas aus verschiedenen Perspektiven möglich machen; die didaktische Aufbereitung der Inhalte (etwa im Sinne der Komplexitätsreduktion) ist bei Anfängern sinnvoll, bei Fortgeschrittenen kann dies die Herausforderung unnötig bremsen. Auch die Art der Rückmeldung auf Aufgabenlösungen muss eine Passung aufweisen: Im ersten Fall (Training mit Multiple Choice-Aufgaben) ist ein unmittelbares Feedback von außen sinnvoll, was sich auch elektronisch umsetzen lässt. Im zweiten Fall sind Vergleichslösungen, gegenseitige Bewertungen unter den Lernenden, aber auch Selbstevaluationen passende Formen der Rückmeldung. Diese wenigen Beispiele machen bereits deutlich, dass man als Lehrender mit der Funktion, die man Aufgaben auferlegt, eine wichtige Weichenstellung dafür vornimmt, wie Kohärenz als Leitkriterium bei der Gestaltung der gesamten Lernumgebung inhaltlich umgesetzt wird.

## *6.3.2 Didaktische Bedeutung von Aufgaben*

***Aufgaben als Ausgangspunkt des Lernens.*** Dass Aufgaben eine wichtige Rolle beim Lernen spielen, ist in der pädagogischen Literatur keine neue Erkenntnis. Es besteht weitgehend Konsens darin, dass Aufgaben nicht nur zum Üben und Kontrollieren wichtig sind (s.u.), sondern dass Lernprozesse möglichst auch von relevanten Aufgaben *ausgehen* sollten. Verschiedene Aufgaben „bieten die Chance, die jeweilige Informationsfülle unter spezifischen Aspekten der Aufgabenstellung zu strukturieren und für die Aufgabenlösung nutzbar zu machen" (Tulodziecki & Herzig, 2002, S. 58). „Nebenher" fördern sie - so die allgemeine Annahme - Problemlösefähigkeit, Entscheidungsfähigkeit, Gestaltungsfähigkeit und Urteilsfähigkeit. Aufgaben müssen für den Lernenden bedeutsam sein, sie müssen Neuigkeitswert haben und einen angemessenen Schwierigkeitsgrad aufweisen. Die klassische (vor allem für den Schulunterricht empfohlene) Form der Aufgabennutzung weist ein bestimmtes *Ablaufschema* auf (Tulodziecki & Herzig, 2002); dieses lässt sich wie folgt zusammenfassen: a) Zunächst sind eine Aufgabe zu stellen und spontane Lösungsvermutungen zu sammeln und zu problematisieren. b) Anschließend sollten Ziele festgelegt und deren Bedeutsamkeit besprochen werden. c) Auch über das Vorgehen sollte man sich verständigen. d) Im Folgenden geht es darum, die Grundlagen für die Aufgabenlösung zu erarbeiten und e) die Aufgabenlösung durchzuführen. f) Die Lösungen sind zu vergleichen und das Gelernte zusammenzufassen. g) Sinnvoll sind darüber hinaus Anwendungsaufgaben sowie h) die Weiterführung und Reflexion des gelernten Inhalts und der Lernwege.

**Kasten 6.11: Beispiel für den Facettenreichtum einer Aufgabe**

- Was alles unter den Begriff der Aufgabe fallen kann, lässt sich am besten am Beispiel des Modells der Goal-Based Scenarios zeigen (vgl. Kap. 6.2.5):
- Hier bilden ein möglichst interessanter Auftrag (mit einem konkreten Ziel), eine Rahmengeschichte, die dem Auftrag die notwendige Authentizität und Nachvollziehbarkeit verleiht, sowie die Vorgabe von Rollen und spezifischen Handlungen gemeinsam ein sehr komplexes Set an Elementen, die in ihrer Beziehung einen besonderen Aufgabentyp konstituieren.
- Im Goal-Based Scenario-Modell sind nicht nur die Empfehlungen für die Gestaltung von Inhalten (z.B. deren Einbettung in narrative Strukturen) auf diesen besonderen Aufgabentyp abgestimmt. Auch die Aufgaben selbst zeichnen sich dadurch aus, dass die einzelnen Elemente zusammen eine stimmige Komposition ergeben, in die sich ein Lernender hineindenken und vertiefen kann. Letzteres wird dann behindert, wenn z.B. Rahmengeschichten im Verhältnis zum Auftrag unrealistisch erscheinen, wenn die geforderten Handlungen zu wenig Bezug zum Auftrag aufweisen etc.

***Aufgabenorientierte Didaktik***. Über die klassische Nutzung von Aufgaben im Unterricht hinaus geht das Konzept der „aufgabenorientierten Didaktik" (Zimmer, 2004), das vor allem im Rahmen der Berufspädagogik postuliert wird. Hier gelten Aufgaben (im Sinne umfassender Lern- und Berufsaufgaben) als didaktischer Dreh- und Angelpunkt und lenken von daher nicht nur den Prozess des Lernens, sondern die *gesamte* Gestaltung einer Lernumgebung. Als Begründung für diesen hohen Stellenwert wird die Relevanz von Aufgaben für den Aufbau von (beruflicher) Handlungskompetenz angeführt, denn: Aufgaben stellen einen Bezug zu späteren praktischen Tätigkeiten her. In der aufgabenorientierten Didaktik bilden Aufgaben folglich den Startpunkt der Konzeptionsphase einer Lernumgebung: Ausgehend von der Zielsetzung des Lernens (nämlich verschiedener Handlungskompetenzen) wird in einem ersten Schritt überlegt, welche Aufgaben die Lernenden in einer Lernumgebung bearbeiten sollen. Darauf aufbauend werden Arbeitsformen (also die Art der Bearbeitung von Aufgaben) und Lernszenarien (also der gesamte Ablauf der Arbeit mit den Aufgaben) entwickelt; dazu gehört auch die Entscheidung, welche Inhalte den Lernenden angeboten werden sollen. In einem weiteren Schritt werden die erforderlichen Materialien erstellt. Die aufgabenorientierte Didaktik wird inzwischen auch für die Gestaltung von E-Learning- und Blended Learning-Umgebungen herangezogen (Arnold et al., 2004): Entscheidend dabei ist, dass Aufgaben der strukturierende Faktor sind, denen sich die Auswahl und Entwicklung von Inhalten, die Planung von Arbeits- und Prüfungsformen, die Feinstrukturierung sowie die Erstellung und Umsetzung von Drehbüchern für eine virtuelle Umgebung unterzuordnen haben.

***Aktivierende und sichernde Funktionen von Aufgaben.*** Aufgaben – das deuten bereits die beiden oben erörterten Aufgaben-Konzepte an – erfüllen beim Lernen im Allgemeinen und beim Blended Learning im Besonderen mehrere zentrale Funktionen. Eine mögliche Kategorisierung besteht darin, sie in aktivierende und sichernde Funktionen zu unterteilen (Kerres, de Witt & Stratmann, 2002): Aufgaben mit *aktivierender Funktion* geben Lernenden Anlässe zur kognitiven, emotional-motivationalen oder sozialen Auseinandersetzung mit vorgegebenen Inhalten (s.u.). Aufgaben mit *sichernder* Funktion sollen dafür sorgen, dass Lernprozesse und -ergebnisse auch in der intendierten Weise eintreten. Dies geschieht entweder durch die Anwendung des Gelernten, durch Übung oder durch eine (klassische) Prüfung. Die Abgrenzung zwischen „sichernd" und „aktivierend" ist zwar nicht trennscharf, weil aktivierende Aufgabenfunktionen auch zur Sicherung des Gelernten beitragen können. Sie bietet aber ein hilfreiches Raster für den Lehrenden, sich über die eigenen Intentionen beim Einsatz von Aufgaben klar zu werden.

***Aufgaben und verschiedene Dimensionen des Lernens.*** Hat man mit Aufgaben vor allem den Zweck im Sinn, Lernende zu aktivieren, lässt sich die Art der Aktivierung weiter aufschlüsseln und den verschiedenen Dimensionen des Lernens (vgl. Kap. 2) zuordnen (Kerres et al., 2002): a) Eine Aufgabe kann den Lernenden zum Nachdenken und dazu auffordern, nach geeigneten Informationen zu suchen, diese zu verarbeiten, miteinander zu verknüpfen, mit dem Vorwissen in Verbindung zu bringen etc., um eine bestimmte Lösung zu finden (*kognitive* Aktivierung). b) Eine Aufgabe kann nicht nur den Verstand ansprechen, sondern auch betroffen machen, Gefühle wecken und den Willen aktivieren, eine gute Lösung zu finden etc. – vorausgesetzt die Aufgabe ist interessant, attraktiv oder für den Lernenden realitätsnah gestaltet (*emotional-motivationale* Aktivierung). c) Aufgaben, die nicht allein, sondern in (virtuellen oder face-to-face) Gruppen bearbeitet werden, fordern zur sozialen Interaktion auf: Die Lernenden müssen dann untereinander in Kontakt treten, im Idealfall werden sie ihr Wissen teilen, gemeinsam neues Wissen konstruieren oder komplementär zusammensetzen, um eine Lösung zu finden (Aktivierung *sozialer Interaktion*). Die folgende Abbildung (Abb. 6.11) fasst die skizzierten Einsatzweisen und Funktionen von Aufgaben in Lernumgebungen noch einmal zusammen.

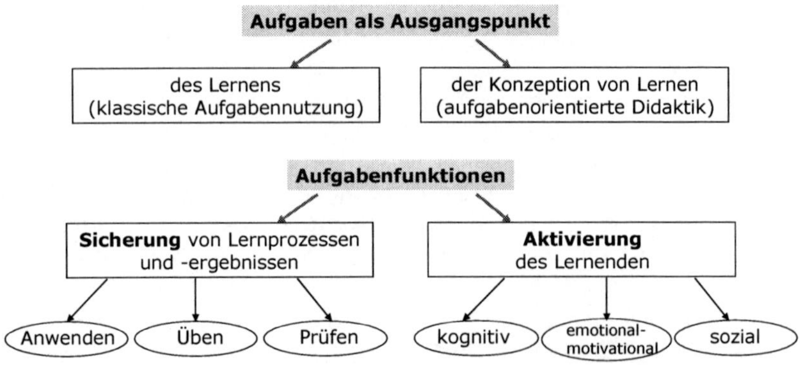


*Abb. 6.11: Einsatz und Funktionen von Aufgaben*

## 6.3.3 Verschiedene Aufgabenformen

***Aufgaben als Problem***. Wenn man Aufgaben klassifizieren möchte, bieten sich mehrere Möglichkeiten an: Die oben skizzierten Funktionen von Aufgaben (sichernde und aktivierende Funktionen) sind eine *erste* grobe Möglichkeit, verschiedene Aufgabenformen zu unterscheiden. Man kann Aufgaben auch als „Problem" umschreiben (vgl. Kap. 2.2.2) und daraus Klassifizierungsmöglichkeiten ableiten: „Ein Problem entsteht dann, wenn ein Lebewesen ein Ziel hat, und nicht weiß, wie es dieses Ziel erreichen soll" (Duncker, 1935, S. 1, zit. nach Wiegand, 1995; vgl. auch Straka & Macke, 2002). Ein solcher Konflikt ist in jedem Fall eine Lernchance, manchmal sogar ein „Zwang" zum Lernen, dem man gar nicht entgehen kann, will man sein Ziel erreichen. *Informelles Lernen* zeichnet sich dadurch aus, dass anhand authentischer Probleme oder Herausforderungen (situiert) gelernt wird (vgl. Kap. 4.2.1). Beim *institutionalisierten* Lernen dagegen müssen solche Probleme erst konstruiert und in eine Lernumgebung eingebaut werden, das heißt: Ein Lehrender gibt über eine

Aufgabe ein Ziel und meist auch bestimmte Mittel zur Zielereichung vor. Das Spektrum der Probleme (oder Aufgaben) in Bildungssituationen reicht von sehr einfachen Problemen mit nur einem Lösungsweg bis zu komplexen Problemen, die man als solche erst einmal definieren muss. In einer Lernumgebung begegnet einem diese Bandbreite in Form von Aufforderungen wie „Rechne aus" (einfach) über „Überlege" (schon schwieriger) bis zu „Bearbeite folgenden Projektauftrag" (anspruchsvoll). Dabei geht es letztlich um die Lösung strukturierter oder unstrukturierter, einfacher oder komplexer Probleme.

***Verschiedene Problemtypen***. In der Problemlösepsychologie teilt man verschiedene Problemtypen danach ein, ob und inwiefern der Ausgangs- und der Zielzustand eines Problems gut oder schlecht strukturiert sind: Probleme mit gut strukturiertem Ausgangs- und Endzustand sind z.B. typisch für institutionalisiertes Lernen; meist sind es *künstliche Probleme* (bzw. als künstlich erlebte Probleme), die entsprechend wenig intrinsische Motivation bei den Lernenden hervorrufen. Viele *reale Probleme* zeichnen sich dadurch aus, dass sowohl der Ausgangs- als auch der Zielzustand schlecht strukturiert sind, was zur Folge hat, dass man das Problem an sich sowie die Zielkriterien erst noch identifizieren und umreißen muss (Beispiel: Was tun, wenn die Studierenden unzufrieden sind und der Lehrende das ändern will?). Diese Problemform ist typisch für informelles Lernen, bereitet aber aufgrund der schlechten Planbarkeit der Problembearbeitung Schwierigkeiten oder zumindest besondere Herausforderungen im Rahmen formeller Bildungsveranstaltungen. Dazwischen gibt es noch die Variante, dass der Start gut, das Ziel aber schlecht strukturiert ist (Beispiel: Aufgaben, bei denen etwas gestaltet werden muss wie Bauzeichnungen, Bildkompositionen etc.) sowie die umgekehrte Variante, dass man gut strukturiert beginnt, aber das Ende schlecht strukturiert ist (Beispiel: Aufträge an Erfinder oder Werbefachleute). Diese sehr einfache Systematik (siehe Abb. 6.12), die den Grad und die Art der Strukturierung von Ausgangs- und Zielzustand als *die* zentrale Dimension für eine Klassifizierung von Aufgaben heranzieht, kann man noch erweitern, indem man berücksichtigt, dass es im Prozess der Zielerreichung (also auf dem Weg vom Ausgangs- zum Zielzustand) unterschiedliche Barrieren geben kann.
Aufgabentaxonomien für E-Learning und Blended Learning orientieren sich häufig (bisweilen aber nur implizit) an einer solchen Einteilung verschiedener Problemtypen. Damit verwandt ist eine weitere Systematik von Aufgaben, die zwei Dimensionen heranzieht (z.B. Sauter & Sauter, 2002): die Dimension „geschlossen – offen" und die Dimension „individuell – kooperativ". Dies soll im Folgenden etwas genauer ausgeführt werden.

| | | **Ausgangszustand** | |
|---|---|---|---|
| | | gut strukturiert | schlecht strukturiert |
| **Endzustand** | gut strukturiert | **künstliche Aufgabe** | z. B. Explorationsaufgaben |
| | schlecht strukturiert | z. B. Gestaltungsaufgaben | **authentische Aufgabe** |

*Abb. 6.12: Problemtypen nach Art und Grad der Strukturierung*

***Offene und geschlossene Aufgaben***. Geschlossen ist eine Aufgabe dann, wenn vor allem das Endergebnis, aber auch die Mittel zum Erreichen dieses Ergebnisses genau festgelegt sind. Klassischerweise fordert man zur Lösung geschlossener Aufgaben vom Lernenden ein *analytisches* problemlösendes Vorgehen (vgl. Seel, 2000): Hier geht es vorrangig darum, bekannte Kenntnisse und Operationen neu bzw. korrekt zu kombinieren oder anzuordnen. Als offen bezeichnet man Aufgaben, deren Ziel und/oder Mittel nicht exakt festgelegt sind, was ein *produktives* problemlösendes Vorgehen erforderlich macht. Eventuell brauchbare Kenntnisse und Operationen müssen hier erst gefunden werden und/oder es muss noch definiert werden, wie die Kriterien einer erwünschten Problemlösung auszusehen haben. Offene und geschlossene Aufgaben unterscheiden sich nicht nur in den Anforderungen an den Lernenden, sondern auch in der Art des Feedbacks, wobei verschiedene Variationen möglich sind (s.u.). Der Feedbackgestaltung kommt in allen Lernumgebungen, die institutionalisiertes Lernen fördern sollen, eine hohe Bedeutung zu: So sprechen z.B. Bransford, Brown und Cocking (1999) davon, dass zeitgemäßes Lernen unter anderem „assessment-centered" sein sollte, um Lehrenden und Lernenden regelmäßig Auskunft über Lernfortschritte (sowohl ergebnis- als auch prozessbezogen) geben zu können.

***Aufgaben mit elektronischem Feedback***. Insbesondere in der E-Learning-Praxis dominieren *geschlossene Aufgaben* zum Einzellernen *mit elektronischer Auswertung,* bei denen die Rückmeldung an den Lernenden vom verwendeten technischen System generiert wird. Beispiele hierfür sind die klassische Single- oder Multiple Choice-Aufgabe, bei der Antworten auf Fragen vorgegeben sind und der Lernende eine oder mehrere richtige Antworten auswählen muss; aber auch Rechenaufgaben, Lückentexte und Zuordnungsaufgaben gehören in diese Rubrik. Geschlossene Aufgabenformen sind vor allem zum individuellen Lernen geeignet und bilden nach wie vor das Grundgerüst von CBTs und WBTs, die nach Prinzipien des Instruktionsdesigns entworfen sind. Im Zuge konstruktivistischer Überlegungen sind diese Aufgabenformen vielerorts in Verruf geraten, was teils gerechtfertigt ist, teils aber auch vorschnell geschieht. Denn mit abwechslungsreichen Variationen geschlossener Aufgabenformen können durchaus Erfolge (Übung, Training) und Vorteile erzielt werden (individuelle Zeiteinteilung, sofortiges Feedback, quantifizierbarer Lernstand etc.). Zu *offenen Aufgaben*, die *elektronisch ausgewertet* werden, zählen Simulationsaufgaben und Planspielaufgaben, die allein oder in kleinen Gruppen bearbeitet werden: Simulationsaufgaben bestehen darin, durch eigenaktive Veränderungen verschiedener Parameter, durch selbstständige Entscheidungen und Eingriffsmöglichkeiten einen vorab definierten Zustand zu erreichen. Da die Entwicklung entsprechender Software technisch sehr aufwändig ist, sind diese Aufgabenformen in der E-Learning- und Blended Learning-Praxis eher die Ausnahme. Ähnlich ist es mit Freitextaufgaben, bei denen Lernende eine offene Aufgabe frei bearbeiten und die erstellte Lösung durch Mustervergleich elektronisch ausgewertet wird: Auch hier stellt sich bislang noch die Frage, in welchen wenigen Fällen der erforderliche (programmiertechnische) Aufwand in einem vernünftigen Verhältnis zum erzielten „Ertrag" beim Lernen steht.

***Aufgaben mit personalem Feedback***. Nicht elektronisch auswertbare offene Aufgaben in E-Learning- und Blended Learning-Umgebungen werden durch Tutoren oder andere Personen mit Lehrfunktion oder auch durch Lernpartner bewertet (vgl. auch Kap. 4.3.3). Hier trifft man am häufigsten die Freitextaufgabe (mit individueller oder kooperativer Bearbeitung) an, die durch eine Person bewertet und/oder mit einer Musterlösung verglichen wird. Auch Simulations- und Planspielaufgaben können mit personalem Feedback durch einen Lehrenden, einen Tutor oder in der Gruppe (z.B. in entsprechenden Foren) besprochen und anhand Muster-/Expertenlösungen oder untereinander reflektiert und verbessert werden. Des Weiteren sind Projektaufgaben und Fallstudien für das individuelle wie auch für das kooperative Lernen ein typisches Beispiel für eine offene Aufgabenform. Hier kann man z.B. die Aufgabenbearbeitung mit einer Lerngemeinschaft verbinden, in der der gegenseitige Wissens- und Erfahrungsaustausch wie auch die soziale Konstruktion von Wissen wichtig werden. Im weitesten Sinne gehören hierher auch alle Aufgaben, die den Lernenden zu erkundendem Verhalten (mit offenem Ausgang) und vor allem zur selbständigen Gestaltung von Ergebnissen anregen (siehe Abb. 6.13).

| | | Art des Feedbacks | |
|---|---|---|---|
| | | elektronisch | personal |
| Aufgabentyp | geschlossen | Multiple Choice, Lückentext, Zuordnung etc. | |
| | offen | Simulation, Freitextaufgabe mit Mustervergleich etc. | Freitextaufgabe, Projektaufgabe, Fallstudie etc. |

*Abb. 6.13: Typische Aufgabentaxonomie aus dem Bereich E-Learning*

***Grenzen von Aufgabentaxonomien***. Aufgabentaxonomien der geschilderten Art (nach Problemtypen bzw. nach Strukturierungsgrad des Ausgangs- und Endzustands oder nach den Dimensionen „offen-geschlossen" und „individuell-kooperativ") liefern einen hilfreichen Rahmen für erste Ideen zum Aufgabendesign: Sie geben eine Orientierung für Entscheidungen über den Komplexitätsgrad von Aufgaben (Aufgaben als Probleme), über die Art der elektronischen Handhabung von Aufgaben (offene und geschlossene Aufgaben und deren Auswertungsmodalitäten) und über die Sozialform bei der Bearbeitung von Aufgaben (individuell oder kooperativ). Zu koppeln sind solche Taxonomien mit Überlegungen zu intendierten Funktionen von Aufgaben (s.o.), also mit der Entscheidung, ob Aufgaben die Lernenden vor allem aktivieren oder ob sie eher den Lernerfolg überprüfen bzw. sicherstellen sollen. Über die *inhaltliche* Ausgestaltung von Aufgaben sagen solchermaßen formale Taxonomien allerdings kaum etwas aus. Hier kommt die Beziehung der Aufgaben zu den Inhalten (und Zielen) einer Lernumgebung wieder ins Spiel (vgl. Kap. 6.3.1). Darüber hinaus sollen die folgenden Ausführungen zum Spiel als Rahmenkonzept für die Gestaltung von Aufgaben Anregungen für didaktisch kreative Aktivitäten beim Blended Learning geben.

## 6.4 Das Spiel als Rahmenkonzept

### 6.4.1 Die Idee des Spiels

***Aufgaben als Spiel.*** Didaktische Modelle bieten dem Lehrenden - wenn man es einmal knapp zusammenfassen will - Hilfen für die Gestaltung von Inhalten und Aufgaben. Die (mediale) Darstellung und (didaktische) Aufbereitung von *Inhalten* führt zu einem rezeptiven Lernen. Lernende nehmen die Inhalte auf, indem sie diese lesen, sie lassen sich vom Lehrenden - um an der Stelle noch einmal die obige Adventure Game-Analogie aufzugreifen (vgl. Kap. 6.3.1) - etwas „erzählen". Das führt durchaus zu mentalen Aktivitäten, nämlich zu Prozessen der Informationsaufnahme, -verarbeitung und -speicherung (vgl. Kap. 3.2.2). *Aufgaben* aber bewirken, dass Lernende unter bestimmten Vorgaben sichtbare Aktivitäten mit den Inhalten beginnen: Ähnlich einem Spiel geben Aufgaben die Regeln und Ziele der Aktionen vor, die Lernende mit oder ausgehend von den Inhalten durchführen. Das Spiel an sich - also über die bereits angewandte Adventure Game-Analogie hinaus - ist aus meiner Sicht ein fruchtbares Konzept, wenn es um die Gestaltung von Aufgaben geht, denn: Das Spiel zeichnet sich vor allem dadurch aus, dass es Aktivität und emotionale Beteiligung fordert, dass es flexibel und dennoch regelgeleitet abläuft, dass es eben *nicht* eine ernsthafte Situation darstellt, sondern einen geschützten Raum zum Üben und Experimentieren bietet, dass es das Ziel in sich selbst trägt und letztlich Freiwilligkeit voraussetzt - Merkmale also, die man sich als Lehrender so auch in einer Lernsituation wünscht (vgl. Huizinga, 1956). Um den Nutzen des Spielkonzepts für das Aufgabendesign aufzeigen zu können, möchte ich zunächst auf die Funktionen und Formen des Spiels als lebensbegleitenden Prozess eingehen und darauf aufbauend noch einmal die wichtigsten Bestimmungsstücke des Spiels festhalten.

***Spielen als lebensbegleitender Prozess.*** Im frühen Kindesalter dient das Spiel dazu, gemeinsames Wissen aufzubauen. Später werden über den Weg des Spiels soziale Rollen eingeübt, vor allem aber neue Herausforderungen durch illusionäre Realitätsumformung bewältigt (Oerter, 1995): Schon in den ersten Lebensmonaten zeigen Kinder Lust an gelungenen Bewegungen im *Funktionsspiel*. Später erfreuen sich Kinder am Explorieren im *Informationsspiel*, erlangen Zufriedenheit, indem sie eigene „Produkte" im *Konstruktionsspiel* herstellen, haben Spaß am fiktiven „Als-ob" im *Symbolspiel* und an der Übernahme neuer Rollen im *sozialen Spiel*. In der späteren Kindheit und im Jugendalter dominieren Spannung, Wettkampf und Leistungsvergleich im *Regelspiel*. Bei Erwachsenen übernehmen Kunst, Musik, Literatur und Theater die Funktion etwa von Rollen- und Konstruktionsspielen, der Sport ersetzt viele Funktionsspiele, Hobbys werden zum Feld von Spielaktivitäten, aber auch die berufliche Arbeit kann Spielelemente beinhalten. Bei Jugendlichen haben nicht selten elektronische Kommunikationsformen (mit Handy und Internet) den Charakter von Spielen bis hin zu Rollenspielen in netzbasierten Umgebungen (vgl. Oerter, 2004).

***Bestimmungsstücke des Spiels.*** Einsiedler (1991) schlägt vor dem Hintergrund dieser vielfältigen, altersabhängigen Spielformen vor, Merkmale zusammenzustellen, die nicht immer alle zusammen auftreten müssen, um eine Tätigkeit als Spiel bezeichnen zu können. Hierfür kommen die schon genannte *Regelgeleitetheit* und gleichzeitige *Flexibilität* in Frage sowie die Eigenschaft *„So-tun-als-ob"* im Gegensatz zum „echten" Handeln in der Realität, die *emotionale* Beteiligung und das Charakteristikum, dass das *Ziel im Spiel selbst* liegt. Damit wird anerkannt, dass das Spiel ein Begriff ist, der manchmal klar bestimmbar ist, manchmal aber auch Überschneidungen mit anderen Verhaltensweisen (wie z.B. dem neugierigen Erkunden) aufweist. Wenn im Folgenden die Möglichkeit und der Vorteil diskutiert werden, Aufgaben beim Blended Learning unter der Perspektive des Spiels zu sehen, soll der hier skizzierte Vorschlag von Einsiedler (1991) zugrunde gelegt und darauf verzichtet werden, dass stets alle potentiellen Merkmale des Spiels vorhanden sein müssen.

### 6.4.2 Aufgaben als Spiel

***Der Spielcharakter von Aufgaben.*** Aufgaben in institutionalisierten Lernsettings haben keinen „Echtcharakter" im Vergleich zu Aufgaben bzw. Problemen oder Herausforderungen in authentischen Situationen, deren Bewältigung natürlich auch zu Lernen, nämlich zu (informellen) Lernprozessen führen kann. Bei der Bearbeitung von Aufgaben in speziell zum Lernen gestalteten Umgebungen „tut man als Lernender im Prinzip nur so", als würde man ein echtes Problem lösen. Während in authentischen Situationen das Ziel für die Bewältigung einer Aufgabe aus der Situation heraus entsteht, trägt eine (künstlich erstellte) Aufgabe in Lernumgebungen das Ziel in sich selbst – jedenfalls ist die Aufgabenbearbeitung kein Mittel zum Zweck, echte Probleme in der Realität zu lösen[6]. Wie eine Aufgabe zu bearbeiten ist, welche Ressourcen zu nutzen und/oder welche Kriterien zu erfüllen sind etc., ist in den meisten Aufgaben

[6] Nicht berücksichtigt werden an der Stelle „Meta-Gründe" wie die Bewältigung von schulischen Aufgaben, um einen Abschluss und damit einen Arbeitsplatz zu erlangen, oder andere extrinsische Motive.

innerhalb von Lernumgebungen (im Gegensatz zum realen Leben) nicht völlig frei gestellt; vielmehr gibt es mehr oder weniger feste Regeln, an die sich der Lernende zu halten hat. Damit sind drei wesentliche Momente des Spiels auch für Aufgaben in Lernumgebungen zutreffend. Gelingt es einem bei der Gestaltung von Aufgaben, dass diese auch eine emotionale Beteiligung der Lernenden hervorrufen (indem sie Spaß machen, Neugier wecken, Spannung erzeugen, Flow-Erleben ermöglichen etc.), kommt man dem Spielcharakter von Aufgaben noch etwas näher. Hier geht es vor allem um den Erlebensaspekt, um eine individuelle Konstruktion von Spannung, um die erlebte Balance von Regelgeleitetheit und Fremdsteuerung einerseits sowie Flexibilität und Selbststeuerung andererseits.

***Aufgabentypen nach der Leitidee des Spiels.*** Aufgaben in Blended Learning-Umgebungen können entsprechend der Heterogenität verschiedener Spielformen ebenfalls in vielfältiger Weise Spielcharakter haben; an dieser Stelle seien nur einige Beispiele genannt: a) Beim Einüben von Routinetätigkeiten und -fertigkeiten können Aufgaben in Analogie zu *Funktionsspielen* gestaltet werden. In ähnlicher Weise können auch (einfache) Kenntnisse über Spielformen trainiert werden, die den Grundprinzipien des Funktionsspiels ähnlich sind. b) Entdeckende Tätigkeiten können durch Aufgaben im Sinne von *Informations- oder Explorationsspielen* angeregt werden. Speziell beim E-Learning und Blended Learning haben sich Simulationsspiele und Planspiele (s.u.) etabliert, die ebenfalls explorative Tätigkeiten (z.B. Hypothesen aufstellen und testen, „Diagnosen" erstellen und überprüfen, zusätzliche Informationen suchen etc.) in den Vordergrund stellen. c) Die schon genannten Adventure Games, bei denen die Idee des *Regelspiels* bzw. des regelgeleiteten Problemlösens den Ton angibt, werden vereinzelt schon zu Lernzwecken eingesetzt. Kennzeichnend ist hier die Verstrickung in eine Geschichte bei der Lösung von Problemen, die allerdings nur unter Beachtung von vorgegebenen Regeln möglich ist. d) In Anlehnung an das *Konstruktionsspiel* kann man Lernende durch Aufgaben dazu ermuntern, etwas Eigenes herzustellen, also ein „Wissensprodukt" zu kreieren. Lernende sind bei solchen Aufgaben selbst gestaltend tätig (siehe auch Kasten 6.12). e) Geht es speziell um die Übernahme verschiedener Perspektiven oder um Lernen in multiplen Kontexten, können Aufgaben auch den Charakter von *Rollenspielen* (s.u.) annehmen.

**Kasten 6.12: Beispiele für Konstruktionsaufgaben**

Aufgaben nach dem Prinzip des Konstruktionsspiels können z.B. dergestalt sein, dass

- Lernende einen Flyer zu einem Thema erarbeiten, der bestimmte Ziele verfolgt,
- sie ein Konzept präsentieren, in dem sich neu erworbene Kenntnisse niederschlagen,
- sie eine Werbekampagne entwickeln (z.B. zur Umsetzung kommunikationswissenschaftlicher Inhalte) oder
- eine Gesprächsrunde simulieren, in der mehrere Perspektiven (durch verschiedene Personen) zu einem Thema lebendig werden etc. (Reinmann-Rothmeier, 2003b).

Wichtig dabei ist, auch an die *Form* der Lösungen zu denken: So sollte z.B. bei den genannten Aufgaben tatsächlich ein Faltblatt entstehen, eine PowerPoint-Präsentation geliefert, ein Kampagnen-Konzept mit beispielhaften Plakaten, eine Audio- oder Videosequenz etc. als Ergebnis gefordert werden. Auf diese Weise erhält auch der Einsatz digitaler Medien in einer Lernumgebung einen (inhaltlichen) Nutzen.

***Plan- und Rollenspiele***. Am deutlichsten (weil bereits im Namen enthalten) ist der Spielcharakter von Aufgaben bei den oben genannten Plan- und Rollenspielen, die zum Lernen eingesetzt werden: *Planspiele*[7] simulieren Entscheidungsprozesse im Rahmen eines Modells mit spezifischen Regeln (Wilbers, 2001). Dabei handelt es sich in den meisten Fällen um Modelle von Organisationen (typischerweise Unternehmen), bei denen Ereignisse und/oder Entwicklungen im Zeitraffer erfolgen. Trotz des Modellcharakters haben Planspielumgebungen hohe Realitätsnähe. Innerhalb vordefinierter Grenzen kann und soll der Lernende eine bestimmte Rolle übernehmen, in den Ablauf eingreifen und die Folgen seiner Entscheidungen unmittelbar erleben; der Lernende wird also in das Geschehen integriert. Planspiele sind auch ohne Computerunterstützung möglich, unter Nutzung digitaler Medien erweitern sich aber die Aktivitätsspielräume; allerdings ist der programmiertechnische Entwicklungsaufwand erheblich. Vom Lernen in Planspielumgebungen erhofft man sich, logisches Denken zu fördern, den Anwendungsbezug von Wissen zu erhöhen und die

[7] Im Englischen treffend „gaming simulation" genannt (Kriz, 2004)

Motivation (für das behandelte Thema) zu steigern. Bei *Rollenspielen* stehen weniger sachliche Aufgaben als vielmehr Personen sowie Konflikt- und andere soziale Situationen im Vordergrund; sie sind offener und gehen nicht von einem fertigen Modell aus (Hemsing, 2005). Beim Rollenspiel sollen soziale Fähigkeiten trainiert, die Auseinandersetzung mit Rollenverhalten (dem eigenen und das der anderen) angeregt und letztlich Handlungskompetenz gestärkt werden. Rollenspiele können mit vorgegebenen Rollen arbeiten oder mit auszufüllenden Rollen durchgeführt werden (Wilbers, 2001). Auch Rollenspiele sind nicht primär für den Einsatz in virtuellen Umgebungen konzipiert worden, können aber – ebenso wie Planspiele – computerunterstützt (über Diskussionsforen oder Videokonferenz-Systeme) durchgeführt werden. Experimentiert wird derzeit auch mit „Plan-Rollenspielen" in virtuellen Umgebungen (Hemsing, 2001). Plan- und Rollenspiele stellen den Spielcharakter *explizit* in den Vordergrund; von daher wird ihre Abgrenzung zur Unterhaltung mitunter als schwierig eingeschätzt. Plan- und Rollenspiele – das sollte klar geworden sein – sind jedoch nur die deutlichsten Varianten von Aufgaben mit Spielcharakter, deren Spannbreite wesentlich größer ist.

***Individuelle und kooperative Aufgabenformen***. Bereits bei der Aufgabentaxonomie für E-Learning (vgl. Kap. 6.3.3) wurde darauf verwiesen, dass Aufgaben in Lernumgebungen grundsätzlich *allein* von einem Lernenden oder von mehreren Lernenden in der *Gruppe* bearbeitet werden können; dies ist auch dann möglich, wenn digitale Medien zum Einsatz kommen (vgl. Kap. 2.5.2). Viele Spielformen (ohne Medieneinsatz) sind ebenfalls sowohl für Einzelspieler als auch für eine Gruppe von Spielern geeignet (z.B. Informations- und Explorationsspiele sowie Planspiele), einige Spiele lassen sich in der Regel nur allein spielen (z.B. Funktionsspiele), andere wiederum setzen die Existenz mehrerer Spieler voraus (z.B. Rollenspiele). Computerbasierte Spielformen (wie die schon mehrfach herangezogenen Adventure Games) machen grundsätzlich jedes Spiel allein spielbar, ermöglichen infolge der neuen Kommunikationstechniken aber auch zunehmend mehr Formen des gemeinsamen Spiels – selbst wenn die Spieler an verschiedenen Orten sind (Netzwerkspiele). Was damit gesagt werden soll: Bei der Gestaltung von Aufgaben ist ähnlich wie bei der Entwicklung von Spielen zu überlegen, in welcher *Sozialform* diese zu bearbeiten sind.

***Kooperationsskripts – besondere Spielregeln***. Im Rahmen der Didaktik gibt es eine ganze Reihe von Gruppentechniken, die versuchen, die kooperative oder kollaborative Bearbeitung von Aufgaben in unterschiedlichem Ausmaß zu steuern, um z.B. Konflikten vorzubeugen, die Lernaktivitäten in eine bestimmte Richtung zu lenken und/oder verteilte Aktivitäten sicherzustellen. Solche Gruppentechniken, die für das Präsenzlernen entwickelt wurden, lassen sich teilweise auch in E-Learning und Blended Learning-Umgebungen einsetzen (Breuer, 2001). Bekannte Beispiele sind etwa das Gruppenpuzzle (Jigsaw-Methode; vgl. Aronson, 1984) oder die Gruppenrecherche (Group Investigation; Shachar & Sharan, 1994). Ohne auf diese und ähnliche Techniken an dieser Stelle im Detail einzugehen (siehe Kasten 6.13), kann man als gemeinsames Merkmal festhalten, dass sie soziale Interaktionen einem „Skript" (also einer Art Drehbuch) unterwerfen, weshalb auch von *Kooperationsskripts* die Rede ist (vgl. Dillenbourg, 2003). Skripts strukturieren das kooperative Lernen, indem sie z.B. Prozesse vorzeichnen, Rollen vergeben, bestimmte Aktivitäten einschränken etc. und damit „Spielregeln" setzen, die eingehalten werden müssen. Dabei ist allerdings das mögliche Phänomen des „overscripting" zu beachten, das dann auftritt, wenn Regeln die Flexibilität und Konstruktivität, die man aus didaktischer Sicht bei Kooperationen ebenso wie im „echten" Spiel schätzt, zu sehr beengt oder gar verhindert werden.

**Kasten 6.13: Beispiele für „Drehbücher" zum kooperativen Lernen**

Gruppenpuzzle (*Jigsaw*-Methode): Nach einer Einführung in die Thematik wird der Lernstoff in Teilgebiete aufgeteilt. Die Lernenden bilden sog. Expertengruppen und erarbeiten sich selbstständig ein Teilgebiet. Anschließend erfolgt eine Reorganisation der Expertengruppen in Lerngruppen in der Art, dass in jeder Gruppe jeweils ein Experte von jedem Teilgebiet vertreten ist. Jeder Experte vermittelt dann den anderen den von ihm erarbeiteten Ausschnitt des Gesamtthemas (Aronson, 1984). [8]

Gruppenrecherche (*Group Investigation*): Im Rahmen von Kleinprojekten wird eine Aufgabe bearbeitet, die auf Grund ihrer besonderen Aufgabenstruktur wechselseitige Unterstützung und gemeinsames Problemlösen erfordert. Dazu wird zunächst die Problemstellung vom Lehrenden vorgestellt und näher erläutert. Anschließend wird sie gemeinsam so strukturiert, dass Teilfragen in Kleingruppen bearbeitet werden kön-

[8] Erste Online-Varianten finden sich z.B. bei Bett, Hron, Rinn, Friedrich und Mayer-Picard (2005)

nen. Im Vordergrund steht die Suche nach notwendigen Ressourcen (Recherche), bei der der Lehrende nur bei Bedarf unterstützend eingreift. Die Ergebnisse der Kleingruppenrecherchen werden in der Gesamtgruppe präsentiert und evaluiert (Shachar & Sharan, 1994).

***Nutzen des Spielcharakters von Aufgaben.*** Mit dem Spielcharakter von Aufgaben kommt man vor allem Erkenntnissen der Entwicklungs- und Motivationspsychologie entgegen, denn: Die Gestaltung von Aufgaben als Spiel erfüllt Bedürfnisse, die Menschen von früher Kindheit an haben und sich geradezu anbieten, dass sie mit dem Lernen verbunden werden. Dies sind vor allem die Neugier und das Bedürfnis nach Exploration, aber auch das Streben nach Autonomie und Kompetenz sowie das Bedürfnis nach sozialer Eingebundenheit (vgl. Kap. 2.3); letzteres setzt natürlich die kooperative Bearbeitung von Aufgaben voraus. Die Regelgeleitetheit des Spiels macht es möglich, Aufgaben mit Spielcharakter an die Ziele einer Lernumgebung anzupassen; die Flexibilität des Spiels wiederum schafft Freiräume, die vom Lehrenden ebenfalls nach Bedarf gestaltet werden können. Hat man sich als Lernender einmal auf ein Spiel eingelassen, hat es verpflichtenden Charakter und „legitimiert" auch zeitweise Anstrengung (bzw. erfüllt die Anstrengung mit Sinn), die ansonsten oft zum Abbruch beim Lernen führt. Als Herz einer Lernumgebung lenken Aufgaben – analog zu verschiedenen Spielformen – Lernaktivitäten und soziale Interaktionsmuster und gestalten damit maßgeblich die Prozessebene von Blended Learning-Umgebungen.

## 6.5 Zusammenfassung

- Modelle des Instruktionsdesigns sind behavioristischen, vor allem aber kognitivistischen Ursprungs und suchen nach einer „Technologie des Lernens und Lehrens". Die *Programmierte Unterweisung* z.B., die auf den Prinzipien des operanten Konditionierens basiert, wird nach wie vor zur Gestaltung von Übungs- und Trainingssoftware herangezogen. Theorien, die wie die *Instruktionstheorie* unmittelbar umsetzbare Unterstützung bei der Hierarchisierung von Lehr-Lernzielen geben, sind vor allem bei der Gestaltung von Lernumgebungen, die interaktive Informationstechnologien einsetzen, ein nicht mehr wegzudenkendes Werkzeug. Prinzipien für die Darstellung von Lerninhalten innerhalb medialer Umgebungen und solche zum Aufbau ganzer Kursstrukturen findet man beim *expositorischen Lehren,* in der *Ela-*

*borationstheorie* oder in der *Component Display-Theorie*; alle drei Modelle lassen sich nutzen, um vor allem Strukturen und Inhalte beim Blended Learning zu gestalten. Tendenziell leisten Instruktionsdesign-Modelle einen besonders hohen Beitrag zur Orientierung für Fragen des Inhaltsdesigns bei der Gestaltung von Blended Learning-Umgebungen. Im Vordergrund des Bemühens von Instruktionsdesign-Modellen stehen kognitive Lernziele und der Aufbau von Wissensstrukturen.

- Modelle des Kontextdesigns sind vor allem konstruktivistischen Ursprungs, wobei Anteile mit kognitivistischer Prägung durchaus vorhanden sein können; entscheidend ist die Haltung, Lernen zwar anregen und fördern, nicht aber bis ins Detail planen und steuern zu können. Das Modell des *entdeckenden Lernens* z.B. hat als Vorläufer konstruktivistischer Modelle erste wichtige Anregungen für explorative Formen des Lernens gegeben. Das *Cognitive Apprenticeship*-Modell verbindet – unter einer konstruktivistischen Grundhaltung – exploratives und anwendungsorientiertes Lernen mit instruktionaler Anleitung. Die Situiertheit des Lernens unter Nutzung der digitalen Medien betont vor allem das *Anchored Instruction*-Modell; dessen Weiterentwicklung zum *Lernen in Lernzyklen* nimmt wiederum instruktionale Elemente stärker auf. Speziell für projektorientiertes Lernen mit digitalen Medien ist das *Goal-Based Scenario*-Modell konzipiert. Tendenziell leisten Kontextdesign-Modelle einen besonders hohen Beitrag zur Orientierung für Fragen des Aufgabendesigns bei der Gestaltung von Blended Learning-Umgebungen. Kontextdesign-Modelle streben neben kognitiven auch soziale und emotional-motivationale Ziele an und bemühen sich vor allem um eine Förderung von Handlungskompetenz. Die *WebQuest*-Methode ist ein Beispiel für die Integration verschiedener Elemente aus mehreren Kontextdesign-Modellen mit spezifischer Ausrichtung auf den Einsatz digitaler Medien.
- Die Gestaltung von Inhalten und Aufgaben in einer Blended Learning-Umgebung sind aufeinander abzustimmen – das Leitkriterium der Kohärenz kommt hier erneut zum Tragen. Dabei können verschiedene Elemente aus Instruktions- und Kontextdesignmodellen durchaus miteinander kombiniert werden. Da allein die Rezeption von Inhalten nur unter sehr spezifischen Voraussetzungen zu intensiven Lernprozessen und Lernerfolgen im Sinne neuen Wissens und Könnens führen, haben Aufgaben im Lernprozess seit jeher eine zentrale Bedeutung und erfüllen vor allem aktivierende und sichernde Funktionen. Neu aber ist der Gedanke, die didaktische Gestaltung einer Lernumgebung von den Aufgaben aus zu denken bzw. den Aufgaben eine lenkende konzeptionelle Rolle zuzuweisen. Aufgabentaxonomien, die z.B. Dimensionen aus der Problemlösepsychologie heranziehen, helfen für

eine erste Orientierung bei der Frage, welche Formen von Aufgaben eingesetzt werden sollten. Kommen digitale Medien zur Anwendung, spielt vor allem auch der Feedbackmodus eine zentrale Rolle für Entscheidungen im Aufgabendesign.

- Geht man noch einen Schritt weiter, kann man für die Gestaltung von Aufgaben das Spielkonzept als Heuristik heranziehen: Aufgaben als Spiel zu sehen, spannt einen weiten Raum an didaktischen Möglichkeiten auf, der neben kognitiven Aspekten die sozialen und emotional-motivationalen Seiten des Lernens ernst nimmt und neue Designimpulse gibt. Insbesondere beim Einsatz der digitalen Medien ergeben sich neue und interessante Möglichkeiten, Lernen unter der Nutzung von Spielelementen aus der einseitig kognitiven Atmosphäre des institutionalisierten Lernens zu holen.

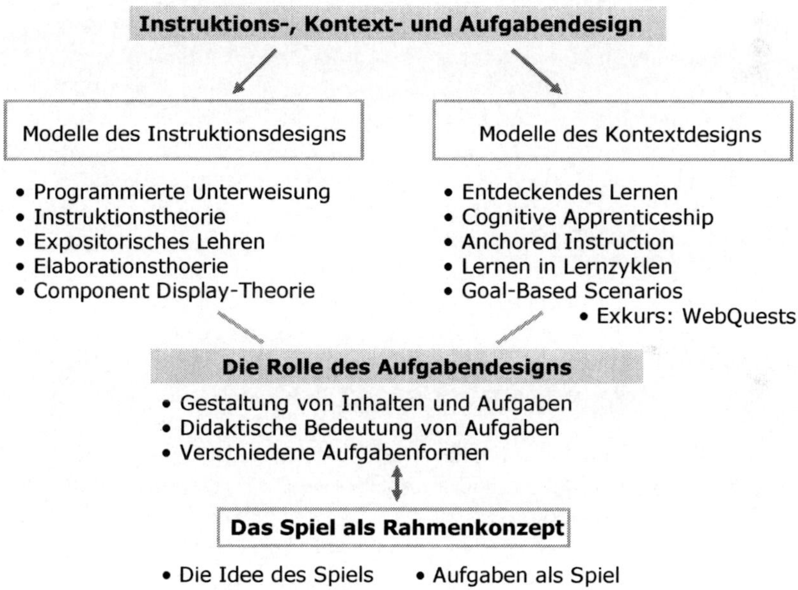


*Abb. 6.14: Zusammenfassende Übersicht zu Kap. 6*

# Kapitel 7: Beispiele für Blended Learning in der Lehrerbildung

## Überblick

Während die Kernkapitel dieses Buches allgemeine Informationen zur Gestaltung von Blended Learning-Umgebungen geben, umrahmen das erste und das letzte (vorliegende) Kapitel diese grundsätzlichen Ausführungen mit spezifischen Hinweisen für die Lehrerbildung. Ziel des siebten Kapitels ist es, Beispiele aus der Lehreraus- und -fortbildung vorzustellen, die das Merkmal „innovativ" verdienen und durch eine gewisse didaktische Fantasie gekennzeichnet sind. Die Beispiele sollen Mut machen, neue Konzepte unter Nutzung der digitalen Medien zu entwickeln und umzusetzen, und gleichzeitig aufzeigen, dass die in diesem Buch behandelten lernpsychologischen und didaktischen Grundlagen das Rüstzeug für neue Konzepte zum Blended Learning (in der Lehrerbildung) liefern können. Alle Beispiele nutzen Grundgedanken des Instruktionsdesigns vor allem auf der Planungsebene und zeichnen sich dadurch aus, dass viel Aufwand im Kontextdesign betrieben wird, um ein aktiv-konstruktives, stellenweise auch soziales und selbstorganisiertes Lernen zu fördern.

1. Wie **Blended Learning in der Lehrerausbildung** aussehen könnte, wird anhand von zwei universitären Beispielen gezeigt, die mit verschiedenen didaktischen Konzepten wie auch unterschiedlichen technischen Grundlagen arbeiten, dabei allerdings auch eine Reihe von Gemeinsamkeiten aufweisen. Beide Beispiele sind an der Universität verankert und erstrecken sich jeweils über ein Semester.
2. Zwei Beispiele für **Blended Learning in der Lehrerfortbildung** machen deutlich, dass gerade in der Fortbildung nicht nur verschiedene didaktische Wege, sondern auch recht unterschiedliche Organisationsformen eines Lernens mit digitalen Medien möglich sind. Eines der Beispiele erstreckt sich auf ein Jahr, während das andere Beispiel eine offene Zugangsform ohne konkrete Zeitbegrenzungen zulässt.

3. **Die Zukunft der Lehrerbildung mit digitalen Medien** lässt sich natürlich nicht vorhersehen, aber zumindest erahnen, wenn man Beispiele, wie die hier ausgewählten einmal genauer betrachtet und den Versuch unternimmt, die dort angelegten Ansatzpunkte „weiterzuspinnen". Dabei stellt sich die Frage nach neuen Formen der Organisation und methodischen Gestaltung der Lehrerbildung ebenso wie die möglichen Veränderungen der Lernkultur.

## 7.1 Blended Learning in der Lehrerausbildung

Im Folgenden sollen zwei aktuelle Beispiele vorgestellt werden, die zeigen, wie man Lehrerausbildung an Universitäten und Pädagogischen Hochschulen mit Blended Learning-Angeboten bereichern kann. Die beiden Darstellungen sind weniger als makellose „Best Practices", sondern vielmehr als gut gelungene anregende Beispiele zu verstehen, die am Ende dieses Buches als Veranschaulichung dienen sollen. Wie bereits an mehreren Stellen erwähnt, ist die Qualität eines Blended Learning-Konzepts von der Passung zu verschiedenen (äußeren und inneren) Faktoren und der internen Kohärenz der Gestaltungselemente abhängig, sodass beide Beispiele nicht als Universalrezepte für Blended Learning in der Lehrerausbildung zu verstehen sind. Es ist ebenfalls *nicht* Ziel dieses Kapitels, die Wirksamkeit der vorgestellten Beispiele zu belegen: Beide Lernumgebungen wurden evaluiert und treffen auf hohe Akzeptanz; die jeweils angegebene Literatur enthält entsprechende weiterführende Informationen. Es geht also nicht um eine wissenschaftliche Analyse von Effekten, sondern um Anschauungsmaterial für didaktische Kreativität. Beispiel 1 ist ein Blended Learning-Angebot, das Lehramtsstudierende in das selbstorganisierte Lernen und Möglichkeiten der Förderung dieses Lernens einführen soll – also ein Beispiel, das sich inhaltlich um die *Unterrichtsentwicklung* im weitesten Sinne kümmert. Beispiel 2 ist ein Blended Learning-Angebot, das sich inhaltlich mit der Schulentwicklung beschäftigt und Lehramtsstudierenden eine Orientierung zu verschiedenen Konzepten und praktischen Möglichkeiten der Schulentwicklung geben will. Beide Beispiele wurden von Universitäten entwickelt: Beispiel 1 von der Universität Bamberg, Beispiel 2 von Universität Augsburg; beide Blended Learning-Angebote erstrecken sich jeweils über ein Semester.

### 7.1.1 Beispiel 1: Ein Blended Learning-Angebot zur Unterrichtsentwicklung

***Kernidee und Ziele.*** Das Blended-Learning-Angebot „Selbstorganisationsoffener Unterricht[1] am Beispiel Rechnungswesen" behandelt Konzepte zur Gestaltung moderner Lehr-Lernarrangements, bei denen die Selbstorganisation und selbstorganisiertes Lernen im Vordergrund stehen; neben Gestaltungsfragen werden auch Möglichkeiten alternativer Beurteilungsverfahren behandelt. Das Angebot ist zum Großteil eine E-Learning-Veranstaltung, wird aber umrahmt von zwei Präsenz-Workshops am Anfang und gegen Ende des Semesters (Wolf, Seifried & Städtler, 2005). Die Kickoff-Veranstaltung dient der Vorstellung des Kurses und der Lernumgebung *EverLearn* (s.u.), der Vorbereitung auf die virtuelle Zusammenarbeit sowie dem Kennenlernen der Teilnehmer. Im Rahmen der zweiten Präsenzveranstaltung stellen Arbeitsgruppen selbst erstellte Unterrichtsmaterialien vor. Diese werden mittels Peer-Review[2] beurteilt und von Referendaren und/oder erfahrenen Lehrkräften kommentiert. Ein weiteres (optionales) Präsenzelement stellen parallel angebotene schulpraktische Übungen dar, in denen die in der virtuellen Lernumgebung selbst erarbeiteten Unterrichtsmaterialien erprobt werden können. Zielgruppe sind primär Lehramtsstudierende (vor allem der Wirtschaftspädagogik); geeignet ist das Angebot allerdings auch für Lehrende in der Praxis. Die Nutzer der Lernumgebung sollen mit der Konzeption von selbstorganisiertem Lernen vertraut gemacht werden und Fähigkeiten zur Planung und Entwicklung von selbstorganisationsoffenem Unterricht (einschließlich der dazu erforderlichen Unterrichtsmaterialien) erwerben und erproben: Praktisches Erfahren und theoretisches Reflektieren stehen im Vordergrund. Die folgende Abbildung zeigt das Startbild der Lernumgebung.

***Inhaltsdesign.*** Die Lernumgebung gliedert sich in zwei Bereiche: zum einen in die zu bearbeitenden Problemstellungen und zum anderen in eine dazugehörige „Wissensbasis"[3]. Im Bereich der Problemstellungen können die Lernenden mittels integrierter Wiki[4]-Funktionen ihre Arbeitsergebnisse einstellen, dis-

---

[1] Der Begriff „selbstorganisationsoffener Unterricht" ist das Pendant zum selbstorganisierten Lernen (in Kapitel 2 als selbstgesteuertes Lernen bezeichnet) und bezeichnet einen Unterricht, der die Selbstorganisation der Lernenden ermöglicht und fördert (Sembill, 1999).

[2] D.h., die Studierenden bewerten sich gegenseitig.

[3] die zur Bearbeitung der Problemstellungen erforderlichen Inhalte.

[4] Wikis, auch WikiWikis und WikiWebs genannt, sind im World Wide Web verfügbare Seitensammlungen, die von den Benutzern nicht nur gelesen, sondern auch online geändert werden können.

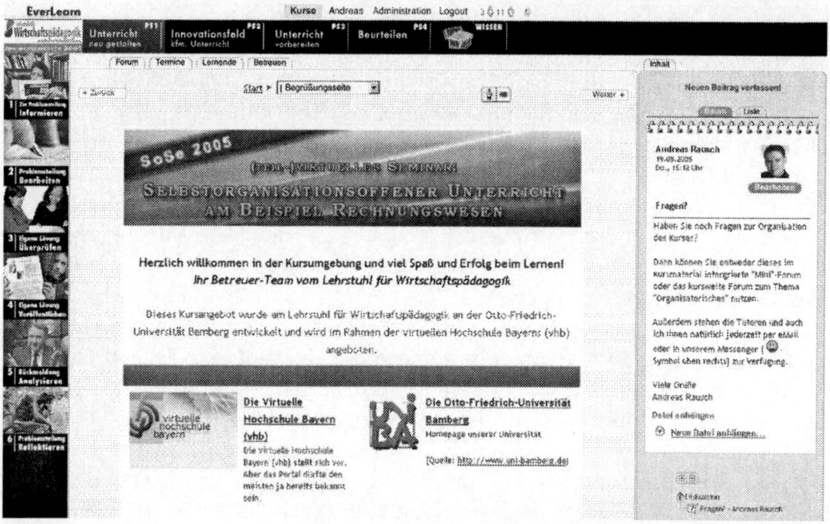


Abb. 7.1: Startbild der Lernumgebung „Selbstorganisationsoffener Unterricht"

kutieren und bearbeiten. Inhaltlich gliedert sich das Seminar - entsprechend der Problemstellungen - in vier inhaltliche Bereiche, nämlich: a) moderne Lehr-Lernarrangements, b) Planung innovativen (Rechnungswesen-) Unterrichts anhand des Konzepts selbstorganisierten Lernens, c) Entwicklung einsatzfähiger Unterrichtsmaterialien und d) alternative Beurteilungsverfahren. Im Bereich der Wissensbasis können die Lernenden auf umfangreiche, teilweise multimedial aufbereitete Informationen (z.B. auf Video aufgenommene Interviews) zugreifen, die durch Querverweise strukturiert sind. Des Weiteren gibt es Informationen (in Form von Text) zu den folgenden Themen: (1) Sichten auf Unterricht, (2) Lexikon der Lehr-Lern-Arrangements, (3) Rechnungswesenunterricht in der Kritik, (4) Konzept selbstorganisierten Lernens, (5) Selbstorganisiertes Lernen im Rechnungswesenunterricht, (6) Theorie zur Kosten- und Leistungsrechnung und (7) alternative Leistungsbeurteilung.

***Aufgabendesign***. Wie bereits erwähnt, gliedert sich die Lernumgebung didaktisch (wie auch inhaltlich) in vier Problemstellungen, zu deren Bearbeitung auf entsprechende Informationsangebote in der Wissensbasis verwiesen wird: a) Die *erste* Aufgabe konfrontiert die Lernenden mit den eigenen Erfahrungen zum kaufmännischen Unterricht, indem ein kurzer Erfahrungsbericht zu erstellen ist. Darauf aufbauend sind Vor- und Nachteile gängiger Unterrichtspraktiken anhand einer frei zu wählenden Methode aus dem Lexikon der Lehr-Lern-Arrangements zu reflektieren und Verbesserungsvorschläge zu erarbeiten. b) Die *zweite* Aufgabe stellt fachdidaktische Fragen des kaufmännischen Unterrichts in den Vordergrund. Auf der Grundlage einer theoretischen Reflexion aktueller fachdidaktischer Auseinandersetzungen wird das Konzept des selbstorganisationsoffenen Unterrichts erarbeitet und in Kleingruppenarbeit eine Unterrichtsplanung für ein Halbjahr im Bereich Kosten- und Leistungsrechnung erstellt. c) Eine konkrete Problemstellung (Phase der Halbjahresplanung) für den Unterricht auszugestalten und die dafür benötigten Materialien zu entwickeln, stellt die *dritte* Aufgabe dar, die ebenfalls in Kleingruppen bearbeitet wird. d) In der *vierten* Aufgabe beurteilen die Lernenden ihre eigene Leistung in den vorangegangenen Aufgaben sowie die der anderen Teilnehmer bzw. Gruppen und erarbeiten auf diesem Wege alternative Beurteilungsverfahren. Die zweite und dritte Problemstellung (b und c) stellen sowohl inhaltlich und zeitlich als auch in der Gewichtung der Teilnote den Kern des Seminars dar. Bei der kollaborativen Bearbeitung der Problemstellungen dienen jeweils sechs zu durchlaufende Stufen als Orientierungshilfe für die Lernenden (siehe Kasten 7.1). Die Aufgaben sind so konzipiert, dass die Prinzipien des selbstorganisierten Lernens auch in der Blended Learning-Veranstaltung selbst umgesetzt werden. Die Bearbeitung wird von Tele-Tutoren (s.u.) unterstützt und begleitet. Das Bewertungssystem ist in hohem Maße ausdifferenziert: Die Bewertungen der Aufgabenlösungen werden entsprechend des unterschiedlichen Arbeitsaufwands bei den Aufgaben unterschiedlich gewichtet; Teile der Gesamtnote ergeben sich aus Selbst-, Peer- und Fremdbewertung.

**Kasten 7.1: Sechs Phasen beim Durchlaufen der Aufgaben**

Die Lernumgebung verwendet eine Sechs-Stufen-Systematik, um „vollständige Handlungen“ zu fördern und den Lernprozess anzuleiten (Wolf et al., 2005):

1. Informieren zur Problemstellung
2. Problemstellung bearbeiten
3. Eigene Lösung überprüfen
4. Veröffentlichen und andere Lösungen analysieren
5. Rückmeldung durch Tutoren und Mitlernende analysieren
6. Problemstellung reflektieren und Gelerntes in Bezug setzen

***Das didaktische Gesamtkonzept***. Bei der didaktischen Konzeption des Blended Learning-Angebots „Selbstorganisationsoffener Unterricht am Beispiel Rechnungswesen" steht das Ziel im Vordergrund, selbstorganisiertes Lernen nicht nur als Inhalt, sondern auch als Methode umzusetzen. Ein spezielles didaktisches Modell in „Reinform" wird dabei nicht umgesetzt; vielmehr wird ein eigenes didaktisches Modell - maßgeschneidert auf die Anforderungen der behandelten Domäne - ausgearbeitet. Selbstorganisation in der Blended Learning-Veranstaltung soll vor allem durch das kollaborative Lösen komplexer Probleme (also im Sinne eines problemorientierten Lernens; vgl. Kap. 6.2.1) erfolgen. Um über die Veranstaltung hinausgehende Lernprozesse anzuregen und eine - außerhalb von Präsenzsituationen schwierige - Bildung von Lern- und Arbeitsgemeinschaften anzuregen, werden Elemente einer Community-of-Practice (Wenger, 1998) in die Gestaltung der Lernumgebung eingebunden (vgl. Kap. 2.5.2). Zur Community gehören Studierende, Referendare, Lehrende und Forscher, die gemeinsam versuchen, die Effizienz und Effektivität kaufmännischen Unterrichts zu erhöhen. Bei der Betreuung der Aufgabenbearbeitungen durch Tele-Tutoren steht diesen neben den Ansprechpartnern am zuständigen Lehrstuhl auch ein Tutorenleitfaden zur Verfügung, in dem die Betreuungsleistungen (im Sinne einer voraus geplanten Prozessgestaltung; vgl. Kap. 4.3.3) beschrieben sind: Die Tätigkeiten reichen von Feedbackprozessen und Zusammenfassungen über spezifische Hilfestellungen auf den verschiedenen Stufen der Problembearbeitung und Anregungen zu Diskussionen bis zur Beurteilung der Selbstevaluation seitens der Lernenden und der Entwicklung von Notenvorschlägen (siehe Kasten 7.2).

***Technische Umsetzung.*** Die Online-Umgebung basiert auf einem Learning Content Management System namens *EverLearn*[5]. Das Herzstück der internetbasierten Lernumgebung sind die so genannten Wiki-Seiten, d.h. die Möglichkeit sowohl für Lehrende als auch für Lernende, selbst multimediale Inhalte zu generieren, ohne über HTML-Kenntnisse oder ähnliche Expertisen zu verfügen. Darüber hinaus bietet die Plattform zahlreiche Möglichkeiten der Kommunikation, Kooperation und Kollaboration. Neben kursweiten Foren gibt es die Möglichkeit, an jede beliebige Inhaltsseite ein „Mini"-Forum direkt anzuhängen (siehe rechter Bereich in Abb. 7.1). Dies erleichtert den Lernenden die Koordination und Diskussion der Arbeitsergebnisse auf ihren Gruppenseiten

[5] EverLearn (www.everlearn.info) ist ein System, das zu 100% Server-seitig läuft, d. h. die Nutzer (Lehrende und Lernende) benötigen lediglich einen Internetzugang und einen Browser. Ziel von EverLearn ist es, insbesondere technisch unerfahrenen Lehrenden (Inhaltsexperten) zu ermöglichen, ohne großen Aufwand E-Learning-Angebote zu erstellen, zu verwalten und zu betreuen.

und den Tutoren das Feedbackgeben. Ferner steht ein integrierter Instant Messenger zur synchronen Kommunikation (Chat) zur Verfügung.

**Kasten 7.2: Auszüge aus dem Trainerleitfaden**

- Halten die Teilnehmer an, den Erfahrungsbericht im angegebenen Zeitrahmen zu erstellen und geben ggf. Hilfestellung zur inhaltlichen Gestaltung.
- Geben inhaltliches Feedback zu den erstellten Kommentaren der Studierenden. Dabei wird besonders auf den inhaltlichen Bezug des Kommentars zu der ausgewählten Unterrichtsmethode geachtet.
- Stellen sich mit ihrem Feedback der Diskussion mit den Studierenden.
- Versuchen, Diskussionen unter den Teilnehmern anzuregen.
- Bewerten die erstellten Kommentare und erstellen einen Notenvorschlag für die Bearbeitung der Problemstellung.
- Stehen während der Informationsphase für Fragen der Studierenden zum SoLe[6]-Konzept zur Verfügung.
- Unterstützen die Bildung von Kleingruppen zur Bearbeitung weiterer Aufgaben.

### 7.1.2 Beispiel 2: Ein Blended Learning-Angebot zur Schulentwicklung

***Kernidee und Ziele.*** Das Blended Learning-Angebot mit dem Titel „Schulentwicklung" behandelt Theorien und Konzepte zum Thema Unterrichts-, Personal- und Organisationsentwicklung sowie den Querschnittthemen neue Medien, Wissens- und Qualitätsmanagement. Das Angebot ist ähnlich wie Beispiel 1 (vgl. Kap. 7.1.1) zum Großteil eine E-Learning-Veranstaltung, wird aber umrahmt von zwei Präsenz-Workshops am Anfang und Ende des Semesters; möglich ist auch eine dritte Präsenzveranstaltung in der Mitte (Reinmann, Vohle, Mansmann & Häuptle, 2005). Der Kick-off-Workshop dient zum einen dazu, die Lernenden auf das Thema Schulentwicklung einzustimmen, indem an persönliche Erfahrungen aus der eigenen Schulzeit angeknüpft wird. Zum an-

[6] SoLe ist eine Abkürzung für: Selbstorganisiertes Lernen

deren sollen die Lernenden mit dem inhaltlichen und didaktischen Aufbau der Lernumgebung vertraut gemacht werden. Schließlich können sich die Teilnehmenden am Seminar im Kick-off-Workshop persönlich kennen lernen. Die Abschlussveranstaltung eröffnet allen Beteiligten die Chance, sich über Inhalte und Erfahrungen face-to-face auszutauschen. Eingebunden wird zudem die Anfrage eines „Praktikers" aus der Schule, der Hilfe zu einem konkreten Schulentwicklungsproblem sucht; auf diese Weise können die Lernenden ihr neu erworbenes Wissen realitätsnah erproben. Das Angebot wurde primär für Lehramtsstudierende entwickelt, eignet sich aber prinzipiell auch für die Fortbildung von Lehrerinnen und Lehrern. Ziel der Lernumgebung ist es, dass die Nutzer des Angebots einerseits grundlegende theoretische Konzepte und deren Zusammenhänge zur Schulentwicklung kennen lernen und diese auf praktische Problemstellungen beziehen können. Andererseits soll die Fähigkeit entwickelt werden, ein komplexes Problem aus dem Kontext Schulentwicklung zu erkennen, zu analysieren und argumentativ zu lösen. Als didaktisches Modell stand vorrangig das Modell der Goal-Based Scenarios (vgl. Kap. 6.2.5) Pate. Die folgende Abbildung zeigt das Startbild der Lernumgebung.

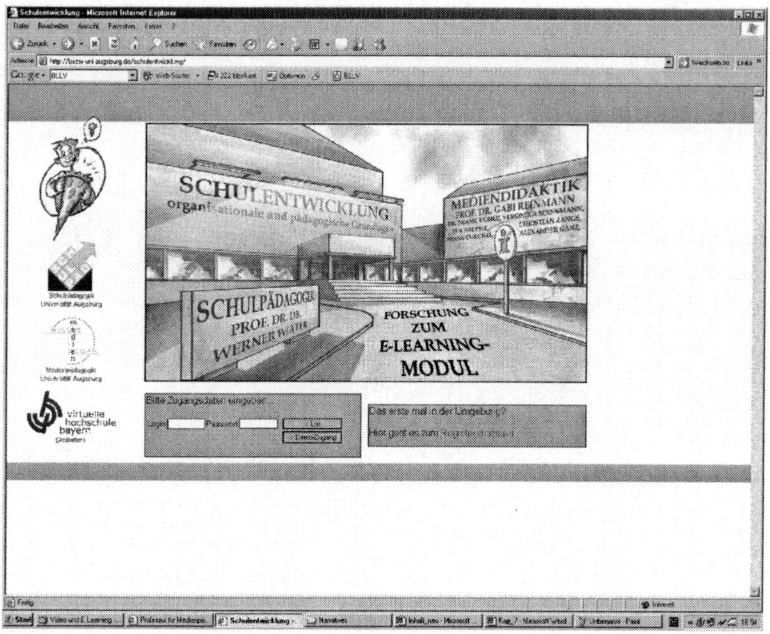


*Abb. 7.2: Startbild der Lernumgebung „Schulentwicklung"*

***Inhaltsdesign***. Die Lernumgebung besteht inhaltlich aus einem (ca. 60-seitigen) Lehrtext, Ressourcen aus dem Internet sowie (Fall-)Geschichten, auf die sich konkrete Aufgaben beziehen: a) Ein eigens verfasster *Lehrtext* bildet das inhaltliche Grundgerüst der Lernumgebung, das in neun Module aufgeteilt ist (z.B. Systemische Grundlagen, Idee der Schulentwicklung, Organisationsentwicklung, Personalentwicklung etc.). Jedes Modul ist in mehrere Unterpunkte (Lerneinheiten) gegliedert, von denen jeder aus einem ca. 20-zeiligen (ohne Scrollen lesbaren) Text besteht. Es handelt sich um eine reine Textdarstellung ohne multimediale Elemente. Besondere Instruktionsdesign-Modelle kamen nicht zu Einsatz. b) Die *Ressourcen* aus dem Internet sind kommentierte Links ins WWW (PDF-, PPT-, WORD-Dokumente, html-Seiten oder Audiofiles), die zur Vertiefung dienen (ähnlich wie sie in WebQuests angeboten werden. Während sich der Lehrtext auf Grundlagenwissen zur Schulentwicklung beschränkt, greifen die Web-Ressourcen speziellere oder weiterführende Themen auf und bieten (teilweise auch multimedial dargestellte) Beispiele an. Zusammen mit dem Lehrtext bilden die Web-Ressourcen die inhaltlichen „Werkzeuge" zur Aufgabenbearbeitung. c) Das „didaktische Herz" der Lernumgebung bilden vier zu bearbeitende realitätsnahe *Fallgeschichten*, in denen jeweils Informationen einer real existierenden Schule mit fiktiven Informationen kombiniert werden. Diese Geschichten (einschließlich der Aufgaben; s.u.) wurden nach dem Goal-Based Scenario-Modell gestaltet; sie sind nicht nur ein methodisches Element, sondern enthalten auch Kontext-Informationen zum Thema Schulentwicklung. Zudem erhalten die Lernenden mit den Fallgeschichten authentische Materialien (Text, Bild, Videoausschnitte) aus den jeweiligen Schulen und ihren Projekten.

***Aufgabendesign.*** Die Lernumgebung enthält insgesamt acht in Einzel- und Gruppenarbeit zu bearbeitende Aufgaben, die in die Fallgeschichten nach den Prinzipien des Goal-Based Scenario-Modells (s.u.) eingebettet sind. Die Aufgaben sind so gestaltet, dass man bei deren Lösung unterschiedliche Sichtweisen bzw. Rollen (Schüler, Lehrer, Schulleiter, Eltern, Wirtschaft etc.) einnehmen muss. Darüber haben die zu erstellenden Lösungen unterschiedliche Ziele: Die Erstellung eines Workshop-Konzepts ist ebenso gefragt wie das Verfassen eines Artikels für eine wissenschaftliche Zeitschrift – um nur zwei Beispiele zu nennen. Damit sollen vielfältige Perspektiven entwickelt werden und das Lernen komplexen Anforderungen im Schulalltag zumindest nahe kommen. Die Art der Aufgabenstellungen legt es nahe, dass sich deren Lösungen einer elektronischen Auswertung entziehen. Vielmehr müssen die Lösungen von Tele-Tutoren bewertet werden, wofür (ähnlich wie bei Beispiel 1) ein differenziertes Bewertungssystem mit einer Reihe von Kriterien (z.B. inhaltliche Korrektheit, argumentative Struktur, Aufgabenangemessenheit und Originalität) entwickelt wurde. Die Erfüllung der Kriterien wird mit Punkten/Noten wie auch mit knappen verbalen Kommentaren bewertet. Ebenso können die Lernenden den Tutoren Feedback zur Lernumgebung und zum Verlauf geben, indem sie ein Online-Barometer ausfüllen.

***Das didaktische Gesamtkonzept***. Im Blended Learning-Angebot „Schulentwicklung" wurde versucht, die wichtigsten Prinzipien des Goal-Based Scenario-Ansatzes umzusetzen, wie sie in Kapitel 6.2.5 beschrieben wurden (vgl. Reinmann et al., 2005):

a) *Mission und Cover Story*: Die inhaltlichen Säulen der Lernumgebung – nämlich die Unterrichtsentwicklung, Personalentwicklung und Organisationsentwicklung sowie deren Vernetzung – waren der Anker für die Suche nach vier dazu passenden Cover Storys (Kasten 7.1. liefert ein Beispiel). Diese fanden wir in Schulprojekten aus dem BLK-Programm „Systematische Einbeziehung von Medien, Informations- und Kommunikationstechnologien in Lehr-Lernprozesse" (SEMIK) (Mandl et al., 2003). Die Kernidee dieser Projekte, die dazugehörigen Schulen und einige ausgewählte authentische Materialien bildeten zusammen den narrativen Rahmen im Sinne einer Cover Story. Der von Schank als „mission" bezeichnete realitätsnahe Auftrag wurde durch Einbettung fiktiver Ereignisse in die Cover Story hergestellt.

**Kasten 7.3: Beispiel für eine Cover Story mit Mission (Unterrichtsentwicklung)**

Sie sind Lehrerin an der Hauptschule an der Implerstraße in München. Sie betreuen das Projekt Lernbüro. Noch zwei Monate bis zum Schuljahresende. Ihre Schüler sehnen die Ferien bereits herbei und im Lehrerzimmer gibt es neben den üblichen Themen rund um Noten und schwierige Schüler neuen brisanten Gesprächsstoff: Es geht ums Geld – nicht um das eigene der Lehrer zwar, aber um Geld für Projekte, in die Lehrer wie Sie viel Zeit und Energie gesteckt haben. Der Hintergrund: Seit zwei Jahren werden vier Projekte zum Thema „Beruf" von Sponsoren aus der Wirtschaft finanziell unterstützt. Wegen schlechter Geschäftslage werden die Gelder nun gekürzt; nur noch zwei von vier Projekten können weitermachen. Ihr Schulleiter beschließt eine interne Evalua-

tion der Projekte zu veranlassen, deren Ergebnisse entscheiden, welche zwei Projekte auch im kommenden Schuljahr unterstützt werden. Neben dem Kriterium „Berufsorientierung" gibt es für das kommende Schuljahr eine weitere Devise: Sozial- und Handlungskompetenz im Unterricht!
Sie und Ihr kleines Team – eine Kollegin und ein Referendar gehören noch mit dazu – freuen sich: Berufsorientierung sowie Sozial- und Handlungskompetenz als Kriterien stellen gute Aussichten zur Weiterfinanzierung Ihres Lernbüro-Projekts dar, denn: Das Lernbüro bereitet auf berufliche Tätigkeiten vor – bisher allerdings nur im Nachmittagsbereich. Geplant ist aber ohnehin das Konzept auch in den Unterricht zu integrieren. Damit kann es beiden Kriterien, nämlich Berufsorientierung und Kompetenzförderung im Unterricht, sicher gerecht werden. Jetzt kommt es also darauf an, dass Sie die schon vorhandenen Früchte des Projekts deutlich machen, die neuen Potentiale herausarbeiten und alles gut nach außen kommunizieren: Rektor, aber auch Sponsoren, Eltern und Schüler sollen vom aktuellen und künftigen Erfolg des Lernbüros überzeugt werden.

b) *Rollen und Handlungen*: Welche Rolle (und damit auch Perspektive) der Lernende in der Geschichte einnehmen und welche konkreten Handlungen er ausführen soll, wird in der Lernumgebung über die Aufgaben gelenkt: Die Aufgaben sind dergestalt, dass die Lernenden in verschiedenen Rollen verschiedene „Produkte" herstellen sollen: In der Rolle des Lehrers wird z.B. eine Schul-AG evaluiert oder ein Lehrerteam gestaltet ein Unterrichtskonzept; in der Rolle von Eltern sollen neue Kooperationspartner für die Schule gewonnen werden; in der Rolle des Schulleiters sollen Lehrer von einem neuen Organisationskonzept überzeugt werden; in der Rolle eines Journalisten soll ein Artikel über die Schulentwicklung verfasst werden etc. Die so entstehenden Lernprodukte machen zum einen - wie in Goal-Based Scenarios gefordert - unterschiedliche (steuernde, gestaltende, erklärende und entdeckende) Aktivitäten notwendig; zum anderen haben diese für die Lernenden hohe motivationale Bedeutung (vgl. Schwartz, Lin, Brophy & Bransford, 1999).

**Kasten 7.4: Beispiel für eine rollen- und handlungslenkende Einzelaufgabe**

*Was muss ich wissen?* Sie wollen per Evaluation den Erfolg Ihres Projektes unter Beweis stellen. Hierzu müssen Sie sich erst einmal selbst Klarheit darüber verschaffen, welche veränderten Bedingungen für die Schule und welche allgemeinen Ziele von Unterricht heute bestehen und welche Kriterien von Schulqualität im Allgemeinen und Qualität des Unterrichts im Besonderen es gibt. Sie sollten dann in Erfahrung bringen, welche Ziele das Lernbüro verfolgt.
*Was muss ich tun?* Nachdem Sie sich einen (theoretischen) Überblick verschafft haben, soll mittels eines Fragebogens das Potential des Lernbüros überprüft werden. Bitte verfassen Sie auf einer halben Seite eine Kurzbeschreibung des Lernbüro-Projektes mit seinen Zielen (1) und geben Sie an, inwiefern das Projekt Lernbüro in den Kontext von Schulqualität im Allgemeinen und Qualität des Unterrichts im Besonderen einzuordnen ist (2). Sie haben bei der Evaluation Ihres Projektes natürlich v.a. „Berufsorientierung“ sowie Sozial- und Handlungskompetenz im Blick – überlegen Sie sich also genau, mit welchen Fragen Sie dies aufspüren können. Entwickeln Sie einen kurzen Fragebogen (3) einschließlich nachfolgenden Hinweisen (4), welche Indikatoren (z.B. „Arbeiten im Team“) dabei für welche Kriterien (Sozialkompetenz) Aufschluss geben sollen.

c) *Ressourcen*: Um die Aufgaben bearbeiten zu können, müssen sich die Lernenden bestimmte Inhalte aneignen, die alle in der Lernumgebung enthalten sind. Neben dem Lehrtext finden die Lernenden Web-Ressourcen sowie authentische Materialien zu den Schulprojekten; diese liefern auch Kontextinformationen und erfüllen die Forderung, narrative Elemente in den Ressourcen anzubieten. Daneben verweisen die Web-Ressourcen auf schulpraktische Beispiele und verschiedene praxisrelevante Sichtweisen auf die Schulentwicklung.
d) *Rückmeldungen*: Auf aufwändige Rückmeldungen über z.B. multimediale Coachs oder Konfrontationen mit Handlungsfolgen durch Integration von Simulationen, wie sie in Goal-Based Scenarios postuliert werden, wurde verzichtet. Trotzdem wird – auf anderen Wegen – dem Aspekt der ergeb-

nis- wie auch prozessbezogenen Rückmeldung hohe Bedeutung eingeräumt: Jede von den Lernenden allein oder in der Gruppe angefertigte Lösung wird mit Punkten/Noten und verbalen Kommentaren auf der Grundlage transparenter Qualitätskriterien bewertet (ergebnisbezogene Rückmeldung). Eine Art „Konfrontation" mit der Realität wird über den Abschlussworkshop hergestellt. Zu diesem Workshop wird ein Praktiker aus der Schule eingeladen, der ein Problem oder eine Herausforderung aus dem Umfeld der Schulentwicklung mitbringt und sich von den Studierenden, die die Lernumgebung durchlaufen haben, „beraten" lässt (produkt- *und* prozessbezogene Rückmeldung). Über das bereits genannte Online-Barometer wird nicht nur die Evaluation der Lernumgebung betrieben; vielmehr dient dieses Instrument auch dem kontinuierlichen gegenseitigen Feedback zwischen Lernenden und der Lehrperson (prozessbezogene Rückmeldung).

***Technische Umsetzung.*** Die Online-Umgebung basiert auf einer Plattform namens *ComVironment* – ein Tool zur Erstellung, Durchführung und Evaluation netzwerkbasierter Lehr-Lernsettings[7]. Ziel von ComVironment ist es, dem Anwender eine möglichst große Freiheit in der Gestaltung der Lern- und Arbeitsplattform einzuräumen, bei gleichzeitig möglichst geringem technischen Aufwand. Die technischen Anforderungen, die an ComVironment gestellt werden, basieren in erster Linie auf der Forderung nach: a) ressourcenschonendem und stabilem Laufzeitverhalten, b) möglichst geringen Softwarevoraussetzungen, c) schnellem Seitenaufbau, auch bei hoher Frequentierung der Lernplattform, d) einfacher Installation und e) bequemer, möglichst ohne HTML-Kenntnisse benutzbarer Administration sowie größtmöglicher individueller Anpassbarkeit der Lernumgebung.

## 7.2 Blended Learning in der Lehrerfortbildung

Parallel zur Lehrerausbildung (vgl. Kap. 7.1) sollen im Folgenden zwei aktuelle Bespiele für Blended Learning-Angebote in der Lehrerfortbildung vorgestellt werden. Auch diese beiden Darstellungen sind keine Universalrezepte und/oder Best Practices ohne Mängel, sondern anschauliche Beispiele, die Mut zu mehr Experimentierfreude mit digitalen Medien in der Lehrerfortbildung machen sollen. Auch hier wird auf wissenschaftliche Wirksamkeitsanaly-

[7] ComVironment basiert auf der Scriptsprache PHP und der Datenbank MySQL. Installiert werden kann ComVironment auf jedem Apache-basierten Server, der die genannten Module zur Verfügung stellt (www.comvironment.de).

sen verzichtet, weil das Ziel in der Veranschaulichung der in diesem Buch vermittelten Inhalte liegt. Weiterführende Literatur zu Fragen der Effektivität werden in die Beschreibungen eingebunden. Beispiel 1 beschäftigt sich inhaltlich mit Fragen der Entwicklung von Unterrichtsqualität durch den Einsatz digitaler Medien im Fachunterricht; Initiatoren und Entwickler dieses Angebots sind Intel und die Akademie für Lehrerfortbildung und Personalführung Dillingen; die Dauer der ständig zur Verfügung stehenden Weiterbildung kann individuell bestimmt werden. Beispiel 2 hat ebenfalls die Unterrichtsqualität im Blick, bezieht sich aber begrenzt auf den Mathematikunterricht, schränkt Verbesserungsmöglichkeiten dafür aber nicht auf den Medieneinsatz ein; dieses Beispiel ist das Produkt einer Kooperation des Deutschen Instituts für Internationale Pädagogische Forschung und der Universität Zürich; das Fortbildungsangebot dauert ein Jahr.

### *7.2.1 Beispiel 1: Ein Blended Learning-Angebot zum Medieneinsatz im Fachunterricht*

***Kernidee und Ziele***. Das Blended Learning-Angebot mit dem Titel „Intel® Lehren für die Zukunft - online trainieren und gemeinsam lernen" wendet sich an alle praktizierenden Lehrerinnen und Lehrer im deutschsprachigen Raum und baut auf dem Grundkurs „Intel® Lehren für die Zukunft" auf. Während der Grundkurs vor allem technische Medienkompetenz im Umgang mit verschiedenen Programmen vermittelt, bietet der Aufbaukurs Lehrkräften, die bereits Kenntnisse im Umgang mit PC und Internet haben, Bildungsinhalte rund um den Einsatz digitaler Medien im Fachunterricht an (Reinmann, 2005a). Die Fortbildung erfolgt in Teamarbeit, wobei es sich vorrangig um Teams handelt, die in face-to-face-Situationen zusammenarbeiten. Der E-Learning-Anteil wird durch eine Trainingsplattform realisiert, die Informationen, Beispiele, konkrete Anleitungen und weitere Materialien (s.u.) in strukturierter Form anbietet. Die Teilnehmer der Fortbildung werden schulintern von einem so genannten Schulmentor betreut. Ziel der Fortbildung ist vor allem der Aufbau von Medien-, Methoden-, Evaluations- und Teamkompetenz seitens der Lehrenden, was sich in einer verbesserten Unterrichtsqualität und erhöhter Lernkompetenz der Schüler niederschlagen soll. Der Blended Learning-Fortbildung liegt kein einzelnes didaktisches Modell zugrunde; die Entwicklung erfolgte vorrangig aus praktischen Erfordernissen heraus. Es finden sich aber mehrere Elemente und Aspekte aus verschiedenen Instruktions- und Kontextdesignmodellen in der Gestaltung der Lernumgebung wieder. Die Zertifizierung der Lehrkräfte er-

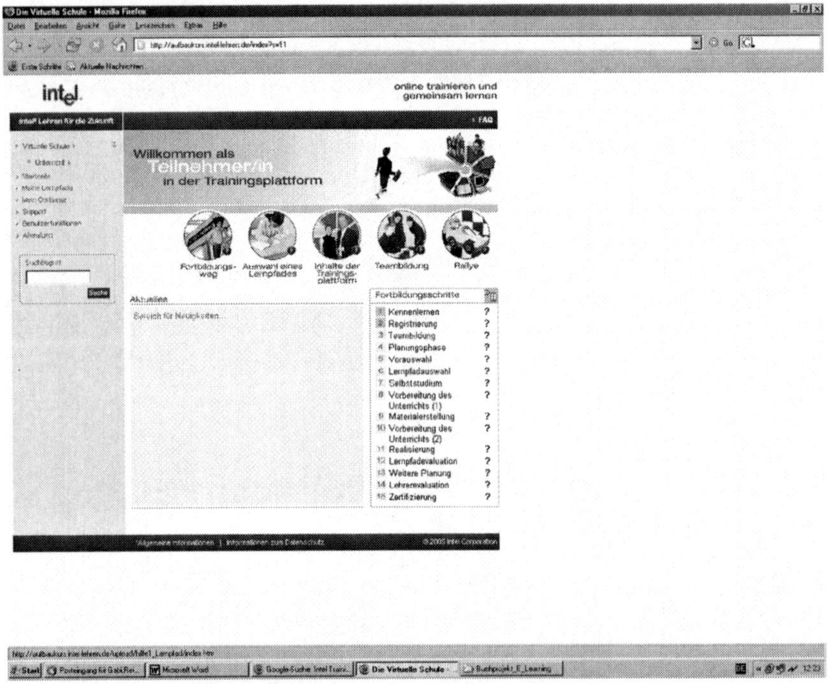


Abb. 7.3: Startseite der Trainingsplattform des Intel-Aufbaukurses

folgt in Form einer Teilnahmebescheinigung durch das Bundesland und Intel. Die folgende Abbildung zeigt das Startbild der Trainingsplattform.

***Inhaltsdesign***. Der inhaltliche Kern des Konzepts (um den sich auch das zentrale methodische Element dreht) sind praxiserprobte Unterrichtsbeispiele. Diese werden von Lehrkräften im Sinne kollegialer Praxishilfe zur Verfügung gestellt und von geschultem Personal zu "Lernpfaden" für die Fortbildung aufbereitet: Ein Lernpfad beschreibt eine Methode (bei der digitale Medien im Fachunterricht zum Einsatz kommen) anhand eines Unterrichtsbeispiels und besteht aus acht Lernstationen, die die Lehrkräfte bei der Umsetzung der Methoden im eigenen Unterricht unterstützen (siehe Kasten 7.5); die Lernstationen erläutern schrittweise das jeweilige Unterrichtsbeispiel und die Methode. Die Lernpfade sind (in der Trainingsplattform) fachspezifisch geordnet, beinhalten aber stets eine Methode, die prinzipiell auch in einem anderen Fach angewendet werden kann. Das Unterrichtsbeispiel dient als Veranschauli-

**Kasten 7.5: Lernstationen eines Lernpfades**

Ein Lernpfad beginnt mit einer Kurzübersicht und einem Unterrichtsbeispiel; beides dient der Orientierung und gilt noch nicht als eigenständige Lernstation. Folgende Lernstationen schließen sich an:

1. Einführung: Kurzdarstellung der Methode; Vorstellung weiterer Beispiele; Erörterung des Mehrwerts digitaler Medien in diesem methodischen Kontext
2. Bildung von Arbeitsteams und Auswahl geeigneter Lerninhalte (aus der Trainingsplattform)
3. Analyse der Voraussetzungen für den Einsatz der ausgewählten Methode (Voraussetzungen bei den Lehrenden, bei den Schülern und bei den technischen Rahmenbedingungen)
4. Steigerung der Medienkompetenz durch methodisch-didaktische Reflexion
5. Planung der Unterrichtseinheit und Erstellen der erforderlichen Materialien
6. Durchführung des Unterrichts und Unterrichtsevaluation (Selbstevaluation und Schülerfeedback)
7. Evaluation des Lernpfades (also Rückmeldung der Teilnehmer zur Qualität und Nutzbarkeit des Lernpfades für den eigenen Unterricht)
8. Weitere Planung

„Weitere Planung" kann heißen, dass das Team eine neue Unterrichtsmethode im gleichen oder in einem anderen Fach umsetzt; dann beginnt (optional) ein neuer Lernpfad mit allen genannten Stationen (im Sinne einer Lernspirale).

chung und ist nicht als „Kopiervorlage" gedacht. Vielmehr werden die Teilnehmer ermuntert, zum einen nur Methoden auszuwählen, die den eigenen Ansprüchen genügen und zum eigenen Unterricht passen, und zum anderen entsprechende Anpassungen vorzunehmen.

Die Lernpfade und zahlreiche weitere Inhalte (z.B. Vorträge und Videos zur Veranschaulichung in der „Aula“[8], detaillierte Informationen zum Fachbereich in der „Bibliothek“ sowie Materialien - auch in Form von WBTs - zur Vorbereitung und zum persönlichen Training) sind online auf der Trainingsplattform zugänglich. Darüber hinaus erhalten die Teilnehmer didaktisch aufbereitete Informationen zur Evaluation (Selbstevaluation und Evaluation durch die eigenen Schüler) des Unterrichts, dem ein wichtiger Stellenwert innerhalb der Fortbildung zukommt (Reinmann & Ganz, 2005). Gelernt und gearbeitet wird in schulinternen Teams; aber auch eine schulübergreifende Zusammenarbeit mit Lehrkräften anderer Schulen ist über die Online-Komponente möglich.

***Aufgabendesign***. Die „globale Aufgabe“ in dieser Fortbildung besteht darin, den eigenen Fachunterricht zu verbessern und sich hierbei von Methoden und Beispielen (wie auch flankierenden Inhalten) anregen zu lassen - eine authentische Aufgabe also, die nicht im geschützten Raum, sondern in der Realität des Unterrichts stattfindet. Die Lehrenden können dabei auf ihre bisherigen Unterrichtserfahrungen zurückgreifen und ihre Methodenkompetenz letztlich durch „learning by doing“ erweitern. Konkrete Aufgabenstellungen (und damit auch Hilfen und Anleitungen), die diese authentische Aufgabe initiieren und lenken, sind in die oben beschriebenen Lernpfade bzw. deren Stationen eingebettet: Die Lernpfade bieten mit ihren Aufgabenstellungen (Lernstationen) ein strukturiertes (angeleitetes) Vorgehensmodell zur Planung, Erprobung und Evaluation von Unterricht, in dem neue Methoden und digitale Medien zum Einsatz kommen. Als weitere Strukturierungshilfe dient ein Leitfaden, der durch die Fortbildung führt und einen idealtypischen Ablauf darstellt (siehe Kasten 7.6). Insgesamt also wird die authentische Basisaufgabe durch Teilaufgaben stark angeleitet. Unterstützung und Rückmeldung zu einzelnen Prozessen der Aufgabenbearbeitung erfährt der einzelne Teilnehmer zum einen durch seine Teampartner und zum anderen durch Schulmentoren (die es an jeder Schule gibt, die sich an der Fortbildung beteiligt) und letztlich auch durch seine Schüler über das ebenfalls erforderliche Schülerfeedback.

***Das didaktische Gesamtkonzept***. Kennzeichnend für „Intel® Lehren für die Zukunft - online trainieren und gemeinsam lernen“ sind drei besondere Lernformen: das arbeitsbegleitende Lernen, das Teamlernen und das Online-Lernen: a) Das *arbeitsbegleitende Lernen* ist eine Antwort auf Probleme der externen Fortbildung: Dazu gehören vor allem Schwierigkeiten, das Gelernte im Unterrichtsalltag auch anzuwenden. Beim arbeitsbegleitenden Lernen sol-

---

[8] „Aula“, „Bibliothek“ etc. sind metaphorische Bezeichnungen für einzelne Teilbereiche der Trainingsplattform in Analogie zu einem realen Schulhaus.

len Lehrende ihren aktuellen Handlungsbedarf im Blick haben und die Möglichkeit erhalten, neu erworbene Kenntnisse *unmittelbar* auszuprobieren; Arbeiten und Lernen sollen besser miteinander verzahnt sein. Dieser Anspruch wird über die authentische Basisaufgabe erfüllt (s.o.), die jedoch im Sinne des Instruktionsdesigns in hohem Maße angeleitet wird. b) Das *Teamlernen* ist der Gegenspieler zum üblichen „Lernen im Alleingang". Beim Teamlernen können sich Lehrende gegenseitig motivieren, unterstützen und Erfahrungen austauschen; bei längerfristigen Kooperationen lässt sich sogar die Arbeitsbelastung verringern. Dieser Aspekt geht in eine Richtung, die bereits an mehreren Stellen dieses Buches als Lernen in „Communities" bezeichnet wurde (vgl. z.B. Kap. 2.5.3 und 7.1.1) und vor allem von Kontextdesign-Modellen favorisiert wird. c) Das *Online-Lernen* resultiert aus dem E-Learning-Anteil der Fortbildung: Über die bereits erwähnte Trainingsplattform sind alle Informationen schnell aktualisierbar; man kann unabhängig von Ort und Zeit darauf zugreifen, was erhebliche Vorteile für ein individualisiertes Lernen hat. Daneben eröffnen sich neue Möglichkeit der Kommunikation und Vernetzung mit Kollegen - auch an anderen Schulen. Alle drei Lernformen zusammen sollen - so die Hoffnung - eine *neue Lernkultur* in der Lehrerfortbildung einleiten, die Kompetenzen der Lehrenden verbessern helfen und auf diesem Wege zur Qualitätssteigerung des Unterrichts beitragen.

**Kasten 7.6: Leitfaden als Strukturierungshilfe für den (idealtypischen) Ablauf der Fortbildung**

1. Kennenlernen des Fortbildungsangebots
2. Registrierung als Teilnehmer
3. Vorbereitung der Teambildung
4. Erste Teamsitzung – Planungsphase
5. Vorauswahl der Unterrichtsvorhaben
6. Zweite Teamsitzung – Lernpfadauswahl
7. Vorbereitung zur dritten Teamsitzung
8. Dritte Teamsitzung – Vorbereitung
9. Materialerstellung für den Unterricht
10. Vierte Teamsitzung – Vorbereitung
11. Realisierung des Unterrichts
12. Fünfte Teamsitzung – Bewertung
13. Zertifizierung

***Technische Umsetzung***. Die E-Learning-Komponente der Intel-Fortbildung erfolgt über eine selbst entwickelte Plattform (im Sinne von Webseiten mit Datenbank-Anbindung)[9]. Die Plattform selbst benötigt keine Plugins, manche Lernpfade erfordern jedoch Java, Acrobat Reader und Flashplayer. Neben Funktionen, die der Inhaltsvermittlung dienen (z.B. Aula, Bibliothek, Lernpfade, Trainingsbereich mit WBTs), bietet die Plattform mit dem „Lehrerzimmer" zusätzliche Möglichkeiten an: Hier gibt es beispielsweise Notizfunktionen, Tools für Aufgaben- und Terminplanung, ein Nachrichten-System für interne E-Mails und Mitteilungen sowie ein Dokumentensystem für das Ablegen von Online-Dokumenten, die man im Unterricht einsetzen möchte. Des Weiteren stehen Gruppen-Funktionen wie Whiteboard und Forum zur Verfügung, um verschiedene Wege der Kommunikation, Kooperation und Kollaboration zu eröffnen.

### *7.2.2 Beispiel 2: Ein Blended Learning-Angebot zur Entwicklung von Unterrichtsqualität*

***Kernidee und Ziele***. Das Blended Learning-Angebot „Unterrichtsqualität und mathematisches Verständnis in verschiedenen Unterrichtskulturen" ist ein deutsch-schweizerisches Weiterbildungsprojekt und wendet sich an Lehrpersonen, die an einer gleich lautenden Videostudie (Klieme & Reusser, 2003) teilgenommen haben. Die Besonderheit der Weiterbildung liegt darin, dass neben Textmaterial ein entscheidender Teil der zu bearbeitenden Inhalte in Form von Videomaterial – nämlich videografiertem (Mathematik-) Unterricht – zur Verfügung gestellt wird (Ratzka, Lipowsky, Krammer & Pauli, 2005). Ziel ist es, dass die Teilnehmer ihre Wahrnehmung von Unterricht verändern und erweitern: Durch Reflexion und Diskurs mit anderen Lehrpersonen soll Unterricht (der eigene ebenso wie der anderer) neu durchdacht werden. Die Teilnehmer sollen außerdem lernen, festgestellte Stärken und Schwächen von Unterricht differenziert und konstruktiv auszudrücken und zu begründen. Schließlich soll mit dieser binationalen (videogestützten) Weiterbildung ein länderübergreifender Austausch über Unterrichtsprozesse aus fachdidaktischer und allgemeindidaktischer Sicht angestoßen werden. Es finden im Rahmen des einjährigen Weiterbildungsangebots insgesamt fünf ein- bis zweitägige Präsenzphasen (beginnend mit einer zwei Tage dauernden Auftaktveranstaltung)

---

[9] Lauffähig ist die Plattform in allen Browsern (das Dokumentensystem funktioniert allerdings nur im Internet Explorer); Sitzungs-Cookies müssen zugelassen werden und JavaScript sollte aktiviert werden (für mouseOver-Effekte); technische Details finden sich unter: http://aufbaukurs.intel-lehren.de/index?s=169&area=10

statt; alles andere erfolgt in Online-Phasen. In der ersten Präsenzphase erhalten die Lernenden eine Einführung in die Inhalte der Fortbildung und in die verwendete Lernplattform (s.u.). In den weiteren Präsenzterminen werden theoretische und empirische Inhalte zu Merkmalen von Unterrichtsqualität vermittelt (über Referate), Ergebnisse aus der Videostudie besprochen, Unterrichtsvideos in Kleingruppen gemeinsam diskutiert, die jeweils vorangegangene Online-Phase reflektiert und die kommende Online-Phase vorbereitet. Auf diesem Wege sollen neue Themen und Impulse vorbereitet werden, die dann in den Online-Phasen fortzuführen sind. Es wird generell nach dem Prinzip verfahren, zunächst face-to-face Reflexions- und Diskursanstöße zu geben, um dann auf einer zweiten Stufe online und interaktiv in der virtuellen Lernumgebung das Reflektieren und den gegenseitigen Austausch fortzusetzen. Ein Hauptmotiv zu diesem gestuften Vorgehen liegt darin, auf diese Weise das Vertrauen der Teilnehmer untereinander zu erhöhen, das sich bei dieser Form der Weiterbildung als zentral für den konstruktiven Diskurs über die eigenen Unterrichtsvideos herausgestellt hat. Die folgende Abbildung zeigt einen Screenshot einer Seite aus der Plattform Visibility Platform™, auf der mit Videos gearbeitet wird.

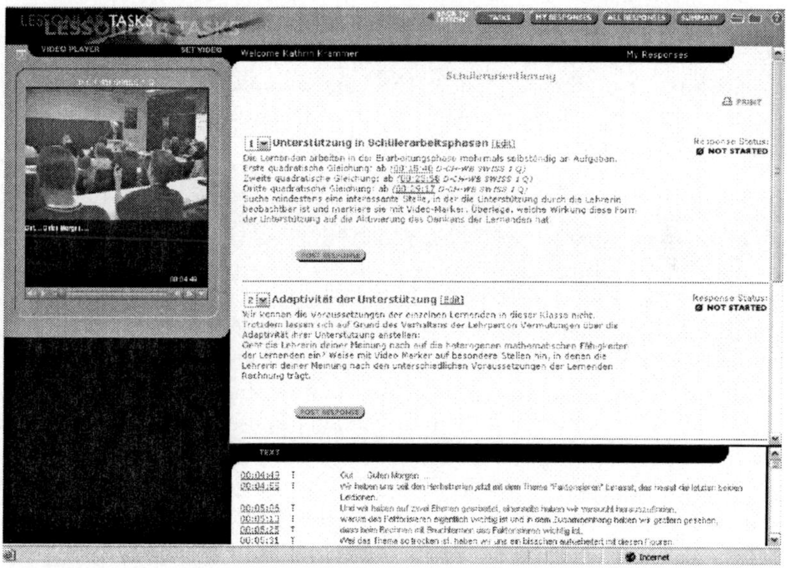


*Abb. 7.4: Screenshot aus der Online-Plattform im Projekt „Lernen mit Unterrichtsvideos"*

***Inhaltsdesign***. Inhaltlich werden die Teilnehmer über Referate der Lehrenden (in den Präsenzphasen) und ausgewählte fachdidaktische und allgemeindidaktische Literatur versorgt, um auf diese Weise den Lernenden die aktuelle wissenschaftliche Diskussion näher zu bringen; dabei wird auf bereits verfügbares Textmaterial zurückgegriffen. Neben den so vermittelten theoretischen Inhalten fußt der inhaltliche Kern der Weiterbildung zu einem erheblichen Teil auf Videomaterial; dieses Videomaterial stammt aus zwei Videostudien[10] und umfasst – aus der Sicht der Teilnehmer – eigene Videos aus der Studie, an der die Teilnehmer selbst beteiligt waren, sowie Videos von anderen Lehrpersonen im Unterricht. In der letzten Projektphase werden nochmals Teilnehmer der Fortbildung bei der Umsetzung ihres Unterrichtsprojekts gefilmt, was dann ebenfalls als Inhalt für Reflexionen und Diskussionen zur Verfügung steht. Besonderer Wert wird auf einen interaktiven und flexiblen Umgang mit dem Videomaterial (versus bloße Rezeption durch einmaliges, lineares Ansehen) gelegt, was durch die eingesetzte Online-Plattform sichergestellt wird. Damit folgt die Fortbildung einem modernen Anspruch nach multimedialer Informationspräsentation, die die Präsentationsform „Video" zum integralen Bestandteil des Inhaltdesigns macht und nach dem Prinzip „simultanes Multimedia" (vgl. Kap. 3.2.3) gestaltet ist. Die Videos erlauben insbesondere eine multiperspektivische Sicht und Darstellung von Unterrichtssituationen, wie sie in vielen Kontextdesign-Modellen gefordert wird. Weitere Inhalte (vor allem in Form von wissenschaftlichen Texten) werden in den Projektphasen individuell (also je nach Bedarf) zur Verfügung gestellt. Die Lehrenden (die sich in dieser Fortbildung vor allem als Moderatoren verstehen) helfen also gezielt bei der Inhaltsauswahl und verhindern eine übermäßige Belastung durch breit gestreutes Textmaterial.

***Aufgabendesign***. Ähnlich wie bei der Intel-Fortbildung (vgl. Kap. 7.2.1) fokussiert die Lernumgebung letztlich die Verbesserung bzw. Weiterentwicklung des eigenen Unterrichts im realen Schulkontext. Der Weg dorthin ist allerdings weniger stringent angeleitet und stärker mit Diskurs- und Reflexionsphasen flankiert: Die Lernumgebung besteht vor diesem Hintergrund methodisch aus einer Kombination angeleiteter Reflexions- und Beobachtungsaufgaben sowie selbstorganisierter Erprobungs- und Anwendungsphasen. In den ersten beiden Präsenz- und Online-Phasen, die vorrangig der Beobachtung und Reflexion dienen, wird mit „Impulsfragen" bzw. mit „Arbeitsimpulsen" gearbeitet, die als Anregung zum Nachdenken und Diskutieren über den videografierten Un-

[10] Unter anderem aus der deutsch-schweizerischen Videostudie „Unterrichtsqualität und mathematisches Verständnis in verschiedenen Unterrichtskulturen" sowie aus der TIMMS Videostudie (Reusser & Pauli, 2003).

**Kasten 7.7: Beispiel für Arbeitsimpulse zur Reflexion videografierten Unterrichts**

Welche Vor- und Nachteile sehen Sie in den von der Lehrerin gewählten Sozialformen (frontale Einführung / Bearbeitung des Problems in der Gruppenarbeit / frontale Besprechung der Ergebnisse aus der Gruppenarbeit)?
Reflektieren Sie Ihre eigene Lektion: Markieren Sie mit dem Zeitmarker Stellen in Ihrem Unterricht, in denen die Lernenden kognitiv aktiviert werden. Begründen Sie jeweils in kurzen Worten die Auswahl der markierten Stellen.

terricht dienen sollen (siehe Kasten 7.7); die Aufgabenstellungen sind also offen konzipiert. Bei der Bearbeitung der Aufgaben tauschen sich die Lernenden aus Deutschland und der Schweiz in Kleingruppen online aus.
Ab der dritten Präsenzphase planen die Teilnehmer in jeder Kleingruppe zusätzlich ein eigenes gemeinsames (Mathematik-)Projekt, das dann von jedem Teilnehmer im Unterricht auch durchgeführt wird. Die Planungsprozesse werden von den Moderatoren des Blended Learning-Angebots begleitet und kommentiert; passgenau zu den jeweiligen Projekten werden weitere theoretische Inhalte angeboten; während der Kleingruppenbetreuung werden neben der Plattform auch E-Mail und Telefon genutzt. Die Projekte der Teilnehmer werden erneut auf Video festgehalten und auf der gemeinsamen Plattform zugänglich gemacht, um wiederum reflektiert und diskutiert zu werden. Neben der Betreuung durch Moderatoren gibt es ein prozessbegleitendes Online-Stimmungsbarometer (in ähnlicher Form wie in der Blended Learning-Umgebung zur Schulentwicklung; vgl. Kap. 7.1.2), das als Steuer- und Evaluationsinstrument der Online-Phasen genutzt wird: Ermittelt werden a) Wohlbefinden und Stimmung, b) Lerngewinn und Erkenntnisse, c) technische Schwierigkeiten sowie d) kommunikative Schwierigkeiten. Die Hinweise aus dem Stimmungsbarometer werden in den Präsenzphasen besprochen.

***Das didaktische Gesamtkonzept***. Aus didaktischer Sicht wichtig ist den Entwicklern des Blended Learning-Angebots zur Entwicklung von Unterrichtsqualität das Konzept der „professionellen Lerngemeinschaften" (Green, 2003; vgl. Ratzka et al., 2005): Darunter werden Teams (im konkreten Fall drei bis fünf Lehrpersonen) verstanden, die sich gegenseitig unterstützen (vor allem beim Planen und Reflektieren) und eine *wechselseitige* Analyse von Unterricht fördern. Professionelle Lerngemeinschaften in diesem Sinne sind aufgabenfokussierter und verbindlicher als die in Beispiel 1 der Lehrerausbildung (vgl. Kap. 7.1.1) herangezogenen „Communities of Practice". Den „Anstoß" zum Lernen in der Weiterbildung kann man als problemorientiert oder fallbasiert bezeichnen: Die Teilnehmer werden mit videografierten Ausschnitten aus ihrem eigenen und fremden Unterricht konfrontiert und erhalten auf diesem Wege – mehr noch als etwa beim Anchored Instruction- oder beim Goal-Based Scenario-Modell (vgl. Kap. 6.2.3 und 6.2.5) – authentische und anregende Lerngelegenheiten. Angestrebt wird ein „forschendes Lernen" (Reusser & Krammer, 2005), bei dem die Lehrenden – in Analogie zum Forscher – lernen, Lehr-Lernprozesse sorgfältig zu analysieren. Im Einzelnen werden folgende didaktisch relevante Aktivitäten innerhalb der Lernumgebung gefördert: Beobachten und Diskutieren von Mathematik-Lektionen aus dem eigenen und fremden Unterricht (kognitive Aktivierung); Entwickeln und Austauschen von Ideen zur Erweiterung der eigenen Unterrichtspraxis; projektbezogenes Arbeiten an Grundideen und Gütemerkmalen von Unterrichtsqualität; persönliche Schwerpunktsetzung in Bezug auf die Qualitätsentwicklung des eigenen Unterrichts.

***Technische Umsetzung***. In den Online-Phasen der Fortbildung wird die Plattform Visibility Platform™ eingesetzt, die seit mehreren Jahren für die Lehrerfortbildung genutzt wird[11]. Zusätzlich wird die Komponente „LessonLabViewer" genutzt, die für die Arbeit mit den Videos zentral ist. Anders als die oben genannten Plattformen EverLearn (vgl. Kap. 7.1.1) und ComVironment (vgl. Kap. 7.1.2) ist die Visibility Platform™ speziell für die Lehrerfortbildung konzipiert worden und bietet besondere Möglichkeiten für den Einsatz von Videomaterial bzw. für das netzbasierte Lernen mit Videos (Krammer & Hugener, 2005): Videos können lokal oder über das Internet in die Lernplattform eingepflegt und in vielfältiger Weise mit verschiedenem Zusatzmaterial verlinkt werden. Eine besondere Bedeutung hat die Zeitmarkerfunktion (Video-Marker), mit der sich z.B. Aussagen in Diskussionsforen exakt mit den jeweils gemeinten Videoausschnitten verknüpfen lassen, was den Online-Austausch einfacher und effektiver macht.

[11]Visibility Platform™ (http://www.lessonlab.com/visibilityplatform/) ist eine internetbasierte Umgebung von LessonsLab mit besonderen Funktionen zur Präsentation und Bearbeitung von Videomaterial.

## 7.3 Die Zukunft der Lehrerbildung mit digitalen Medien

### *7.3.1 Folgerungen aus den Beispielen*

***Der Trend zu mehr Kommunikation und Kooperation***. Alle hier ausgewählten Beispiele für Blended Learning in der Lehrerbildung verleihen in unterschiedlicher Gewichtung und Ausprägung den kommunikativen und kooperativen Elementen (sowohl face-to-face als auch virtuell) ein relativ hohes Gewicht: Das Blended Learning-(Ausbildungs-)Angebot zur Schulentwicklung (vgl. Kap. 7.1.2) integriert kooperative Lernphasen durch die Aufgabengestaltung; komplexe „Aufträge", eingebettet in realitätsnahe Geschichten, machen die Zusammenarbeit mehrerer Lernender sinnvoll und den Nutzen der Kooperation erfahrbar. In ähnlicher Weise fördert das Blended Learning-(Fortbildungs-) Angebot zur Entwicklung von Unterrichtsqualität (vgl. Kap. 7.2.2) den Austausch zwischen den Teilnehmern, indem vielfältige Diskussionsanlässe mithilfe von Unterrichtsvideos geschaffen werden; hier geht es weniger um die Erarbeitung einer gemeinsamen Problemlösung als vielmehr um Reflexion und Diskurs, um verschiedene Perspektiven auf ein- und dasselbe Phänomen deutlich zu machen. Teamlernen wird im Blended Learning-(Fortbildungs-)Angebot zum Medieneinsatz im Fachunterricht (vgl. Kap. 7.2.1) explizit zu einer der „Säulen" der gesamten Fortbildung erklärt: Im Vordergrund steht hier jedoch das kooperative Lernen vor Ort (an der Schule), das durch schulübergreifende (auch medienvermittelte) Kooperation und Kommunikation ergänzt werden kann. Noch einen Schritt weiter gehen die Bemühungen um Kommunikation und Kooperation im Blended Learning-(Ausbildungs-)Angebot zur Unterrichtsentwicklung (Kap. 7.1.1): Hier wird „Community-Lernen" zwischen Studierenden, Referendaren und erfahrenen Lehrkräften angeregt und damit die Grenzen der Lernumgebung bewusst nach außen geöffnet. Genau diese „Grenzüberschreitungen" werden mit digitalen Medien leichter und vielfältiger (s.u.). Die Beispiele zeigen letztlich, dass nicht nur *mehr* Kommunikation und Kooperation beim Blended Learning möglich sind, sondern dass sich auch eine neue *Qualität* sozialer Prozesse entwickelt.

***Der Trend zu mehr Anwendungsbezug***. Alle Beispiele für Blended Learning in der Lehrerbildung zeigen darüber hinaus die wachsende Bedeutung einer hohen Anwendungsorientierung beim Lernen, die inzwischen nicht mehr nur gefordert (vgl. Kap. 1.1), sondern in Blended Learning-Angeboten in zunehmendem Maße auch tatsächlich – wenn auch in unterschiedlichem Grade – umgesetzt wird: Eine enge Verzahnung zwischen Lernen und Handeln von Lehrpersonen erreicht das Blended Learning-(Fortbildungs-)Angebot zum Medieneinsatz im Fachunterricht (vgl. Kap. 7.2.1): Ohne Umsetzung eines Lernpfads aus dem Inhaltsangebot der Fortbildung im eigenen Unterricht ist die Fortbildung nicht denkbar; Lernen im eigenen und damit authentischen Kontext ist integraler Bestandteil der Fortbildung. In etwas abgeschwächter Form ist dies auch im Rahmen des Blended Learning-(Fortbildungs-)Angebots zur Entwicklung von Unterrichtsqualität (vgl. Kap. 7.2.2) der Fall: Neben der Diskussion und Reflexion von Videomaterial (fremder und eigener Unterrichtsbeispiele) werden erste Erkenntnisse auch hier in eigenen Projekten umgesetzt, die wiederum Gegenstand weiterer Diskussionen werden. Die beiden Beispiele zur Lehrerausbildung machen deutlich, dass selbst im universitären Kontext, in dem der Anwendungsbezug „naturgemäß" weniger ausgeprägt ist als in der Fortbildung, derart gelernt werden kann, dass die Anwendung neuer Inhalte zum Bestandteil des Lernprozesses wird: Beide Beispiele arbeiten mit realitätsnahen Problemstellungen, beziehen eigene Erfahrungen der Lernenden mit ein und arrangieren die Umgebungen so, dass konkrete Problemstellungen mit praktischer Relevanz bearbeitet werden müssen (z.B. durch Geschichten mit authentischem Hintergrund – vgl. Kap. 7.1.2 – oder durch Entwicklung einsetzbarer Unterrichtsmaterialien – vgl. Kap. 7.1.1).

***Der Trend zu neuen Betreuungs- und Beurteilungsformen***. Jedes der hier ausgewählten Blended Learning-Beispiele experimentiert mit neuen Formen der Betreuung und Unterstützung von Lernenden. Das Blended Learning-(Ausbildungs-)Angebot zur Unterrichtsentwicklung (Kap. 7.1.1) hält für Tutoren ausgearbeitete Leitfäden bereit und ergänzt die klassische tutorielle Betreuung z.B. mit Peer-Reviews, bei denen sich die Lernenden gegenseitig unterstützen und beraten. In ähnlicher Weise setzt das Blended Learning-(Fortbildungs-)Angebot zum Medieneinsatz im Fachunterricht (vgl. Kap. 7.2.1) neben Betreuung durch Schulmentoren auf eine gegenseitige Unterstützung in Teams von Lernenden (vor allem innerhalb einer Schule). Sowohl das Blended Learning-(Fortbildungs-)Angebot zur Entwicklung von Unterrichtsqualität (vgl. Kap. 7.2.2) als auch das Blended Learning-(Ausbildungs-)Angebot zur Schulentwicklung (vgl. Kap. 7.1.2) experimentieren mit Online- bzw. Stimmungsbarometern, um vor allem in den E-Learning-Phasen eine möglichst intensive und dichte Interaktion zwischen Lernenden einerseits und Tutoren/Moderatoren oder Lehrenden andererseits sicherzustellen. In allen vier Beispielen wird deutlich, dass mehr Bedarfsorientierung und Individualisierung bei der Förderung und Begleitung von Lernprozessen einen hohen Stellenwert haben und durch den Einsatz digitaler Medien erweiterte Möglichkeiten zur Umsetzung erhalten. Von „Einsparungen" bei der Betreuung (im Sinn einer Reduktion von Personalkosten) kann auf diesem Qualitätsniveau allerdings nicht die Rede sein.

Eng mit den genannten neuen Betreuungsformen hängen verschiedene Versuche in allen vier Beispielen zusammen, Lernerfolge weniger durch Faktenabfrage und weitere klassische „Leistungsmessungen", sondern mehr durch das Sammeln individuell und kooperativ erstellter Problemlösungen und anderer „Produkte" (im weitesten Sinne) und/oder durch Beobachtung von Lernprozessen zu erheben (siehe hierzu auch Kap. 7.3.2). Die Bewertung solcher Formen von „embedded knowledge" allerdings stellt Forschung und Praxis noch vor große Herausforderungen; erste Lösungen bieten einige der beschriebenen Beispiele zumindest ansatzweise an.

***Der Trend zur Kompetenzförderung***. Ein weiterer Trend, der sich durch alle vier Beispiele zieht, ist der, dass neben der Vermittlung von Fachwissen die Förderung fachübergreifender Kompetenzen (im Sinne von personalem Handlungswissen; vgl. Kap. 4.1.2) auch in der Lehrerbildung immer wichtiger wird und diese Kompetenzförderung (bzw. die Förderung von Handlungswissen) mehr als früher mit fachbezogenen Aus- und Fortbildungsinhalten (im Sinne begrifflichen Wissens) unmittelbar verknüpft wird: Kompetenzen zur Selbstorganisation (vgl. Kap. 7.1.1), Problemlösekompetenz (vgl. Kap. 7.1.2), Team- und Evaluationskompetenz (vgl. Kap. 7.2.1) sowie Wahrnehmungs- und Reflexionskompetenz (vgl. Kap. 7.2.2) sind Beispiele für inhaltliche Zielsetzungen von Blended Learning-Angeboten, die zunehmend mehr mit der Vermittlung von Wissensinhalten verbunden und über *eine* Lernumgebung gefördert werden. Dass ein solcher Trend zur Kompetenzförderung gerade in der Lehrerbildung auf einen großen Bedarf trifft, wurde bereits im ersten Kapitel (vgl. Kap. 1.1) deutlich gemacht. Das Ziel, den Aufbau überfachlicher Kompetenzen anzuregen und zu unterstützen, ist in engem Zusammenhang zur Anwendungsorientierung und zum Lernen in möglichst authentischen Kontexten zu sehen: Beides führt dazu, dass die reine Reproduktion von Information nicht ausreicht, um die gestellten Aufgaben innerhalb von Lernumgebungen zu bewältigen; vielmehr wird der Aufbau von Handlungskompetenz (in unterschiedlichem Ausmaß) und weiterer spezifischer Kompetenzen (s.o.) geradezu „erzwungen".

***Der Trend zu innovativen Ideen***. Jedes der hier ausgewählten Beispiele zeichnet sich durch besondere Merkmale und einzelne innovative Ideen aus, die zeigen, dass Blended Learning auch eine Art „Spielwiese" für das Experimentieren mit neuen didaktischen Elementen sein kann: a) Den Inhalt zur Methode machen – so könnte man das Motto des ersten Beispiels (vgl. Kap. 7.1.1) nennen: Wie man selbstorganisationsoffenen Unterricht macht, lernt man am besten, wenn die dazu besuchte Lernumgebung nach genau diesen Prinzipien gestaltet ist. Durch den Einsatz digitaler Medien als Basis für eine solche Lernumgebung ergeben sich mehr Chancen zum selbstorganisierten Lernen, als dies in traditionellen Settings möglich ist. b) Die Arbeit mit narrativen Ankern, die authentischen Hintergrund haben und dennoch didaktisch so aufbereitet sind, dass spezifische Lernziele erreicht werden, ist die Besonderheit des zweiten Beispiels (vgl. Kap. 7.1.2): Das Goal-Based Scenario-Modell bietet hierzu eine hervorragende „Vorlage" und nutzt dabei gleichzeitig die Lernpotentiale der digitalen Medien. c) Beispiel 3 (vgl. Kap. 7.2.1) zeichnet sich dadurch aus, dass das alltägliche Lehrerhandeln in die Fortbildung einbezogen und eine enge Verbindung zwischen „Arbeiten und Lernen" hergestellt wird: Die digitalen Medien sind in diesem Zusammenhang eine wichtige Brücke zwischen Lernen und Reflexion (im „geschützten Raum") einerseits und „echtem" Handeln im eigenen Unterricht andererseits. d) Der Einsatz von Videomaterial stellt das besondere Charakteristikum von Beispiel 4 (vgl. Kap. 7.2.2) dar: Welche neuen Formen des Lernens mit Video innerhalb von Blended Learning-Umgebungen möglich sind, ist noch wenig erforscht. Umso wichtiger sind Versuche in diese Richtung, die ausloten, welche neuen Lehr-Lernmöglichkeiten sich durch Video-Einsatz in Online-Umgebungen ergeben.

## 7.3.2 Nutzen und Potentiale digitaler Medien für die Lehrerbildung

***Digitale Medien als selbstverständlicher Bestandteil künftiger Lehrerbildung***. Es ist davon auszugehen, dass sowohl in der Aus- als auch in der Fortbildung von Lehrenden die Nutzung digitaler Medien für Lehr-Lernprozesse in wenigen Jahren ein selbstverständlicher Bestandteil sein wird. Schon jetzt zeigen Erhebungen an der Hochschule, dass Studierende Medienangebote nicht nur akzeptieren, sondern inzwischen vielfältig, wenn auch fachabhängig, in ihrem Studium nutzen (Hochschul-Informations-System, 2005) und in Zukunft wohl noch stärker als bisher *einfordern* werden. Auch am Lehramtsstudium wird dieser Trend nicht vorübergehen. Zwar kann gerade in der Lehrerbildung von einer flächendeckenden Nutzung digitaler Medien noch nicht die Rede sein, doch die Hinweise im ersten Kapitel (vgl. Kap. 1.2) haben gezeigt, dass digitale Medien auch hier im Vormarsch sind. Ähnliches lässt sich für die Lehrerfortbildung sagen, die noch mehr als die Hochschulausbildung die neuen Potentiale der digitalen Medien nutzen *muss*, um die steigenden Ansprüche und veränderten Bedingungen überhaupt bewältigen zu können. Unabhängig von diesen Entwicklungen, die teilweise auch durch äußeren Druck eingefordert werden, lassen sich aus einer pädagogisch-psychologischen und didaktischen

Sicht eine Reihe von eher proaktiven (statt reaktiven) Folgerungen des Einsatzes digitaler Medien in die Lehrerbildung ableiten. Die wichtigsten seien im Folgenden kurz skizziert.

***Qualitativ andere Nutzung von Präsenzphasen***. Sowohl die Lehrerausbildung als auch die Lehrerfortbildung können von den digitalen Medien profitieren, indem Präsenzzeiten, für die Lehrende vor Ort zur Verfügung stehen, anders und aus lernpsychologischer Sicht wirksamer genutzt werden können. Neben das fast schon klassische Argument einer effizienten Vor- und Nachbereitung von Präsenz-Angeboten durch E-Learning-Phasen treten eine Reihe neuer Möglichkeiten, wie rezeptive, individuell-aktive und soziale Lernphasen verteilt werden können: a) E-Learning-Elemente können Vermittlungsprozesse in Präsenzphasen transparenter und effektiver machen, indem z.B. alle verwendeten Unterlagen sowie zusätzliches (das Verstehen vertiefendes) oder ergänzendes Material zum Üben online angeboten werden. b) E-Learning-Elemente können Präsenzphasen von Vermittlungsprozessen entlasten, was allerdings didaktisch gut aufbereitete E-Learning-Materialien erfordert (Stichwort Inhaltsdesign). Diese Entlastung kann genutzt werden, um in Präsenzphasen stärker als bisher reflexiv, dialogisch und praktisch mit neuen Wissensinhalten zu arbeiten. „Teure" personale Ressourcen können auf diesem Wege besser eingesetzt und auch das (soziale) Potential von Lehrpersonen adäquater genutzt werden. c) E-Learning-Elemente können integrativen Charakter annehmen, indem z.B. individuelles und soziales Lernen besser miteinander verbunden und/oder mehrere Präsenzphasen kontinuierlicher gestaltet werden (indem man die Zeiten dazwischen sinnvoller nutzen kann).

***Bessere Verzahnung von Lehreraus- und -fortbildung***. Der Einsatz digitaler Medien stellt neue Möglichkeiten sowohl für einen stärkeren Kontakt zwischen Lehreraus- und -fortbildung als auch für eine Verbindung der Aus- und Fortbildung von Lehrpersonen dar: a) Zu denken ist beispielsweise an gemeinsame E-Learning-Inhalte, die in Kooperation von praktizierenden Lehrenden, Fortbildungsdozenten und Universitäten entwickelt und sowohl in der Aus- als auch in der Fortbildung genutzt werden (Stichwort: Reusable Learning Objects). Derartige „Content-Projekte" würden hohe Synergieeffekte mit sich bringen und vor allem auch die Chance für mehr universitäre Angebote für die Fortbildung erhöhen. b) Junge Lehrerinnen und Lehrer könnten Kontakt zur Hochschule halten, wenn neue Technologien wie Weblogs[12] bereits in der

---

[12] Weblog (oder Blog) ist ein Kunstwort aus „Web" und „Logbuch"; technisch handelt es sich um eine Webseite, die periodisch (ähnlich einem Tagebuch) neue Einträge enthält. Neue Einträge stehen an oberster Stelle, ältere folgen in umgekehrt chronologischer Reihenfolge.

Ausbildung eingesetzt werden: Diese Form internetbasierter „öffentlicher Reflexion" über Lektüre, Veranstaltungen, Projekte u.a. könnte eine wichtige Brücke zwischen Universitäten und Schulpraxis werden, weil man sein Weblog – anders als den Zugang zu einer Universitätsplattform – auch nach Abschluss des Lehramtsstudiums „behalten" kann. c) Ein weiterer Weg zu Verzahnung von Lehreraus- und -fortbildung sind gemeinsame Lernprozesse von Lehramtsstudierenden und praktisch tätigen Lehrern in speziell hierfür konzipierten Blended Learning-Angeboten; fruchtbare gegenseitige Anregung durch unterschiedliche Hintergründe und Sichtweisen ist von solchen Veranstaltungen zu erwarten. d) Letztlich könnte auch die bestehende Kluft zwischen Abiturienten mit Berufswünschen in Richtung Lehrberufe einerseits und Universitäten andererseits z.B. mit kurzen Blended Learning-Angeboten reduziert werden. Angesichts der Tatsache, dass auch die Rekrutierung von Lehrerinnen und Lehrern sowie falsche Berufswahlen (mit erheblichen Konsequenzen für die Schulpraxis) ein herausragendes Problem darstellen, sind Kontakte zwischen Studium und Schule (Oberstufe) von besonderer, bislang kaum beachteter Bedeutung.

***Verknüpfung von informellem und institutionalisiertem Lernen***. Neben der Verzahnung der Institutionen, die für die Aus- und Fortbildung von Lehrenden zuständig sind, können die digitalen Medien diese insitutionalisierten Lernformen mit verschiedenen Arten des informellen Lernens verknüpfen helfen (vgl. Kap. 4.2.1). Wenn man einmal bedenkt, dass Lehrende der informellen Fortbildung sogar höhere Relevanz zuschreiben als institutionalisierten Fortbildungsangeboten, spielt diese Verbindung eine besondere Rolle. E-Learning-Elemente tragen mit ihren Potentialen (vgl. Kap. 3.1) grundsätzlich zur „Entgrenzung" (Beck & Lau, 2004) von Umgebungen – auch von Lernumgebungen – bei und erlauben flexiblere Formen der Entwicklung und des Erwerbs von Wissen, als dies in der Vergangenheit möglich war. Vor allem offene Lernangebote, wie sie heute z.B. durch zahlreiche Portale für den Bildungsbereich zur Verfügung stehen (vgl. Kap. 1.2), erfordern einerseits zunehmend Lernende mit hoher Selbststeuerungskompetenz, eröffnen andererseits auch erweiterte Möglichkeiten, informelles Lernen einzubringen und auf diesem Wege aufzuwerten. Auch die oben bereits genannte Weblog-Technologie leistet einen Beitrag zur Verbindung von angeleiteten Lernprozessen in Institutionen mit Lernprozessen, die „en passant" und aus der alltäglichen Erfahrung resultieren. Der zunehmende Ruf nach „kollegialer Praxisberatung" (z.B. Messner & Reusser, 2000) geht ebenfalls in Richtung einer Verknüpfung von institutionalisiertem und informellem Lernen und kann mittels digitaler Medien unterstützt und in ihren Variationsmöglichkeiten erweitert werden. Mit einer solchen Verbindung gelingt es vielleicht auch besser als bisher, den Erwartungen vor allem von praktizierenden Lehrkräften verschiedener Schularten stärker entgegenzukommen und sie gleichzeitig zur Nutzung von Angeboten zu ermutigen, denen sie sonst eher reserviert gegenüberstehen.

***Kompetenzbasierte Aus- und Fortbildung***. Einen Trend zu mehr Kompetenzorientierung wurde bereits bei der obigen Diskussion der vorgestellten Blended Learning-Beispiele (vgl. Kap. 7.3.1) festgestellt: Mit „Kompetenzen" sind diejenigen Dispositionen (also inneren Voraussetzungen) gemeint, die es einer Person ermöglichen, selbstorganisiert zu handeln (Erpenbeck, 1999)[13]. In fast allen Bildungsinstitutionen (bei weitem nicht nur in der Lehrerbildung) klafft eine gewaltige Lücke zwischen Lernergebnissen (in Form von Kenntnissen und Fertigkeiten) und Kompetenzen (bzw. Handlungswissen) im obigen Sinne. Dies hat teils didaktische Ursachen (z.B. zu wenig Anwendungsorientierung), teils ist es auf die mangelnde Verbindung institutionalisierten und informellen Lernens zurückzuführen (s.o.), teils liegt es aber auch an den dominierenden Formen des Assessments, die sich auf die Bewertung von Leistungen beschränken, die leicht und punktuell (und damit effizient) zu erheben sind. Prozesse der *Konstruktion* von begrifflichem Wissen, intuitivem Wissen und Handlungswissen bzw. von Kompetenzen werden in Lernumgebungen dagegen kaum beobachtet und mitverfolgt. Eine Verknüpfung neuer Technologien (z.B. Weblogs; s.o.) mit neuen Konzepten wie E-Portfolios[14] innerhalb von Blended Learning-Umgebungen könnte helfen, diese Lücke zu schließen (Baumgartner, 2005). Mit einem E-Portfolio kann die Kompetenzentwicklung (bzw. die Lerngeschichte) eines Lernenden protokolliert und zum Gegenstand einer Evaluation gemacht werden (Brandl, 2004). Blended Learning-Umgebungen bieten grundsätzlich viele Wege, verschiedene Formen von E-Portfolios in das didaktische Konzept einzubauen, und können – zusammen mit den oben beschriebenen „Entgrenzungsprozessen" – zur Entwicklung einer neuen Lernkultur einen grundsätzlichen Beitrag leisten. Innovative Gedanken und erste Versuche in diese Richtung können allerdings nicht darüber hinwegtäuschen, dass z.B. Kriterien für die Bewertung von E-Portfolios noch kaum erforscht und erprobt

---

[13] Im Einzelnen werden in diesem Zusammenhang vor allem genannt: fachlich-methodische Kompetenzen, umsetzungsorientierte Kompetenzen (die das Wollen zum Handeln überführen), soziale Kompetenzen und personale Kompetenzen.

[14] Ein Portfolio ist eine (strukturierte und kommentierte) Sammlung eigener Produkte (vor allem Texte, aber auch Audio- und Videobeiträge), die einen Lernprozess – oder einen Ausschnitt davon – beschreiben und dokumentieren (Stangl, 2004c). Von E-Portfolios spricht man dann, wenn hierzu die digitalen Medien eingesetzt werden, was zu erheblichen Vereinfachungen und erweiterten Möglichkeiten der Dokumentation führt.

sind, und dass – ähnlich wie bei qualitativ hochwertiger Betreuung (vgl. Kap. 7.3.1) – Lösungen für Probleme in puncto personale Ressourcen für eine kompetenzbasierte Aus- und Fortbildung erst noch gefunden werden müssen.

***Veränderung der Lernkultur in der Lehrerbildung***. Blended Learning-Angebote – das sollten die vorangegangenen Kapitel ebenso wie die Beispiele in diesem letzten Kapitel deutlich gemacht haben – verändern potentiell nicht nur die *Organisation* von Lernen, wie es hier unter den Stichworten der Verzahnung von Aus- und Fortbildung, der Verknüpfung von institutionalisiertem und informellem Lernen und der kompetenzbasierten Aus- und Fortbildung beschrieben wurde. Vielmehr dürfte sich auf diesem Wege auch die *Kultur* des Lernens ändern, wenn es denn gelingt, mit Hilfe der digitalen Medien neue und *lernorientierte* Methoden in die Lehrerbildung zu integrieren: Mehr Kommunikation und Kooperation, mehr Anwendungsbezug und Kompetenzorientierung (s.o.) verändern das Lernen ebenso wie die neue Rolle von Lehrenden in Blended Learning-Angeboten: Diese ist nicht mehr auf anleitende Funktionen festgeschrieben, sondern umfasst eine Vielzahl von Funktionen, die von der Moderation über Coaching bis zur individuellen und situativen Unterstützung reichen und neue prozessbezogene Formen des Assessments beinhalten. Eine Veränderung dürfte in dieser Entwicklung – gerade in der Lehrerbildung – auch das Verständnis von *Praxis* erfahren – und zwar in die Richtung, dass Theorie*anwendung* und Theorie*entwicklung* gleichwertig behandelt werden: Der „forschende (weil mit entsprechenden Kompetenzen ausgestattete) Lehrer" und der „lehrende (weil mit mehr Kommunikation und Kooperation betraute) Forscher" sind begriffliche Vorschläge für eine neue Qualität von Praxis in der Lehrerbildung[15]. Einer neuen Lernkultur in der Lehrerbildung kann nicht genug Aufmerksamkeit geschenkt werden, denn es sind schließlich die Lehrenden – als Experten für Lernen und Bildung – die Multiplikatoren einer neuen Lernkultur auch an unseren Schulen sein sollen (Reiber, 2004).

***Lehrerbildung als Entwicklungsprojekt***. Der Einsatz digitaler Medien in der Aus- und Fortbildung von Lehrerinnen und Lehrern kann keine Wunder vollbringen und ist auch nicht *die* alleinige Maßnahme, die dringend erforderliche Reformen der Lehrerbildung (sowohl der Aus- als auch der Fortbildung) initiieren und bewerkstelligen kann. Lehrerbildung ist ein „Entwicklungsprojekt, das nicht alle zehn bis zwanzig Jahre in politische Turbulenzen gestützt wird, sondern das mit kontinuierlichen Lernerfahrungen verbunden werden muss" (Oelkers, 2001, S. 14); damit werden vielfältige Instrumente erforderlich, um

[15] Einen wissenschaftlichen Rahmen für dieses Praxisverständnis bietet der Design-Based Research-Ansatz (Reinmann, 2005b; siehe auch Altrichter & Mayr, 2004).

den komplexen Herausforderungen für dieses Entwicklungsprojekt gerecht werden zu können: Dazu gehören z.B. der Aufbau eines neuen Selbstverständnisses der Lehrerbildung als eine sich entwickelnde Organisation, die Schaffung einer Kommunikationskultur, in der mit Hilfe von Evaluation und Feedback Ziele, Prozesse und Ergebnisse fortlaufend überprüft und auf diesem Wege Stärken und Schwächen transparent gemacht werden können, sowie strukturelle Maßnahmen sowohl im Aus- als auch im Fortbildungsbereich (vgl. Kap. 1.1). Der Einsatz digitaler Medien bzw. die Entwicklung und Nutzung von Blended Learning-Angeboten in der Lehrerbildung bildet ein *begleitendes* Instrument zu diesen grundsätzlichen Maßnahmen – ein Instrument, das bislang möglicherweise unterschätzt, weil zu eindimensional auf die Förderung von Lernprozessen bei Studierenden und praktizierenden Lehrenden (auf der Mikroebene) bezogen wurde.

## 7.4 Zusammenfassung

- Zwei Beispiele zum Blended Learning in der Lehrerausbildung haben gezeigt, dass und wie mittels Einsatz digitaler Medien Lernumgebungen entwickelt werden können, die einen erkennbaren Mehrwert im Vergleich zu traditionellen universitären Veranstaltungen erzielen: Kennzeichen des ersten Beispiels (Unterrichtsentwicklung) ist zum einen die konsequente Förderung selbstorganisierten Lernens gekoppelt mit authentischen Aufgabenstellungen, die auf die Erarbeitung von Konzepten und Materialien für den eigenen Unterricht angehender Lehrkräfte abzielen; zum anderen demonstriert das erste Beispiel, wie man zum kooperativen Lernen in verschiedenen Spielarten anregen kann. Das zweite Beispiel (Schulentwicklung) arbeitet mit narrativen Kontexten, die einen authentischen Hintergrund und didaktisierte Aufgabenstellungen umfassen. Auf diesem Wege gelingt es, Studierende mit realitätsnahen Herausforderungen im Schulbereich unter Heranziehen multipler Perspektiven zu konfrontieren; auch hier werden sowohl individuelle als auch kooperative Leistungen gefordert. Beide Beispiele sind im weitesten Sinne problemorientiert und darauf ausgerichtet, neben Fachwissen zum Thema Schul- bzw. Unterrichtsentwicklung auch Problemlösewissen als Voraussetzung für die Entwicklung von Handlungskompetenz zu fördern.
- Mit zwei weiteren Bespielen zum Blended Learning in der Lehrerfortbildung sollte deutlich geworden sein, dass die Nutzung digitaler Medien bei der Gestaltung von Lernumgebungen gerade auch im Fortbildungsbereich neue Potentiale im Vergleich zu Präsenzangeboten eröffnet: Das erste Beispiel

(Einsatz digitaler Medien im Fachunterricht) setzt auf eine Kombination von E-Learning (im Sinne von Online-Lernen mit einer Trainingsplattform), Teamlernen in der Schule und arbeitsbegleitendem Lernen und strebt mit dieser Kombi-Lösung die Entwicklung einer neuen Lernkultur an. Insbesondere die unmittelbare Nutzung von neu erworbenen Wissen im eigenen Unterricht und die damit verbundene Erprobung und Selbstevaluation (allein und im Team) trägt zur Minderung von Transferproblemen und zum direkten Erleben des Mehrwerts digitaler Medien für die persönliche Kompetenzentwicklung bei. Das zweite Beispiel (Entwicklung von Unterrichtsqualität) zeichnet sich dadurch aus, dass videografierter (eigener und fremder) Unterricht zum Dreh- und Angelpunkt für Reflexions- und Dialogprozesse unter den Lehrenden gemacht wird. In Verbindung mit einer Online-Plattform werden Video, Präsenz-Workshops und medienvermittelte Kommunikations- und Kooperationsangebote zu einer Lernumgebung verwoben, die langfristig persönliche Kompetenzen für die Unterrichtsgestaltung fördern und stärken sollen. Auch hier weisen beide Beispiele Gemeinsamkeiten auf: Diese liegen vor allem im engen Bezug zur Unterrichtspraxis der Fortbildungsteilnehmer und in der Nutzung von Vorteilen, die das Lernen im Team mit sich bringt.

- Auch wenn man die Zukunft der Lehrerbildung mit digitalen Medien kaum vorwegnehmen kann, so lassen sich doch allein aus den vier für dieses Buch ausgewählten Blended Learning-Beispielen eine Reihe von Trends ablesen: den Trend zu mehr Kommunikation und Kooperation, zu mehr Anwendungsbezug, zu neuen Betreuungs- und Beurteilungsformen und zu mehr Kompetenzförderung. Gleichzeitig machen alle vier Beispiele deutlich, dass Blended Learning ein Feld für die Erprobung innovativer Ideen ist und – das jedenfalls lässt sich aktuell folgern – letztlich zu einem selbstverständlichen Bestandteil künftiger Lehrerbildung werden wird. Zukunftsweisende Potentiale digitaler Medien für die Lehrerbildung liegen darin, Konzepte zu entwickeln, die zum einen die derzeit beklagten Defizite in der Lehrerbildung auffangen und die zum anderen *neue* Wege für eine anspruchsvolle Aus- und Fortbildung von Lehrenden aufzeigen. Gute Blended Learning-Konzepte können helfen, Präsenzphasen qualitativ anders zu nutzen als bisher, die Lehreraus- und -fortbildung besser zu verzahnen, informelles und institutionalisiertes Lernen miteinander zu verknüpfen sowie die Aus- und Fortbildungsangebote stärker kompetenzbasiert zu gestalten. Damit, so meine Hoffnung, verändert sich langfristig auch die Lernkultur in der Lehrerbildung, auch wenn Blended Learning hierzu nur *ein* Instrument unter vielen weiteren notwendigen Maßnahmen darstellt – ein Instrument allerdings, das als Vehikel für weitere Reformen in der Lehrerbildung nicht unterschätzt werden sollte.

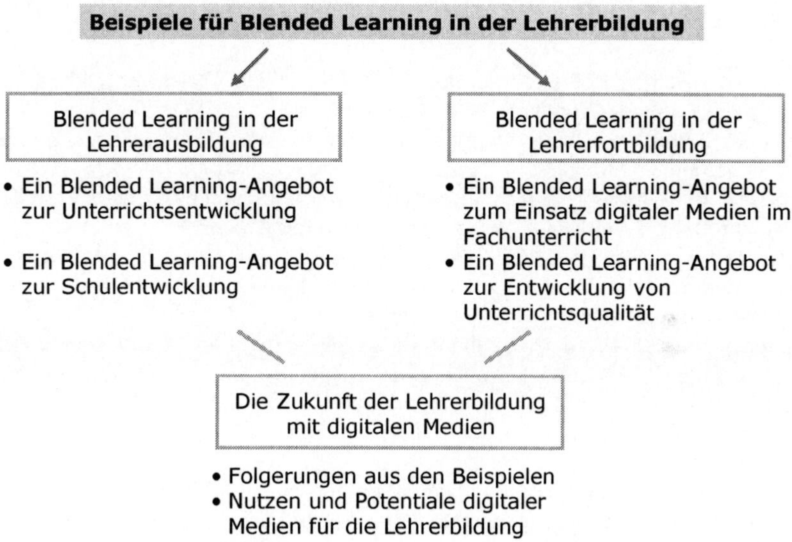


*Abb. 7.5: Zusammenfassende Übersicht zu Kap. 7*

# Literatur

Aebli, H. (1983). Zwölf Grundformen des Lehrens. Eine Allgemeine Didaktik auf psychologischer Grundlage, Stuttgart: Klett-Cotta.

Aebli, H. (1988). Abschiedsvorlesung: Zwei Wege zum Wissen. Beiträge zur Lehrerbildung, 63, 306-322.

Albrecht, R. & Wagner, E. (Hrsg.) (2001). Lehren und Lernen mit neuen Medien. Plattformen - Modelle - Werkzeuge. Münster: Waxmann.

Altrichter, H. & Mayr, J. (2004). Forschung in der Lehrerbildung. In S. Blömeke, P. Reinhold, G. Tudodziecki & J. Wildt (Hrsg.), Handbuch Lehrerbildung (S. 164-184). Kempten: Klinkhardt.

Anderson, T. (2004). Toward a theory of online learning. In T. Anderson & F. Elloumi (Eds.), Theory and practice of online learning (pp. 33-60). Internet: http://cde.athabascau.ca/online_book/index.html (Stand: 10.07.2005).

Argyris, C. (1997). Wissen in Aktion. Eine Fallstudie zur lernenden Organisation. Stuttgart: Klett-Cotta.

Arnold, P. (2003) Kooperatives Lernen im Internet. Qualitative Analyse einer Community of Practice im Fernstudium. Münster: Waxmann.

Arnold, P., Kilian, L., Thillosen, A. & Zimmer, G. (2004). E-Learning - Handbuch für Hochschulen und Bildungszentren. Didaktik, Organisation, Qualität. Nürnberg: BW-Verlag.

Arnold, R. & Schüßler, I. (1998). Wandel der Lernkultur. Darmstadt: Wissenschaftliche Buchgesellschaft.

Arnold, R. (1993). Natur als Vorbild. Frankfurt: VAS-Verlag.

Aronson, E. (1984). Förderung von Schulleistung, Selbstwert und prosozialem Verhalten: Die Jigsaw-Methode. In G.L. Huber, S. Rotering-Steinberg & D. Wahl (Hrsg.), Kooperatives Lernen (S. 48-59). Weinheim: Beltz.

Astleiter, H. (2002). Qualität des Lernens im Internet. Frankfurt/Main: Peter Lang.

Astleitner, H. (2000). Designing emotionally sound instruction: The FEASP-approach. Instructional Science, 28, 169-198.

Atkinson, R.C., & Shiffrin, R.M. (1968). Human memory: A proposed system and its control processes. In K.W. Spence (Ed.), The psychology of learning and motivation: Advances in research and theory, Vol. 2 (pp. 89-195). New York: Academic Press.

Ausubel, D.P. (1974). Psychologie des Unterrichts: Weinheim: Beltz.

Ausubel, D.P. (1980). Psychologie des Unterrichts. Weinheim: Beltz.

Back, A., Bendel, O. & Stoller-Schai, D. (2001). E-Learning im Unternehmen. Grundlagen - Strategien - Methoden - Technologien. Zürich: Orell Füssli.

Back, A., Seufert, S. & Kramhöller, S. (1998). Technology enabled Management Education: Die Lernumgebung MBE Genius im Bereich Executive Study an der Universität St. Gallen. io management, 3, 36-42.

Bandura, A. (1970). Modeling therapy. In W.S. Sahakian (Ed.), Psychopathology today: Experimentation, theory and research. Itasca, IL: Peacock.

Bandura, A. (1977). Social learning theory. Englewood Cliffs. NJ: Prentice Hall.

Baumgartner P., Häfele H., Maier-Häfele K. (2004): Content Management Systeme in e-Education. Innsbruck: Studienverlag.

Baumgartner, P. & Bergner, I. (2003). Ontological stratification of virtual learning activities – Developing a new categorization scheme. Internet: http://iol3.uibk.ac.at:8080/files/peter/peter/articles/icl-categorization.pdf (Stand: 10.07.2005).

Baumgartner, P. & Payr, S. (1999). Lernen mit Software. Innsbruck: Studien-Verlag.

Baumgartner, P. (1998). Lehr- und Lernqualität von Internetanwendungen. In U. Beck und W. Sommer (Hrsg.), LearnTec '98. Europäischer Kongreß für Bildungstechnologie und betriebliche Bildung (S. 451-470). Karlsruhe: Springer.

Baumgartner, P. (2004). Didaktik und Reusable Learning Objects (RLO's). In D. Carstensen & B. Barrios (Hrsg.), Campus 2004 – Kommen die digitalen Medien an den Hochschulen in die Jahre? (S. 311-327). Münster: Waxmann.

Baumgartner, P. (2005). Eine neue Lernkultur entwickeln: Kompetenzbasierte Ausbildung mit Blogs und E-Portfolios. Internet: http://downloads.peter.baumgartner.name/gems/eportfoliodeutsch.pdf (Stand: 10.07.2005).

Baumgartner, P., Häfele, K. & Häfele, H. (2002). E-Learning: Didaktische und technische Grundlagen. CD Austria (Sonderheft des bm:bwk), 5, 4-31.

Bayerisches Staatsministerium für Unterricht und Kultus (STMUK) (2002). Bekanntmachung des Bayerischen Staatsministeriums für Unterricht und Kultus Nr. III/7- P4100-6/51011 vom 9. August 2002. Internet: http://www.stmuk.bayern.de/lehrerbildung/lehrerfortbildung/charakteristika.html (Stand: 10.07.2005).

Beck, K. & Krapp, A. (2001). Wissenschaftstheoretische Grundfragen der Pädagogischen Psychologie. In A. Krapp & B. Weidenmann (Hrsg.), Pädagogische Psychologie. Ein Lehrbuch (S. 31-73). Weinheim: Beltz PVU.

Beck, U. & Lau, Ch. (2004). Entgrenzung und Entscheidung: Was ist neu an der Theorie reflexiver Modernisierung? Frankfurt/Main: Suhrkamp.

Behrendt, E. , Ulmer, P. & Müller-Tamke, W. (2004). Netzbasiertes Lernen in der beruflichen Praxis: Bedeutung des Bildungspersonals. URL: http://www.bibb.de/dokumente/pdf/wd_68_netzbasiertes-lernen.pdf (Stand: 10.07.2005).

Bett, K., Rinn, U., Friedrich, H. F., Hron, A., & Mayer-Picard, E. (2005). Gruppenpuzzle Online: Erfahrungen mit einer kooperativen Lernmethode im Netz. In B.

Lehmann & E. Bloh (Hrsg.), Online-Pädagogik, Bd. 2: Methodik und Content-Management (S. 104-118). Baltmannsweiler: Schneider.
Bielaczyc, K. & Collins, A. (1999). Learning communities in classrooms: A reconceptualization of educational practice. In C.M. Reigeluth (Ed.), Instructional design theories and models (Vol. II) (pp. 269-291). Mahwah, NJ: Erlbaum.
Blömeke, S. (2004). Empirische Befunde zur Wirksamkeit der Lehrerbildung. In S. Blömeke, P. Reinhold, G. Tudodziecki & J. Wildt (Hrsg.), Handbuch Lehrerbildung (S. 59-91). Kempten: Klinkhardt.
Blömeke, S., Reinhold, P., Tulodziecki, G. & Wildt, J. (Hrsg.), Handbuch Lehrerbildung. Kempten: Klinkhardt.
Boeckmann, K. (1994). Unser Weltbild aus Zeichen. Zur Theorie der Kommunikationsmedien. Wien: Braumüller.
Bos, W., Lankes, E., Prenzel, M., Schwippert, K., Valtin, R. & Walther, G. (Hrsg.) (2004). IGLU - Einige Länder der Bundesrepublik Deutschland im nationalen und internationalen Vergleich. Münster: Waxmann.
Brandl, W. (2004). Portfolio in der Lehrerbildung – Ein Beitrag zur Kompetenzentwicklung? Haushalt und Bildung, 81 (3), 49-56.
Bransford, J. D., Brown, A. L. & Cocking, R. R. (1999). How people learn. Brain, mind, experience, and school. Washington, D.C.: National Academic Press.
Breuer, J. (2001). Kooperative Lernformen beim E-Learning einsetzen. In A. Hohenstein & K. Wilbers (Hrsg.), Handbuch E-Learning. Expertenwissen aus Wissenschaft und Praxis (Kap. 4.2). Köln: Fachverlag Deutscher Wirtschaftsdienst.
Brown, A.L. & Palinscar, A. (1989). Guided, cooperative learning and individual knowledge acquisition. In L.B. Resnick (Ed.), Knowing, learning, and instruction. Essays in the honour of Robert Glaser (pp. 391-451). Hillsdale, NJ: Erlbaum.
Bruner, J.S. (1966). Toward a theory of instruction. New York: Norton.
Buchberger, F., Buchberger, I. & Wyss, H. (2004). Lehrerausbildung in Österreich und der Schweiz. In S. Blömeke, P. Reinhold, G. Tudodziecki & J. Wildt (Hrsg.), Handbuch Lehrerbildung (S. 111-127). Kempten: Klinkhardt.
Buder, J., Hesse, F.W. & Schwan, S. (1998). A cognitive model of knowledge exchange in telematic learning groups. Proceedings of the 10th World Conference on Educational Multimedia and Hypermedia. Freiburg, June 1998 (pp. 1588-1589).
Bühler, K. (1918). Die geistige Entwicklung des Kindes. Jena: Fischer.
Caladine, R. (2002). Definitions, glossaries and terms. Internet: http://ncode.uow.edu.au/info/definitions.html (Stand. 10.07.2005).
Carstensen, D. & Barrios, B. (2004). Kommen die digitalen Medien an den Hochschulen in die Jahre? Münster: Waxmann.
Chott, P.O. (1999). Wissensmanagement und Schule. Einführende Überlegungen zu einem Gegenwarts- und Zukunftsthema. SchulVerwaltung, 22 (9), 306-310.
Ciompi, L. (1997). Die emotionalen Grundlagen des Denkens. Göttingen: Hogrefe.

Cognition and Technology Group at Vanderbilt (1997). The Jasper project: Lessons in curriculum, instruction, assessment, and professional development. Mahwah, NJ: Erlbaum.

Cohen, E.G. (1993). Bedingungen für produktive Kleingruppen. In G.L. Huber (Hrsg.), Neue Perspektiven der Kooperation (S. 45-53). Hohengehren: Schneider.

Collins, A., Brown, J.S. & Newman, S.E. (1989). Cognitive apprenticeship: Teaching the crafts of reading, writing and mathematics. In L.B. Resnick (Ed.), Knowing, learning and instruction. Essays in the honour of Robert Glaser (pp. 453-494). Hillsdale, NJ: Erlbaum.

Craik, F.I.M. & Lockhart, R.S. (1972). Levels of processing: A framework for memory research. Journal of verbal learning and verbal behavior, 11, 671-684.

Csikszentmihalyi, M. (1975). Beyond boredom and anxiety. San Francisco: Josey-Bass.

Csikszentmihalyi, M. (1985). Das Flow-Erlebnis. Stuttgart: Klett-Cotta.

Csikszentmihalyi, M. (1990). Flow - the Psychology of optimal experience. New York: HarperPerennial.

Dascner, P. (2004). Dritte Phase an Einrichtungen der Lehrerfortbildung. In S. Blömeke, P. Reinhold, G. Tudodziecki & J. Wildt (Hrsg.), Handbuch Lehrerbildung (S. 290-301). Kempten: Klinkhardt.

Deci, E.L. & Ryan, R.M. (1993). Die Selbstbestimmungstheorie der Motivation und ihre Bedeutung für die Pädagogik. Zeitschrift für Pädagogik, 39, 223-238.

Dehnbostel, P. (2002). Modelle arbeitsbezogenen Lernens und Ansätze zur Integration formellen und informellen Lernens. In M. Rohs (Hrsg.), Arbeitsprozessintegriertes Lernen. Neue Ansätze für die berufliche Bildung (S. 37-57). Münster: Waxmann.

Deutsche Gesellschaft für Erziehungswissenschaft (2004). 7 Leitsätze zur Lehrerausbildung. Internet: http://dgfe-aktuell.uni-duisburg.de/bildpol/leitsatz.htm (Stand: 10.07.2005).

Deutsches PISA-Konsortium (Hrsg.) (2004). PISA 2003 - Der Bildungsstand der Jugendlichen in Deutschland - Ergebnisse des zweiten internationalen Vergleichs. Münster: Waxmann.

Dewey, J. (1916). Democracy and Education. New York: Macmillan.

Dilger, B., Kremer, H.-H. & Sloane, P.F.E. (Hrsg.) (2003). Wissensmanagement an berufsbildenden Schulen. Paderborn: Eusl.

Dillenbourg, P. (1999). Introduction: What do you mean by "collaborative learning"? In P. Dillenbourg (Ed.), Collaborative learning. Cognitive and computational approaches (pp. 1-19). Amsterdam: Pergamon.

Dillenbourg, P. (2003). Over-scripting CSCL: The risk of blending collaborative learning with instructional design. Internet: http://www.scil.ch/congress-2003/program-09-10/docs/09-track-1-1-txt-dillenbourg.pdf (Stand: 10.07.2005).

Dillon, A. (1996). Myths, misconceptions, and an alternative perspective on information usage and the electronic medium. In J.-F. Rouet, J. J. Levonen, A. Dillon & R. J. Spiro, Hypertext and Cognition. Mahwah, NJ: Erlbaum.

Dodge, B. (1997). Some thoughts about WebQuests. Internet: http://webquest.sdsu.edu/about_webquests.html (Stand: 10.07.2005).

Dohmen, G. (2002). Informelles Lernen in der Freizeit. Spektrum Freizeit, 24, 18-27.

Döring, N. (2003). Sozialpsychologie des Internet. Göttingen: Hogrefe.

Duncker, K. (1935). Psychologie des produktiven Denkens. Berlin: Springer.

Edelmann, W. (2000). Lernpsychologie. Weinheim: Beltz PVU.

Edelson, D.C. (2002). Design research: What we learn when we engage in design. In The Journal of the Learning sciences, 1 (1), 105-112.

Ehler, U.D. (2004). Erfolgsfaktoren für E-Learning: Die Sicht der Lernenden und mediendidaktische Konsequenzen. In S.-O. Tergan & P. Schenkel (Hrsg.), Was macht E-Learning erfolgreich? Grundlagen und Instrumente der Qualitätsbeurteilung (S. 29-49). Berlin: Springer.

Einsiedler, W. (1991). Das Spiel der Kinder. Zur Pädagogik und Psychologie des Kinderspiels. Bad Heilbrunn: Klinkhardt.

Erpenbeck, J. (1999). Die Kompetenzbiographie. Strategien der Kompetenzentwicklung durch selbstorganisiertes Lernen und multimediale Kommunikation. Münster: Waxmann.

Euler, D. & Seufert, S. (2005). E-Learning in Hochschulen und Bildungszentren. München: Oldenbourg.

Fischer, F., Bruhn, J., Gräsel, C. & Mandl, H. (1999). Kooperatives Lernen mit Videokonferenzen: Gemeinsame Wissenskonstruktion und individueller Lernerfolg (Forschungsbericht Nr. 106). München: Ludwig-Maximilians-Universität, Lehrstuhl für Empirische Pädagogik und Pädagogische Psychologie.

Flavell, J.H. (1984). Annahmen zum Begriff Metakognition sowie zur Entwicklung von Metakognition. In F.E. Weinert & R.H. Kluwe (Hrsg.), Metakognition, Motivation und Lernen (S. 23-31). Stuttgart: Kohlhammer.

Flechsig, K. & Haller, D. (1975). Einführung in didaktisches Handeln: Stuttgart: Klett.

Fölling-Albers, M., Hartinger, A. & Mörtl-Hafizovic, D. (2004). Situiertes Lernen in der Lehrerbildung. Zeitschrift für Pädagogik, 50, 727–747.

Friedrich, H.F. & Mandl, H. (1997). Analyse und Förderung selbstgesteuerten Lernens. In F.E. Weinert & H. Mandl (Hrsg.), Enzyklopädie der Psychologie: Themenbereich D, Praxisgebiete, Serie I Pädagogische Psychologie, Band 4 Psychologie der Erwachsenenbildung (S. 237-293). Göttingen: Hogrefe.

Gagné, R. (1965). The conditions of learning. New York: Holt, Rinehart and Winston.

Gagné, R., Briggs, L. & Wager, W. (1992). Principles of Instructional Design. Fort Worth, TX: HBJ College Publishers.

Gerstenmaier, J. (1999). Die Bedeutung bereichsspezifischen Wissens für Wissenserwerb und Leistung. *GdWZ,2,* 65-67.

Gibson, J.J. (1982). Wahrnehmung und Umwelt. Der ökologische Ansatz in der visuellen Wahrnehmung, München Urban & Schwarzenberg.

Glasersfeld, von, Ernst (1996). Radikaler Konstruktivismus. Idee, Ergebnisse, Probleme. Frankfurt/Main: Suhrkamp.

Goleman, D. P. (1995). Emotional Intelligence: Why It Can Matter More Than IQ for Character, Health and Lifelong Achievement. New York: Bantam.

Grabe, M. & Grabe, C. (2001). Integrating technology for meaningful learning. New York: Houghton Mifflin.

Green, N. (2003). Professional Learning Communities. Internet: http://www.learnline.nrw.de/angebote/greenline/lernen/downloads/profess.pdf (Stand: 10.07.2005).

Greeno, J. & MMAP (1998). The situativity of knowing, learning and research, American Psychologist, 1, 5-26.

Greeno, J.G. (1989). Situations, mental models and generative knowledge. In D. Klahr & K. Kotovsky (Eds.), Complex information processing: The impact of Herbert A. Simon (pp. 285-318). Hillsdale, NJ: Erlbaum.

Greve, W. (Hrsg.) (2000). Psychologie des Selbst. Weinheim: BeltzPVU.

Gudjons, H. & Winkel R. (1997).(Hrsg.). Didaktische Theorien. Hamburg: Bergmann + Helbig.

Haab, S., Reusser, K., Waldis, M. & Petko, D. (2003). "Stimmungsbarometer": Ein interaktives Steuer- und Evaluationsinstrument für Online-Kurse. Beiträge zur Lehrerbildung, 21 (2), 240–246.

Haenisch. H. (1992). Lehrerarbeit und Lehrerfortbildung. Hrgs. vom Landesinstitut für Schule und Weiterbildung. Soest: Soester Verlagskontor.

Halász, G., Santiago, P., Ekholm, M., Matthews, P. & McKenzie, P. (2004). Anwerbung, berufliche Entwicklung und Verbleib von qualifizierten Lehrerinnen und Lehrern. Länderbericht: Deutschland. Organisation für wirtschaftliche Zusammenarbeit und Entwicklung. Direktion Bildungswesen. Abteilung für Bildungs- und Ausbildungspolitik. Internet: http://www.kmk.org/aktuell/Germany %20Country%20Note_Endfassung_deutsch.pdf (Stand: 10.07.2005).

Hallitzky, M. & Seibert, N. (2002). Theorie des Unterrichts. In H.J. Apel & W. Sacher (Hrsg.), Studienbuch Schulpädagogik (S. 133-180). Bad Heilbrunn: Klinkhardt.

Hamm, I. (Hrsg.) (2001). Medienkompetenz. Gütersloh: Bertelsmann-Stiftung.

Handke, J. (2003). Multimedia im Internet - Konzeption und Implementierung. München: Oldenbourg.

Hanft, A. & Müskens, I. (2002). Blended learning – Ein Perspektivenwechsel in der Weiterbildung (Arbeitspapier). Internet: http://web.web.uni-oldenburg.de/files/materialien_veranstaltungen_ss02/hanft1_makro/20020516_text_blended_learning.pdf (Stand: 10.07.2005).

Häring, L. (1996). Die Rolle der Lehrerfortbildung in der Zukunft. Perspektiven und Überlegungen. Vortrag im Rahmen des Symposiums „25 Jahre Akademie für Lehrerfortbildung: Bilanz und Zukunftsperspektiven". Dillingen: Akademie für Lehrerfortbildung.

Hemsing, S. (2005). More than a game - Virtuelle Plan-Rollenspiele. In B. Lehmann & E. Bloh (Hrsg.), Online-Pädagogik (Bd. 2) (S. 157-174). Baltmannsweiler: Schneider Verlag Hohengehren.

Hericks, U. (2004). Verzahnung der Phasen der Lehrerbildung. In S. Blömeke, P. Reinhold, G. Tudodziecki & J. Wildt (Hrsg.), Handbuch Lehrerbildung (S. 301-311). Kempten: Klinkhardt.

Herzig, B. (2004). Medienpädagogische Kompetenz. In S. Blömeke, P. Reinhold, G. Tudodziecki & J. Wildt (Hrsg.), Handbuch Lehrerbildung (S. 578-594). Kempten: Klinkhardt.

Hesse, F. W., Garsoffky, B. & Hron, A. (1997). Interface-Design für computerunterstütztes kooperatives Lernen. In L. J. Issing & P. Klimsa (Hrsg.), Information und Lernen mit Multimedia (S. 253-265). Weinheim: Beltz.

Hesse, F.W. & Friedrich, H.F. (Hrsg.) (2001). Partizipation und Interaktion im virtuellen Seminar. Münster: Waxmann.

Hinze, U. (2004). Computergestütztes kooperatives Lernen. Einführung in Technik, Pädagogik und Organisation des CSCL. Münster: Waxmann.

Hochschul-Informations-System (HIS) (2005). E-Learning aus Sicht der Studierenden. Kurzbericht Nr. 10 (Hannover). Internet: https://hisbus.his.de/hisbus/docs/HISBUS_E-Learning28.02.2005.pdf (Stand: 10.07.2005).

Hohenstein, A. & Wilbers, K. (2001). Handbuch E-Learning. Expertenwissen aus Wissenschaft und Praxis. Strategien, Instrumente, Fallstudien. Köln: Deutscher Wirtschaftsdienst.

Höllriegel, K. (2005. Virtuelle Lehrerfortbildung - Potentiale des E-Learning in der medienpädagogischen Fortbildung von Lehrkräften am Beispiel der Untersuchung eines virtuellen Moduls zur Einführung in die Medienpädagogik. (unveröffentlichte Magisterarbeit). Augsburg: Universität Augsburg.

Holyoak, K.J. (1985). The pragmatics of analogical transfer. In G. H. Bower (Ed.), The psychology of learning and instruction (pp. 59-87.). San Diego, CA: Academic Press.

Horton, W.W. (2000). Designing web-based training. New York: Wiley.

Huizinga, J. (1956). Homo ludens. Hamburg: Rowohlt.

Hussy, W. (1983). Komplexe menschliche Informationsverarbeitung: Das SPIV-Modell. Sprache und Kognition, 2, 47-62.

Issing, L.J. & Klimsa, P. (Hrsg.) (2002). Information und Lernen mit Multimedia. Lehrbuch für Studium und Praxis. Weinheim: Beltz Psychologie-Verlags-Union PVU.

Issing, L.J. (2002). Instruktions-Design für Multimedia. In L.J. Issing & P. Klimsa (Hrsg.), Information und Lernen mit Multimedia und Internet (S. 151-176). Weinheim: Beltz PVU.

Jonassen, D.H. (1996). Computers in the classroom: mindtools for critical thinking. Columbus, OH: Prentice Hall.

Kerres, M. & Voß, B. (Hrsg.) (2003). Digitaler Campus. Vom Medienprojekt zum nachhaltigen Medieneinsatz in der Hochschule. Münster: Waxmann.

Kerres, M. (2001). Multimediale und telemediale Lernumgebungen. Konzeption und Entwicklung. München: Oldenbourg.

Kerres, M. (2002). Online- und Präsenzelemente in hybriden Lernarrangements kombinieren. In A. Hohenstein & K. Wilbers (Hrsg.), Handbuch E-Learning (Kap. 4.5, S. 1-19). Köln: Deutscher Wirtschaftsdienst.

Kerres, M., de Witt, C. & Stratmann, J. (2002). E-Learning. Didaktische Konzepte für erfolgreiches Lernen. Internet: http://www.edumedia.uni-duisburg.de/publikation.html (Stand: 10.07.2005).

Kerschensteiner, G. (1912). Begriff der Arbeitsschule. Leipzig: Teubner.

Kleinginna, P.R. u. Kleinginna, A.M. (1981). A categorized list of emotion definitions with suggestions for a consensual definition. Motivation and Emotion, 5, 345-379.

Klieme, E. & Reusser, K. (2003). Unterrichtsqualität und mathematisches Verständnis im internationalen Vergleich. Ein Forschungsprojekt und erste Schritte zur Realisierung. Unterrichtswissenschaft 31 (3), 194-205.

Klimsa, P. (2002). Multimedianutzung aus psychologischer und didaktischer Sicht. In L.J. Issing & P. Klimsa (Hrsg.), Information und Lernen mit Multimedia und Internet (S. 5-18). Weinheim: Psychologie Verlags Union.

Kluwe, R. H. (1982). Cognitive knowledge and executive control: Metacognition. In D. Griffin (Ed.), Human mind - animal mind (pp. 201-224). New York: Springer.

Knauder, H. (2002). Bildungsmanagement im Klassenzimmer. Wie neue Medien den LehrerInnenberuf verändern. Innsbruck: StudienVerlag.

Köhler, W. (1929). Gestalt psychology. New York: Liveright.

Krammer, K. & Hugener, I. (2005). Netzbasierte Reflexion von Unterrichtsvideos in der Ausbildung von Lehrpersonen - eine Explorationsstudie. Beiträge zur Lehrerbildung, 23, 51-61.

Krammer, K. & Reusser, K. (2005). Unterrichtsvideos als Medium der Aus- und Weiterbildung von Lehrpersonen. Beiträge der Lehrerbildung, 23 (1), 34-50.

Krammer, K. & Reusser, K. (2005). Unterrichtsvideos als Medium der Aus- und Weiterbildung von Lehrpersonen. Beiträge zur Lehrerbildung, 1, 35-50.

Krapp, A. (19989). Entwicklung und Förderung von Interessen im Unterricht. *Psychologie in Erziehung und Unterricht*, 45, 186-203.

Kremer, H.-H. (2003). Wissensmanagement und Reform beruflicher Bildung. In B. Dilger, H.-H. Kremer & P.F.E. Sloane (Hrsg.), Wissensmanagement an berufsbildenden Schulen (S. 33-47). Paderborn: Eusl.

Kriz, W. (2004). Planspielmethoden. In G. Reinmann & H. Mandl (2004). Psychologie des Wissensmanagements (S. 359-368). Göttingen: Hogrefe.

Landert, Ch. (1999). Lehrerweiterbildung in der Schweiz. Zürich: Ruegger.

Lang, M. & Pätzold, G. (2002). Multimedia in der Aus- und Weiterbildung. Grundlagen und Fallstudien zum netzbasierten Lernen. Köln: Deutscher Wirtschaftsdienst.

Lave, J. & Wenger, E. (1991). Situated learning. Legitimate peripheral participation. Cambridge: University Press.

Lave, J. (1991). Situating learning in communities of practice. In L.B. Resnick, J.M. Levine & S.D. Teasley (Eds.), Perspectives on socially shared cognition (pp. 63-82). Washington, DC: American Psychological Association.

Luhmann, N. (1990). Konstruktivistische Perspektiven. Soziologische Aufklärung. (Bd. 5). Opladen: Westdeutscher Verlag.

Lukesch, H. (2001). Psychologie des Lernens und Lehrens. Regensburg: Roderer.

Maisch, J. (in Druck). Wissensmanagement am Gymnasium. Das Gymnasium vor den Anforderungen der Wissensgesellschaft. Donauwörth: Auer.

Mandl, H., Hense, J. & Kruppa, K. (2003). Abschlussbericht der wissenschaftlichen Programmbegleitung und zentralen Evaluation des BLK-Programms SEMIK. Grünwald: FWU Institut für Film und Bild.

Maturana, H.R. & Varela, F.J. (1984). Der Baum der Erkenntnis. Bern: ScherzVerlag.

Mayer, R.E. (2001). Multimedia learning. Cambridge: Cambridge University Press.

Mayring, P. (2001). Kombination und Integration qualitativer und quantitativer Analyse. Internet: http://www.qualitative-research.net/fqs-texte/1-01/1-01mayring-d.htm (Stand: 10.07.2005).

McGrath, J.E. & Hollingshead, A.B. (1994). Groups interacting with technology. Newbury Park: Sage.

Merrill, M.D. (1983). Component Display-Theory. In C.M. Reigeluth (Ed.), Instructional-design theories and models. An overview of their current status (pp. 384-434). Hillsdale: Erlbaum.

Messner, H. & Reusser, K. (2000). Berufliches Lernen als lebenslanger Prozess. Beiträge zur Lehrerbildung, 18 (3), 277-294.

Metzger, Ch. & Schulmeister, R. (2004). Interaktivität im virtuellen Lernen am Beispiel von Lernprogrammen zur Deutschen Gebärdensprache. In H.O. Mayer & D. Treichel (Hrsg.), Handlungsorientiertes Lernen und eLearning (S. 265-297). München: Oldenbourg.

Meyer, W.-U., Schützwohl, A. & Reisenzein, R. (1993). Einführung in die Emotionspsychologie. Band I. Bern: Huber.

Meyer, W.-U., Schützwohl, A. & Reisenzein, R. (1997). Einführung in die Emotionspsychologie. Band II: Evolutionspsychologische Emotionstheorien. Bern: Huber.

Mietzel, G. (2001). Pädagogische Psychologie des Lernens und Lehrens. Göttingen: Hogrefe.

Moser, H. (2000). Abenteuer Internet. Lernen mit WebQuests. Donauwörth: Auer.

Moser, H. (2005). WebQuests als didaktisches Modell für den Unterricht. In B. Lehmann & E. Bloh (Hrsg.), Online-Pädagogik (Bd. 2) (S. 146-156). Baltmannsweiler: Schneider Verlag Hohengehren.

Müskens, W. & Müskens, I. (2002). Provokative Elemente einer Didaktik internetgestützter Lehr-Lernarrangements. Internet: www.medienpaed.com/02-2/mueskens_mueskens1.pdf (Stand: 10.07.2005).

Nerdinger, F. W. (2003). Motivation von Mitarbeitern. Göttingen: Hogrefe.

Newell, A. & Simon, H.A. (1976). Computer science as empirical inquiry: Symbols and search. Communications of the Association for Computing Machinery, 19(3), 113-126.

Niegemann, H.M., Hessel, S., Hochscheid-Mauel, D., Aslanski, K., Deimann, M. & Kreuzberger, G. (2004). Kompendium E-Learning. Berlin: Springer.

Oelkers, J. & Oser, F. (2000). Die Wirksamkeit der Lehrerbildungssysteme in der Schweiz. Umsetzungsbericht des Nationalen Forschungsprogramms (Nr. 333). Aarau: Schweizerische Koordinationsstelle für Bildungsforschung.

Oelkers, J. (2001) Ruine Lehrerbildung: Abriss oder Neuaufbau? Internet: http://www.lehrerfortbildung.de/akttag/meissen/referate/ruine_lab.pdf (Stand: 10.07.2005).

Oerter, R. (1995). Kindheit. In R. Oerter & L. Montada (Hrsg.), Entwicklungspsychologie: Ein Lehrbuch (S. 249-309). Weinheim: Psychologie Verlags Union.

Oerter, R. (2004). Wissensmanagement und Spiel. In G. Reinmann & H. Mandl (Hrsg.), Psychologie des Wissensmanagements. Perspektiven, Theorien, Methoden (S. 146-158). Göttingen: Hogrefe.

Oser, F. & Oelkers, J. (Hrsg.) (2001). Die Wirksamkeit der Lehrerbildungssysteme. Von der Allrounderbildung zur Ausbildung professioneller Standards. Zürich: Rüegger.

Otto, J. H., Euler, H. A., & Mandl, H. (2000). Emotionspsychologie. Ein Handbuch. Weinheim: Psychologie Verlags Union.

Pabst, A. (2004). PISA - Bologna - Husum: Hamburg reformiert die Lehrerbildung. Internet: http://www.li-hamburg.de/abt.rdl/print.html (Stand: 10.07.2005).

Paechter, M. (2003a). Wissenskommunikation, Kooperation und Lernen in virtuellen Gruppen. Lengerich: Pabst.

Paechter, M. (2003b). Unterrichtsplanung in der Instruktionspsychologie. Internet: http://www.tu-bs.de/institute/mpaed/jahr99/pub/Paechter16.PDF (Stand: 10.07.2005).

Paivio, A. (1971). Imagery and verbal processes. New York: Holt, Rinehart & Winston.

Pawlow, I.P. (1928). Lectures on conditioned reflexes: Twenty-five years of objective study of higher nervous activity (behavior of animals). New York: International Publishers.

Pekrun, R (1992). Kognition und Emotion in studienbezogenen Lern- und Leistungssituationen: Explorative Analysen. Unterrichtswissenschaft, 4, 308-324.

Petko, D., Haab, S. & Reusser, K. (2003). Mediennutzung in der Lehrerinnen- und Lehrerbildung – eine Umfrage in der deutschsprachigen Schweiz. Beiträge zur Lehrerbildung, 21 (1), *8–31.*

Piaget, J. (1968) Das Erwachen der Intelligenz beim Kind. Stuttgart: Klett.

Pörksen, B. (2001). Die Gewissheit der Ungewissheit. Gespräche zum Konstruktivismus. Heidelberg: Carl-Auer-Systeme.

Posner, H. (2002). Wissenschaftstheorie. Eine wissenschaftliche Einführung. Stuttgart: Reclam.

Prasse, D. & Scholl, W. (2001). Wie funktioniert die Interneteinführung an Schulen? In R. Groner & M. Dubi (Hrsg.), Das Internet und die Schule. Bisherige Erfahrungen und Perspektiven für die Zukunft (S. 63-83). Bern: Huber.

Prenzel, M. (1996). Bedingungen für selbstbestimmt motiviertes und interessiertes Lernen im Studium. In J. Lompscher & H. Mandl (Hrsg.), Lehr-Lernprobleme im Studium. Bedingungen und Veränderungsmöglichkeiten (S. 11-22). Bern: Huber.

Ramseier, E., Keller, C. & Moser, U. (1999). Bilanz Bildung: eine Evaluation am Ende der Sekundarstufe II auf der Grundlage der "Third International Mathematics and Science Study". Chur: Rueegger.

Ratzka, N., Lipowsky, F., Krammer, K. & Pauli, Ch. (2005). Lernen mit Unterrichtsvideos. Ein Fortbildungskonzept zur Entwicklung von Unterrichtsqualität. Pädagogik, 5, 30-33.

Rautenstrauch, C. (2001). Tele-Tutoren. Qualifizierungsmerkmale einer neu entstehenden Profession. Bielefeld: Bertelsmann.

Reckmann. H. (1992). Fortbildungsorientierungen von Lehrerinnen und Lehrern. Hrgs. vom Landesinstitut für Schule und Weiterbildung. Soest: Soester Verlagskontor.

Reiber, K. (2004). Lehrer-Bildung als hochschulendidaktische Herausforderung – Neue Studienkonzepte und ihre Reformpotenziale. Zeitschrift für Hochschuldidaktik, 2, 1-10.

Reigeluth, C.M. & Stein, F.S. (1983). The elaboration theory of instruction. In C.M. Reigeluth (Ed.), Instructional-design theories and models. An overview of their current status (pp. 335-381). Hillsdale: Erlbaum.

Reigeluth, C.M. (1979). In search of a better way to organize instruction: The elaboration theory. Journal of Instructional Development, 2 (3), 8-15.

Reinmann, G. & Ganz, A. (2005). „Intel® Lehren für die Zukunft – online trainieren und gemeinsam lernen" – Erste Evaluationsergebnisse des Aufbaukurses.

Internet: http://gems.es-designs.com/medienpaedagogik/Arbeitsbericht9.pdf (August 2005).

Reinmann, G. (2005a). Intel® Lehren für die Zukunft - online trainieren und gemeinsam lernen. Qualität - Evaluation - Innovation (Arbeitsbericht Nr. 7). Augsburg: Universität Augsburg, Medienpädagogik. Internet: http://gems.es-designs.com/medienpaedagogik/Arbeitsbericht07.pdf (März 2005).

Reinmann, G. (2005b). Innovation ohne Forschung? Ein Plädoyer für den Design-Based Research-Ansatz in der Lehr-Lernforschung. Unterrichtswissenschaft, 1, 52-69.

Reinmann, G., Vohle, F., Mansmann, V. & Häuptle, E. (2005). Entwicklung und Evaluation einer E-Learning-Umgebung zur Schulentwicklung. Beiträge zur Lehrerbildung, 23 (1), 6-21.

Reinmann-Rothmeier, G. & Mandl, H. (2001a). Unterrichten und Lernumgebungen gestalten. In A. Krapp & B. Weidenmann (Hrsg.), Pädagogische Psychologie. Ein Lehrbuch (S. 601-646). Weinheim: Beltz PVU.

Reinmann-Rothmeier, G. & Mandl, H. (2002). Analyse und Förderung kooperativen Lernens in netzbasierten Umgebungen. Zeitschrift für Entwicklungspsychologie und Pädagogische Psychologie, 34 (1), 44-57.

Reinmann-Rothmeier, G. & Mandl, H. (Hrsg.) (2001). Virtuelle Seminare in Hochschule und Weiterbildung. Drei Beispiele aus der Praxis. Bern: Huber.

Reinmann-Rothmeier, G. (2002). Mediendidaktik und Wissensmanagement. *MedienPädagogik* (Online-Zeitschrift). Internet: http://www.medienpaed.com/02-2/reinmann (Stand: 10.07.2005).

Reinmann-Rothmeier, G. (2003a). Wissensmanagement in der Schule: Überflüssig oder von Nutzen? In B. Dilger, H.-H. Kremer & P.F.E. Sloane (Hrsg.), Wissensmanagement an berufsbildenden Schulen (S. 49-58). Paderborn: Eusl.

Reinmann-Rothmeier, G. (2003b). Didaktische Innovation durch Blended Learning. Leitlinien anhand eines Beispiels aus der Hochschule. Bern: Huber.

Reinmann-Rothmeier, G., Nistor, N. & Mandl, H. (2001). Ein virtuelles Hochschulseminar zur Einführung in das Wissensmanagement. In G. Reinmann-Rothmeier & H. Mandl, (Hrsg.), Virtuelle Seminare in Hochschule und Weiterbildung. Drei Beispiele aus der Praxis (S. 27-67). Bern: Huber.

Reisenzein, R., Meyer, W.-U., & Schützwohl, A. (2002). Einführung in die Emotionspsychologie. Band III: Kognitive Emotionstheorien. Bern: Huber.

Renkl, A., Gruber, H. & Mandl, M. (1996). Kooperatives problemorientiertes Lernen in der Hochschule. In J. Lompscher & H. Mandl (Hrsg.), Lehr- und Lernprobleme im Studium. Bedingungen und Veränderungsmöglichkeiten (S. 131-147). Bern: Huber.

Reppert, I. (2002). E-Learning: Versuchen wir es mal mit „Blended Learning". Financial Times Deutschland. Internet: http://www.ftd.de/tm/it/16305304.html (Stand: 10.07.2005).

Resnick, L. B. (1987). Education and learning to think. Washington, DC: National Academy Press.

Resnick, L.B. (1991). Shared cognition: Thinking as social practice. In L.B. Resnick, J.M. Levione & S.D. Teasley (Eds.), Perspectives on socially shared cognition (pp. 1-20). Washington, DC: American Psychological Association.

Reusser, K. & Messner, H. (2002). Das Curriculum der Lehrerinnen- und Lehrerbildung - ein vernachlässigtes Thema. Beiträge zur Lehrerbildung, 20(3), *282*-299.

Reusser, K. & Pauli, C. (2003). Mathematikunterricht in der Schweiz und in weiteren sechs Ländern. Bericht über die Ergebnisse einer internationalen Video-Unterrichtsstudie (Doppel CD-ROM mit Videobeispielen). Universität Zürich: Pädagogisches Institut.

Reusser, K. (2001). Unterricht zwischen Wissensvermittlung und Lernen lernen. Alte Sackgassen und neue Wege in der Bearbeitung eines pädagogischen Jahrhundert-Problems. In C. Finkbeiner & G.W. Schnaitmann (Hrsg.), Lehren und Lernen im Kontext empirischer Forschung und Fachdidaktik (S. 106-140). Donauwörth: Auer.

Rheinberg, F. (1995). Motivation. Stuttgart: Kohlhammer.

Rheinberg, F., Bromme, R., Minsel, B. Winteler, A. & Weidenmann, B. (2001). Die Erziehenden und Lehrenden. In A. Krapp & B. Weidenmann (Hrsg.), Pädagogische Psychologie (269-355). Weinheim: BeltzPVU.

Rogoff, B. (1990). Apprenticeship in thinking: Cognitive development in social context. New York: Oxford University Press.

Roth, G. (1994). Das Gehirn und seine Wirklichkeit. Kognitive Neurobiologie und ihre philosophischen Konsequenzen. Frankfurt/Main: Suhrkamp.

Rudolph, U. (2003). Motivationspsychologie. Weinheim: Beltz Psychologie Verlags Union.

Salmon, G. (2002). E-tivities: The key to active online learning. London: Kogan Page.

Salmon, G. (2004). E-Moderating – The key to teaching and learning online. London: Kogan Page.

Salomon, G. & Perkins, D. (1998). Individual and social aspects of learning. Review of Research in Education, 23, 1-24.

Salomon, G. (1979). Interaction of media, cognition, and learning. San Francisco: Jossey-Bass.

Salomon, G. (1993). On the nature of pedagogic computer tools: The case of writing partner. In S. Lajoie & S. Derry (Eds.), Computers as cognitive tools (pp. 179-196). Hillsdale, NJ: Erlbaum.

Salovey, P. & Sluyter, D. J. (Eds.). (1997). Emotional development and emotional intelligence: Educational implications. Basic Books.

Sandfuchs, U. (2004). Geschichte der Lehrerbildung in Deutschland. In S. Blömeke, P. Reinhold, G. Tudodziecki & J. Wildt (Hrsg.), Handbuch Lehrerbildung (S. 14-37). Kempten: Klinkhardt.

Satow, L. (2002). eLearning und eTesting. Eine Einführung. Unveröffentlichtes Manuskript. Internet: http://userpage.fu-berlin.de/~satow/ (Stand: 10.07.2005).

Sauter, W. & Sauter, A.M. (2002). Blended Learning: Effiziente Integration von E-Learning und Präsenztraining. Neuwied: Luchterhand.

Scardamalia, M., Bereiter, C. & Lamon, M. (1994). The CSILE project: Trying to bring the classroom into world 3. In K. McGilly (Hrsg.), Classroom lessons: Integrating cognitive theory and classroom practice (S. 201-228). Cambridge, MA: Bradford.

Schank, R. C. (2004). Engines for education. Internet: http://engines4ed.org/hyperbook/nodes/intro-zoomer.html (Stand: 10.07.2005).

Schank, R.C. & Cleary, C. (1995). Engines for education. Hillsdale, NJ: Erlbaum.

Schank, R.C. (1994). Goal-Based Scenarios: A radical look at education. Journal of the Learning Sciences, 3 (4), 429-453.

Schnebel, S. (2004). Professionalisierung von Lehrkräften. Internet: http://www.rs.seminar-reutlingen.de/Jubilaeum/Programm/vortrag-dr-schnebel-professionalisierung.pdf (Stand: 10.07.2005).

Schnotz, W. (2001). Kognitive Prozesse bei der sprach- und bildgestützten Konstruktion mentaler Modelle. In L. Sichelschmidt & H. Strohner (Ed.), Sprache, Sinn und Situation (S. 43-57). Deutscher Universitäts-Verlag.

Schnotz, W. (2002). Wissenserwerb mit Texten, Bildern und Diagrammen. In L.J. Issing & P. Klimsa (Hrsg.), Information und Lernen mit Multimedia und Internet (S. 65-82). Weinheim: Beltz PVU.

Schnotz, W., Molz, M. & Rinn, U. (2004). Didaktik, Instruktionsdesign und Konstruktivismus: Warum so viele Wege nicht nach Rom führen. In U. Rinn, & D.M. Meister (Hrsg.), Didaktik und Neue Medien - Konzepte und Anwendungen in der Hochschule (S. 123-146). Münster: Waxmann.

Scholl, W. & Prasse, D. (2001): Was hemmt und was fördert die schulische Internet-Nutzung? Ergebnisse einer Evaluation der Initiative "Schulen ans Netz". Computer und Unterricht, 41, 22-32.

Schulmeister, R. (2001). Virtuelle Universität - virtuelles Lernen. München: Oldenbourg.

Schulmeister, R. (2003). Lernplattformen für das virtuelle Lernen. München: Oldenbourg.

Schulmeister, R. (2004). Didaktisches Design aus hochschuldidaktischer Sicht - Ein Plädoyer für offene Lernsituationen. In U. Rinn & D.M. Meister (Hrsg.), Didaktik und Neue Medien. Konzepte und Anwendungen in der Hochschule. (S. 19-49). Münster: Waxmann.

Schwan, S. (2005). Gestaltungsanforderungen für Video in Multimedia-Anwendungen. Internet: http://www.e-teaching.org/technik/pdf/download-installation (Stand: 10.07.2005).

Schwartz, D.L., Lin, X., Brophy, S. & Bransford, J.D. (1999). Toward a development of flexibly adaptive instructional designs. In C.M. Reigeluth (Ed.), Instructional

Design – Theories and models. A new paradigm of instructional theory (pp. 183-213). Mahwah, NJ: Erlbaum.

Seel, N. & Dijkstra, S. (1997). General introduction. In S.Dijkstra, N. Seel, F. Schott & R.D. Tennyson (Eds.), Instructional design. International perspectives (pp. 1-13). New Jersey: LEA.

Seel, N. M. (2000). Psychologie des Lernens. Lehrbuch für Pädagogen und Psychologen. München: UTB, Reinhardt.

Seel, N.M. (2005). Modellzentriertes Lernen und Lehren. In B. Lehmann & E. Bloh (Hrsg.), Online-Pädagogik (Bd. 2) (S. 198-223). Baltmannsweiler: Schneider Verlag Hohengehren.

Seiler, T.B. & Reinmann, G. (2004). Der Wissensbegriff im Wissensmanagement. Eine strukturgenetische Sicht. In G. Reinmann & H. Mandl (Hrsg.), Psychologie des Wissensmanagements. Perspektiven, Theorien, Methoden (S. 11-23). Göttingen: Hogrefe.

Seiler, T.B. (2003). Thesen zum Wissensbegriff – Die phänomenale und personale Natur menschlichen Wissens, Wirtschaftspsychologie, 3, 41-49.

Seiler, Th.B. (2001). Entwicklung als Strukturgenese. In S. Hoppe-Graff & A. Rümmele (Hrsg.), Entwicklung als Strukturgenese (S. 15-122). Hamburg: Kovac.

Sembill, D. (1999). Selbstorganisation als Modellierungs-, Gestaltungs- und Erforschungsidee beruflichen Lernens. In T. Tramm, D. Sembill, F. Klauser & E.G. John (Hrsg.), Professionalisierung kaufmännischer Berufsbildung: Beiträge zur Öffnung der Wirtschaftspädagogik für die Anforderungen des 21. Jahrhunderts (S. 146-174). Frankfurt/Main: Lang.

Senge, P.M. (1990). The fifth discipline: The art and practice of the learning organization. New York: Doubleday.

Shachar, H. & Sharan, S. (1994). Talking, relating, and achieving: Effects of cooperative learning in the classroom. In S. Sharan, P. Harew, C. Webb & R. Hetz-Lazarowitz (Eds.), Cooperation in education (pp. 14-46). Provo, UT: Brigham Young University Press.

Shannon, C. E. (1948). A mathematical theory of communication. The Bell System Technical Journal, 27, 379-423.

Siebert, H. (2001). Erwachsene – lernfähig, aber unbelehrbar? In Arbeitsgemeinschaft Qualifikations-Entwicklungs-Management (Hrsg.), Kompetenzentwicklung 2001. Tätigsein – Lernen – Innovation (S. 281-333). Münster: Waxmann.

Siebert, H. (2003). Didaktisches Handeln in der Erwachsenenbildung. Didaktik aus konstruktivistischer Sicht. München: Luchterhand.

Simons, P.R.J. (1992). Lernen, selbständig zu lernen – ein Rahmenmodell. In H. Mandl & H.F. Friedrich (Hrsg.), Lern- und Denkstrategien – Analyse und Intervention (S. 251-264). Göttingen: Hogrefe.

Skinner, B. F. (1971). Beyond Freedom and Dignity. New York: Knopf.

Skinner, B.F. (1954). The science of learning and the art of teaching. American Psychologist, 11, 221-233.

Skinner, B.F. (1968). The Technology of Teaching. New York: Appleton-Century-Crofts.

Skinner, F.B. (1938). The behavior of organisms. New York: Appleton-Century-Crofts.

Spitzer, M. (2002). Lernen, Gehirnforschung und die Schule des Lebens. Heidelberg: Sektrum Akademischer Verlag.

Stangl, W. (2004a). Das Gedächtnis. Internet: http://www.stangl-taller.at/ARBEITSBLAETTER/GEDAECHTNIS/ (Stand: 10.07.2005).

Stangl, W. (2004b). Neugier - ein spezielles Motiv. Internet: http://www.stangl-taller.at/ARBEITSBLAETTER/MOTIVATION/Neugier.shtml (Stand: 10.07.2005).

Stangl, W. (2004c). Portfolio. Internet: http://www.stangl-taller.at/ARBEITSBLAETTER/PRAESENTATION/portfolio.shtml (Stand: 10.07.2005).

Staub, R. (2001). E-Learning als Unternehmensprozess - Praxiserfahrungen von IBM. In W. Kraemer & M. Müller (Hrsg.), Corporate Universities und E-Learning (S. 549-572). Wiesbaden: Gabler.

Steiner, G. (2001). Lernen und Wissenserwerb. In A. Krapp & B. Weidenmann (Hrsg.), Pädagogische Psychologie (S. 137-205). Weinheim: Beltz PVU.

Straka, G.A. & Macke, G. (2002). Lern-Lehr-Theoretische Didaktik. Münster: Waxmann.

Sweller, J. (1988). Cognitive load during problem-solving: Effects on learning. Cognitive Science, 257-285.

Sweller, J. (1994). Cognitive load theory, learning difficulty and instructional design. Learning and Instruction, 4, 295-312.

Tergan, S.-O. (2002). Hypertext und Hypermedia: Konzeption, Lernmöglichkeiten, Lernprobleme und Perspektiven. In L.J. Issing & P. Klimsa (Hrsg.), Information und Lernen mit Multimedia und Internet (S. 99-112). Weinheim: Beltz PVU.

Tergan, S.-O. (2004). Was macht Lernen erfolgreich? Die Sicht der Wissenschaft. In S.-O. Tergan & P. Schenkel (Hrsg.), Was macht E-Learning erfolgreich? Grundlagen und Instrumente der Qualitätsbeurteilung (S. 15-28). Berlin: Springer.

Terhart, E. (1999). Konstruktivismus und Unterricht. Gibt es einen neuen Ansatz in der Allgemeinen Didaktik? Zeitschrift für Pädagogik, 5, 629-647.

Terhart, E. (2001). Lehrerberuf und Lehrerbildung. Forschungsbefunde, Problemanalysen, Reformkonzepte. Weinheim: Beltz.

Terhart, E. (2004). Struktur und Organisation der Lehrerbildung in Deutschland. In S. Blömeke, P. Reinhold, G. Tudodziecki & J. Wildt (Hrsg.), Handbuch Lehrerbildung (S. 37-59). Kempten: Klinkhardt.

Thagard, P. (2000). Coherence in thought and action. Cambridge, MA: MIT Press.

Thissen, F. (2003). Kompendium Screen Design. Effektiv informieren und kommunizieren mit Multimedia. Berlin: Springer.

Tulodziecki, G. & Herzig, B. (2002). Computer und Internet im Unterricht. Medienpädagogische Grundlagen. Berlin: Cornelsen.

Varela, F.J. (1990). Kognitionswissenschaft – Kognitionstechnik. Frankfurt/Main: Suhrkamp.

Wagenschein, M. (1973). Verstehen Lehren. Genetisch-Sokratisch-Exemplarisch. Weinheim: Beltz.

Walter, K. (2002). Nichts Neues unter der Sonne – Spiel- und Erzählstrukturen in graphischen Adventure Games. Internet: http://www.dichtung-digital.org/2002/02-25-Walter.htm (Stand: 10.07.2005).

Watson, J.B. & Rayner, R. (1920). Conditioned emotional reactions. Journal of Experimental Psychology, 3, 1-14.

Weidenmann, B. (2001). Lernen mit Medien. In A. Krapp & B. Weidenmann (Hrsg.), Pädagogische Psychologie. Ein Lehrbuch (S. 415-465). Weinheim: Beltz PVU.

Weidenmann, B. (2002). Abbilder in Multimediaanwendungen. In L.J. Issing & P. Klimsa (Hrsg.), Information und Lernen mit Multimedia und Internet (S. 83-96). Weinheim: Beltz PVU.

Weinert, A.B. (1998). Lehrbuch der Organisationspsychologie. Weinheim: PVU.

Weinert, F. E. (1997). Lernkultur im Wandel. In E. Beck, T. Guldimann & M. Zutavern (Hrsg.), Lernkultur im Wandel (S. 11-29). St. Gallen: UVK.

Weinert, F.E. (1982). Selbstgesteuertes Lernen als Voraussetzung, Methode und Ziel des Unterrichts. Unterrichtswissenschaft, 10, 99-110.

Wenger, E. (1998). Communities of Practice. Learning as a social system. Internet: http://www.co-i-l.com/coil/knowledge-garden/cop/lss.shtml (Stand: 15.06.2005).

Wiegand, J. (1995). Entwicklung und Begründung eines integrativen Modells zur Förderung der kreativen Problemlösefähigkeit. Witterschlick/Bonn: Wehle.

Wiener, N. (1948). Kybernetik. Regelung und Nachrichtenübertragung im Lebewesen und in der Maschine. Düsseldorf: Econ.

Wilbers, K. (2001). E-Learning didaktisch gestalten. In A. Hohenstein & K. Wilbers (Hrsg.), Handbuch E-Learning. Expertenwissen aus Wissenschaft und Praxis (Kap. 4.0). Köln: Fachverlag Deutscher Wirtschaftsdienst.

Wilbers, K. (2005). Stolpersteine beim Corporate E-Learning. München: Oldenbourg.

Wissenschaftsrat (2001). Empfehlungen zur künftigen Struktur der Lehrerbildung. Internet: http://www.wissenschaftsrat.de/texte/5065-01.pdf (Stand: 10.07.2005).

Wolf, K.D., Seifried, J. Städtler, H. (2005). Virtuelles Seminar zur Fachdidaktik des Rechnungswesenunterrichts: Implementation und erste Erfahrungen. In D. Sembill & J. Seifried (Hrsg.), Rechnungswesenunterricht am Scheideweg: Lehren, Lernen und Prüfen (S. 143-162). Wiesbaden: Deutscher Universitätsverlag.

Wygotski, L.S. (1978). Mind in society: The development of higher psychological processes. Cambridge: Cambridge University Press.

Wyssusek, B. (2001). Methodologie der Organisationsmodellierung. Eine sozio-pragmatisch-konstruktivistische Perspektive. Internet: http://sky.fit.qut.edu.au/~wyssusek/Publications/Wyssusek_2001_Methodologie-der-Organisationsmodellierung.pdf (Stand: 10.07.2005).

Young, J.R. (2002). "Hybrid" teaching seeks to end the divide between traditional and online instruction. Internet: http://chronicle.com/free/v48/i28/28a03301.htm (Stand: 10.07.2005).

Zawacki-Richter, O. (2004). Support im Online-Studium. Die Entstehung eines neuen pädagogischen Aktivitätsfeldes. Innsbruck: StudienVerlag.

Zimmer, G. (2004). Aufgabenorientierung: Grundkategorie zur Gestaltung expansiven Lernens. In P. Faulstich & J. Ludwig (Hrsg.), Expansives Lernen. Baltmannsweiler (S. 54 - 67). Schneider Verlag Hohengehren.

Zumbach J. & Reimann, P. (2003). Computerunterstütztes fallbasiertes Lernen: Goal-Based Scenarios und Problem-Based Learning. In F. Thissen (Hrsg.), Multimedia-Didaktik (S. 183–197). Heidelberg: Springer.

*Heike Gerdes*

# Lernen mit Text und Hypertext

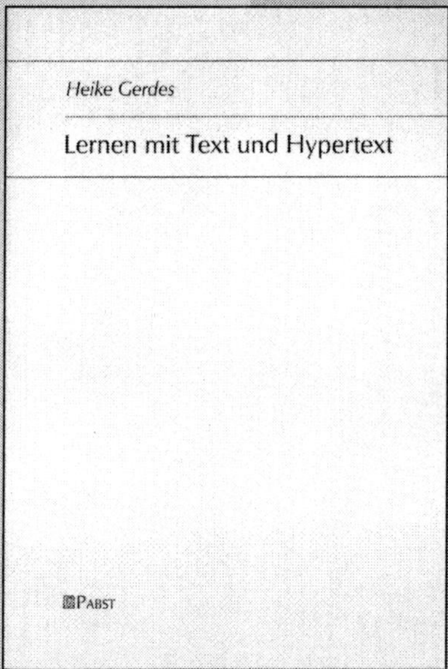


Hypertext ist elektronischer Text, der aus einer Menge von Informationsknoten besteht, welche über Verweise auf nicht-lineare Weise miteinander verknüpft sind. Hinsichtlich des Wissenserwerbs wird er meist als traditionellen Texten überlegen angesehen. Begründet wird diese Überlegenheit mit der Hypothese der kognitiven Plausibilität, die besagt, daß Wissen im Gedächtnis vernetzt repräsentiert ist und in Hypertexten seine externe Entsprechung findet. Der lernerleichternde Effekt von Hypertext besteht demnach darin, daß Wissen direkt vernetzt aufgenommen werden kann, während ein traditioneller Text zuerst delinearisiert werden muß, um eine dem Inhalt angemessene vernetzte Repräsentation zu erhalten.

Die Arbeit setzt sich kritisch mit dem Hypertext-Konzept auseinander. Nach einer Definition von Hypertext, der Beschreibung seiner Komponenten und der beim Lesen auftretenden Probleme werden die für das Lernen relevanten Eigenschaften von Texten und Hypertexten herausgearbeitet und gegenübergestellt. Vor dem Hintergrund kognitionspsychologischer Überlegungen wird argumentiert, daß sich Hypertext entgegen der Hypothese der kognitiven Plausibilität bei niedrigem Vorwissen ungünstig auf das Textverstehen auswirkt. Mit zunehmendem Vorwissen sollten die Unterschiede zwischen Text und Hypertext immer geringer werden. Die Ergebnisse zweier Experimente, in denen Hypertext mit linearem Text verglichen wurde, unterstützen diese Hypothese.

PABST SCIENCE PUBLISHERS
Eichengrund 28
D-49525 Lengerich,
Tel. ++ 49 (0) 5484-308,
Fax ++ 49 (0) 5484-550,
pabst.publishers@t-online.de
www.pabst-publishers.de

264 Seiten, ISBN 3-931660-54-0
Preis: 20,- Euro